知识产权司法保护理论与实务

ZHISHI CHANQUAN SIFA BAOHU LILUN YU SHIWU

朱和庆 主编

知识产权出版社

内容提要

本书作者结合自己审判工作实践对知识产权诉讼程序、专利权保护、商标权保护、著作权保护、反不正当竞争之司法保护、知识产权合同理论与实务的若干问题进行全面、系统的研究，以期对知识产权法官审理和律师代理类似案件有所借鉴。

读者对象：知识产权法官、律师，政法院校师生及其他知识产权工作者。

责任编辑：彭小华　　**责任校对**：韩秀天

装帧设计：SUN 工作室　　**责任出版**：杨宝林

图书在版编目（CIP）数据

知识产权司法保护理论与实务/朱和庆主编. —北京：知识产权出版社，2007.12

ISBN 978-7-80198-746-4

Ⅰ.知…　Ⅱ.朱…　Ⅲ.知识产权-保护-研究-中国

Ⅳ.D923.404

中国版本图书馆 CIP 数据核字（2007）第 165791 号

知识产权司法保护理论与实务

朱和庆　主编

出版发行：知识产权出版社

社　　址：北京市海淀区马甸南村 1 号　　邮　　编：100088

网　　址：http://www.ipph.cn　　邮　　箱：bjb@cnipr.com

发行电话：010-82000893　82000860 转 8101　　传　　真：010-82000893

责编电话：010-82000860 转 8115　　责编邮箱：pengxiaohua@cnipr.com

印　　刷：知识产权出版社电子制印中心　　经　　销：新华书店及相关销售网点

开　　本：880mm×1230mm　1/32　　印　　张：15.125

版　　次：2008 年 1 月第 1 版　　印　　次：2008 年 1 月第 1 次印刷

字　　数：402 千字　　定　　价：35.00 元

ISBN 978-7-80198-746-4/D·521

编写委员会

主　编　朱和庆

副主编　陈陟云　胡充寒

委　员　余品图　郭云雄　谭海华

温万民　邓治军　怀晓红

刘　红　张泽吾　吴行政

邱程辉　吕倩雯　赵　明

郑正坚　杨宏丽

努力打造知识产权审判的佛山模式

（代前言）

佛山，地处美丽富饶的珠江三角洲腹地。这里经济发达，高新技术飞速发展，与高新技术发展和应用相关的知识产权案件日益增多。作为知识产权司法保护的主要践行者，我们深刻意识到，只有把知识产权审判作为法院工作的重头戏，努力寻求知识产权工作与发展的最佳结合点，切实保护好公民、法人的知识产权，才能为佛山的科技进步和经济发展提供强有力的法律支撑。1998 年 2 月，广东省佛山市中级人民法院设立了知识产权审判庭。截至 2006 年底该庭已受理各类知识产权案件 2 445 件，审结了 2 328件，解决争议标的额 46. 23 亿元。在多年的司法实践中，知识产权审判的“佛山模式”已经初步形成，并为许多兄弟法院所借鉴。现在，我们将这一模式的精华部分归纳如下，不仅是检点得失的思考，更是对超越以往的期待。

一、加强诉讼指引，规范审判流程

知识产权案件的审理过程是一个相当复杂的流程，其中最关键的是诉讼证据的收集、固定等问题。我们根据《最高人民法院关于民事诉讼证据的若干规定》（以下简称《证据规定》），结合知识产权案件的特点，总结出一套审理案件的程序性做法。这种做法的特色在于适当地向当事人行使释明权，将诉讼指引工作贯穿于案件审理过程，使当事人知道如何去打官司，从而提高裁判的公信力。

（1）注重举证指引。知识产权审判在我国起步较晚，无论是对于当事人还是专业代理人来说，都是一项较新的工作，当事人的举证能力和举证水平与我国目前的司法环境也不太相称，举证指引成为开展知识产权审判工作的一个不可忽视的问题。为适应这种客观情况，我们在受理案件后，即向当事人送达本庭针对各类案件而量身定制的《举证须知》《诉讼须知》，告知当事人举证要求和法律后果，告知各类案件诉讼所需的特有的核心证据和各类案件共同应有的证据事项，同时告知当事人有申请人民法院调查收集证据的权利及申请应具备的基本条件和申请程序等。通过这一措施，增强了当事人的诉讼能力，发挥了当事人在诉讼中的中心作用，能够确保庭审有的放矢地进行，也能较好地将当事人的诉讼主导权与法官的程序指导权结合起来，对强化庭审功能，提高司法效率大有裨益。

（2）正确实施证据保全。在一些案件中，囿于当事人的举证能力，其无法取得相关关键证据。为了案件结果的客观公正，需要对确实难以取得证据的当事人给予司法补救。在知识产权诉讼中，证据保全就是我们通常采取的解决这一问题的较为有效的取得证据的手段。在具体实施证据保全时，合议庭除对其申请的形式要件进行审查外，并在详细了解各类案件的性质、权利的稳定性、争议标的、侵权程度等事实的基础上，针对个案特点，采取不同的保全方法和措施，根据案件的需要确定查封的方式和力度，并将查封重点锁定在反映侵权的有关技术资料及反映生产数量、销售范围、生产时间等与索赔相关的证据上。在保全书面证据的同时，及时制作调查笔录，询问法定代表人或负责人有关生产被控产品的数量、生产时间、生产规模等相关情况。通过正确适时地实施证据保全，不但可以取得当事人不易取得的证据，而且能第一时间掌握被告侵权状态，防止当事人事后的不实陈述，为案件的审理打下良好的基础，对案件的调解也能起到较强的促进作用。

（3）普遍实行证据交换制度。在《证据规定》实施以前，我们考虑到知识产权案件的特点，除个别事实清楚、当事人争议较小的案件外，均实行庭前证据交换，由主审法官和跟案书记员共同主持。《证据规定》实行后，我们进一步全面严格地执行该制度。在主审法官的指引下，要求当事人将所要证明的事实进行分类，每一证据注明证据名称、证据内容、证据来源及欲证明的事实，证据份数按对方当事人的人数及合议庭、书记员的人数提交，证据交换时询问有无反证，如果有，则视案件情况预留相应的提交反证的时间，通常为7天。对于一些证据繁多的案件，证据交换时，告知当事人在庭审前对对方的证据进行整理，确定和归纳有异议的证据，以便庭审时集中对有异议的证据进行质证。另外，证据交换时，还要求当事人固定诉讼请求。证据交换后，如无特殊情况，不再接收新的证据，不再允许变更诉讼请求。规范的证据交换制度，使诉讼证据得以固定化、系统化、条理化。这样，一方面，强化了当事人的举证意识和不举证的法律后果，避免因新证据的提交导致庭审的拖延；另一方面，法官在庭审前就对当事人的争议核心有所了解，避免法官因对证据内容的不了解而执拗于细枝末节或迂回反复而不得要领，使庭审更具有针对性，更集中且富有效率。

证据指引、证据交换、证据保全、调查收集证据等程序的公开和透明，使得当事人能够更积极充分地行使自己的举证权，落实当事人的证明责任；同时，法官则有效地将职权行为约束在程序指引的范围内。这些具体的操作，让诉讼各方权益得到均衡保障，为案件的实体审理和结果的公正奠定了良好的基础。

二、实行听证程序，慎重对待禁令申请

颁发临时禁令的目的是为了及时制止侵权者的侵权行为，适用于较为急迫的情形，迅速、准确地采取相关措施成为我们审理禁令申请的宗旨。但临时禁令一旦作出，将对被申请人的经营活动造成严重的冲击和破坏性的影响。为了保证这项措施的正确实施，使得权利人行使其私权时，不使公众的合法权益受到损害，

我们对禁令的审查严格慎重，针对不同类型的案件进行符合个案特点的审查。申请人提出诉前禁令，其前提条件是专利权等权利真实有效。由于我国专利法规定，对实用新型、外观设计专利的申请不进行实质审查，在这两类案件的当事人提出申请时，我们要慎防专利权人滥用权利，谨防其利用临时禁令作为打击竞争对手的工具。故在审判实践中确立了必要的听证制度。进行诉前证据保全后，合议庭及时召集双方当事人对权利人的权利与被控侵权产品的技术特征进行比对和要求被申请人对提供的比对文献等抗辩证据及理由进行解释和说明，认真听取被申请人的抗辩理由和考虑社会公共利益等因素。必要的听证程序保证了法庭在充分听取双方的证据、全面掌握案件事实的前提下所作出的禁令准确无误，不仅减少与终局判决不一致的情况，也把握了专利权人和公共利益的衡平关系。这不仅符合 TRIPs 协议的要求，也与其他国家执行临时措施的标准一致。诉前禁令作出后，在执行现场，执行人员再次对有关事实进行审查，确认无误后再依法执行裁定，采取禁令的范围和程度，与保护专利权的安全相适应，以确保这项措施的正确实施。到目前为止，我们作出的禁令裁定，当事人均没有提出复议申请。

三、注重诉讼调解，率先创设六步调模式

我们始终坚持“能调则调，该判则判，调判结合”的原则，正确处理调解与审判的关系，在认真总结，广泛借鉴，大胆创新，逐步摸索诉讼调解工作的流程化管理中，形成了“六步式”诉讼调解模式，办案效率和社会效果明显提高。自知识产权审判庭成立以来，在我们历年来审结的案件中调解结案（含当事人和解后撤诉）的比例累计达到了 50% 以上。从案件的受理开始，到案件宣判前，佛山市中级人民法院在诉讼的各个阶段都积极主动地将调解工作贯穿其中。

第一步，案件送达和财产、证据保全时的“送达调”。案件

送达和财产或证据保全时，由于大多数被告没有思想准备，来不及就事实、后果向他人请教和转移销毁侵权证据，这时调解比较容易成功。

第二步，被告答辩和证据交换时的"答辩听证调"。在这一阶段，各方当事人对双方的观点及分歧有了基本的认识，并基本上掌握了对方的证据，已经能够比较理智、客观地对待纠纷，从而增加了调解的可能性。这时案件承办人也对案情有了基本的了解，通过耐心细致的工作和列举相似案例，使当事人了解该类案件的处理原则和处理结果。因此，这一阶段的调解成功率也比较高。

第三步，当事人及诉讼代理人庭外和解的"庭外调"。由于知识产权案件的特殊性，绝大多数当事人都会聘请律师，而这些案件的代理律师往往会根据案件的具体情况，帮助当事人分析案情、推测案件的结果，当事人对他们也比较信任。这时，案件承办人通过发挥律师的作用，不失时机地进行调解，成功率也相对较高。

第四步，庭审阶段的"庭审调"。案件进行到这一阶段，通常能够调解的可能性相对较小，但这时案情已明朗化，并有前几个阶段的调解基础，加之判决在即，只要承办人找准切入点，仍会促成当事人接受调解。

第五步，案件宣判送达前的"庭后调"。当事人等待宣判时心理大多忐忑不安，特别是案件事实和证据对其不利的一方当事人，考虑到判决结果，心理压力比较大，通过调解减少损失的愿望比较强烈。这时，只要案件承办人及时抓住这一有利时机，往往会促成调解。

第六步，贯穿整个审理过程的"案例示范调"。对有些案件的当事人，仅凭口头说服及指引，效果并不明显。法官可以在调解时，将类似的案例提供给当事人，供其参阅，使当事人了解该类案件的处理原则及处理结果。这样，就为当事人提供了一个合理的预期，使当事人能够理性预测其诉讼结果，避免当事人滥诉和漫天要价，从而为法官的调解工作提供了极大的便利。在一些案件中，针对原告诉状中列明的索赔数额较高的情况，法官主动将已有类似判例提供给原告诉讼代理人，原告诉讼代理人阅读后通常会主动降低赔偿数额，从而为促使案件迅速调解提供良机。

四、重视现场勘查，将开庭审理延伸到案发现场

勘查现场是知识产权审判中经常遇到的问题，也是开庭审理工作的延伸。一般在以下几种情况下，我们均会考虑勘查现场：(1) 被控产品不易搬迁到法庭，有必要组织双方当事人到现场进行技术比对；(2) 原告的权利属于方法发明或者涉及生产方法的技术秘密，有必要到被告所在地深入了解被告的具体生产方法；(3) 案件需要委托专家进行技术鉴定时需要法官陪同专家做现场勘查；(4) 法院在证据保全时通过勘查现场对有关证据予以固定；等等。实践证明，这种现场开庭的方式对方便当事人诉讼及提高办案效率具有非常重要的意义，是司法为民的有力体现。

五、慎重对待司法鉴定，解决专门性问题

司法鉴定是一种诉讼活动，程序的主体得到尊重，是程序保障的根基所在。诉讼活动绝不是裁判机关权力自我演绎的活动，应是一定规则支配下当事人的权利与裁判者权力的有机互动。即使是依职权的方式，鉴定机构和鉴定人的选定也不能完全由法院操纵，法院在操作方式及决定形成过程中应充分重视当事人的参与和表白的机会，让当事人的权利和法院的权力有着合理的分配与契合。这样做，既可以提高当事人对司法的信赖，也便于双方当事人对对方诉讼活动以及人民法院审判活动的监督，保证当事人之间进行必要的诉讼活动，并由此增加司法的透明度和公正性。我们经过摸索，将鉴定机构和鉴定人的选任分成预选阶段和

法院决定阶段。在前一阶段，由各方当事人向法院推荐鉴定机构和鉴定人员，最大限度地强化当事人的参与权，综合形成预选名单。法院决定鉴定机构和鉴定人员时，通过两种方式进行遴选：一种方式是当事人从预选名单中将其反对的鉴定机构或鉴定人员予以剔除，合议庭在保留的机构和人员中进行选择；另一种方式是由当事人在合理期限内从预选名单中分别选择其同意作为鉴定的机构和人员，合议庭在双方当事人共同选择的名单中确定鉴定机构和鉴定人员。当然，鉴定机构和鉴定人员要实行预先审定制度，即由合议庭判断专家的适格性，当事人推荐的鉴定机构，必须是具有鉴定资质的机构，鉴定人必须具备案件鉴定应有的专业知识和经验技能，且没有回避事由，避免鉴定结论作出后，因鉴定主体资格不够、需要回避等问题而不能采信。确定后的鉴定人需对当事人保密，直到鉴定会的召开，以保证鉴定人独立、公正地进行鉴定。通过以上方式产生的鉴定机构和鉴定人，虽然是法院最终指定，但其产生过程充分尊重了当事人的参与权，鉴定结论容易得到社会公众的信任。

还必须指出，司法鉴定毕竟耗时较长，不利于提高办案效率。因此，我们要求合议庭法官尽量通过勘查现场、咨询专家、要求当事人各自找技术人员向法官说明有关技术问题等方式来理解与案件有关的技术问题，从而尽快作出裁判。我们轻易不启动鉴定程序，只有在通过以上措施法官还是不能理解有关技术问题的情况下才启动鉴定程序。

还有就是如何对待鉴定结论的问题。鉴定结论只能是对有关技术性事实的认定，不能得出是否构成侵权的结论。我们要求合议庭法官慎重对待鉴定结论，将里面的技术性事实与其他事实结合起来考虑，并根据有关法律规定，最终得出是否侵权的结论并作出裁判。

六、设立专家制度，有效破解技术难题

知识产权案件涉及诸多不同专业的技术问题，技术比对是审理知识产权案件的必经环节。因法官对各行各业相关技术问题的认知不够专业，委托司法鉴定目前几乎成为解决涉案技术问题的惟一途径，但鉴定既影响知识产权审判的效率，也影响案件审判的质量。佛山市中级人民法院根据佛山市的产业结构和知识产权案件的类型特点，从佛山市长期从事科技工作和知识产权工作的人员中，聘任各主要行业中有代表性的专家以个人身份组成佛山市法院知识产权专家咨询委员会，充分发挥他们在解决专业技术问题上的独特作用和案件调解中的积极作用。专家委员的主要职责是为个案技术问题提供咨询、举办技术知识讲座或培训、介绍知识产权领域发展动态及提出工作建议等。专家委员会的设立，符合知识产权审判的技术特点，也符合知识产权审判的发展趋势，国外已有成例，但在国内全面铺开尚待时日。我们率先试行，引起最高法院以及广东省高院的极大关注，最高法院在《最高人民法院关于全面加强知识产权审判工作为建设创新型国家提供司法保障的意见》中肯定了上述做法。专家委员会成立以来，我们曾就六个外观设计案件向专家进行咨询并采纳外观设计专家的意见，裁判文书的说理性和说服力明显增强，同时由于专业术语的适当运用，当事人也部分息诉服判，达到了良好的法律效果和社会效果。

七、及时维护专利权人的权利，不轻易中止案件审理

在审理专利侵权案件中，被告为了抗辩的需要往往在诉讼中对原告专利权的有效性提出质疑并向国家知识产权局专利复审委员会申请宣告专利无效，要求法院中止审理。为了及时保护专利权人的利益，防止被告故意拖延诉讼，在是否中止审理的问题上，我们的做法是在决定是否中止审理前都依法将案件开庭审

理。我们认为，被告的专利无效抗辩理由及中止审理的理由是否成立应当经过开庭质证才能确定，如果未经开庭便决定案件是否中止审理对当事人来说均是不公平的。经过开庭审理，在同时满足下列条件的情况下，我们才会考虑中止审理：（1）被告在诉讼过程中提出的专利无效宣告请求被国家知识产权局专利复审委员会受理；（2）被控产品在形式上落入原告专利权的保护范围；（3）原告专利权的权利稳定性有合理怀疑。如实用新型专利的检索报告发现有可能导致该实用新型专利丧失新颖性、创造性的技术文献的，外观设计专利中被告有一定的证据对该外观设计专利的新颖性提出质疑而法官又一时感到难以取舍的。

当前，知识产权审判工作面临着国际知识产权保护的新挑战，面临着国家知识产权战略的新挑战，面临着创新社会建设需要的挑战。展望未来，知识产权审判工作任重道远，前景广阔。我们将继续在知识产权司法保护这一审判领域，牢固坚持社会主义法治理念和“公正司法、一心为民”的工作宗旨，积极受理并及时审理各类知识产权案件，重视综合运用各项诉讼手段，加大对侵权行为的制裁力度，确保知识产权司法保护执法标准的统一和执法结果的协调，力争为建设创新型社会作出新的更大的贡献。

广东省佛山市中级人民法院院长

朱和庆

目　录

第一章　知识产权民事诉讼程序若干问题研究

第一节　法院知识产权民事审判的分工与管辖

一、专业化的集中审判或提级审判

中国法院的知识产权审判工作开始于20世纪80年代初。1981年12月，《中华人民共和国经济合同法》颁布实施，人民法院开始受理技术合同纠纷案件，这是中国知识产权审判的开端。之后，随着1982年商标法、1984年专利法的颁布实施，人民法院的知识产权审判工作开始走上全面发展的轨道。随着中国加入世界贸易组织（WTO），我国对各类知识产权法律进行了较大的修改，在立法上已经完全符合《与贸易有关的知识产权协议》（TRIPs协议）的最低要求，有关的司法程序也走向了规范化。

最高人民法院对知识产权审判工作非常重视，总的趋势是知识产权审判工作日益走向专业化的集中审判的道路。

在知识产权审判工作中，最早实行集中管辖从而走上专业化审判道路的是专利审判工作。1985年最高人民法院发布《关于开展专利审判工作的几个问题的通知》，规定由各省级人民政府所在地的中级人民法院、各经济特区的中级人民法院以及其他经最高人民法院指定的较大市的中级人民法院作为审理专利纠纷案件的一审法院。截至目前，除了31个省会城市和直辖市以及4个经济特区所在市的中级人民法院外，最高人民法院共特批了大连、青岛、佛山、温州、苏州、宁波、烟台、葫芦岛、景德镇、赣州、东莞、江门、中山等城市的中级人民法院有权审理专利民事纠纷案件。随着中国市场经济的进一步发展，今后将会有更多城市的中级人民法院有权审理专利民事纠纷一审案件。

1997年6月，最高人民法院作出《关于同意指定佛山市中级人民法院审理部分专利纠纷案件的批复》（最高人民法院法知［1997］第43号），佛山市中级人民法院从此取得对专利民事纠纷案件的管辖权，在广东省成为继广州、深圳、珠海、汕头（省会城市和特区城市）等城市中级人民法院后的专利纠纷管辖法院。从广东的情况看，深圳、珠海、汕头、佛山均管辖各自辖区内的专利民事纠纷一审案件，而其余地区管辖范围内的专利民事纠纷一审案件均由广州市中级人民法院管辖。从2006年9月1日起，东莞、中山、江门的中级人民法院也有权管辖各自辖区内的专利民事纠纷一审案件。

除专利纠纷外的其他知识产权案件在我国加入WTO之前普遍处于分散管辖的状态，与一般民事案件的管辖标准没有区别。值得一提的是，广东省是全国较早实现知识产权案件集中管辖的地区。早在1999年8月最高人民法院公布的《经最高人民法院批准各高级人民法院辖区内各级人民法院受理第一审民事、经济纠纷案件级别管辖标准》中，明确规定广东省辖区内的知识产权案件，除专利纠纷案件按最高法院的规定实行指定管辖外，其他案件均由中级人民法院作为第一审法院。

全国范围内的知识产权案件（除专利纠纷案件外）的集中管辖问题发生在“入世”后。“入世”后我国对各类知识产权法律作了大规模的修改，其中相应地规定了有关集中管辖（主要是提级管辖）的内容。例如：（1）2002年1月21日起施行的《最高人民法院关于审理商标案件有关管辖和法律适用范围问题的解释》第2条规定商标民事纠纷案件由中级以上人民法院管辖；各高级人民法院根据本辖区的实际情况，经最高人民法院批准，可以在较大城市确定1～2个基层人民法院受理第一审商标民事纠纷案件。（2）2002年10月15日起施行的

《最高人民法院关于审理著作权民事纠纷案件适用法律若干问题的解释》第2条规定著作权民事纠纷案件由中级以上人民法院管辖；各高级人民法院根据本辖区的实际情况，可以确定若干基层人民法院管辖第一审著作权民事纠纷案件。（3）2005年1月1日起施行的《最高人民法院关于审理技术合同纠纷案件适用法律若干问题的解释》第43条规定技术合同纠纷案件一般由中级以上人民法院管辖；各高级人民法院根据本辖区的实际情况并报经最高人民法院批准，可以指定若干基层人民法院管辖第一审技术合同纠纷案件。（4）2007年2月1日开始施行的《最高人民法院关于审理不正当竞争民事案件应用法律若干问题的解释》第18条也作了类似的规定。

因此，目前全国法院知识产权民事审判的级别管辖如下：专利纠纷案件由最高人民法院指定的中级人民法院管辖；其他知识产权纠纷案件由中级人民法院或者经高级人民法院指定（并由最高人民法院批准）的基层人民法院管辖。

从佛山市范围看，经广东省高级人民法院指定（并由最高人民法院批准）有权审理第一审知识产权案件的基层人民法院有禅城区法院和南海区法院。根据粤高法发［2005］第23号文件《关于指定广州、深圳、佛山市部分基层人民法院受理一审知识产权民事纠纷案件的规定》，南海区法院和禅城区法院受理其辖区范围内的不属于专利、植物新品种、集成电路布图设计纠纷的争议金额不满人民币200万元的一审知识产权民事案件。相应的，以上案件的二审由佛山市中级人民法院受理。佛山市中级人民法院受理的一审知识产权民事案件则包括：本市辖区内的专利案件；本市除南海区、禅城区之外的其余辖区内的所有其他知识产权一审案件；本市南海区、禅城区范围内的争议金额200万元以上的其他知识产权一审案件；等等。

二、地域管辖标准

知识产权民事纠纷案件的地域管辖在本质上与其他民事案件的地域管辖标准没有大的区别，也就是首先要区分是合同纠纷还是侵权纠纷，然后根据民事诉讼法关于合同纠纷（由被告住所地或者合同履行地法院管辖）以及侵权纠纷（由侵权行为地或者被告住所地法院管辖）的管辖原则确定案件的管辖法院。至于同一诉讼有几个被告的，各被告所在地法院均有管辖权。而侵权行为地一般包括侵权行为实施地和侵权结果发生地。

但是，有关司法解释对确定知识产权民事案件（主要指侵权纠纷案件）管辖权中的被告住所地和侵权行为地问题作了一定的限定解释。例如：(1)《最高人民法院关于审理专利纠纷案件适用法律问题的若干规定》第5条中对侵权行为地的解释是“被控侵犯发明、实用新型专利权的产品的制造、使用、许诺销售、销售、进口等行为的实施地；专利方法使用行为的实施地，依照该专利方法直接获得的产品的使用、许诺销售、销售、进口等行为的实施地；外观设计专利产品的制造、销售、进口等行为的实施地；假冒他人专利的行为实施地。上述侵权行为的侵权结果发生地”；第6条还规定原告仅对侵权产品制造者提起诉讼，未起诉销售者，侵权产品制造地与销售地不一致的，制造地人民法院有管辖权；以制造者与销售者为共同被告起诉的，销售地人民法院有管辖权；销售者是制造者分支机构，原告在销售地起诉侵权产品制造者制造、销售行为的，销售地人民法院有管辖权。前述规定比民事诉讼法规定的有关管辖原则要窄，应引起注意。(2)《最高人民法院关于审理商标民事纠纷案件适用法律若干问题的解释》第6条规定商标侵权纠纷由侵权行为的实施地、侵权商品的储藏地或者查封扣押地、被告住所地人民法院管辖，其中储藏地是指大量或者经常性储存、隐匿侵权商品所在地，查封扣押地是指海关、工商等行政机关依法查封、扣押侵权商品所在地；第7条还规定对涉及不同侵权行为实施地的多个被告提起的共同诉讼，原告可以选择其中一个被告的侵权行为实施地人民法院管辖。仅对其中某一被告提起的诉讼，该被告侵权行为实施地的人民法院有管辖权。(3)《最高人民法院关于审理著作权民事纠纷案件适用法律若干问题的解释》第4条规定著作权侵权纠纷由侵权行为实施地、侵权复制品储藏地或者查封扣押地、被告住所地人民法院管辖，其中储藏地是指大量或者经常性储存、隐匿侵权复制品所在地，查封扣押地是指海关、版权、工商等行政机关依法查封、扣押侵权复制品所在地；第5条还规定对涉及不同侵权行为实施地的多个被告提起的共同诉讼，原告可以选择其中一个被告的侵权行为实施地人民法院管辖。仅对其中某一被告提起的诉讼，该被告侵权行为实施地的人民法院有管辖权。(4)《最高人民法院关于审理涉及计算机网络著作权纠纷案件适用法律若干问题的解释》第1条规定的侵权行为地包括实施被诉侵权行为的网络服务器、计算机终端等设备所在地；对难以确定侵权行为地和被告住所地的，原告发现侵权内容的计算机终端等设备所在地可以视为侵权行为地。(5) 其他情况。

三、广东省佛山市中级人民法院知识产权审判概况

广东省佛山市中级人民法院的知识产权审判工作从1993年起步，至今已有12年的时间。1997年6月，最高人民法院作出《关于同意指定佛山市中级人民法院审理部分专利纠纷案件的批复》(最高人民法院法知［1997］第43号)，佛山市中级人民法院取得对专利纠纷民事案件的管辖权。1998年2月，佛山市中级人民法院知识产权审判庭正式挂牌成立（无独立编制，与原民事审判庭合署办公)。2002年6月，我院根据机构改革的精神设立专门从事知识产权审判工作的民三庭。经上级批准，佛山市部分基层法院也取得了部分知识产权一审案件的管辖权。2004年5月1日，佛山市南海区人民法院成立专门的知识产权庭（民四

庭）。2005 年 9 月 1 日，佛山市禅城区人民法院也成立了民四庭（负责审理知识产权案件和涉外案件）。

从 1998 年 2 月到 2005 年底，佛山市中级人民法院共受理了 2 159件各类知识产权民事纠纷案件，其中专利案件 1 093件、商标案件 161 件、著作权案件 777 件、不正当竞争案件 114 件、其他案件 14 件。截至 2005 年 9 月共审结 2 075件。2006 年 1 月至 3 月，佛山市中级人民法院新受理各类知识产权案件 90 件，其中专利案件 42 件（含 3 件诉前禁令案件）、著作权案件 44 件、商标案件 1 件、不正当竞争案件 3 件。

佛山市中级人民法院审理的知识产权案件呈现出以下特点：从受理案件的类型看，专利案件一直占有较大比例，历年来收案的总体比例高达总的知识产权案件的 50.63%。在 2003 年之前专利案件占了总收案数的近六成，在 2003 年专利案件占总收案数的 55.24%，2004 年占 43.02%，2005 年占 35.20%。从近几年的情况看，专利案件收案稳定，保持在 150 件至 200 件之间。佛山市中级人民法院受理的专利案件数量在广东省位列前茅。专利审判工作是佛山市中级人民法院民三庭的一项传统工作，受理的案件数量稳步增长；著作权纠纷案件数量大量增长是近年来收案的显著特征，也是造成近年来知识产权民事纠纷案件收案数快速增长的主要原因。2003 年前的佛山市中级人民法院受理的著作权案件共有 231 件，2003 年达 108 件，2004 年达 153 件，2005 年达 285 件；佛山市中级人民法院受理的知识产权案件类型比较丰富，涵盖了专利、商标、著作权、不正当竞争、商业秘密、技术合同、网络侵权等多个知识产权领域。

这些与佛山市的社会经济发展有较大关系。例如，佛山市属于工业制造强市，专利的申请量连续多年在全国地级市中位居首位，由此带来大量的专利侵权纠纷案件；随着佛山市民营经济的逐步发展壮大，企业开始做大做强，于是企业对自身品牌建设、商业秘密、商业信誉等日益重视，这也导致了相关的商标侵权案件、不正当竞争案件增多；又如，关于著作权案件的审理对象，除了文学、音像、摄影等作品外，还有应用于工业方面的作品（如石湾公仔等陶瓷作品、布匹花色作品、产品广告作品等），这在其他城市比较少见；近年来国家对打击侵权盗版行为的重视和对音像市场的整顿，直接造成了音像制品著作权侵权案件数量上升；在社会观念上，目前佛山市包括媒体在内的社会各界普遍对保护知识产权持肯定态度，政府对保护知识产权的宣传措施比较到位，这使得法院开展知识产权审判有一个较好的外部环境；佛山市中级人民法院审理案件的效率比较高，立案方便，结案也比较快，执行力度也比较大，这导致一些权利人提起侵权诉讼时在可以选择管辖法院的情况下优先选择佛山市中级人民法院；等等。

具体收案情况见下表。

佛山市中级人民法院知识产权案件 1998～2006 年收结案情况表

<table>
<tr><th colspan="2" rowspan="2">案号</th><th rowspan="2"></th><th colspan="4">专　利</th><th rowspan="2">著作</th><th rowspan="2">商标</th><th colspan="3">不正当竞争</th><th rowspan="2">其他</th><th rowspan="2">合计</th><th rowspan="2">全年合计收案数</th></tr>
<tr><th>外观设计</th><th>实用新型</th><th>发明</th><th>合计</th><th>商业秘密</th><th>其他</th><th>合计</th></tr>
<tr><td colspan="2" rowspan="2">1998 知初</td><td>收</td><td>33</td><td>12</td><td></td><td>45</td><td>26</td><td>4</td><td>1</td><td>5</td><td>6</td><td>2</td><td>83</td><td rowspan="2">83</td></tr>
<tr><td>结</td><td>33</td><td>12</td><td></td><td>45</td><td>26</td><td>4</td><td>1</td><td>5</td><td>6</td><td>2</td><td>83</td></tr>
<tr><td colspan="2" rowspan="2">1999 知初</td><td>收</td><td>68</td><td>12</td><td></td><td>80</td><td>90</td><td>16</td><td>2</td><td>13</td><td>15</td><td></td><td>201</td><td rowspan="2">201</td></tr>
<tr><td>结</td><td>68</td><td>12</td><td></td><td>80</td><td>90</td><td>16</td><td>2</td><td>13</td><td>15</td><td></td><td>201</td></tr>
<tr><td colspan="2" rowspan="2">2000 知初</td><td>收</td><td>50</td><td>36</td><td>2</td><td>88</td><td>17</td><td>20</td><td>6</td><td>12</td><td>18</td><td>2</td><td>145</td><td rowspan="2">145</td></tr>
<tr><td>结</td><td>50</td><td>36</td><td>2</td><td>88</td><td>17</td><td>20</td><td>6</td><td>12</td><td>18</td><td>2</td><td>145</td></tr>
<tr><td colspan="2" rowspan="2">2001 知初</td><td>收</td><td>105</td><td>27</td><td>6</td><td>138</td><td>48</td><td>35</td><td>3</td><td>6</td><td>9</td><td></td><td>230</td><td rowspan="2">230</td></tr>
<tr><td>结</td><td>105</td><td>27</td><td>6</td><td>138</td><td>48</td><td>35</td><td>3</td><td>6</td><td>9</td><td></td><td>230</td></tr>
<tr><td rowspan="6">2002</td><td rowspan="2">知初</td><td>收</td><td>85</td><td>12</td><td>2</td><td>99</td><td>8</td><td>9</td><td></td><td>8</td><td>8</td><td></td><td>124</td><td rowspan="6">286</td></tr>
<tr><td>结</td><td>85</td><td>12</td><td>2</td><td>99</td><td>8</td><td>9</td><td></td><td>8</td><td>8</td><td></td><td>124</td></tr>
<tr><td rowspan="2">民三初</td><td>收</td><td>75</td><td>19</td><td>2</td><td>96</td><td>42</td><td>12</td><td>2</td><td></td><td>2</td><td></td><td>152</td></tr>
<tr><td>结</td><td>75</td><td>19</td><td>2</td><td>96</td><td>42</td><td>12</td><td>2</td><td></td><td>2</td><td></td><td>152</td></tr>
<tr><td rowspan="2">诉前禁</td><td>收</td><td>6</td><td>3</td><td></td><td>9</td><td></td><td>1</td><td></td><td></td><td></td><td></td><td>10</td></tr>
<tr><td>结</td><td>6</td><td>3</td><td></td><td>9</td><td></td><td>1</td><td></td><td></td><td></td><td></td><td>10</td></tr>
</table>

续表

案号			专利				著作	商标	不正当竞争			其他	合计	全年合计收案数
			外观设计	实用新型	发明	合计			商业秘密	其他	合计			
2003	民三初	收	114	23	4	141	94	19	6	9	15	1	270	319
		结	114	23	4	141	94	19	6	9	15	1	270	
	诉前禁	收	18	15		33	11	1					45	
		结	18	15		33	11	1					45	
	民三重	收				0	3			1	1		4	
		结				0	3						4	
2004	民三初	收	128	21	2	151	153	22	11	15	26	2	354	358
		结	128	19	2	149	153	22	11	14	25	2	351	
	诉前禁	收	1	2		3							3	
		结	1	2		3							3	
	民三重	收	1			1							1	
		结	1			1							1	
2005	民三初	收	156	25	8	189	285	19	12	2	14	7	514	537
		结	116	14	5	135	283	19	8	1	10	3	450	
	诉前禁	收	18	2		20		1					21	
		结	18	2		20		1					21	
	民三终	收						2					2	
		结						2					2	
2006	民三初	收	124	32	14	170	65	10	3	10	13	2	260	286
		结	103	20	8	131	64	8	1	4	5	2	210	
	民三重	收		1		1		1					2	
		结		1		1		1					2	
	民三禁	收	8	5	2	15							15	
		结	8	5	2	15							15	
	民三终	收					2	3	1	3	4		9	
		结					2	3	1	3	4		9	
合计收案数			990	247	42	1 279	844	175	47	84	131	16	2 445	2 445

第二节　立　　案

一、知识产权民事纠纷案件常见类型（案由）

最高人民法院于2000年10月30日以法发［2000］第26号通知的形式发布了《民事案件案由规定（试行）》。该规定将法院审理的民事纠纷案件分为4部分54类300种，其中包括了绝大部分的知识产权民事纠纷案件。必须指出的是，以上规定的出发点是为了便于司法统计，有些案件的案由中列举了几个常见的小项（用阿拉伯数字加圆括号表示），但实践中的具体案由并不限于此。还有一点，一审法院在立案时可以根据当事人的诉求来确定立案案由，但结案时应当以法院查明的当事人之间的确切法律关系的类型来确定案由。因此，法官在审判工作中不能只着眼于立案时的案由，而应当全面审查当事人的诉求，结合具体的诉辩情况和证据，从而确定案件的真正性质并最后作出裁判，即对合理合法的诉求予以支持，对于法无据的诉求予以驳回。例如，关于对他人商标的某些不正当使用的案情，是应当认定为商标侵权纠纷还是不正当竞争纠纷往往争议比较大，不可能在立案时就非常确定该用哪个案由，因此可以考虑混合案由，如定为××商标侵权及不正当竞争纠纷，只要被控行为是同一的，法院在进行实体审理时就不必拘泥于案由之争，作为一个案件审下去即可。

无论如何，最高人民法院印发的《民事案件案由规定（试行）》给我们提供了分析具体案情的指导方向。本节内容主要是以该规定为参考，结合司法实践，总结出几类常见的知识产权民事纠纷案件，并就每类案件在起诉立案阶段应当注意的若干问题进行分析。

常见的知识产权民事纠纷案件可以分为五部分：（1）专利权纠纷，包括专利权权属纠纷；（2）商标权纠纷；（3）著作权纠纷；（4）不正当竞争纠纷；（5）与知识产权有关的合同纠纷。

二、各类型案件的原告在起诉时应注意提交的证据

对于原告起诉应当提交的证据材料，民事诉讼法已经作了规定，并且对于普通民事诉讼而言许多人都已知悉，本书不再重复。在这里，笔者只对知识产权案件中应提交的特殊证据进行说明。

关于专利侵权纠纷，原告应当按照其持有的专利证书，如一个专利权被侵犯则以一件案件起诉，如果被控产品侵犯了其多个专利权，则原则上应当分案起诉，但法院可以合并审理。原告提交证明时应当注意以下几点：（1）权利凭证。专利证书、专利公告文件、年费凭证等。其中有的证据原件在当事人手中，专利公告文件的原件可以通过专利公告出版物、有关知识产权行政部门或检索中心盖章的复印件、网络公证下载材料等证实其真实性。要注意的是确认专利权的有效性，可以通过缴纳年费的凭证、专利登记副本、有关知识产权行政部门或检索中心出具的有效性证明等材料加以证实。对请求保护色彩的外观设计专利则应提交盖有国家知识产权局档案部门公章的外观设计专利彩图。对实用新型专利，原告应尽量提交国家知识产权局出具的检索报告；如原告未能提交该检索报告，则在被告提出无效宣告请求的情况下该侵权纠纷案件很可能被法院中止审理，造成诉讼周期过长。（2）关于被控产品方面。原告应当提交被控产品的实物及其来源方面的证据。有条件的，可以通过对购买过程进行公证取证。物证在专利侵权纠纷案件中往往具有关键性作用。

关于专利权属纠纷案件，实践中比较常见的是技术开发合同及职务发明创造所引起的专利权属纷争。在没有相反证据的情况下，专利证书上的专利权人即为权利人。原告既然对专利权的归属存在争议，其起诉时必然要注意收集前述“相反证据”。主要包括：合同、被告身份及本职工作、诉讼的专利与被告本职工作

的关联性、该专利的实际研发过程、被告主要是利用本单位物质技术材料完成该发明创造的证据；等等。

商标侵权纠纷主要的证据是商标证书和被控行为的具体表现形式。要特别注意对各种被控行为的表现形式进行具体化和固定化处理。在诉状中要明确具体的侵权行为，对每一个指控的行为固定为一份（或一类）证据，如在媒体上发布的广告；在产品包装上使用的标识；在网络上下载的材料；等等。

著作权侵权纠纷案件中关键的是要证明著作权人对作品享有著作权的证据。原告应当提交作品的底稿、原件、合法出版物（有版权页）、著作权登记证书、认证机构出具的证明、取得权利的合同等证明著作权人身份的材料。如果在作品上署名的人与原告主张的著作权人名称不一致，则原告还应提交有关说明材料。

关于侵犯商业秘密案件，原告在起诉时首先要明确并固定自己的商业秘密，故必须提交关于所主张的商业秘密的载体、具体内容、商业价值方面的证据；原告采取保密措施的证据；被告侵权行为的具体表现，即明确被控信息的内容；被控信息与原告的商业秘密之间的关联性；等等。

三、关于财产保全和证据保全

对于财产保全，按一般民商事案件处理。佛山市中级人民法院对当事人提出的财产保全申请，原则上均要求提供担保财产，并根据具体案情需要对担保财产也采取查封、扣押、冻结等保全措施。

证据保全是审理知识产权民事案件中经常遇到的问题。对证据保全申请，《民事诉讼法》第74条只作了原则规定。而最高人民法院《证据规定》第23条则规定：当事人申请证据保全的，人民法院可以要求其提供相应的担保；法律、司法解释规定诉前保全证据的，依照其规定办理。因此，目前只有在当事人申请临时措施（诉前禁令）的过程中可以同时提起诉前证据保全，而其他知识产权案件当事人只能在起诉的同时或者起诉以后提出证据保全申请。考虑到起诉以后证据往往容易被转移，因此，原告如需要申请证据保全，最好在递交起诉状的同时提出证据保全申请，便于法院在立案后同步进行证据保全工作。

关于证据保全的担保问题，立法没有强制性的明确规定。佛山市中级人民法院从实际出发，一般的做法是：当事人申请证据保全的，原则上应提供相应的担保；对担保价值的确定，根据具体案情和需要保全的证据的价值以及该证据保全措施可能给被告造成的影响程度来进行综合确定。证据保全并不像财产保全那样根据保全标的（或诉讼标的）来确定担保价值。

第三节　诉前禁令相关问题研究

对于动态的侵权行为，采取扣押财产尚不足以保护权利人的合法权益，故在民事诉讼中采取保全性的临时救济，如发禁令，责令被申请人（被告）停止侵犯权利人的权益，是各国民事诉讼的通行做法。我国已加入 WTO，WTO 体制下的《与贸易有关的知识产权协议》（以下简称 TRIPs 协议）第 50 条规定，成员方应授权司法当局为了防止侵权发生，尤其是防止侵权商品进入商业渠道，除保存与被控侵权行为的有关证据，有权采取及时有效的临时措施。为符合世界贸易组织规则和我国“入世”谈判中的对外承诺，我国修改后的《专利法》、《著作权法》、《商标法》都以实体法的形式，创设了诉前停止侵权行为即临时禁令这一法律制度，最高人民法院制定的《关于对诉前停止侵犯专利权行为适用法律问题的若干规定》、《关于诉前停止侵犯商标专用权行为和保全证据适用法律问题的解释》两项司法解释对诉前临时禁令的适用作了专门规定。诉前禁令作为知识产权权利人在其权利受到侵害时获得的临时救济，在我国知识产权法律保护体系中占有重要地位。

一、诉前禁令的立案

诉前禁令的立案应当根据《专利法》、《著作权法》、《商标法》以及最高人民法院制定的《关于对诉前停止侵犯专利权行为适用法律问题的若干规定》、《关于诉前停止侵犯商标专用权行为和保全证据适用法律问题的解释》的规定严格进行。佛山市中级人民法院在实践中将审查重点放在判断申请人胜诉的可能性及是否对申请人造成不可弥补的损失两个主要问题上。但是，在法律及司法解释中，这两个判断标准都使用了盖然性的概念。因此，如何认定“正在侵权”、“即发侵权”和“难以弥补的损失”成为实践中的难题。佛山市中级人民法院在把握我国有关法律和司法解释的基础上，参照国外司法实践经验，统一了执法标准，使弹性的认定标准具体化。实践中，佛山市中级人民法院主要从以下三个方面予以审查：

（一）对申请人权利有效性的审查

主要审查申请人提供其权利有效存在的证据，如专利证书、检索报告、商标注册证、著作权的原始手稿等，同时对被申请人抗辩申请人权利的有效性和稳定性的有关证据进行审查，审查是否有相同或明显近似的在先权利，以此评判申请人权利的有效性和稳定性。

（二）对侵权可能性的审查

由申请人提供被控侵权物与申请人权利保护范围相同或相似性的对比说明，被申请人提供其抗辩不相似、不相同的对比说明，合议庭对此进行重点审查，由双方当事人充分解释和说明。对技术性强的纠纷，必要时，合议庭向相关领域的技术专家咨询后再作出胜诉可能性的评判，以保证采取的禁令措施准确无误。

（三）对不可弥补的损失的审查

对该条件的审查相对宽松，借鉴国外成功经验，确立当专利的有效性十分清楚，且专利侵权确定的情况下，推定构成即将发生不可弥补的损害。

二、诉前禁令的执行

（一）诉前证据保全和诉前禁令均由专司知识产权审判之职的民三庭集中受理、审查和执行，为正确实施该措施提供了保障

诉前禁令案件专业性较强，对时间和执行手段的要求都较为严格，适用法律上也存在一定难度。在大立案的格局下，考虑到专利、商标、著作权等纠纷案件的专业性和复杂性，根据司法解释的规定，佛山市中级人民法院将这类案件的审理权交由有审理知识产权纠纷案件经验的业务庭作出裁定并执行，为及时准确适用这一临时措施提供专业保障。

（二）诉前证据保全、诉前财产保全与诉前禁令分步进行，即先进行证据保全和财产保全，再根据保全情况进行禁令的审查

一般情况下，当事人在提出诉前禁令申请时，往往同时提出诉前证据保全和财产保全的申请。佛山市中级人民法院在审查诉前禁令前，首先进行证据保全和财产保全，并以证据保全为主。实施这两项措施后，被申请人主动提出和解结案的比例高、结案快，很多案件不再进入实体审理程序。如申请人何××申请南海市××铝材厂停止侵犯专利权行为的案件中（共5件），佛山市中级人民法院在进行证据保全和财产保全后，正准备核发诉前禁令裁定，这时，被申请人主动与申请人达成了和解协议，执行效果较好。

（三）实行听证程序，慎重对待禁令申请

临时禁令一旦作出，将对被申请人的经营活动造成严重的冲击和破坏性的影响。为了保证这项措施的正确实施，使得权利人行使其私权时，不使公众的合法权益受到损害，佛山市中级人民法院对禁令的审查严格慎重，针对不同类型的案件进行符合个案特点的审查。申请人提出诉前禁令，其前提条件是专利权等权利真实有效。由于我国《专利法》规定，对实用新型、外观设计

专利的申请不进行实质审查，佛山市中级人民法院在这两类案件的当事人提出申请时，注意防止专利权人滥用权利，谨防其利用临时禁令作为打击竞争对手的工具。故在审判实践中确立了必要的听证制度。在进行诉前证据保全后，合议庭及时召集双方当事人对权利人的权利与被控侵权产品的技术特征对比说明和被申请人提供的比对文献等抗辩证据及理由进行解释和说明，认真听取被申请人的抗辩理由和考虑社会公共利益等因素。必要的听证程序保证了法庭在充分听取双方的证据、全面掌握案件事实的前提下所作出的禁令准确无误，不仅减少与终局判决不一致的情况，也把握了专利权人和公共利益的衡平关系。这不仅符合 TRIPs 协议的要求，也与其他国家执行临时措施的标准一致。诉前禁令作出后，在执行现场，执行人员应再次对有关事实进行审查，确认无误后再依法执行裁定。采取禁令的范围和程度，与保护专利权的安全相适应，确保这项措施的正确实施。对佛山市中级人民法院作出的禁令裁定，目前当事人均没有提出复议申请。

（四）及时、快捷、有效地实施临时禁令，确保在最有利的时机打击侵权者

颁发临时禁令的目的是为了及时制止侵权者的侵权行为，适用于较为急迫的情形，迅速、准确地采取相关措施成为佛山市中级人民法院审理禁令申请的宗旨。在受理诉前证据保全和诉前禁令后，受理的当天即作出证据保全裁定，并由专司知识产权审判之职的民三庭审判人员协同法警立即执行。在保全证据的同时告知被申请人准备相关的抗辩证据和理由，并通知次日到法院听证，主要目的是审查申请人的权利是否稳定，被申请人公知技术等抗辩理由是否充分，并进行技术比对，评判被控侵权物与申请人的权利是否相同或近似。合议庭将根据双方当事人提供的证据、听证情况及申请人提供的担保数额和担保方式等情况决定是否核发禁令裁定，对于符合规定的，立即作出裁定并执行；对于不符合条件的，向申请人说明理由，由申请人决定是否撤回申

请，不撤回的，驳回其申请。

通过正确适用临时禁令措施，佛山市中级人民法院的诉前禁令措施取得了较好的社会效果。首先，提高了人民法院的公信力，改变了以往人民法院面对侵权软弱无能的局面，提高了执法力度，树立了司法权威，增强了人民群众对法院的信任；其次，加大了对明显侵权的制止力度，并在最有利的时机打击侵权者，净化了市场，巩固了知识产权权利人的合法垄断地位，对其利润和市场份额提供了充分保障，起到事半功倍的效果；再次，让侵权者立即“悬崖勒马”，并令其意识到侵权的代价，对投机取巧不再抱有幻想，转而依靠研发产品提高竞争力。这表明，该措施对市场主体知识产权意识、竞争意识、价值观念等产生了深远的影响。

三、诉前禁令中存在的问题及建议

佛山市中级人民法院根据有关法律和司法解释，结合审判实践和民法的基本原理、法理的基本原则，办理了一批诉前禁令申请的案件，取得了较好的社会效果和法律效果。但由于有关法律和司法解释只是从原则上、宏观上对诉前禁令作出相应的规定，这些规定有不尽完善的地方，在纷繁复杂的审判实践中也遇到了不少问题。

（一）对胜诉可能性的审查

对侵权可能性的审查，是每一个实行临时禁令的国家在衡量核发禁令时应考虑的一个重要因素。最高人民法院《关于对诉前停止侵犯专利权行为适用法律问题的若干规定》、《关于诉前停止注册商标专用权行为和保全证据适用法律问题的解释》，对诉前申请停止侵权的条件规定包括有关行为如不及时停止会使申请人的合法权益遭到难以弥补的损害。这种司法解释更接近于英美法系国家有关禁令制度的规定，反映我国严格执法的立法态势。但对侵权可能性的理解，在司法实践中有着不同的看法。我国修订后的《专利法》、《商标法》、《著作权法》均规定，在决定是否核发禁令的初审程序中，申请人要有证据证明被申请人正在实施或者即将实施侵犯其权利的行为。在当事人不服禁令裁定而启动的复议程序中，人民法院审查的首要条件也是被申请人正在实施或即将实施的行为是否构成侵权。由此，一种观点认为，核发禁令最重要的条件是有证据证明他人的行为已构成侵权。另一种观点则认为，申请人没有必要提交证据证明其必然胜诉，只需提交初步证据证明侵权的合理可能性即可。由于不同的认识，在审判实践中各法院甚至各合议庭对申请人的举证责任及是否核发禁令把握的标准不一，极易造成执法不一的混乱状态。

对此，我们有必要看看域外的相关规定。纵观大陆法系和英美法系各个实施禁令制度的国家，大陆法系国家与英美法系国家关于禁令制度的适用条件的规定有所不同。以德国为代表的大陆法系国家的民事诉讼法基于法官在民事诉讼中的主导地位，对禁令制度的适用条件，规定得较为宽松，赋予法官较大的自由裁量权，但权利的有效性及被申请人是否构成侵权仍然是法院审查的重点。英美法系国家有关禁令制度的规定较为严格，法官必须基于情况紧急、不可挽回的损失、胜诉的可能性、公共利益等条件进行平衡。可以看出，对胜诉的可能性的审查是核发禁令时必须考虑的，但没有要求这种胜诉必须是毫无疑问的。我们认为，诉前禁令是针对情况紧急，为及时有效地采取相关措施制止被申请人侵权而设定的临时救济手段，如要求申请人必须有确切的证据全面证明被申请人的行为已构成侵权行为，是有违设立该项措施的初衷的。但从另一方面来说，诉前禁令系为强化权利人的权利保障而设计的临时救济，难免与程序正当原理有所冲突，一旦作出，将对被申请人的经营活动带来破坏性的影响。我们认为，只有申请人能够证明侵权的可能性较大，法院在权衡利弊的时候才可能牺牲被申请人的程序保障利益，以保障私权与社会公共利益的平衡。否则，这种禁令毫无公正性可言。因此，建议最高人民法院对核发临时禁令的条件进一步明确化、具体化，增强该措施的可操作性。考虑到禁令措施的功能和目的及社会公众的利益，建议将胜诉可能性确定为权利人有胜诉的合理可能性。

（二）核发诉前禁令后至起诉前，当事人达成和解协议的，应如何处理

最高人民法院《关于对诉前停止侵犯专利权行为适用法律问题的若干规定》第12条规定："专利权人或者利害关系人在人民法院采取停止有关行为的措施后15日内不起诉的，人民法院解除有关采取的措施。"审判实践中，大量的原告提起侵权诉讼的目的是为了净化市场，制止竞争者的生产经营，巩固自己的垄断地位，赔偿倒在其次，只要被申请人不再有侵权行为，申请人往往已达到目的，不再进行诉讼。另一种比较普遍的情况是，法院对被申请人进行诉前证据保全时，往往扣押被申请人的产品、查封生产被控产品的模具和设备，对被申请人的"杀伤力"很大，核发诉前禁令后，大多数被申请人与申请人就有关纠纷达成和解协议，诉讼已非必要。但按照上述司法解释的规定，如果申请人不在法定期间起诉，法院需解除裁定采取的措施，从而使当事人的法律状态重新回到禁令申请之前的状态。更关键的是，当事人达成和解协议遇到如下问题时难以解决：（1）当事人往往在和解协议中约定销毁被控产品及生产被控产品的模具和有关技术资料，以保证不再侵权。由于这些产品与资料已由法院查封，被申请人无权处理，法院也因没有终局判决而缺乏做销毁等处理的依据，导致当事人对此问题达成的和解协议无法履行；（2）和解协议依靠当事人自觉履行，如果一方当事人不履行相关协议，必然引起诉讼。再次引起的纠纷可因双方当事人达成的和解协议而演变成一种合同纠纷，那么在管辖、适用法律等问题上均与侵权之诉不同。当然，当事人也可以再次选择侵权之诉，但由于上一次的诉前保全和诉前禁令因当事人的不起诉而解除，申请人有可能再一次申请诉前禁令和诉前证据保全。如佛山市中级人民法院

受理的申请人曾×申请佛山市石湾区××陶瓷美术厂诉前停止侵犯著作权案件中，佛山市中级人民法院核发临时禁令后，被申请人承认自己构成侵权，主动与申请人和解，达成了和解意向，即被申请人销毁制作侵权产品的模具和侵权产品，保证不再侵权，并支付一定的赔偿费，申请人则不再起诉。由于该侵权模具和侵权产品已由法院查封，被申请人无权销毁，同样的道理，该模具和产品也不能交由申请人处理，法院在没有生效的法律文书的情况下亦不能销毁。惟一的办法是，申请人在15日内不起诉，由法院将这些模具和产品予以解封，再由申请人监督被申请人予以销毁。但在被申请人不自觉履行协议的情况下，申请人此时已超过法定的起诉期间，必须进行再次的起诉，大大增加了申请人的诉讼风险。提起诉讼时，引发的另一个问题是，申请人可以选择合同违约之诉，该案则由有管辖权的基层人民法院受理，由于种种原因，这是申请人不愿接受的。如果申请人选择侵权之诉，则需再一次申请诉前保全和诉前禁令，这对当事人的时间和精力及司法资源是一种极大的浪费。由于上述种种原因，申请人与被申请人的和解处于十分尴尬的地位，在司法实践中，部分申请人出于无奈，只好放弃和解，选择起诉。这种选择与公正和效率的司法理念是相违背的。民商活动中，当事人之间在不违背法律的情况下，自由处分自己的权利，从而快捷、有效地解决彼此之间的纠纷，应该得到司法的承认和保障。但由于上述规定，当事人自由处分的权利无法实现，造成较差的社会效果。因此，为节约社会资源，保护当事人合法的处分权利，也促使当事人之间的法律状态尽快归于稳定，应允许法院的强制力为这种和解协议作保障。建议制定相关规定，允许在诉前禁令阶段适用调解，对当事人的和解以司法的强制力予以确认。适用调解时，可以规定相应的程序，如规定实行听证程序，在被申请人承认侵权的前提下或经听证后，现有证据表明被申请人构成侵权，且被申请人没有异议等事实基本清楚的情况下，适用调解结案，以避免引起新一轮的申请或诉讼。

（三）裁定书的制作不规范

最高人民法院迄今没有制定诉前禁令裁定的基本格式。实践中，裁定书的制作可以说是“百家争鸣，百花齐放”。这表现在：（1）案号的使用不统一。由于没有统一的规定，有的法院将诉前禁令作为独立的案件，以诉前禁字为案号；有的法院由立案庭作裁定，使用立保字为案号；有的法院由民三庭作裁定，但不作为独立的案件受理，故以民三初字为案号；（2）裁定书说理部分，在论述做禁令的理由时，有已构成侵权、构成侵权的可能性较大、构成侵权的可能性极大、有胜诉的可能性等几种表述方式；（3）实行听证的，有些法院将此过程写入裁定书，将双方当事人的意见以质证的方式写明，裁定书篇幅较长；有些法院则将该过程和双方当事人意见予以省略；（4）在裁定书的主文里，有的法院在作出裁定书时写入证据保全的内容，有些则不写，不一而足。这表明，诉前禁令裁定书的制作欠缺规范性和标准化，出现了较为混乱的局面。建议最高人民法院制定相关的文书样式，规定这类文书制作的基本原则、基本内容、基本结构和层次等，在此基础上允许根据个案的特点，写出个案独到之处，体现个案特色。以规范化与个性化相结合的指导原则，规范裁定书的制作，提高裁定书制作质量和制作水平。

（四）收费不统一

最高人民法院《关于对诉前停止侵犯专利权行为适用法律问题的若干规定》（以下简称规定1）及《关于诉前停止侵犯注册商标专用权行为和保全证据适用法律问题的解释》（以下简称规定2）的司法解释中，对诉前证据保全和诉前禁令的收费问题作出了不同的规定。在规定1中，规定诉前停止侵犯专利权行为的案件，申请人应当按照《人民法院诉讼收费办法》及其补充规定交纳费用，对诉前证据保全是否需要收费没有明确规定。但在规定2中，规定诉前停止侵犯商标专用权行为和证据保全的案件，应当按照《人民法院诉讼收费办法》及其补充规定交纳费用，这表明诉前禁令和诉前证据保全均应收费。不同的规定，造成人民法院收费的标准不统一。且有关司法解释均未对诉前禁令申请能否撤回作出规定，如果允许撤回，在申请费的收取上亦有不同的看法。一种观点认为申请费的申请应该参照《人民法院诉讼收费办法》减半收取；另一种观点认为应全额收取申请费。我们同意前一种观点。为统一收费，最高人民法院应对此作出明确规定。

总的来说，关于诉前禁令的有关规定比较原则、抽象。佛山市中级人民法院地处珠三角腹地，知识产权纠纷案件比较集中，社会公众的知识产权意识较强，受理的诉前禁令申请较多。通过对80多件禁令申请的审查，在司法实践中对如何准确、及时、有效地审理该类型案件进行了一定的探索，取得了一定的经验，希望我们的探索能为大家带来一些启发，避免重复我们走过的弯路。在实践中我们也遇到了一些困难和困惑，希望借此书推动最高人民法院制定更明确、操作性更强的执法依据。

第四节 庭 审

一、庭前准备阶段

目前的《中华人民共和国民事诉讼法》第十二章第二节规定了审理前的准备，主要内容包括：（1）法院向当事人送达起诉状和答辩状；（2）法院在受理案件通知书或应诉通知书中向当事人告知有关的诉讼权利义务；（3）法院确定合议庭并告知当事人，以及向当事人送达开庭传票；（4）法院调查收集必要的证据；（5）法院追加诉讼当事人参加诉讼。

从以上规定可以看出，庭前准备阶段就是法院和当事人在案件正式开庭审理之前所做的一切准备工作。在这个阶段最关键的工作应当是对有关证据的收集整理。鉴于此，最高人民法院制定了《关于民事诉讼证据的若干规定》的司法解释（法释［2001］第33号），对当事人的举证、法院的调查取证、庭审质证、法院审核认定证据等有关内容进行了规范，其中有一些内容是针对庭前准备阶段的。

最高人民法院《关于民事诉讼证据的若干规定》中关于庭前准备阶段的规定主要包括：当事人举证和举证期间；法院调查取证；必要时的庭前证据交换。由于知识产权民事案件属于在程序及证据方面均比较复杂的民事案件，因此有必要组织当事人进行庭前证据交换。

从司法实践看，法院一般在立案后送达有关诉讼材料时（起诉状、应诉通知书、传票等）的同时，向当事人送达举证通知书。举证通知书的内容包括对当事人举证的内容、格式等要求；举证期间（一般为30日）；延期举证申请；申请法院调查取证的申请；庭前证据交换日期；等等。

此外，法院对当事人提出的管辖权异议也一般在庭前准备阶段处理。

必须指出的是，庭前准备阶段并不是惟一的或固定不变的，更不能仅将其理解为从立案到第一次开庭前的期间。有些工作如是否启动司法鉴定程序、是否进行外出调查取证、是否追加当事人等虽然在原则上法院应当在开庭前作出处理，但由于具体的案情复杂多变，一些问题需要经过第一次开庭审理后才能大致搞清楚。因此，对于前述的某些复杂问题法院往往要在第一次开庭以后才能科学地作出决定，相应的这些问题也只能在第一次开庭以后至第二次开庭前的期间内（也可以称之为第二次开庭前的庭前准备工作）作出处理。

二、开庭审理过程中应注意的问题

知识产权民事案件的开庭审理与一般民事案件在原则上没有

什么不同（也分为法庭调查和法庭辩论两个阶段），但由于知识产权案件的特殊性和专业性，在具体的庭审过程方面有所不同，这些不同主要体现在法庭调查中的某些环节。

以下以常见的侵权案件（尤其指专利侵权）为例具体说明在法庭调查过程中应注意的细节问题。

（一）原告的主体资格（诉权）问题

知识产权案件的诉权问题非常复杂，既涉及形式和程序问题，也涉及有关的实体和权利分解问题，要求在立案阶段完全搞清楚此问题不现实（法院立案庭一般仅依照《中华人民共和国民事诉讼法》第108条的规定对是否受理案件进行形式审查），因此法官在庭审过程中要注意对有关的诉权进行审查，通过庭审进一步明确原告的主体资格问题。

一般来说，各类知识产权的权利人均可作为原告提起诉讼。但在专利、商标侵权案件中，立法均规定除权利人外的利害关系人也可以向法院起诉。关于“利害关系人”的定义，在司法实践中一般理解为专利、商标的独占许可合同中的被许可人可以单独作为原告；排他许可合同中的被许可人可以与权利人一起作为共同原告，在权利人不起诉的情况下可以单独起诉[1]；普通许可合同中经权利人明确授权（或合同明确约定）以自己名义起诉的被许可人也可以单独作为原告[2]。

关于诉权能否转让的问题法律没有明文规定，实践中争议也很大。传统的观点认为诉权属于公权，是当事人向国家机关申请

[1] 详见《最高人民法院关于商标侵权纠纷中注册商标排他使用许可合同的被许可人是否有权单独提起诉讼问题的函》（[2002] 民三他字第3号），商标注册人不起诉包括商标注册人明示放弃起诉的情形，也包括注册商标排他使用许可合同的被许可人有证据证明其已告知商标注册人或者商标注册人已知道有侵犯商标专用权行为发生而仍不起诉的情形。

[2] 这实际上属于许可合同中约定的诉权随实体权利（许可实施权）一并转让的情形，目前的司法解释没有明确规定这一点，但在司法个案中有所体现。具体可以参见本节第四部分有关诉权的案例介绍。

保护其权益的权利，因此不能转让。但是，在有关的知识产权合同中，诉权往往是从属于有关的实体权利（如专利商标的实施权，作品的出版权、发行权等），有关实体权利通过合同已经全部或部分转让给相对方，相对方在取得该实体权利的同时获得相应的诉权顺理成章。我们认为，没有实体权利转让内容的单纯的诉权转让不能成立；但是在许可合同（许可合同实际上也是权利人转让了部分实体权利给对方行使）中如果明确约定了被许可人享有独立的诉权或有权以自己的名义起诉侵权行为的内容，只要这种约定不损害国家利益或社会共同利益，不具有合同无效或可撤销的其他情形，就应当承认其法律效力。通过合同约定诉权还可以比较容易地处理侵权诉讼胜诉后获得的赔偿费分享以及诉讼风险的分担问题，因为这些内容通常是诉权约定中当事人会同时约定的内容。世界上，法国、英国等国家都在知识产权立法中明确规定了诉权的约定制度。如《法国知识产权法典》第 L. 716－5 条规定："民事侵权诉讼由商标所有人提出。但是，商标独占被许可人在合同无相反约定且所有人在催告后未提起诉讼的，可提起诉讼。"

（二）原告要求保护的权利范围

要求原告当庭阐述并确定其权利范围。一般来说，发明和实用新型专利的权利保护范围在于独立权利要求记载的全部必要技术特征；外观设计专利的权利保护范围以表现在专利公报中的图片或照片中的该外观设计专利产品为准，重点让原告陈述该外观设计不同于现有设计[1]的创新之处以及要部（即最影响消费者视觉效果的地方）；商标的保护范围在于在同类产品上该商标证上的标识具有专用权；著作权由于权利主体非常分散，既包括原始著作权人也包括出版、发行、表演、录音录像等权利人，其权利

[1] 现有设计是指申请日以前在国内外通过在出版物上公开发表、公开使用或者以其他方式为公众所知的设计。通常也称之为公知设计。

范围的审查还要注意结合权利性质进行；商业秘密案件要注意事先固定原告陈述的秘密内容和秘密点；等等。

（三）被控侵权行为的具体表现

首先要求原告明确表述其所指控的被告侵权的具体表现。一般来说，被控侵权行为包括：被控产品本身；用被控方法生产出来的被控产品；被告从事的某些行为；等等。

其次要求被告对原告指控的被控侵权行为进行客观方面的质证，从而确定该被控侵权行为是否属于被告实施。

再次要求双方各自描述被控产品的技术特征，从而突出双方争议的技术焦点。这一点在审理专利案件时尤其重要。

（四）技术比对环节

技术比对主要是将被控产品或行为与原告的权利进行比对，从而得出是否具有同一性的客观结论。例如，发明和实用新型专利侵权案件中将被控产品与原告专利独立权利要求记载的全部必要技术特征进行比对；外观设计专利侵权案件中将被控产品与原告专利公告上的图片反映的产品进行比对；商标侵权案件将被控产品标识与原告商标证书上的标识进行比对；著作权侵权案件将被控作品与原告享有著作权的作品的内容进行比对；不正当竞争案件将被控行为与原告主张受到侵害的权利进行比对；技术秘密案件则重点比对被控产品与原告主张的技术秘密中的技术方案；等等。

在被告提出现有技术[1]抗辩的情况下，技术比对的对象则扩大为三方比对，即除了以上两方面的比对外还要将被控产品与被告主张的现有技术进行比对。在进行被控产品与现有技术的比对环节时要注意贯彻单一比对原则，即在被告提出的现有技术材料包括多个技术方案时，只能将被控产品与一个现有技术方案进行

[1] 现有技术是指申请日以前在国内外通过在出版物上公开发表、公开使用或者以其他方式为公众所知的技术。通常也称之为公知技术。

比对，逐一进行。

在进行技术比对环节时，可以采取让原、被告双方各自陈述技术比对意见的方法。而法官处于居中裁判地位，通过听取双方的陈述意见后引导当事人对有争议的问题进行深入发表意见。

三、勘查现场

勘查现场问题是知识产权审判中经常遇到的。法院勘查现场的原因及勘查所要解决的问题主要包括：（1）被控产品不易搬迁到法庭，有必要组织双方当事人到现场进行技术比对；（2）原告的权利属于方法发明或者涉及生产方法的技术秘密，有必要到被告所在地深入了解被告的具体生产方法；（3）案件需要委托专家进行技术鉴定时需要法官陪同专家做现场勘查；（4）法院在证据保全时通过勘查现场对有关证据予以固定；等等。

勘查现场工作实际上是开庭审理工作的延伸。

四、有关诉权和勘查现场的部分案例介绍

在原告××天津有限公司诉被告四川省××工厂侵犯“敌杀死”商标权纠纷案件中，四川省高级人民法院认为，原告虽是普通被许可人，但根据商标使用许可协议中有关原告有权独立起诉的约定取得了诉讼主体资格，从而判决原告胜诉。最高人民法院虽对本案的实体判决部分作了部分改变，但在原告诉权的享有问题上完全支持了一审判决。

佛山市中级人民法院审理的原告深圳市××实业有限公司诉被告卢世荣外观设计专利侵权纠纷一案中，专利权人曾××出具的授权书内容为“本人拥有专利号为 ZL02360193.0，名称为保温瓶（6－820）的外观设计专利权，本人授权许可深圳市××实业有限公司实施该项外观设计专利进行生产经营，并特别授权其以深圳市××实业有限公司的名义向有关司法机关起诉以及追

索任何第三方侵犯上述ZL02360193.0外观设计专利权的行为”。被告认为授权书没有备案且原告没有诉权。法院认为，曾××出具的授权书不仅包含了专利实施许可的内容，并且特别授权原告以自己的名义起诉追究第三方的侵权行为。被告辩称该许可未向有关部门备案故不生效，但是，根据《中华人民共和国合同法》的有关规定，只有法律或行政法规规定需要应当办理批准、登记等手续才生效的合同须经过登记才发生法律效力。而法律和行政法规并未规定专利实施许可合同须经登记才生效，该合同未经登记备案并不影响该合同的效力。同样，授权书关于专利权人曾××特别授权原告以自己的名义起诉追究第三方的侵权行为的约定也并不违反有关法律的禁止性规定。因此，本案原告属于《中华人民共和国专利法》第57条第1款规定的“利害关系人”，享有诉权。该案一审宣判后各方当事人没有上诉，一审判决已经生效。

佛山市中级人民法院审理的原告东莞××公司诉常××、万×、南海××家具厂方法发明专利侵权纠纷一案中，原告××公司是一家专门生产、销售各种藤家具的专业厂家，系名称为“藤条的多色着色工艺方法”的ZL01129998.3号发明专利的独占实施许可人。被告常××、被告万×皆在被告××家具厂工作，万×系独资企业××家具厂的负责人。常××、万×分别于1999年、1993年进入原告公司工作，并均于2002年8月未履行辞职手续即离开原告并到被告家具厂工作，原告以三被告生产多色藤条侵犯了其多色藤条着色方法专利为由向佛山市中级人民法院提起民事诉讼。庭审中被告××家具厂陈述其使用的多色藤条系采用喷枪着色，而非原告专利中所述的染缸着色方法。佛山市中级人民法院在庭审后立即召集双方当事人一起到××家具厂要求被告按其在庭审中主张的藤条着色方法进行实际操作，并且发现如按被告在开庭中所陈述的方法进行操作根本无法实现工业化生产的目的，也无法达到被控产品的质量要求。因此，佛山市中级人民法院认为被告××家具厂在开庭中陈述的着色方法不是其制造被控产品多色藤条的合理方法，再结合被告的工作历史、被控产品与原告依照其专利方法生产出来的产品相同等情形，足以推定被告实施了原告的专利方法，构成侵权。该判决经广东省高级人民法院二审维持生效。

五、佛山市中级人民法院民三庭第一审开庭标准用语摘要

为了对知识产权案件开庭审理的过程有一个直观的了解，笔者总结出佛山市中级人民法院民三庭第一审案件开庭审理的标准用语作为参考。必须指出的是，各类知识产权案件的情况复杂多变，以下摘要只能反映普通侵权案件开庭审理的一般过程。

第一阶段，由书记员主持。

请当事人及代理人入席，宣布法庭纪律，最后请合议庭开庭。

法庭纪律如下：

(1) 诉讼参与人和旁听人员不得吸烟、鼓掌、喧哗，不得实施其他妨害审判活动的行为，所携带的移动电话、传呼机一律关机；

(2) 诉讼参与人发言、陈述和辩论，须经审判长许可，发言时须起立；

(3) 在开庭期间，旁听人员未经审判长许可，不得进入审判区，不得随意走动，不得记录、录音、录像，不得发言、提问；

(4) 对于违反上述纪律又不听从劝告、制止者，审判长有权责令其退出法庭；

(5) 对哄闹、冲击法庭，侮辱、诽谤、威胁、殴打审判人员，严重扰乱法庭秩序的人，法院将依法给予罚款、拘留，直至依法追究刑事责任。

第二阶段，由审判长或承办法官主持。

核对当事人到庭情况，并按原告、被告和其他原审当事人的顺序征询对对方出庭人员的意见。

第三阶段，由审判长主持。

（先敲击法槌）现在开庭。佛山市中级人民法院今天在这里依法公开开庭审理原告×××诉被告×××一案（如有被告或原告缺席则增加原告或被告经本院传票传唤无正当理由拒不到庭，现依法缺席开庭审理），本案由本院法官×××担任审判长，法官×××、×××组成合议庭，×××担任书记员。关于当事人在诉讼中所享有的权利和应承担的义务，本院在送达受理案件通知书或应诉通知书时已分别书面告知了原告、被告以及其他当事人，在此不再重复。

请问原告是否需要对合议庭成员和书记员申请回避？

被告是否需要对合议庭成员和书记员申请回避？

其他当事人是否需要对合议庭成员和书记员申请回避？

注：如果原告缺席，则由审判长宣布结束这次庭审，待合议庭查明原告缺席的原因后再决定本案是作为原告自动撤诉处理还是另行通知再次开庭（按民事诉讼法规定，原告无正当理由拒不到庭参加诉讼则裁定原告自动撤回起诉；但如原告是有正当理由或有不可抗力事件发生则不适用以上自动撤诉的规定，法院应当继续审理。因此，有必要让原告说明缺席的原因并举证证明，原告无法说明缺席原因或不能证明其有正当理由的，再裁定原告自动撤回起诉比较稳妥）。

第四阶段，由审判长主持。

今天的庭审分法庭调查和法庭辩论两个阶段，宣判时间另行通知。下面进行法庭调查：

（1）由原告简述诉讼请求和事实理由；

（2）由被告进行答辩；

（3）由其他当事人进行答辩或陈述。

第五阶段，由审判长或承办法官主持。

下面进行质证，先由原告举证。原告在举证中，必须依次说明证据的序号、名称、证明的内容。被告在质证的过程中，首先对证据的形式和内容的真实性发表意见，无异议无须说明理由，有异议请说明理由，如不发表意见即视为无异议，请书记官记录在案；其次，被告须对原告证据的证明内容发表意见，无异议无须说明理由，有异议请说明理由，被告的质证意见应包括该证据的关联性、能否证明待证的事实成立。原告应对证据逐份举证，被告逐份质证，如多份证据是为证明同一事实，可一并举证和质证。在原告举证完毕后，由被告举证，举证、质证方法也依上述办法进行。

第六阶段，由审判长或承办法官主持。

第七阶段，由审判长主持。

由各方当事人就案件事实方面向对方提问。

第八阶段，由审判长主持。

下面由合议庭法官向各方当事人询问有关事实。

第九阶段，由审判长主持。

法庭调查结束。根据刚才的法庭调查，各方当事人对××方面事实没有异议。本案争议的焦点主要有以下几点：……（必要时，询问各方当事人对刚才总结的争议焦点有无补充，如当事人提出的焦点问题确实需要补充的，则审判长及时补充到总结的争议焦点中；如当事人提出的焦点问题包含在已总结的焦点中，属于重复问题的，则告知当事人其提出的补充焦点已经包含在刚才总结的焦点里面）。

第十阶段，由审判长主持。

下面进行法庭辩论，请当事人及代理人主要围绕争议的焦点发表辩论意见，对没有争议的事实和证据，请不要重复。

第十一阶段，由审判长主持。

（在原告、被告、其他原审当事人依次发表了第一轮法庭辩论意见后）各方当事人有无新的辩论意见，在发表新的辩论意见时已经陈述过的意见请不要再重复。

第十二阶段，由审判长主持。

法庭辩论终结（必要时，指定当事人及代理人提交补充证据材料及代理词的期间）。

第十三阶段，由审判长主持。

各方当事人是否愿意调解？（如有调解意向的）请各方在一定的期间达成调解协议，需要法官主持调解的请庭后及时与书记员联系。逾期未能达成调解的，本院将依法判决。

第十四阶段，由审判长主持。

今天开庭到此结束（敲击法槌）。

第五节　证据的审查认定

一、审查证据的一般原理

诉讼证据问题是诉讼中的核心问题，任何案件的审理过程无不最终归结于双方证据的较量。而法官对证据的判断与采信也是审理过程中最重要的环节之一。由于历史与现实的原因，长期以来在知识产权案件的审判领域，供法官直接运用的证据规范非常之少，民事诉讼法中关于证据的粗线条规定对于知识产权审判明显不能应对。我国知识产权领域的立法相对起步较晚是原因之一，而立法时偏重对知识产权实体权利的保护，对于程序性的问题无暇顾及也是重要原因之一。随着我国法律体系的日益完善，程序正义得到普遍认可，关于证据方面的立法才得以完善。2001年12月21日最高法院颁布了《关于民事诉讼证据的若干规定》（以下简称《证据规定》），这一规定与民事诉讼法的相关规定共同构成了现行的民事诉讼证据制度，为知识产权审判所普遍遵循。基于此，目前审查认定证据有两个方面的主要内容：

（一）当事人是否在举证期限之内提交证据

举证时限是《证据规定》对于当事人向法庭提交证据时间

的强制性规定，无论是当事人协商一致还是协商不成由法院指定举证期限，法院在送达案件受理通知书和应诉通知书时应向当事人送达举证通知书，在其中明示当事人的举证期限，告知当事人举证的有效期间。双方当事人皆应依据通知中规定的期间及时举证，任何一方违反举证期限皆要承担相应的后果——或者被法院视为放弃举证，或者在对方不同意质证的情形下不组织质证。因此，当事人在法院确定的举证期间内举证确有困难的，必须在举证期限内向法院提出延期举证的申请，如果当事人在延长的举证期限内提交证据材料仍有困难的，可以再次提出延期申请。考虑到知识产权案件具有较强的专业性和相对的复杂性，法院对于当事人延期举证的申请一般会予以充分考虑，避免遗漏重要证据，影响案件的实体公正。

对于超过举证期限提交的证据材料是否一律予以否定在知识产权审判中是一个非常敏感而又关键的问题。鉴于知识产权案件的专业性和复杂性，以及双方当事人权利义务对抗中可能出现的隐蔽性和未可知性，知识产权案件当事人于得知对方掌握的证据材料后才能进行有效抗辩的情形十分普通。法院一般在举证期限届满后组织双方当事人进行证据交换，则当事人希望于掌握对方证据材料后有针对性地予以抗辩几乎不可能。而在现行法律框架内，要求法院在举证期限届满前进行证据交换亦不现实。因此，在司法实践中，知识产权当事人于证据交换后（此时举证期限亦届满）提供针对性抗辩证据的要求远远大于其他民事案件，对此司法实践中必须予以充分的考虑。针对这一情形，各地法院以尽量追求客观真实、彻底解决纠纷为目标，在司法实践中进行了有益的探索。佛山市中级人民法院在知识产权审判中一般给予双方当事人在证据交换后七天内向法院提出补强证据的权利。这一方式在很大程度上解决了这一矛盾，当事人于证据交换后，可根据对方证据材料再向法院提供相应的证据，而法院将其视为“补强证据”予以接受。否则机械地以超过时限为由否定重要证据，就案办案，无法真正解决纠纷，为日后当事人申诉、申请再审留下了隐患。

（二）举证期限内提交证据材料的真实性、合法性、关联性

对当事人提交证据材料“三性”的审查是法院庭审中质证这一环节的核心内容。在诉讼中处于被动的法官对案件事实的查明主要依赖开庭。尤其是通过庭审中主持各方当事人、代理人、证人、鉴定人以及专家证人等对讼争的待证事实予以陈述证明，厘清案件的事实基础，并通过逻辑推理尽可能得出接近事实真相的法律真实。而对各方证据材料“三性”的判断是法官逻辑推理的基础。真实性与合法性的判断相对容易认定，关联性的认定是认定证据“三性”中至关重要的环节。

关联性是指证据与案件待证事实之间的关系。因此，判断一个证据的证明力首先要理清案件的待证事实，也就是争议事实，只有存在争议的事实才有证明的必要。英国学者 Adrian Keane 将需要证明的争议事实归结为三类：（1）“争议中的事实”。指原告为获得胜诉而必须予以证明的事实以及被告成功抗辩而必须证明的事实。（2）“相关联的事实”。或称之“与争议相关联的事实”，指可以从中推出争议的事实是否存在的事实。（3）“间接事实”。或称之“次要事实”，包括影响证人能力的事实；影响证人可信性的事实；初步事实（须预先证明，并以此为前提决定某些证据是否可能被采纳来证明“争议中的事实”或“相关事实”。如文件的副本要具可采信必先证明文件的原件已毁损或经合理努力无法寻到）三种。[1] 比如间接证据有时能反映出“相关事实”；对证人证言的采信与否必须考虑到一些“间接事实”。对争议事实提出细化标准的意义在于引起对争议事实广泛含义的注意，提示法官对证据进行分析判断时要考量“争议中的事实”

[1] 汤维建，卢正敏著：“如何确认证据的‘关联性’”，载《人民法院报》2004年6月9日。

以外的其他争议事实，从而准确把握涉案证据的关联性和证明力。比如，不能草率否定间接证据的效力，因为许多间接证据能够反映“相关事实”的真伪进而推断出“争议中的事实”存在与否。再如，认定书证复印件时不能一概否定其效力，应结合“相关事实”及“次要事实”来确定当事人举不出书证原件的真实原因。

二、优势证据的推定

当事人对自己的事实主张承担举证责任是一项基本的诉讼原则。但当事人提供的证据所证明的事实，其真实性达到何种程度，才能作为定案的根据？如果双方当事人所举证据，显示了截然相反的事实怎么办？我国现行的民事诉讼法对此尚无明文规定。最高人民法院《证据规定》第73条规定：“双方当事人对同一事实分别举出相反的证据，但都没有足够的证据否定对方证据的，人民法院应当结合案件情况，判断一方提供证据的证明力是否明显大于另一方提供的证明力，并对证明力较大的证据予以确认。”这一裁判标准即为“优势证据规则”，又被称为“高度盖然性占优势的证明规则”。即当证据显示待证事实存在的可能性明显大于不存在的可能性，法官可据此进行合理判断以排除疑问，在已达到能确信其存在的程度时，即使还不能完全排除存在相反的可能性，但也可以根据已有证据认定这一待证事实存在的结论。

“高度盖然性”标准适用于普通民事案件已为许多国家的学理和司法审判所承认，它是从事物发展的高度概率中推定案情、评定证据的一种方式，以确认的事实联系其他合理性考虑为前提，是在对证据和案件事实的认识达不到逻辑必然性条件下不得不使用的手段。英美法系采用“盖然性占优势”标准，大陆法系注重强调“高度盖然性标准”。《证据规定》第73条规定了优势证据原则在民事诉讼中的运用，亦被视为“高度盖然性标准”

在我国的正式确立。按照这一标准，当事人证明其主张成立的盖然性高，则主张者完成了其举证责任；反之，当事人证明其主张存在的盖然性低，则不能完成举证责任，要承担举证不能的法律后果。由于盖然性是与确然性相对应的一个概念，其意味着既可能又非必然，因此法官在这一过程中要特别注意结合案件中已确认的事实、考虑与案情相关的各种因素、注意法院调查取证时对被告操作方法记录的所有细节，尽可能准确地对案件作出判断。❶ 具体来讲可从以下几个方面把握：

（1）优势证据规则适用的前提是双方当事人提供的证据皆不能有效证明同一争议事实，即该待证事实仍处于真伪不明状态。《证据规定》第 73 条适用的前提是“双方当事人对同一事实分别举出相反的证据，但都没有足够的证据否定对方证据”，也就是说，双方当事人对于同一个事实都不能举出令人信服的证据，出现了举证中的“对峙”状态，这种情况下才需要法官依据优势证据规则对双方当事人的证据进行综合分析，确定哪一方更具优势。

（2）证据是否具有优势是对证据证明力的评价，而非简单的数量比较。证据的证明力表明证据与待证事实关联性的大小，反映证据盖然性的大小。当事人的证据是否具有优势主要就是评判其提供的证据与对方提供的证据相比较，是否更能使他人相信其所主张的待证事实。而证据数量的多少与证据的证明力并无必然的因果联系。

（3）优势证据规则不排斥对客观真实的追求。优势证据原则的实施很大程度上处于诉讼效率的考虑，当事人权利义务关系由于诉讼不能及时终结而处于静止状态无疑背离了诉讼之目的，在“效率优先兼顾公平”原则指引下，任何案件的审理都应注

❶ 怀晓红：“‘高度盖然性’标准在方法发明专利案件审理中的运用”，载《中国知识产权报》2005 年 11 月 9 日，第 6 版。

意尽量发现案件的客观真实。我们应该清楚，依据优势证据规则所认定的事实是审判中法官据以判案所要求查清的最低限度的事实，确立优势证据规则后，仍应当按照“以事实为依据”的办案原则，立足于查明案件的事实真相，不能因优势证据原则的适用而轻易用“法律真实”搪塞“客观真实”。

（4）证据具有的优势必须达到让人确信的程度。盖然性本身是一种可能性，有大小、强弱之分，其本身意味着不能绝对排除其他的可能性。因此，我们在办案中必须注意要在一方证据具有较高盖然性时，才采其为定案的依据。即当证据显示待证事实存在的可能性明显大于不存在的可能性，法官可据此进行合理判断以排除疑问，即使还不能完全排除存在相反的可能性，但也可以根据已有证据认定这一待证事实存在的结论。通俗地讲就是说优势的程度，必须足以使法官相信证据证明待证事实的存在极有可能，而不是一方的证据比另一方的证据仅有微弱的优势，这反映了法官对待证事实作出结论的可靠信念。❶

如佛山市中级人民法院民三庭在审理东莞××公司诉常××、万×、南海×××家具厂一案，成功运用了优势证据规则对一起发明专利侵权纠纷作出了正确的处理。在该案中，原告东莞××有限公司是一家专门生产销售各种藤家具的专业厂家，系名称为“藤条的多色着色工艺方法”的 ZL01129998.3 号发明专利的独占实施许可人。该专利于 2001 年 11 月 27 日提出申请，2003 年 6 月 25 日获授权并公告，现为有效专利。该专利独立权利要求为：一种藤条的多色着色工艺方法，其特征在于该工艺方法包括如下步骤：①把待着色的长藤条以等距或不等距的间隔划分成若干小段；②将藤条的第一小段放入盛有色料一及其稀释液体的容器中进行颜色一的着色；③再依次把藤条未着色的其他部

❶ 李惊涛：“试论优势证据规则”，载人民法院网 http://www.chinacourt.org/public/detail.php?id=174825.

分放入盛有色料二、色料三、色料四及其稀释液体的容器中进行颜色二、颜色三、颜色四的着色；④最后，一根藤条将根据需要被分成具有2种、3种、4种或4种以上的多色藤条。

被告常××、万×皆在被告佛山市南海××家具厂工作，万×系独资企业××家具厂的负责人。常××、万×分别于1999年、1993年进入原告公司工作，并均于2002年8月未履行辞职手续即离开原告，其后两人在亦生产藤家具的××家具厂（该厂未注册）工作。2003年9月28日，被告家具厂注册成立，其与××家具厂对外宣传的联系人均为常××和万×，联系电话、实际生产地址均为同一厂房，被告南海××家具厂继续生产藤家具。2003年10月22日，原告以三被告生产多色藤条侵犯了其多色藤条着色方法专利为由向佛山市中级人民法院提起民事诉讼，请求法院判令三被告停止侵权行为、销毁侵权产品、赔礼道歉、赔偿损失及律师代理费、调查费等支出，并承担诉讼费。三被告答辩称，原告东莞××有限公司非专利权所有人，不是适格原告；被告常××、万×是××家具厂的员工，原告起诉两人属于主体错误；被告南海××家具厂没有侵犯原告的专利权，原告起诉没有事实依据。故请求法院依法驳回原告的起诉。

庭审中被告南海××家具厂陈述其使用的多色藤条系采用喷枪着色，而非原告专利中所述的染缸着色方法。即：将约长2米的藤条摆放在平台上，根据目测划分为长短不同的小段，每截的长度大概是50～80厘米，使用喷枪用油漆逐段进行着色，其颜色为同一色系的深浅不同的颜色。藤条着色后各段颜色界线分明，没有过渡带。

庭审后，佛山市中级人民法院于当日（2004年2月11日）下午到被告南海××家具厂要求被告按其在庭审中主张的藤条着色方法进行实际操作，被告的操作过程如下：①准备好加入天拿水稀释的两种颜色（一黑色、一浅色）的油漆各一桶；②将约2米长的藤条一扎（约15根）对折（上部呈环形），然后用本扎藤条中的一根扎住该扎藤条的中间部位；③将藤条放置于作业平台的一铁桶上，经佛山市中级人民法院要求按其平时生产的规模及效率操作后，又取出同样的藤条四扎，用两根洁净的木条取代铁桶平放于平台上，将五扎藤条平铺在两根木条上；④（2004年2月11日17时23分）操作员将两勺黑色喷料放入喷枪的储料罐中，对准五扎藤条的环形上部进行喷涂，约30秒换装一次喷料，其间操作员用手逐一翻动每扎藤条。环形上部喷涂共换四次涂料。其间涂料随喷枪四散；⑤（2004年2月11日17时27分）清洗喷枪的储料罐（仅一支喷枪），换上浅色喷料喷涂藤条下端，又经换两次涂料，于当日17时30分结束全部过程。

本案被告主张其使用的方法不同于原告的方法，虽然从理论上这种方法能够生产出多色藤条，但从被告的操作过程看，采用喷涂的着色方法过程复杂、效率低、浪费较大且效果极差：喷涂过程时间长，扣除前期准备工作，从喷涂开始需7分钟，不适合大规模作业的要求；喷涂期间操作员每间隔30秒换装涂料并不时翻动藤条，操作极不方便；喷涂时涂料四散，浪费较大，不符合工业生产对经济效益的基本要求；喷涂结束后涂料的颜色明显不能渗透，藤条的油漆膜很薄且着色不均匀，且藤条系捆扎后再喷涂，有较多不能着色的情形，尤其是每扎藤条被扎住的中间部位根本不能着色，整个产品的效果很差，基本不适合编制家具的工业应用。因此，被告主张的方法并非一种合理、可信的方案。

被告南海××家具厂不能对其制造多色藤条的方法有一个合理可信的解释，在平衡双方的证据之后待证事实仍处于真伪不明的情形下，综合分析全案证据，可以得出原告证据相对于被告证据处于优势，据此判决被告承担侵权责任。一审宣判后，被告南海××家具厂不服一审判决上诉，广东省高级人民法院二审认为原审法院依据优势证据认定南海××家具厂侵犯了原告的方法专利，认定正确，判决：驳回上诉，维持原判。[1]

三、证据保全笔录应注意的问题（审查证据与证据保全阶段的笔录相结合，慎重对待当事人的反悔）

知识产权纠纷案件中证据保全有着相对于其他任何民事案件更为重要的作用。知识产权案件专业性强是一个方面的原因，更重要的原因在于知识产权案件中涉嫌侵权的行为具有隐蔽性和易掩盖性。因此，为了及时固定侵权的证据，当事人在诉至法院的第一时间一般会向法院提出证据保全的申请，法院证据保全的成功与否直接决定了当事人权利能否得到实现。如何有效地实施知识产权案件的证据保全，是一个值得认真思考的问题。

（一）法院保全证据要力争在最佳时机进行

准确而全面地固定涉嫌侵权的行为或产品必须确保在最佳时机实施证据保全。一般来说，原告起诉并申请证据保全的时候是进行保全的最佳时机，否则知识产权侵权行为的易掩盖性将使涉嫌侵权人能够轻松在第一时间停止侵权行为并转移相关的物证。比如方法发明专利侵权纠纷，原告一般会选择被告正常生产的时期起诉，法院此时介入能够看到被告正常使用的方法。也就是说，如果被告的确存在侵权，法院一般能够在这一时期看到其使用侵权方法的过程；如果被告不存在侵权，法院也能够目睹其不同于原告专利方法的真实生产方法。所以，方法发明专利侵权诉讼中，凡原告申请证据保全的应立即对被告生产方法进行证据保全；如果原告未申请证据保全，法院应对原告进行必要的诉讼引导，由其提出证据保全的申请。如果错过了这一时机，有效保全证据的目的将很难实现。比如上述东莞××公司诉常××、万×、南海××家具厂一案，由于原告起诉立案阶段并未申请对被告正常使用的方法进行证据保全，移送审判后法官虽然在审理

[1] 广东省高级人民法院（2004）粤高法民三终字第161号民事判决书。

过程中意图弥补，于庭审结束后突然袭击，但最终因错过最佳时机，不能再现被告真实使用的方法，在审判中只能结合全案细节及经验法则并运用优势证据原则定案。

（二）法院保全证据要确保方法合理

证据保全的方法有很多种，在一般运用查封、扣押的方式固定涉嫌侵权的行为或产品时，针对不同的案件可以采用不同的查封和扣押方式。比如，有的标的物可扣押后存于法院、有的可扣押后运至双方当事人以外的第三人；有的标的物查封后要求停止使用、有的标的物查封后可以允许相关当事人使用但不可办理转移、抵押或其他的权利变更。查封和扣押时一定要办理好相关的手续，贴好封条并妥善送达裁定，并要注意对查封或扣押的情节一定要用拍照或其他影像的方式予以固定。比如，佛山市中级人民法院在审理一起商业秘密纠纷案中，原告诉称被告从其公司辞职后将在原公司掌握的技术秘密用于就职的新公司，并使用该技术制造出了与原公司同样的机械，由于涉案的机器非常之大，任何的运输皆成为不可能，法院只能在关键部位加贴封条并拍照后就地查封。在审理过程中，原告主张被告又出现新的侵权行为，要求法院再次到被告所在地进行证据保全，在第二次保全中，承办法官至被告现场时发现第一次保全的证据上一个重要部位有变化，经比对第一次查封的照片，确定被告存在私自转移被查封物零件的行为。鉴于此，考虑到私自转移被查封物零件可能要承担的法律后果及该行为在法官内心对其侵权行为存在与否可能产生的内心确信，被告表示愿意调解，最终接受了原告的条件。

（三）法院保全证据要全面准确反映涉嫌侵权的行为或产品

首先，在保全证据时要运用照相机及摄像机等器材对被告的操作方法作出直观的记录。与此同时，法院的文字记录必须到位，并由双方当事人确认。其一可以避免由于对影像的不同理解而产生审判中的歧义。更重要的是，考虑到案件审理后最终要通过判决书以文字的形式向当事人公开，因此对涉嫌侵权的行为或产品一般要用文字的形式再现在判决书中，为确保法院裁判文书的说服力，取证时的文字记录非常重要。而且用文字再现一种行为或产品时必须力求准确、详细、全面，并注意结合涉嫌侵权行为或产品相关行业一般应注意到的细节，将与相关细节有关的内容予以再现。确保法官在证据不能达到确然状态时，依靠相关的细节对案件作出准确判断。并使具备一般判断能力的正常人在看到文字记载后，能对整个过程有一个准确的感受，并对记载的内容作出相应的评判。[1]

（四）法院保全证据要确保程序得当

其一，法院取证时要有双方当事人在场，一般可以要求双方当事人的相关技术人员在场，确保当事人对过程的真实性、客观性无异议，且对操作有直观的了解，便于事后对法院现场笔录发表意见。其二，就保全本身而言，应该完成的事项必须全部完成，不能留有余地，尤其是当事人申请不明确时进行保全的法官应对当事人进行合理的指引，不能仅就其申请进行保全。比如，佛山市中级人民法院审理一起专利侵权纠纷案件中，当事人申请法院证据保全时明确保全表示“以拍照形式进行现场勘验”，可以说，这种表述在知识产权案件证据保全中是非常少见的，而且也无法达到保全证据的效果。进行证据保全的法官在被告处对原告指认的侵权产品进行了拍照存档，审判法官庭审中进行现场技术比对到达被告处后，才得知被拍照产品已被转移，由于法院采取的方式只是拍照存档，没有按一般查封方式进行，也没有告知当事人不能转移该被控产品，导致当庭无法进行技术比对。后原告又通过追加第三人，在从被告处购买被控产品的第三人处查封到被控产品才使该案得以进行技术比对。由于当事人申请不当，保全法官亦没有予以及时的指引，给当事人自己造成了一定的经

[1] 怀晓红，谭海华：“方法发明专利案件之审理技巧——源于个案的启示”，载《电子知识产权》2006 年第 3 期，第 44 页。

济损失不说，给后续的审理工作也带来了一定的不便。

四、物证在知识产权审判中的重要性

绝大多数的知识产权案件中要进行侵权对比，因此在知识产权案件中物证的重要性要远甚于任何其他的民事案件。可以说没有物证就没有知识产权案件，物证对原告而言有时就是起诉侵权者的被控产品，如果没有这样的物证，侵权之说就如同无源之水，没有任何的基础。对被告而言，也存在物证，比如进行公知技术抗辩时提交的在先公开使用涉案技术或专利的产品，如果被告失去这样的物证，则败诉风险大大增强。因此，无论原告还是被告，在知识产权案件中都必然对物证高度重视。

（一）原告及时锁定并向法院提交被控产品

原告在市场上发现被控产品后应在第一时间通过公证或其他有效形式将其固定为证据，尽可能通过合法有效手段取得被控产品。虽然目前大多数当事人能够及时通过公证方式固定并获得被控产品，但个别案件的当事人因种种原因，无法及时获得被控产品而在诉讼中陷入被动。

另一方面，在获得被控产品后，必须在诉讼开始后，将物证于法院指定的举证期限内予以出示，否则对方可以以原告无正当理由超期举证进而拒绝质证。这样原告辛苦获得的证据在法律上将失去意义，法院将无法就该物证进行比对。

（二）法院尽力促成当事人获得合法有效的物证

（1）法院对当事人申请查封的物证必须采取正确的方式，在当事人申请不当时予以及时的提醒，避免当事人在法院查封后转移物证。如前述佛山市中级人民法院审理的一专利案中，原告在证据保全申请中注明“以拍照形式进行现场勘验”，对这种情形法院应结合其他案件的保全方式予以指引，避免可能出现的问题。

（2）法院确定保管物证的方法要周全。法院确定保管物证时尽量保证由法院自己保管，避免当事人保管过程中可能出现的更换相关部件，影响案件正确处理。如果确系运输不便的大型机器，在保管时可确定由一方管理，但必须交代相关的权利义务，并在关键部位——如机器可以拆卸的封口螺钉处等加封条。

（3）保管物证确保实质有效。保管物证必须以保证物证完好无损，在审理过程中以保持原样为标准。如果是法院自行保管则罢，如果是一方保管的，在审理过程中，法院在进行比对前必须认真查看物证是否保持原样。如前文所述佛山市中级人民法院审理的一起商业秘密案中，在被告的车间就地查封的大型设备，在相关部位加封条并拍照存档。在其后审理过程中，被告拆卸了部分零件。如果该法官没有发现法院查封的物证与原封时有所不同，必然对全案的审理带来误区。

五、公证证据效力的审查和认定

在知识产权纠纷中，除了向法院申请证据保全外，目前相当一部分知识产权权利人会采取公证取证方式对其权利被侵害的事实进行取证。权利人对这种做法情有独钟的原因主要在于知识产权的特征。众所周知，知识产权是无形的，需要通过一定的载体才能表现出来，才能为人们所认识和利用。但同时，权利人的智力成果又以知识产品的方式公之于众，具有公共物品的特性，而知识产权侵权行为隐蔽性强、证据容易灭失，尤其是网络环境中证据的易逝性使得知识产权诉讼证据的收集与证明比之传统民事案件困难得多，再加上当事人取证本身证明效力有限，因此公证取证便成为颇受知识产权诉讼当事人青睐的取证方式。

公证取证的好处在于如果事先进行公证固定了证据，足可令人进可攻退可守，以求一旦发生纠纷能够取得较大的胜诉几率。但是在办理公证取证过程中，经常会因为当事人或者公证人员的疏忽或经验不足而犯下了一些错误，直接影响公证文书的证明效力。对这些公证书的效力如何认定，是实务操作中比较棘手的问题，因为公证书的证明效力相对较高，根据《民事诉讼法》的相关规定，在被告没有足够的相反证据证伪的情况下，法院原则上会采信公证书的效力。《法国民事诉讼法》第303~316条也规定：除非能证明其为伪造，否则，公证文书将一直具有证据的证明力。但这类公证书往往又存在程序上或者实体上的瑕疵，故有必要对公证书的效力进行探析。

（一）超越地域管辖之公证文书的效力

在公证过程中，当事人及其委托代理人的行为经常超出公证的地域管辖范围。按照2002年8月1日起生效的《公证程序规则》第12条第1款的规定，公证事项由当事人住所地、法律行为或者事实发生地的公证处管辖。但在实务操作时，往往出现由受委托的诉讼代理人所在地的公证处进行公证的情况。如佛山市中级人民法院业已审结的广东××影视制品有限公司诉佛山诸多音像制品经营店系列案则为一例[1]。在该系列案中，原告广东××影视制品有限公司为了证实被告有销售其享有专有发行权的侵权复制品的侵权行为，对其向被告的购买行为进行了公证。但公证人员既不隶属于原告住所地的公证处，也不隶属于被告住所地的公证处，而是受委托人某律师事务所住所地的公证处工作人员。在法庭辩论阶段，部分被告由此对整个公证书的法律效力提出异议，认为既然原告没有按照《公证程序规则》规定的程序操作，超出地域管辖的相关规定，应认定该公证书无效，不能以此作为认定事实的根据，原告欲证明被告有侵权行为，需要另行举证。但合议庭并没有采信被告的抗辩理由，相反，合议庭结合其他证据综合认定，采信了这些公证书的证明效力。这种处理方法基本是正确的。第一，尽管《公证程序规则》第12条第1款对公证的地域管辖有明确规定，但该条款及其后的条款均无违反该条时应如何处理的责任条款。按照法理学的基本常识，具体法律条文主

[1] （2003）佛中法民三初字第241~243号民事判决书。

要由假定、处理和法律后果三部分组成。这三部分可以体现在同一法条之中，也可以体现在不同的法律条文之中，甚至可以体现在不同的法律之中，在适用时可以将记载在不同法律或者不同法条中的三部分结合起来使用。但现实是中国很多法律条文缺乏法律后果这一部分。《公证程序规则》关于超越地域管辖的法律后果缺乏就是一例。在法律后果缺乏的情况下，具体如何适用法条则是法官的自由裁量权。法官不能机械认为超越管辖就无效从而简单地对公证书的法律效力作出否定的认定。[1]《公证程序规则》第57条之规定就体现了这种法律精神。第二，被告对公证书的法律效力有异议，完全可以依据《公证程序规则》第55条之规定行使法律赋予的救济权利，但被告方仅于法庭辩论阶段提出口头形式抗辩，并未依法定程序向公证处提出申诉和复议，据此，可以形成对原告方有利的心证。第三，原告还提交了被告的销售发票（或者销售单据），这些单据上有被告的公章，被告方对此没有提出实质性抗辩。因此，可以认为公证书上载明的事实基本属实。综上，根据优势证据规则，尽管原告方提交的公证书存在程序上的瑕疵，但其证据足以形成完整的证据链，证明其权利受到被告侵害之事实，因此被告应承担相应的法律责任。

超越公证管辖是司法实践中较为普遍的问题，认定这类公证书的效力，不能形而上学。因为《公证程序规则》虽没有赋予法院直接肯定该类公证书效力的权力，但也没有赋予法院直接否定的权力，上述两种做法中的任何一种都是草率的、武断的。较为合理的做法是，不能因为公证书存在程序上的瑕疵就简单予以否定，关键是看该程序瑕疵是否严重或者无法补充，如果不属于上述两种情况，则应结合所有证据和当事人的抗辩综合认定。尽

---

[1] 张泽吾："证据保全公证文书法律效力之认定"，载《人民法院报》2004年10月10日，第3版。

管公证书较高的社会公信力对其程序方面的要求也较高，但“违法即无效”对公证书的要求明显太过苛刻。

（二）在公证处之外办理网页保全之公证文书的效力

公证书应在何处制作，《公证程序规则》并无明文规定。但在办理网页公证保全时，公证书应在公证处制作，这是办理该类公证切记之要点。因为在公证处进行公证，所使用的是公证处的计算机，计算机在进行公证之前不为公证申请人所控制，因此无法预先在计算机中进行技术处理，而如果在申请人的处所进行公证，则就存在这种可能。

如何具体看待这个问题，应当从技术层面进行阐释。下面以佛山市中级人民法院审理的一起网络著作权纠纷案件为例来说明[1]。原告为证实被告有在网络上允许他人任意下载其享有专有出版权的某作品之侵权事实，对被告的网络进行了深度链接式的逐层公证。但在申请公证过程中，公证员称公证处的电脑有问题，提出到申请人处用申请人的电脑办理公证，准备公证时，公证员又提出其对电脑操作不熟，要求由申请人的工作人员代其操作，并且公证员将上述在申请人处由申请人工作人员代为操作的事实详细记载在公证书中。被告对此提出异议，认为如此操作极易由申请人进行技术控制，无法确保公证的客观性。如果对域名解析问题有一些了解的话这个问题就不难理解。因为在申请人处进行深度链接的时候，申请人处的工作人员可以通过修改文件使特定域名与特定 IP 地址进行联系。换言之，技术人员可以使在某一层级上的“锚”所指向的 IP 地址发生改变，即链向另外一个网站或者另外一台计算机，这一点在技术上不存在任何难度。这样，在公证员使用浏览器访问网站的时候，导致计算机去访问该公司内部的某台计算机或者另外的网站，如果在该台内部计算机上预存或者另外的网站存在侵权内容的页面，就非常容易使公

[1] (2003) 佛中法民三初字第 66 号民事判决书。

证人员产生误解。因此，这种公证书的效力值得怀疑，原则上以不予认定其效力为妥。[1]

（三）与当事人自认不一致之公证文书的效力

随着公证制度的改革，公证处已不再属于国家机关序列，转化为具有较高社会公信力的独立社会性团体。这种性质的转变是历史的必然和进步，但同时也带来了一系列的问题，特别是公证处如何在商业化社会保持独立性进而维护其公信力等问题，就令人担忧。如《人民法院报》曾报道，某地的公证处只要交钱就可以给申请人出具公证书，甚至个别公证处委托银行代开公证书。这就使得公证书的公信力大打折扣，公证书的法律效力也越发值得怀疑。

佛山市中级人民法院办理的一起案件也涉及这方面的问题[2]。在该案中，公证书所记载的事实是公证员随同申请人在某处购买了涉嫌侵权产品，但被告对此事实提出了异议，辩称其根本没有从事过销售行为，原告从其办公室处拿走的是样品，被告尚未从事生产，只是进行了前期的研发工作。原告自认了该事实。佛山市中级人民法院认为，既然原告已经自认了与其公证书相反的事实，那么应视为原告没有提供证明其主张的基本证据，原告自应承担举证不能的法律后果。问题的关键在于，当事人自认与公证书两者之间何者的证明力更高，否定公证书的效力仅凭当事人自认是否就已经足够了。因为按照一般的法律原理，公证书的效力只能由法律效力层级上与其相当的公证书来否定，例如在遗嘱公证中，其他的证据均不能否定遗嘱公证的效力，只有在后的遗嘱公证才能否定在先的遗嘱公证。这也是公证书具有较高社会公信力的原因所在。该案中当事人自认的效力比公证书的证

[1] 吴浩仑："网络纠纷案件公证之兵家大忌"，载 http：//www.lawyerwu.com，2004－07－24.

[2] （2003）佛中法民三初字第34号民事判决书。

明力更高。众所周知，在司法实践中之所以认为公证书具有较高的社会公信力，原因在于公证处及公证员处在与当事人的利益相对中立的位置，公证书所记载的事实基本属实就是基于这样一种推定：相对于当事人，公证员距当事人争执的利益更远。相比之下，他能够作出更为客观的事实描述。在正常情况下，当事人的自认一般会与公证书的记载一致，但也不排除不一致的情况。如果当事人的叙述是为了增添自己的利益，自应以公证书的记载为准，因为诉讼过程中必须严格遵守“禁止反悔”原则，防止当事人出尔反尔。如果当事人自认是为了减损自己的利益，那么情况就会迥然不同。因为在当事人具有诉讼行为能力的前提下，当事人通过自认来否认某些案件事实，只能认为是他自己对其利益的处分。在民事诉讼法处分原则的大框架下，法院应尊重当事人的这种处分，表现在证据规则上，就是当事人的自认比公证书的效力更高。

公证证据产生的法律后果是重大的。因此，对公证文书之法律效力之认定需慎之又慎。一方面，不能过于迷信公证文书的公信力，认为但凡公证文书所载的内容一概认定其法律效力。另一方面，也不能过于挑剔公证文书公证过程中存在的程序性瑕疵。切实可行的做法是，以民事诉讼证据规则中的直接证据规则和优势证据规则为依据，以公证过程中程序性瑕疵轻重为考量，以公证文书缺乏时其他证据对待证事实的证明力为基点，全面分析、综合判断所有证据，以形成具有逻辑自洽性的完整证据链。

第六节　知识产权司法鉴定程序

司法鉴定是指在诉讼过程中对案件中的专门性问题，由当事人委托或司法机关指派，聘请具有专门知识的人对专门性问题作出判断的一种活动。[1] 与其他普通案件相比，知识产权案件具有法律问题与技术问题高度融合的重要特征，技术问题几乎是每案必遇的普遍问题。虽然，对于外观设计专利案件和相对简单的实用新型案件，通过庭审，由双方当事人对相关技术问题进行阐释和演示等方法，合议庭基本能将相关问题弄清楚。但对于一些较复杂的实用新型专利案件和大多数的发明专利案件，尤其是方法发明专利案件和商业秘密（技术秘密）案件，对于以法律知识见长的法官，往往需要借助司法鉴定的手段来解决专门的技术问题。此类案件中，鉴定结论在证据形式中居于核心地位，它对事实的认定起着举足轻重的作用。可以说，尽管形式上鉴定的结果是制造证据，但鉴定过程本质却是一种诉讼证明，[2] 鉴定程序的公正与正义成为鉴定制度中不可或缺的要素。但长期以来，我国的司法理念重实体轻程序，在司法鉴定方面亦是如此。我国没有形成完整系统的司法鉴定制度，有关司法鉴定方面的法律规定散见于诉讼法，而最高人民法院《关于民事诉讼证据的若干规定》（以下简称《证据规定》）及《人民法院司法鉴定暂行规定》对鉴定具体程序的运作只有原则性的规定，且无配套法规，缺乏可操作性严重影响了司法的公正性和权威性。在“无明确大法，无小法可依”的司法鉴定局面中，以平等、中立、透明、民主、效率为价值中心的理念驾驭鉴定程序各环节，在鉴定程序的设计中保障当事人的参与和表白的机会，保障鉴定程序所应用的规则始终如一，尊重当事人在鉴定中的民主权利等，已成为现代鉴定制度的价值取向。

一、司法鉴定的启动

司法鉴定的启动是司法鉴定程序中的起始环节，它对整个司

[1] 何家弘：“完善司法鉴定制度是科学证据时代的呼唤”，载《中国司法鉴定》2001年第1期。

[2] 何家弘主编：《司法鉴定导论》，法律出版社2000年第1版，第62页。

法鉴定程序具有决定性的意义。司法鉴定的启动包括鉴定的启动权和鉴定的决定权两个方面的内容，其实质是谁有权决定是否进行司法鉴定和由谁鉴定的问题，它是司法鉴定的核心内容。鉴定的启动属于举证制度的重要组成部分，其启动方式与特定的法律制度、诉讼模式、审判制度、证据制度、法律文化以及案件类型紧密相连。在奉行国家职权主义模式的大陆法系国家，鉴定通常由法官来启动；在奉行当事人主义诉讼模式的英美法系国家，一般赋予当事人司法鉴定的启动权。[1] 我国《民事诉讼法》和《证据规定》吸收了两大法系的优势，在将司法鉴定委托权赋予法院的同时，也给当事人以司法鉴定申请权，从而确立了依当事人申请鉴定和依法院职权委托鉴定相结合的方式。其中，以依当事人申请鉴定为原则，以依法院职权委托鉴定为例外。在知识产权技术鉴定程序启动方面，目前存在的突出问题是恣意鉴定的行为常有发生，法院一遇到技术问题，就主动启动鉴定程序。虽然，依法院职权委托鉴定能帮助我们解决审判中的技术问题，但鉴定不可避免地带来诉讼成本的提高和诉讼时间的延长等当事人必然关注的问题，对当事人的权益产生实质性的影响，毕竟，迟来的正义为非正义。因此，慎重启动鉴定程序是提高司法效率的要求和选择。而且，审判中任何问题的解决最终仍然需要依靠法官自己的认知，技术问题也不例外，司法鉴定启动的随意性可能带来证据权威的丧失。

我国审判方式的改革方向，就是由职权式审判方式向对抗式审判方式转变，法官在诉讼中的角色由主动的、积极作为的角色向被动的、消极作为的角色转变，鉴定作为为诉讼服务的证据收集活动，一般应依当事人启动，只有在当事人不当行使鉴定权时，法院才能谨慎行使鉴定委托权。因此，我们必须在制度上保证案

---

[1] 张方："从两种鉴定类型的比较看我国司法鉴定委托权的归属"，载《人民检察》2000年第7期。

件在需要鉴定的时候才能决定鉴定，针对当事人对诉讼效率和诉讼成本的诉求，应坚持一般情况下由合议庭搞清、搞懂审判中遇到的技术问题，并依据自己的认识作出判断。同时，针对法官缺乏技术背景的客观情况，应采取多种措施和方法克服相关技术障碍，如庭审时要求当事人结合附图或参考实物，对照权利要求书逐条逐字对相关技术问题进行详尽的解释和说明，阐述技术的主要目的和发明目的，并由对方当事人发表意见。代理人陈述不清的，可委派一名技术人员参加庭审，专门陈述技术问题。通过当事人对技术问题的解释和诉辩，合议庭依靠证据规则的运用等手段和方式，对其是非曲直进行判断。一般情况下，合议庭可将相关技术问题搞清到审判所需要的程度，以减轻鉴定压力。对于确实需要鉴定的案件，启动鉴定时应确立如下必要规则：（1）双方当事人均申请鉴定，或者一方当事人申请，另一方当事人同意的，法院应当启动鉴定程序。（2）一方当事人提出鉴定，而另一方当事人反对的，是否启动鉴定程序由合议庭合议决定。（3）双方当事人均不申请鉴定，但合议庭对技术问题有分歧或把握不准的，可以依职权启动鉴定程序。对于第二种情形是否启动鉴定程序，合议庭应从以下几个因素予以考虑：一是合议庭成员能否通过自己的分析对技术问题作出判断，是否能取得一致认识；二是反对方提出的反对理由是否充分合理；三是能否通过其他途径，如通过技术咨询、召开专家论证会等方式帮助合议庭解决技术问题。另一方面，为了保障当事人的司法鉴定申请权或建议权的行使具有实质意义，对于一方当事人申请鉴定，另一方反对的，应在程序上作出明确的规定，如合议庭应在合理期限内以附理由的裁定或决定的形式决定是否采纳其申请，并应当允许当事人申请复议一次。对于第三种情形，双方当事人均不申请鉴定的，法院不能简单地以当事人没有申请鉴定为由驳回原告的诉讼请求，但也不能随意依职权启动鉴定程序。因为，证据规则中举证责任的划分遵循的基本原则是“谁主张，谁举证”，司法鉴定结论作为证据种类之一，也要符合这一规则，应最大限度地体现当事人的意思自治。同时，法院也有必要查明案件事实，鉴定的启动不可以完全由当事人或法院一方确定，应将当事人的权利和法院的权力合理分配，并以当事人申请为原则。对于当事人均不申请鉴定，合议庭对有关技术问题确实把握不准的，启动鉴定前，要穷尽必要的解决技术问题的方式，如通过审判长联席会议或审判员联席会议或专家咨询等途径对技术问题进行讨论后，仍有分歧的，方可依职权启动鉴定。上述必要的鉴定启动规则，避免应鉴定的案件因不提起鉴定程序而影响案件的准确处理和不应当鉴定而提起鉴定的案件拖延诉讼时间两种倾向，避免对鉴定的随意性和过度压抑当事人诉讼权利两种倾向，使鉴定程序的启动规范化。

二、鉴定机构和鉴定人员的选任

无论是大陆法系国家，还是英美法系国家，立法及司法实践中均逐步重视诉讼当事人及其利害关系人对司法鉴定活动的参与权，以促进司法权力与诉讼权利的结合，实现诉讼民主和诉讼公正。[1] 正是基于这种现代司法理念，我国的民事诉讼汲取了当事人主义和职权主义两大模式的合理因素，确立了基于当事人参与的法官启动制的鉴定模式。这种模式增强当事人的举证，强化法官的中立地位，并体现了当事人合意在诉讼中的重要意义。按照这种模式，如果当事人共同申请或选择具有鉴定资格的某一鉴定机构或鉴定人员时，法院应尊重当事人的选择。但在知识产权审判实践中，由于各种各样的原因[2]，双方当事人共同选定鉴定机构和鉴定人员的情形极少，通常情况还是由法院指定鉴定机构和

[1] 张卫平主编：《外国证据法选译》，人民法院出版社2000年10月版，第731页。

[2] 主要原因是当事人相互之间存在信任障碍，一方当事人选择某鉴定机构或鉴定人员，另一方当事人担心其与该机构或人员有某种关系，转而选择其他机构和人员。

鉴定人。如果简单机械地由法院依职权决定鉴定机构和鉴定人，那么，我们又会回到职权主义诉讼模式的老路。

笔者认为，司法鉴定是一种诉讼活动，程序的主体得到尊重，是程序保障的根基所在。诉讼活动绝不是裁判机关权力自我演绎的活动，应是一定规则支配下当事人的权利与裁判者权力的有机互动。即使是依职权的方式，鉴定机构和鉴定人的选定也不能完全由法院操纵，法院在操作方式及决定形成过程中应充分重视当事人的参与和表白的机会，让当事人的权利和法院的权力有着合理的分配与契合。提高当事人对司法的信赖，也便于双方当事人对对方诉讼活动以及人民法院审判活动的监督，保证当事人之间进行必要的诉讼活动，由此增加司法的透明度和公正性。[1]佛山市中级人民法院经过摸索，将鉴定机构和鉴定人的选任分成预选阶段和法院决定阶段。在前一阶段，由各方当事人向法院推荐鉴定机构和鉴定人，最大限度地强化当事人的参与权，综合形成预选名单。法院决定鉴定机构和鉴定人时，通过两种方式进行遴选，一种方式是当事人从预选名单中将其反对的鉴定机构或鉴定人员予以剔除，合议庭在保留的机构和人员中进行选择；另一种方式是由当事人在合理期限内从预选名单中分别选择其同意的鉴定机构和鉴定人员，合议庭在双方当事人共同选择的名单中确定鉴定机构和鉴定人。当然，鉴定机构和鉴定人员要实行预先审定制度，即由合议庭判断专家的适格性。当事人推荐的鉴定机构，必须是具有鉴定资质的机构，鉴定人员必须具备案件鉴定应有的专业知识和经验技能，且没有回避事由，避免鉴定结论作出后，因鉴定主体资格、回避等问题而不能采信。确定后的鉴定人需对当事人保密，直到鉴定会的召开，以保证鉴定人独立、公正地进行鉴定。通过以上方式产生的鉴定机构和鉴定人，虽然是法

[1] 参见［日］兼子一、竹下守夫：《裁判法》（第三版），有斐阁1994年版，第284页。

院最终指定，但其在产生过程中充分尊重了当事人的参与权，鉴定结论容易得到社会公众的信任。如佛山市中级人民法院审理的南海××公司诉美国××公司、江西××集团商业秘密纠纷案❶，该案诉讼标的超过2亿元，又是涉美案件，广受社会各界关注。鉴定程序启动后，双方当事人均选择了中国科技法学会作为鉴定机构，但对鉴定人的选择未能达成一致意见。合议庭征求了当事人对本案鉴定所需专业人员后，决定由鉴定机构及双方当事人以背靠背的方式提供符合条件的鉴定人，形成鉴定人预选名单。法院将这些名单告知当事人，公布其所在单位、教育程度、专业经验及技术职称等，由当事人将有回避事由或其他原因（如专业水平）不适宜本案鉴定的人员提出反对意见，合议庭在当事人反对人员之外的人选中进行指定，且选定后的鉴定人（必须是单数）名单不再告知当事人。通过这种方式，即尊重当事人的诉讼权利，又防止当事人干扰鉴定专家的公正鉴定，为鉴定结论的真实性提供了程序上的保障。鉴定结论作出后，双方当事人均没有提出实质性的异议，法院采信了该鉴定结论，双方当事人均没有上诉，取得了良好的社会效果。

三、委托事项和移送鉴定材料的确定

启动鉴定程序后，鉴定委托事项及移送鉴定材料的确定成为一个必不可少的程序。委托事项是法院委托鉴定机构所要解决的鉴定问题，移送鉴定材料是法院向鉴定机构提供的鉴定所必需的证据。对鉴定委托的事项，一个值得注意的问题是，要严格掌握纯客观技术问题与涉及技术的法律问题的界限，只有前者才能委托鉴定。对于涉及技术的法律问题，如是否落入专利保护范围、是否构成侵权等问题，不能作为鉴定的内容，鉴定人也不得对其作出法律性质的评判。鉴定人不能制造证据，鉴定证据是鉴定所

❶ 详见（2000）佛中法知初字第1号民事判决书。

必需的物质基础，鉴定人必须在法院提供的证据的基础上，遵循证明规则，独立、公正、客观地作出鉴定结论。目前，普遍的做法是，委托鉴定事项和鉴定所需证据均由法官直接确定，当事人不参与，从而导致当事人的请求权对法官没有约束力。委托鉴定事项和鉴定材料的确定，直接关系到当事人的实质权益，法院行使决定权的同时，应当彰显当事人在鉴定中的参与权。对于需要鉴定的案件，法院应将拟委托鉴定事项告知双方当事人，由当事人发表意见，合议庭在此基础上确定鉴定委托事项，避免鉴定结论作出后，当事人以委托鉴定事项不符合双方争议的焦点或对委托鉴定事项有其他异议而影响鉴定意见的采信。

鉴定委托事项确定后，提交哪些证据作为鉴定材料是鉴定所需考虑的另一个重要问题，这也是司法鉴定中长期以来被忽略的问题。一直以来，较为普遍的做法是法官将当事人提交的材料全盘提交鉴定机构，这种做法，会因证据没有经过筛选而影响鉴定的科学性。证据必须是对客观事物的反映，必须具备客观性、关联性和合法性，诉讼当事人提供支持其主张的各种材料，在法院作为定案根据之前，并不都是具有预设效力的证据材料，这些材料只有在庭审前或庭审中经过当事人的质证最终被确立为可以作为定案的根据时才可以称之为证据。所以严格来说，当事人提供的证据，它只是证据材料，不是法律意义上的证据。鉴定材料是鉴定的物质基础，它是鉴定结论正确的一个重要前提条件，其来源必须合法、充分，因此，鉴定材料必须是经法庭确认的证据，而不是当事人提交的证据的罗列。为保证鉴定证据的真实性、合法性和关联性，委托鉴定前，合议庭应针对双方当事人的举证、质证和认证情况，归纳出可以采信的证据，将与技术问题无关的证据予以排除，作为拟送鉴定材料告知双方当事人，结合当事人的陈述意见，由合议庭最终决定鉴定证据，并由当事人签名确认，以保证移送鉴定材料的真实性、合法性和完整性。

四、鉴定的参与和监督

司法鉴定的实施[1]是司法鉴定程序的核心环节，其实施状况如何，直接影响着司法鉴定工作的整体水平。司法鉴定与当事人诉讼权益息息相关，但目前，委托鉴定后，法院和当事人对鉴定活动不闻不问，静待鉴定结论的产生。合议庭和当事人对鉴定采用的方法、鉴定专业技术设备、专业技术程序规范、检测比对的标准体系等鉴定的具体操作程序和方法均不清楚，当事人对鉴定结论的形成过程有疑虑，削弱了鉴定结论的公信力。鉴定是为诉讼活动服务的，因此，要保障当事人一定程度的参与权，同时，为保证鉴定结论的可靠性和公允性，有必要加强法院对司法鉴定实施活动的必要监督和制约。当事人参与意识的觉醒，也要求法院必须突破这种由鉴定专家书面阅读有关材料闭门鉴定的方式，寻求一种更加透明的鉴定活动方式。

对于技术鉴定来说，由合议庭成员和双方当事人参加鉴定现场会是一种可行的选择。鉴定会中，当事人可以向鉴定人陈述各自的观点，对证据进行必要的解释。经法官许可，鉴定人可以向当事人就有关技术问题进行询问，吃透鉴定材料。法官也可以回答专家有关案件事实和相关法律的问题。通过这种方式，鉴定人能够详细了解案件争议的事实，当事人对有关技术问题和专家进行了面对面的交流，法官目睹和监督鉴定全过程，对技术问题有了进一步的认识，增强了判断力，对鉴定结论是否采信把握得更准确、更自信。在佛山市中级人民法院审理原告佛山市××医用导管公司与被告南海市××医疗科技公司商业秘密纠纷一案[2]中，原被告对原告主张的医疗器械的制造方法、检验手段等是否为公知技术争议很大，原被告均申请技术鉴定。鉴于案件当事人

---

[1] 指司法鉴定人具体进行司法鉴定的活动。

[2] 详见（2001）佛中法知初字第107号民事判决书。

提交的证据材料多，案情复杂，鉴定人仅仅依靠阅读书面证据来把握双方争议的事实有相当大的难度，本案合议庭成员和双方当事人的技术代表直接参加了鉴定会。在合议庭成员的参与和监督下，双方当事人对各自的证据和相关技术问题进行了解释和说明，鉴定人对当事人进行了必要的询问，合议庭成员回答了鉴定人有关证据保全和庭审情况等问题。鉴定结论作出后，一方当事人对鉴定结论无异议，另一方当事人对鉴定结论也没有提出实质性的反对意见，合议庭采信了鉴定结论，该案已发生法律效力。经过尝试，这种由当事人参加鉴定会的方式，能最大限度地保证鉴定活动的合法、有序、客观，消除当事人对鉴定过程的质疑，受到了当事人的普遍赞同，也为法官对鉴定结论的采信奠定了坚实的基础。当事人和合议庭对鉴定的参与和监督，加强了司法权力与诉讼权利的结合，对实现诉讼民主与诉讼公正有一定的促进作用。

五、鉴定结论的质证和认证

司法鉴定只是收集证据的活动，鉴定人的判断并不是法官的判断。鉴定结论的科学性赋予其证明效力，但究竟能否得到采纳以及证明力的大小取决于法官的自由心证。对鉴定结论的效力，我国现行诉讼法作了原则性的规定，即鉴定结论只是证据材料之一，必须经过当事人的质证才能决定是否采信。可见，质证是鉴定结论采信为裁判基础的必要前置程序。[1] 鉴定人作为诉讼参与人，当事人可通过质疑、询问、辩驳等形式对其作出的鉴定结论进行对质核实。对于质证的方式，各国都普遍规定鉴定人应当依法出庭接受询问和质证，尤其是英美法系国家，鉴定人属于专家证人，其出庭作证义务与普通证人没有区别，都必须亲自出庭作

[1] 毕玉谦:《民事证据原理与实务研究》，人民法院出版社2003年版，第247页。

证。在我国，由于相关法律、法规对质证的程序、方式、规则以及质证权的行使、救济，质证在程序上的效力等未加规定，没有建立起鉴定人出庭作证制度，鉴定人出庭后的保障机制也很不完善，对因不正当理由不出庭作证的鉴定人也没有相应的制约条款，造成鉴定人出庭质证比例极低。现阶段，要求每一个案件的鉴定人都出庭质证缺乏可操作性，但至少要保证任何一方当事人申请的鉴定人能够出庭质证。法院送达鉴定报告给当事人时，应告知双方当事人有申请鉴定人出庭作证的权利和在一定期限内预交鉴定人出庭费用的义务。对于任何一方当事人明确要求专家出庭质证并预交有关费用后，法院应及时通知鉴定机构组织专家出庭回答当事人的质询，鉴定人有特殊理由或经合议庭允许，才能采用书面方式回答当事人的质询。由于我们采取了当事人亲临鉴定会的方式，有关技术问题在鉴定会上双方已作了充分的陈述和说明，采用这种鉴定方式的当事人均表示无须专家出庭作证，表明这种方式能够较好地解决实践中遇到的专家出庭作证的难题。双方当事人均不申请鉴定人出庭作证的，由合议庭组织当事人对鉴定结论互相质证，展开辩论，当事人须出具书面质证意见。合议庭将当事人的质证意见及合议庭对鉴定结论的疑点反馈给鉴定机构，要求鉴定人进一步作出解释和说明。对于原鉴定文书措辞表述不确切、不一致或有误，初次鉴定有遗漏或鉴定文书出具后又获得新的可能变更原鉴定结论的鉴定材料等情形的，必要时，法院可要求鉴定机构在原鉴定的基础上对其中的个别问题进行复查、修改、补充或解答，并以书面方式出具补充鉴定意见，以使原鉴定结论更加完备。法院收到鉴定人的说明或补充鉴定意见后，应再次组织当事人进行质证，让鉴定人对有关疑难点加以进一步的阐释和说明。通过借助双方当事人对鉴定结论的评价、质疑或辩论，合议庭可从不同的角度对鉴定结论加以剖析、论证，拓宽法官对鉴定结论确信的视角，透过这种方式发现事实，为认证打下良好的基础。

在认证阶段，由于鉴定程序启动时合议庭已对鉴定人是否合法、鉴定人的解决所涉专门性问题应具的知识和技能、鉴定人法定回避情形等问题等进行了审查，故认证时应重点审查鉴定结论的论据是否充分、推论是否合理、证据与结论之间是否存在矛盾、鉴定人是否受到外界影响等对鉴定结论进行审查，来决定鉴定结论证明力的大小与否，并对其证明力的强弱进行评估。只有在判明其正确、可靠，且有其他相关证据加以核实的情况下，才能将鉴定结论作为定案依据。法院对鉴定结论的取舍应在判决书中作出说明，并阐明理由。

司法鉴定结论的确定性和权威性，来自并取决于两个方面，即正当法律程序的保障和鉴定结论的客观性。[1] 其中，程序是司法鉴定制度的核心，正当程序（due process）所确立的程序保障是保证司法鉴定的合法性和公信力最重要的环节，它已成为衡量实体权利是否得以实现的一种基准。[2] 诉讼中，当事人不仅要求诉讼结果的公正，而且要求诉讼权利的公正和司法的民主。有人打比方说，实体错误是把一个东西的重量称错了，而程序错误则是秤杆上的定盘星定错了，无论怎样称都是不准的。所以，实体不公只是个案正义的泯灭，而程序不公则是制度的正义性的丧失。就我国目前司法不公问题来看，不是实体不公正，也不是制度不正义，而是程序的不公平。因此，要建立起符合现代司法理念的鉴定程序，进而促进我们最终达到树立司法形象，构建司法秩序的目的。

---

[1] 陈瑞华：《司法鉴定制度改革之研究》，法律出版社2001年版，第83页。

[2] Dennis campell, Edited, Transnational Legal PracticemKluwer Law and Taxation Publishers, p. 356 (1982).

第七节　诉讼调解

一、诉讼调解在知识产权审判中的特殊地位

诉讼调解被誉为东方审判经验，事实也证明这是最有利于实现法律效果与社会效果的统一，促进司法和谐及社会和谐的手段。在知识产权纠纷中，运用调解手段解决纠纷是被广泛采用的，包括当事人在诉讼外的自行和解以及诉讼调解。例如，涉及DVD专利收费等纠纷。从法院的司法实践看，各地法院均非常重视诉讼调解工作。从有关数字情况分析，在中级以上法院审理的案件中，知识产权案件的调解结案比例明显是比较高的。例如，在佛山市中级人民法院，知识产权审判庭的调解结案率长期保持在50%左右，是该院业务庭中比例最高的。

众所周知，知识产权案件的审理难度比较大，当事人之间的对立情绪也比较突出。那为什么当事人比较多地能在案件中达成和解协议？这个问题值得我们去研究。

我们认为，知识产权案件的特殊性决定了诉讼调解在知识产权审判中具有特殊地位。具体表现在：（1）国家实行知识产权战略以及全社会对知识产权问题的高度重视，这形成一个非常有利的外部环境，侵权行为人基于这个大环境容易尽快作出明智的选择；（2）知识产权权利本身的不稳定性导致权利人作出妥协的可能性增大。相对于物权、普通合同债权，知识产权属于法定的拟制性的权利，具有虚拟权利的某些特征；（3）知识产权保护手段的困难性也导致调解成为最佳选择；（4）法院在一定时期作出的典型判决成为知识产权司法保护的风向标，对社会各界具有广泛的影响，这也导致相关类型的案件当事人对他们的纠纷的处理有一个参照物，使他们容易经过协商达成和解；（5）法院诉讼调解机制的灵活性有利于当事人选择调解之路。法院在诉

讼调解中处于主导地位，而关于调解的结果并不像正式的判决书那样需要准确地查清每个事实，引用具体条文。只要法官站在公正的立场，引导双方当事人达成一个各方均能接受的案件处理结果或方案即可。事实上，有许多纠纷，法院在调解中可以不对有关被控行为是否构成侵权作出明确的判定，而是由双方当事人达成一个可以履行的方案并加以执行。这在很大程度上既满足了原告的某些实质性诉求，又满足了被告的"面子"，避免在裁判中被认为是侵权人，有利于实现案结事了。

二、佛山市中级人民法院审理知识产权案件的诉讼调解模式

佛山市中级人民法院在知识产权案件的审理中，坚持"能调则调，该判则判，调判结合"的原则，正确处理好调解与裁判的关系，认真总结，广泛借鉴，大胆创新，逐步摸索诉讼调解工作的流程化管理，形成了"六步式"诉讼调解模式，办案效率和社会效果明显增强。从 1998 年 2 月知识产权审判庭成立以来，佛山市中级人民法院历年来审结案件中调解（含当事人和解后撤诉）的案件比例累计达到50%以上。

从案件的受理开始，到案件宣判前，佛山市中级人民法院在诉讼的各个阶段都积极主动地将调解工作贯穿其中。

第一步，案件送达和财产、证据保全时的"送达调"。案件送达和保全时，由于大多数被告没有思想准备，来不及就事实、后果向他人请教和转移销毁侵权证据，这时调解比较容易成功。

第二步，被告答辩和证据交换时的"答辩听证调"。在这一阶段，各方当事人对双方的观点及分歧有了基本的认识，并基本上掌握了对方的证据，已经能够比较理智、客观地对待纠纷，从而增加了调解的可能性。这时案件承办人也对案情有了基本的了解，通过耐心细致的工作和列举类似案例，使当事人了解该类案件的处理原则和处理结果。因此，这一阶段的调解成功率也比较高。

第三步，当事人及诉讼代理人庭外和解的“庭外调”。由于知识产权案件的特殊性，当事人绝大多数都会聘请律师，而这些案件的代理律师往往会根据案件的具体情况，帮助当事人分析案情、推测案件的结果，当事人对他们也比较信任。这时，案件承办人通过发挥律师的作用，不失时机地进行调解，成功率也相对较高。

第四步，庭审阶段的“庭审调”。案件一般进行到这一阶段，能够调解的可能性相对较小，但这时案情已明朗化，并有前几个阶段的调解基础，加之判决在即，只要承办人找准切入点，仍会促成当事人接受调解。

第五步，案件宣判送达前的“庭后调”。当事人等待宣判时心理大多忐忑不安，特别是案件事实和证据对其不利的一方当事人，考虑到判决结果，心理压力比较大，通过调解减少损失的愿望比较强烈。这时，只要案件承办人及时抓住这一有利时机，往往会促成调解。

第六步，贯穿整个审理过程的“案例示范调”。对有些案件的当事人，仅凭口头说服及指引，效果并不明显。法官可以在调解时，将类似的案例提供给当事人，供其参阅，使当事人了解该类案件的处理原则及处理结果。这样，就为当事人提供了一个合理的预期，使当事人能够理性预测其诉讼结果，避免当事人滥诉和漫天要价，从而为法官调解工作提供了极大的便利。在一些案件中，针对原告诉状中列明的索赔数额较高的情况，法官主动将已有类似判例提供给原告诉讼代理人，原告诉讼代理人阅读后通常会主动降低赔偿数额，从而为促使案件迅速调解提供良机。

例如：在广东××出版社诉佛山数十家音像店著作发行权纠纷系列案中，原告诉讼代理人连用三个“想不到”表达了他对法院调解工作的满意，“想不到佛山中院民三庭对诉讼调解如此重视，想不到民三庭法官调解艺术如此之高，想不到调解效果如此之好”。该系列案共计68件，涉及十几个被告，但从原告起诉直至原告诉讼代理人从各个被告处拿到侵权赔偿金额，仅用28天。不仅如此，对于该系列案，法官在调解的同时，又谆谆告诫被告应合法经营，被告如果想经营正版音像制品，可以从原告处购买。原告在法官的调解下也表示既往不咎，如被告以后从原告处购买正版音像制品可以对被告实行优惠。原被告对该系列案均相当满意。

三、如何提高法官的诉讼调解能力

调解工作非常考验法官的综合素质，除了法学基础外，还体现在社会经验及心理素质方面。对年轻的法官来说，社会经验和心理素质方面必须不断地加以总结提高。以下就如何提高调解能力谈谈看法。

增强法官调解能力的前提是法官必须站在公正的立场上，要出于案结事了的公心去做有关当事人的调解工作。由于在诉讼调解工作中，法官必须与当事人进行直接接触，故应当非常注意自己的言行，避免引起当事人不必要的误解。或者说，只要法官是出于公心去做调解工作，即使调解不成，即使当事人存在不同看法，也不会影响到法官的形象。

调解技巧之一，对双方当事人均采取压制态势，消除当事人不切实际的幻想。我们要避免抬一方而压制另一方的做法，这种做法除了导致投诉增加以及一方当事人过于骄傲（从而越发不肯让步）外，没有任何好处。法官可以利用一切可能的机会，向当事人传递打压的信息。在交流中运用明确的法律和事实依据以适当的语言向当事人行使释明权。尽量以子之矛、攻子之盾，对当事人过于自信的某些证据或观点进行适当“降温”。这样可以降低当事人的心理预期，使他们明白调解是最好出路，也使他们体会到法官化解矛盾的苦心。

调解技巧之二，探测当事人的底线，同时保留法官的底线不要让当事人知悉。法官可以把一些当事人或代理人有可能了解的有关规定进行说明，但不要随便表态，对案件如何裁判让当事人保留一定的“神秘感”和“恐惧感”。法官的底线不能让当事人摸透，否则当事人会抱有无所谓的态度。

调解技巧之三，适当运用策略，尽量促使双方均作出妥协。有时当事人不仅在意自己的利益，也非常在意对方的言行，同时对对方的利益也会给予一定的关注。这时候，法官可以利用暂时“信息不对称”的优势，对当事人打探的有关事实进行灵活的回答，或者向双方传递出某些经过“艺术化”处理的信息，从而促成双方让步而达成调解。

调解技巧之四，必要时适当放出“风声”，使有关当事人对本来就忐忑不安的事情益发敏感，从而促成双方调解。这里要注意与保持审判秘密的关系，有些“风声”可以放，有些“风声”则不能放。对保密制度规定的具体合议庭成员意见等不能向当事人透露。但对有些经过合议庭同意可以向当事人提示或说明的内容，以及当事人自己也能预感到的事宜则可以在适当时机放出“风声”。例如，某被告存在妨害民事诉讼的行为，则可以适当放出将要制裁的“风声”，促使其与原告调解；又如，可以采取“以判促调”的方法，将类似案件（或相关案件）的判决结果告知当事人；等等。

调解技巧之五，法官的言语和态度要坚决，要避免给当事人一种法官优柔寡断的印象。这里的坚决并不是指与当事人进行辩论，而是对当事人不切实际的要求明确予以拒绝，对把握不准的则予以考虑，但要避免作出不慎的言行。同时，法官的言语要“一针见血”，言不在多而在精。

调解技巧之六，法官要学习外交官的策略。对当事人双方来说，调解就是谈判，而法官则是充当斡旋冲突双方的“联合国特使”。法官要学习外交官的语言，让当事人自己去“意会”，不要把话讲得太明白。

调解技巧之七，不要过于信任当事人。法官在调解之前首先要假定当事人是个理性的“经济人”，当事人在利益冲突中会趋利避害，有可能会达成妥协，但一有机会则会寻求最大利益。与当事人的任何交流都应当在这个假定之下进行。同时，必须做好当事人随时反悔的思想准备，多做好几个预备方案，使得当事人的言行均在法官预料之中，并且应对自如。

最后要注意，调解不能就及时果断地作出判决。要注意避免因为调解问题而使得有关案件的审理过程太长，从而让有意拖延的当事人钻了“空子”并损害对方当事人的合法权益。

第八节　权利冲突中行政程序和司法程序的衔接

权利冲突在法学领域几乎无处不在。知识产权作为一种无形财产权，其客体可以同时被相互独立的不同主体所占有，使得权利冲突更为常见。为了解决知识产权权利冲突，我国新修改的《专利法》、《商标法》作出了相应的原则性的规定。可以说，在实体上为权利冲突提供了总的指导思想。但实体法的规定如果没有相应的程序法的保障就难以实现，一个完善的、良好的、便利的、科学的、高效率的程序机制，才会给权利人的维权提供一个良好的环境。否则，难以实现真正的公平。

一、协调知识产权权利冲突的机制及现存问题

（一）我国在知识产权权利冲突问题上的协调机制

就如何协调知识产权权利冲突的问题，如上所述，我国新修正的《专利法》、《商标法》对之作出了相应的原则性的规定，在实体上为权利冲突提供了总的指导思想。其主要途径为：（1）司法、行政救济途径双轨制。目前，我国已经形成了行政管理和司法保护相结合的运作体制，这种方式也为 TRIPs 协议所

肯定。[1] 行政机关主要解决授权纠纷和侵权纠纷。其中授权纠纷是指权利人以外的当事人对行政机关的授权提出异议，向行政机关提出撤销权利的请求；侵权纠纷是指权利人认为他人的行为侵犯了自己的权利，请求行政机关处理，此时由于行政授权单位熟悉授权条件、程序，复审更具针对性，行政救济途径比司法程序耗时短、成本低。[2]（2）司法最终审查。根据我国法律规定，当事人对于行政机关授权或撤销权利、行政处理结果等不服的，可以提起行政诉讼。这一点与TRIPs协议的有关规定是一致的。当事人对民事侵权纠纷也可以直接向人民法院提起民事诉讼，对一审判决不服的，可以提出上诉。

（二）现行司法、行政救济途径双轨制的弊端

行政管理与司法保护各自有其自身的特点和程序。行政管理着眼于维护一种正常的权利使用秩序，司法保护则是一种应请求的被动保护。权利的实现有赖于良好的程序，程序是权利维护的保障。知识产权权利冲突诉讼，经常涉及行政程序和司法程序及两者的关系和衔接问题，它对当事人的权益产生实质性影响。但长期以来，在权利冲突的处理程序上，尤其是两大程序协调方面，新修正的知识产权法虽有所涉及，两种保护方法在管辖上仍存在冲突，两者在相互衔接问题上也十分模糊，行政程序和司法程序衔接中的程序缺憾明显。主要有两点：

第一，我国《商标法》虽然采取了司法终局制度，但其在程序上仍不完善，例如该法第35条规定“对商标注册和商标复审申请应当及时审查”，但对行政决定的处理期间未作明确规定，直接导致的问题是行政程序的无限拖延，更多争议在等待中将进入司法程序。

---

[1] TRIPs协议的第一部分基本原则、第41条第（2）项和第42条的规定均对知识产权的保护，特别是执法程序方面作出了相应的规定。

[2] 吕国强：“知识产权的权利冲突及其解决机制”，载《中国知识产权报》2006年1月18日。

第二，《专利法实施细则》第 65 条第 3 款规定：“以授予外观设计与他人在先取得的合法权利相冲突为理由请求宣告外观设计无效，但未提交生效的能够证明权利冲突的处理决定或判决的，专利复审委员会不予受理。”该程序存在重大缺陷：一方面，专利复审委员会在当事人未能提交生效的法院判决和行政机关的处理决定时，对无效宣告不予受理，无效请求人也无法就专利复审委员会的不予受理行为提起行政诉讼，使这一规定流于形式；另一方面，即使在先权利人通过行政程序认定了权利冲突，并据此请求宣告该专利无效，专利复审委员会经审查并作出决定后，按照《专利法》第 46 条的规定，当事人还可以提出行政诉讼。这样，一个权利冲突解决机制中不仅包含有两个行政程序，当事人对行政处理决定不服或无效宣告请求不服，还可能会衍生出两次行政诉讼才能最终解决。[1] 如果在先权利人通过司法程序认定了权利冲突，专利复审委员会应据此直接宣告专利无效，这就使专利权的无效宣告失去了实质意义。正是因为我国现行法律法规及司法解释均没有关于司法和行政两条途径在处理权利权属、程序上的分工的规定，引起行政执法与司法救济在管辖问题上的冲突及两种保护方法相互衔接问题上的模糊，使得法院在执法标准上很不一致，从而导致有些法院对当事人之间的权利冲突不予立案，让当事人走完行政程序后再进行立案处理，或者是有些法院受理权利冲突纠纷案件后将案件一律作出中止审理的决定，案件 2~3 年得不到最终的处理，导致当事人痛失市场良机等。

在行政处理和司法救济中，实践中占主导的做法是权利冲突的解决必须先履行行政处理程序。其理论在于，只有行政机关才具有知识产权权利如专利权、商标权等是否具有瑕疵的认定权限，在知识产权权利被无效或撤销之前，法院必须先中止案件的

[1] 张伟君：“浅议权利冲突解决机制的完善”，载《中国知识产权报》2002 年 3 月 20 日。

审理，待相关行政机关对争议的权利作出有效、无效的决定后再恢复审理，即行政程序是法律能否裁决的绝对条件。如法院在审理原告台湾省××公司诉北京××公司使用的“MISHER”标记侵犯其注册商标“蜜雪儿”及“MYSHEROS”专用权并构成不正当竞争纠纷一案中，原告要求被告停止使用以“蜜雪儿”命名的企业名称，北京市第二中级人民法院在1998年8月20日作出的判决中禁止被告单独使用“MISHER”标记，并赔偿原告经济损失。双方均向北京市高级人民法院提起上诉，该院在1999年3月15日的终审判决中认为，被告名称是经工商行政管理机关批准的，虽然该企业名称中的“蜜雪儿”与原告的注册商标相同，也确实会给普通消费者造成混淆，但如何调整这种关系，目前法律没有明文规定，且对企业名称登记的异议不属于人民法院管辖的范围，原告可向工商行政管理机关请求。[1] 此案中，法院即认定企业名称与商标相混淆，但又坐视不理。作为最后一道屏障，如果在司法途径中仍以行政程序前置为条件，对于身处煎熬中的当事人而言，即便最终结果是正确的，当事人的维权成本也将大大提高，诉讼也失去了其应有的意义。因为，在市场经济条件下，同样数额的东西在一段时间后会自然贬值，尤其是专利，当事人不能在最有利的时机打击侵权人，直接后果是导致权利人痛失市场良机，不正当地适用行政前置程序给一方当事人造成的不公平是显而易见的。

二、知识产权权利冲突协调机制的完善

随着知识产权权利冲突大战愈演愈烈，法院受理的知识产权权利冲突案件数量日益攀升，有效协调知识产权权利冲突已成为理论界和司法实务界所关注和研究的热点问题。因而，有必要从立法与司法层面去考虑一个较理想、较完善的协调机制，以切实

[1] 资料来源：北京市第二中级人民法院（1997）二中初字第43号民事判决书。

保护知识产权权利人的合法权益，合理平衡当事人之间的权利与义务，维护正常的市场交易秩序和经济秩序。[1]

（一）确立协调知识产权权利冲突的基本原则

首先应当尽快确立协调知识产权权利冲突的基本原则，主要包括约定优先原则、诚实信用原则、保护在先权利原则以及权利与义务平衡原则等。

（1）约定优先原则。这是指应当尊重当事人的意志，如果当事人之间就知识产权权利冲突的处理有合法有效的约定的，应当尊重当事人的意思表示，优先适用约定处理纠纷，除非这种约定违反公序良俗，或影响正常的社会竞争秩序。

（2）诚实信用原则。诚实信用原则要求在商业活动中，民事主体应当遵循公认的商业道德，诚实经营，公平竞争。它作为我国《民法通则》规定的民事活动应遵循的基本原则已得到普遍适用，在《保护工业产权巴黎公约》等国际条约中也有所体现。比如，商号权和商标权的冲突主要发生在生产、消费领域，在商标没有产生任何声誉或者商号还没有产生良好商誉时，商号与商标发生偶然冲突导致纠纷的情况较少，大多数情况是当一方在使用过程中产生良好的商业信誉，对该商标或商号的使用能带来增值的商业利益时，他方才会为商业目的去使用他人的商标或商号，因此对于背信弃义，采取欺骗手段使用他人知识财产、足以误导公众的行为应认定为侵权行为。[2] 尤其是在当前科技日新月异的知识经济时代，知识产权权利冲突案件往往表现出类型新、无现成的法律规定可以适用的特征。于是，更加需要依据法律精神和诚实信用的基本原则对知识产权的权利纠纷进行处理，合理确定冲突各方的权利与义务。

---

[1] 吕国强：“知识产权的权利冲突及其解决机制”，载《中国知识产权报》2006年1月18日。

[2] 裴缜：“浅议审理知识产权权利冲突纠纷案件应适用的原则”，载 http：//www.148vip. com/iplcn/Article_ Print. asp? ArticleID =281，2006 -5 -20.

(3)保护在先权利原则。当权利人各自以诚实信用的方式合法取得权利时，这时一般应保护产生时间在先的知识产权，抑制或消灭产生时间在后的知识产权。在知识产权法的主要组成部分专利法、商标法、版权法以及反不正当竞争法中存在着对同一智力创作成果的重叠保护关系，为了解决知识产权权利冲突，我国新修正的《专利法》、《商标法》作出了相应的规定，总的来说体现了保护在先权利的原则。比如，《专利法》第23条规定："授予专利权的外观设计，应当同申请日以前在国内外出版物上公开发表过或者国内公开使用过的外观设计不相同和不相近似，并不得与他人在先取得的合法权利相冲突。"《商标法》第9条规定："申请注册的商标，应当有显著特征，便于识别，并不得与他人在先取得的合法权利相冲突。"该法第31条规定："申请商标注册不得损害他人现有的在先权利，也不得以不正当手段抢先注册他人已经使用并有一定影响的商标。"这样，从实体上讲，在先权利人有了维护自己合法权益的基本法律依据。[1] 这也是我国司法实践的通行做法，如"武松打虎案"、"三毛案"、"老干妈案"。

同时，就如何保护在先权利而言，还存在两种不同做法：一是绝对保护原则，即在先权利始终优于在后权利，当在先权利和在后权利发生冲突时，保护在先权利而不保护在后权利。二是相对保护的原则，就是在决定优先保护一个权利时，不单单取决于权利取得的时间，还要综合考虑其他因素。这就是我们紧接着要谈及的权利与义务平衡原则。

(4)权利与义务平衡原则。本书前面也有所提及，权利冲突的实质是利益的冲突和价值的冲突。在选择协调权利冲突的方案时，我们不能不透过权利表象去探求其背后的利益和价值冲

[1] 张伟君："浅议知识产权权利冲突解决机制的完善"，载 http://www.iprcn.com//new2005/view_ new.asp?idname=1554，2006-5-28.

突，法律既要重视冲突权利的各自价值，又要在利益比较的基础上，对冲突所涉及的权利作必要的限制。所以，法官处理权利冲突案件，应基于其对法律条款和法律原则的正确理解和诠释，把握立法精神，适应时代潮流和社会变迁，在尊重权利独立性原则的前提下，根据案件的具体情况，综合考虑诚实信用原则、公平原则和判决的社会后果及影响等因素处理权利冲突纠纷，兼顾各方利益，合理分配社会公平、正义及社会资源，限制权利持有人滥用权利，实现权利人私权利益与公共利益的平衡。[1]

（二）协调解决行政程序与司法程序的相互关系

如前所述，采用行政和司法的双重保护模式，是中国知识产权法的一大特色。协调知识产权权利冲突，必然涉及行政程序和司法程序及二者的关系和衔接问题，包括在确权纠纷解决、授权和维持程序、侵权纠纷解决机制上的相互配合和衔接。我们认为，可以主要从以下两个方面加以考虑：

1. 突出司法权力优先是协调行政程序和司法程序的必然选择

首先，在知识产权权利冲突诉讼中，应当突出和反映司法权力优先。知识产权权利冲突的行政程序和司法程序，是两种完全不同的途径。运用司法手段，通过诉讼途径保护知识产权，具有最终解决知识产权纠纷的法律效力，即应突出和反映司法权力的优先。长期以来，占主导的观点是行政程序应当前置，他们认为发生权利冲突的权利都是合法取得的权利，至少在形式上是履行了权利取得程序的权利，经合法程序取得的权利未按照法定程序消灭之前，原则上其权利应当认定为合法。因此，有必要履行撤销或宣告无效程序，然后再去处理民事纠纷。实际上，不经行政

---

[1] 知识产权制度本身就是一种专有权人利益和社会公共利益的分配和平衡机制。正如TRIPs协议第7条“目标”所明确指出的：“知识产权的保护和行使，目的应在于促进技术的革新、技术的转让与技术的传播，以有利于社会及经济福利的方式去促进技术知识的生产者与使用者互利，并促进权利与义务的平衡。”

程序而由司法程序处理权利冲突是有理论根据的。从法理上说，经行政程序获取的民事权利发生冲突的，就转化为纯粹的民事权利争议，对该民事权利争议由法院居中裁决，当然是最合理的途径之一。就授予民事权利的行政机关而言，其也仅仅是纠正其授权行为；而法院则是从民事权利争议的角度裁决民事权利的归属，与行政处理途径不同，性质各异。主要表现为，权利冲突着眼于不正当竞争行为，而不是着眼于是否构成侵犯商标权、企业名称权等问题。经注册的商标权、企业名称权等都是依法产生的，就其权利的获得而言不存在法律问题，已注册的企业名称是否产生市场混淆等问题，属于企业名称本身以外，即是否构成商标侵权或不正当竞争等问题，属于民事争议，法院不宜以不能主管为由不予审理和判决。由此，尽管权利的取得必须经过行政程序，但在民事诉讼中，解决权利冲突仍属民事争议，当事人是否履行行政程序不是法律能否裁决的绝对条件，法院不宜以不能主管为由不予审理和判决。

在司法过程中，我们应当根据个案情况，决定纠纷的处理是否应当经过必要的行政前置程序，以求在公正和效率中寻求两者的最佳点。1993年，最高人民法院在《关于在专利侵权诉讼中当事人均拥有专利权应如何处理问题的批复》中认为，尽管原、被告均拥有法定国家机关授予的专利权，但法院不能因此而不审查被告的被控侵权产品或者方法是否侵害了原告的专利权，不能要求原告先需向专利复审委员会申请宣告被告的专利无效，等到被告的专利权被宣告无效后，才能向法院提起诉讼。1998年，最高人民法院在目前法律规定不完善的情况下，在《关于全国部分法院知识产权审判工作座谈会纪要》中规定："凡涉及权利冲突的，一般由当事人按照有关知识产权的撤销或无效程序，请求有关授权部门先解决权利冲突问题后，再处理知识产权侵权纠纷或者其他民事纠纷案件。经过撤销或者无效程序未能解决权利冲突的，或者自当事人请求之日起3个月内有关授权部门未作出处理结果且又无正当理由的，人民法院应当按照民法通则规定的诚实信用原则和保护公民、法人合法的民事权益原则，依法保护在先授予的权利人或在先使用人享有继续使用的合法的民事权益。”[1] 这种处理思路就是衡平原则在审判实践中的总结和运用。该处理思路虽然没有确立司法权力优先的绝对原则，该规定也只能作为实践中把握的司法精神予以参照。但它首次对行政程序和司法程序的衔接作了原则性的规定，为权利冲突的解决程序提供了较为明确的参照依据。实践中，当事人申请无效或撤销申请，行政机关在几年内还没有处理结果的现象非常普遍，很多当事人就是基于行政程序不能及时保护其权利，而选择司法途径处理其纠纷。如果在司法途径中仍以行政程序前置为条件，当事人的维权成本将大大提高。因此，知识产权的司法保护应是知识产权执法中最为关键的环节，也是最终的环节。对于冲突的权利，人民法院可以先解决在先权利的归属，再由行政机关根据司法判决决定在后权利的归属。

2. 行政程序和司法程序相互衔接的操作方法

对于行政程序和司法程序的衔接问题，在具体的操作过程中，当事人因权属纠纷向人民法院起诉的，在诉讼期间，当事人可以以书面形式向有关行政机关提出中止请求，停止办理商标权、专利权等转让、变更、许可等程序，以便与诉讼程序相衔接。待法院作出终审判决后，行政机关根据生效的判决书恢复相关程序，根据在先权利人的申请，办理相关变更手续，而无须再做实质审查，以免当事人再走行政程序，造成人力、物力、财力的浪费。如法院认定被告使用的字号、商标、外观设计侵犯了他人的在先权利，可以判决被告停止使用，被告履行停止使用的方式是申请相关行政部门进行变更，逾期不履行，可以由法院强制

[1] 参见最高人民法院《关于全国部分法院知识产权审判工作座谈会纪要》（法［1998］第65号）。

变更，并由被告承担逾期履行的法律责任。法院强制变更时，由法院发给行政机关协助执行通知书，由相关行政机关协助执行。例如原告××信托投资公司与被告四川省××旅行社不正当竞争、商标侵权纠纷一案中，法院认定的事实是，“CITIC”、“CITIC中信”、“中信”等是原告的注册商标。1999年12月29日，国家商标局认定原告在金融服务上的“CITIC”、“中信”注册商标为驰名商标。被告××旅行社经四川省工商行政管理局批准注册，主营三类旅行业务。1998年，被告××旅行社制作的宣传品上印有“四川省××旅行社”、“SICHUAN CITIC TRAVEL SERVICE”。其印发的报价表、旅游行程、信封等印有“CITIC”文字组成的圆状图形、“四川省××旅行社”字样。法院认为：(1) 原告对“中信”、“CITIC”、“CITIC中信”注册商标在核定的商品和服务范围内依法享有专有权，且“CITIC”、“中信”商标被评定为驰名商标，在其核定使用的商品和服务以外的非类似商品和服务上也享有专用权；(2) ××旅行社企业名称中的“四川”为行政区划，“中信”为字号，“旅行”为行业，“社”为组织形式。故××旅行社区别不同市场主体主要标志的企业字号“中信”与原告区别不同的商品与服务的“中信”注册商标相同。“中信”商标专用权、“中信”企业名称权虽经不同的法定程序确立，但原告的“中信”商标于1996年4月21日经国家商标局批准注册，被告××旅行社则于同年4月30日经四川省工商局批准成立。原告“中信”商标先于××旅行社成立而注册，因而在中国范围内产生了排他性的法律后果，故原告享有在先权。被告××旅行社将与原告“中信”注册商标相同的文字登记为企业名称中的字号，之后“中信”、“CITIC”又被认定为驰名商标，足以引起公众误认为二者之间存在某种联系或为同一市场主体，认定被告××旅行社构成不正当竞争和商标侵权。判决被告××旅行社停止侵权；停止在企业名称中使用“中信”

字号，并向四川省工商局申请变更企业字号，赔礼道歉及赔偿损失。❶ 此案中，人民法院从民事争议中侵权的角度出发，对本案作出了及时有效地处理。这种处理，针对了知识产权时效性强的特点，给当事人提供了透明高效的维权程序，为解决权利冲突提供了良好的执法机制。❷ 对于冲突的权利，人民法院可以解决在先权利的归属，再由行政机关根据司法判决决定该在后权利的归属。具体的操作方法是，当事人因权属纠纷向人民法院起诉的，在诉讼期间，当事人可以以书面形式向有关行政机关提出中止请求，停止办理商标权、专利权等转让、变更、许可等程序，以便使行政程序与诉讼程序相衔接。法院作出终审判决后，行政机关根据生效的判决书恢复相关程序，根据在先权利人的申请，办理相关变更手续，而无须再做实质审查，以免当事人再走行政程序，造成人力、物力、财力的浪费。如法院认定被告使用的字号、商标、外观设计侵犯了他人的在先权利，可以判决被告停止使用，被告履行停止使用的方式是申请相关行政部门进行变更，逾期不履行，可以由法院强制变更，并由被告承担逾期履行的法律责任。法院强制变更时，由法院发给行政机关协助执行通知书，由相关行政机关协助执行。这样处理，才能针对知识产权时效性强的特点，给当事人提供透明高效的维权程序，为解决权利冲突提供良好的执法机制。

第九节 民事诉讼程序与刑事司法程序的协调

知识产权本质上虽是一种私权利，主要依靠知识产权民事法律进行调整，但知识产权的刑法保护功能正越来越受到重视。知

❶ 资料来源：四川省成都市中级人民法院（1999）成知初字第59号民事判决书，双方均未上诉，该判决已生效。

❷ 后来的“立邦案”和“老干妈案”也遵循了类似的处理程序。

识产权民事救济与刑法保护之间关系的协调，不得不引起我们的重视和思考。

对于刑事诉讼程序和民事诉讼程序交叉的知识产权案件的处理，一般沿用在司法实践中被视为人民法院审理此类案件的一个基本指导原则，即先刑事诉讼程序后民事诉讼程序，且在《最高人民法院关于刑事附带民事诉讼范围问题的规定》实施后，涉及知识产权的刑事案件在现有法律框架内不能适用刑事附带民事诉讼。但刑事诉讼程序与民事诉讼程序孰先孰后，在理论界一直存有争议。

先刑事诉讼程序后民事诉讼程序这种传统的处理原则，增加了保护知识产权的阻力、可能导致审级混乱。甚至可能出现前后矛盾的判决，极可能将刑法异化为恶意打击竞争对手的工具。而主张先民事诉讼程序后刑事诉讼程序处理原则的观点，则在于强调知识产权案件的专业性，认为对知识产权是否存在以及状态是否稳定，应当先经过民事诉讼程序的检验。

由不同的审判庭适用不同的程序审理同一法律事实的案件，不论采用何种处理原则，均不利于统一知识产权执法尺度和维护司法权威，不符合知识产权案件特殊性的要求，不利于审判资源的整合和专业审判人才的培养，不利于提高知识产权保护水平。其实，审理知识产权案件的重点和难点在于对专业性事实的认定和实体法上专业性问题的法律适用，并不因诉讼程序的不同而有明显的差别。因此，对于民事救济和刑法保护交叉的知识产权案件，问题的关键不在于强调先适用何种程序进行审理，而在于两者之间的协调。

假如知识产权不存在，则谈不上知识产权犯罪行为的存在。因此，处理知识产权案件的首要前提是对权属、侵权能否成立等问题的判断。对涉及知识产权的刑事案件和民事案件，在相关事实的审查认定上，区别适用民事证明标准和刑事证明标准，有利于两种程序的协调：

第一，知识产权权利存在的事实，应按照民事证明标准认定。前面提到，知识产权是一种私权利，其认定标准并不因适用的诉讼程序不同，而有差别。

第二，对侵害行为和后果的认定，在刑事案件中应适用刑事证明标准。对于侵权事实的认定，刑事证明标准严于民事证明标准，不能在刑事诉讼中适用民事证明标准。

第三，侵权例外规则的适用。刑事诉讼的重点在于审查侵权行为的严重程序是否达到了定罪标准，极易忽略被控侵权人的行为是否构成侵权，特别是在被控侵权人使用的知识产权与知识产权权利人的知识产权完全一致时，更是如此。但知识产权侵权例外规则的存在，否定了该行为的侵权性质。

如××玻璃机械有限公司诉郑××、魏××、甘××和××机电有限公司侵害商业技术秘密纠纷一案，受理法院按照上述事实审查要点进行了审理。对××玻璃机械有限公司所主张“SWB－9000玻璃波浪斜边磨边机”的技术秘密是否符合技术秘密的条件，××玻璃机械有限公司引用了顺德区人民法院作出的已发生法律效力的刑事判决进行证明，进而免除了自己的举证责任。受理法院并未因生效的刑事判决已对技术秘密作出认定，就以刑事判决为准进行认定，而是根据《最高人民法院关于民事诉讼证据的若干规定》中关于鉴定的有关规定，重新审查了刑事判决中关于技术问题的鉴定报告。对于因侵权造成的损失，就刑事案件而言，应当从严认定，应仅限于实际损失，包括商业秘密因侵权导致的价值减少及权利人应当增加的收益而没有增加。在已生效的刑事判决中，公诉机关没有指控××公司的商业秘密因侵权而减少的价值，仅指控了××玻璃机械有限公司在销售含有技术秘密的机械时减少的收益，××玻璃机械有限公司在民事诉讼中亦没有主张技术秘密因侵权而减少的价值，仅主张了其可得收益的减少。因此，在民事诉讼的审理中，受理法院依据“不告不理”的原则，依据刑事案件中的有关证据认定××玻璃机械有限公司因侵权受到的损失，据此确定了赔偿额。

为了解决知识产权的民事诉讼和刑事诉讼分别由不同的审判庭审理造成的种种问题，根本的方法在于机制的创新。2006 年 6 月 7 日，广东省高级人民法院制定下发了《关于在我省部分基层人民法院开展知识产权刑事、民事、行政“三审合一”审判方式改革试点的实施方案（试行)》，决定自 2006 年 7 月 1 日起，在广东省广州市天河区人民法院、深圳市南山区人民法院、佛山市南海区人民法院进行知识产权刑事、民事、行政三审合一审判方式的改革试点，实现了知识产权司法审判的突破。

南海区人民法院的做法具体是：第一，在机构设置上，在民事审判第四庭的基础上，成立专门的知识产权审判庭，知识产权的刑事、民事和行政案件一律划归知识产权审判庭审理，对外统一使用“知识产权审判庭”的称谓。第二，在人员配备上，按“三审合一”的要求挑选合议庭成员，由民事审判和刑事审判经验丰富的法官共同组成合议庭。第三，在审判管理及与相关部门的沟通协调上，明确“三审合一”案件的立案范围。第四，在审判模式上，大胆探索在刑事案件中逐步推行庭前证据交换制度、鼓励被害人直接出庭参与诉讼、探索实施专家证人制度等。

实践表明，“三审合一”立体保护机制保障有力，在救济方式的选择上，“三审合一”的模式可以让当事人充分选择对自己最有利的救济模式，合议庭亦能够根据案件的实际情况，及时启动相应的救济程序，使当事人的权益得到及时有效的保护。自实施“三审合一”改革试点一年来，南海区人民法院已对 8 名侵犯他人知识产权构成犯罪的被告人处以十个月至一年零六个月不等的有期徒刑，同时处以五千元至一万元不等的罚金，极大地打压了犯罪分子的嚣张气焰，有效地遏制了知识产权侵权行为的蔓延势头。

第二章　专利权保护若干问题研究

第一节　论外观设计专利侵权的判断

随着人们生活品位的提高及知识产权国际化趋势的不断加强，工业品的外观设计受到越来越高的重视。特别是经济发达地区，人们对商品的花色品种的多样性追求日益扩大，工业产品的更新换代日益加快，外观设计的好坏直接关系到企业占有的市场份额。正因如此，外观设计专利的申请量一直处于成倍增长的态势，人民法院受理有关外观设计专利侵权纠纷的案件数量亦处于上升趋势。同时，因为我国相关法律法规的欠缺，审判实践中对这类案件处理的标准各地法院的把握不太一致，特别是对侵权的判断，法律规定的主观性较强，是审判实践中法官颇感困惑的问题。下面，笔者就佛山市中级人民法院审理此类案件时遇到的有关问题，结合相关理论略作阐述，以求教于各位同仁。

一、外观设计专利保护范围的确定

我们知道，权利是一种有限制的但受到法律保护的自由，即权利的行使只有在法律规定的范围内才有效。专利权是一种有限垄断权，对其权利范围的设定尤为重要。权利范围确定过窄，不利于保护权利人的市场利益，而权利范围确定过宽，又可能使权利人滥用权利，从而阻碍科学技术的发展。

因此，恰如其分地确定一项外观设计专利的保护范围，是我们在保护外观设计专利时首先要解决的问题，也是外观设计专利的保护难点之一。

我国《专利法实施细则》第 2 条第 3 款规定：外观设计是指

对产品的形状、图案、色彩或者其结合所作出的富有美感并适于工业上应用的新设计。《专利法》第56条第2款规定，外观设计专利权的保护范围以表示在图片或者照片中的该外观设计专利产品为准。这一规定，为外观设计专利保护范围的确定建立了一条相当客观的标准。这条标准表明：在确定外观设计专利保护范围的时候，要排除主观因素，力求客观。

下面，分析一下佛山市中级人民法院审理的原告曹××、佛山市××五金制品厂诉被告曹××、佛山市××开关厂外观设计专利侵权纠纷一案。原告曹××申请的是石英灯灯座（A01）的外观设计专利，其公告图片如图1所示。

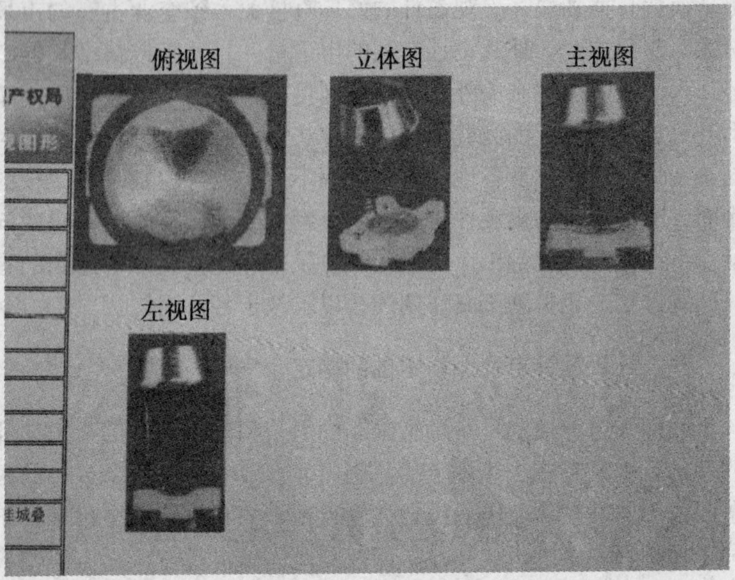

图1　石英灯灯座外观设计公告图片

从图1看，原告的专利尽管称为灯座，但包含了铁杆和灯罩。而被告的被控侵权产品只有灯座，没有铁杆和灯罩。如图2所示。

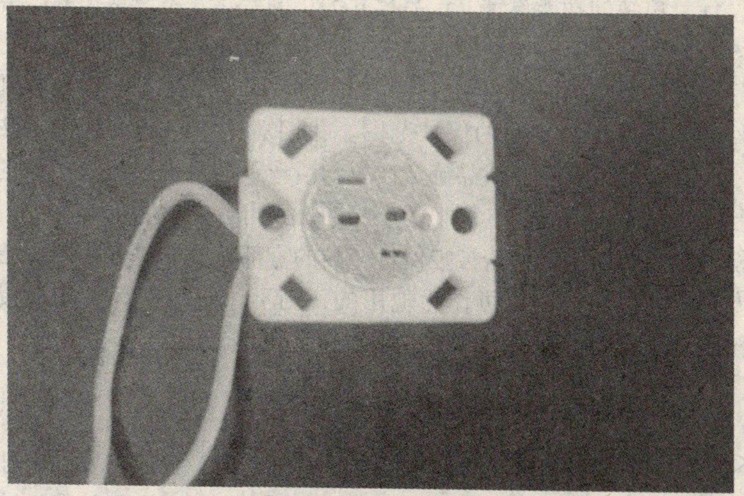

图2　被控侵权产品图示

我们认为，外观设计专利的保护范围应严格限定在专利公告图片所显示的专利产品本身，该专利的名称如何并不能作为判断其保护范围的依据。尽管本案的专利名称叫石英灯灯座，但保护的范围只能以专利图片上显示的灯座、铁杆、灯罩等组合物的外观为准，而不能仅局限在专利图片上的灯座本身。如果在专利公告没有特别说明的情况下擅自改变图片显示的产品外观的保护范围必然会对公众利益造成损害。并且原告的该外观设计专利公告上并没有对该专利产品的图片作任何限定性说明，也没有明确其设计思路和创新要点。故只能将本案被控产品与原告的专利公告图片进行整体对比。根据一般消费者的认识能力和认知水平，施以一般的注意力，就可以明显发现二者在整体上是不同的。经过开庭时的技术比对及法庭辩论，原告自知难以胜诉，便提出了撤诉申请。法院同意了原告的撤诉申请。

当然，以专利公告中的图片或照片为准，并不是说图片或照片中表现的专利产品中的所有部分都要予以保护 。其中，公知设计、单纯的功能设计、产品尺寸大小的变化是不予保护的。

此外，还有一个问题在司法实践中比较突出，就是原告在诉讼中通常要求销毁被控侵权产品的零部件，即要求把产品的零部件列入外观设计专利的保护范围。我们对这一问题的处理方法是：在被控侵权产品成品确定侵权的情形下，若被控侵权产品的零部件是专用于侵犯专利权的产品的，则可认定该零部件构成侵权，判令予以销毁；若被控侵权产品的零部件并非是专用于侵犯专利权的产品，即还可作为他用的，则不认定该零部件构成侵权，对原告要求判令销毁该零部件的请求予以驳回。

二、外观设计专利侵权行为的认定

在确定了外观设计专利权的保护范围之后，我们需要判定被控侵权人有无侵权行为，被控侵权人实施了侵权行为是外观设计专利侵权的主体要件。

《专利法》第 11 条第 2 款规定："外观设计专利权被授予后，任何单位或者个人未经专利权人许可，都不得实施其专利，即不得为生产经营目的制造、销售、进口其外观设计专利产品。"《专利法》第 57 条规定："未经专利权人许可，实施其专利，即侵犯专利权。"由此看出，侵犯外观设计专利权的行为应当同时具备以下三个条件：

（一）未经权利人许可

未经权利人许可即没有取得专利权人的授权。专利权的本质是实施专利的独占权。按照《专利法》第 10 条和第 12 条之规定，相对人可以通过与专利权人订立专利转让合同和专利实施许可合同的方式取得专利权人的授权而实施其专利；第三人也可以通过与前述专利实施许可合同中的被许可人签订实施分许可合同的方式而获得专利的实施权，当然，这种分实施许可合同必须得到专利权人的同意。除此之外的实施外观设计专利的行为都属于侵权行为。需要注意的是，《专利法》中没有关于外观设计专利权效力的限制性规定，《专利法》第14条规定的推广应用制度和第六章规定的强制许可制度都不涉及外观设计专利权。

（二）有实施专利的行为

依照《专利法》第11条第2款的规定，实施外观设计专利的行为包括制造、销售、进口外观设计专利产品的行为，不包含使用行为和许诺销售行为。在此，两个突出的问题需要注意：第一，关于合法来源问题。证明所销售产品合法来源的举证责任显然在销售者，要求其提供能证明销售商品有合法进货渠道的证据，如签订的购销合同、送货清单、付款收据等，并且是以合理价格购进的。第二，关于“不知道”问题。在一般情况下，销售者都会以自己不知道所销售的是侵权产品为由进行抗辩。在此情况下，如欲证明销售者是在明知的状态下进行销售的，举证责任就转移到了原告方。而要证明行为人实施行为时的主观状态显然是比较困难的。但是，如果在销售行为发生前，已经有专利行政管理机关或者人民法院作出发生法律效力的裁定或判决认定销售者所销售的产品为侵权产品，并且专利权人已经向销售者发出了如律师函等侵权警告，则一般可以认定销售者是处于“应当知道”的状态。在此情况下，如果销售者仍然继续销售该产品，则无论其所销售产品是否有合法来源，均应当认定其行为构成对专利权的侵犯。

（三）出于生产经营目的

实施侵犯外观设计专利权的行为应当是出于生产经营目的。何谓生产经营，目前存在以下几种观点：第一种观点认为，所谓生产经营，既包括生产活动，也包括商业活动。第二种观点认为，所谓“经营”是指流通领域和第三产业中的经营行为。第三种观点认为，所谓生产经营活动，是指一切生产、流通、交换、分配环节中的正常生产和经营行为。我们赞同第三种观点，认为生产经营包括正常的生产活动和经营活动两部分，只要是侵权行为人是出于生产、流通、交换、分配的目的之一，就是出于生产经营目的。

三、相同或近似的外观设计的判断

（一）判断的前提

相同的外观设计是指在同一物品上进行相同的形状、图案、色彩或其结合的设计，也就是物品相同、设计相同才属于相同的外观设计。而相近似的外观设计大致有以下几类：

第一类：物品相同，形状、图案、色彩相似；

第二类：物品相似，形状、图案、色彩相同；

第三类：物品相似，形状、图案、色彩相似。

由此可知，对两种产品的外观设计是否相同或相近似进行判定，其前提条件必须是以相同或相近似的物品类别为基础。如果设计相同或相近似，但物品不相同或不相近似，则不可以进行相互之间的对比，当然也不可能构成侵权。故外观设计侵权与否的判定，首先应当审查被控侵权产品与专利产品是否属于同类产品。如果被控侵权产品与专利产品不属于同类产品，则被控侵权产品一般不会构成侵权。

同类产品是指两者在用途和功能上相同。而要判别被控侵权产品与专利产品是否属于同类产品，最关键是看两者的销售途径、场所、消费者使用的习惯、产品用途等是否相同，若上述因素相同或大部分相同，则可认定两者为同类产品。这里要特别注意的是，《国际外观设计分类表》只能作为同类产品认定的参考，不能将此分类作为惟一的判断标准。因为，根据《建立工业品外观设计国际分类洛迪诺协定》的规定，其目的在于使巴黎公约成员国采用统一的外观设计分类，在国际分类法的使用和法定范围方面，分类纯属管理性质，并不涉及各成员国国内司法保护的实体、程序方面的内容，与多数国家，包括我国的工业、商业系统对商品的分类方法是不同的，不应当将其直接作为国内法规范的内容。如我院审理的原告曾××诉被告佛山市顺德区龙江镇××家具厂、被告张××外观设计专利（专利号为

ZL03364421.7）侵权纠纷一案。原告申请的是餐台架（CT－8008）外观设计专利，被控产品系茶几（如图3～图5），餐台与茶几同为《国际外观设计分类表》中的03～06类，属于相近似的物品，且两者在使用习惯、销售渠道等方面均相似，故可认定两者为同类产品。

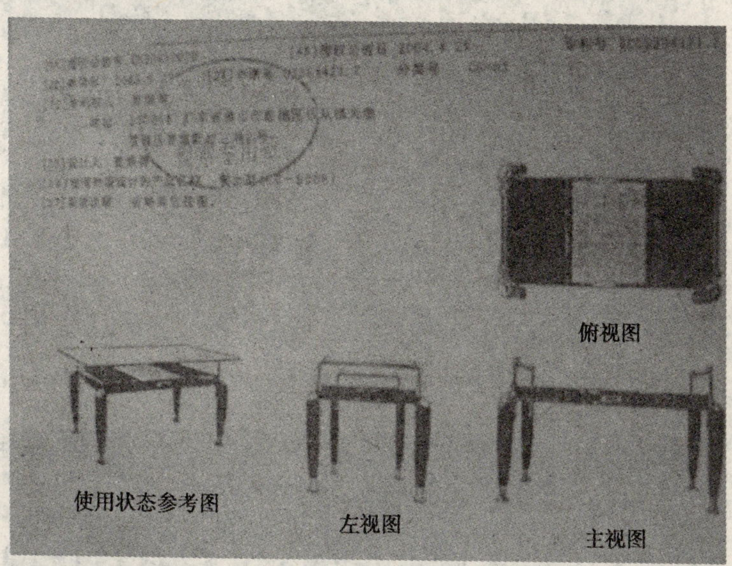

图3　原告的专利公告图

外观设计的保护范围以表示在图片或者照片中的该外观设计专利产品为准。如果外观设计方面的形象相似，但所运用的产品类别不同，如何处理？换句话说，将同样的外观设计运用到不同类别的产品上是否构成专利侵权？

专利审查指南中明确规定，申请外观设计专利时应当写明使用外观设计专利的产品及其所属类别。有关产品名称应当准确地表明请求给予保护的产品，并且符合国际外观设计分类表的要求。在产品类别方面，也是以国际外观设计分类表中的类别为准；如果申请人不明确类别的，可以写明技术领域或使用场所。

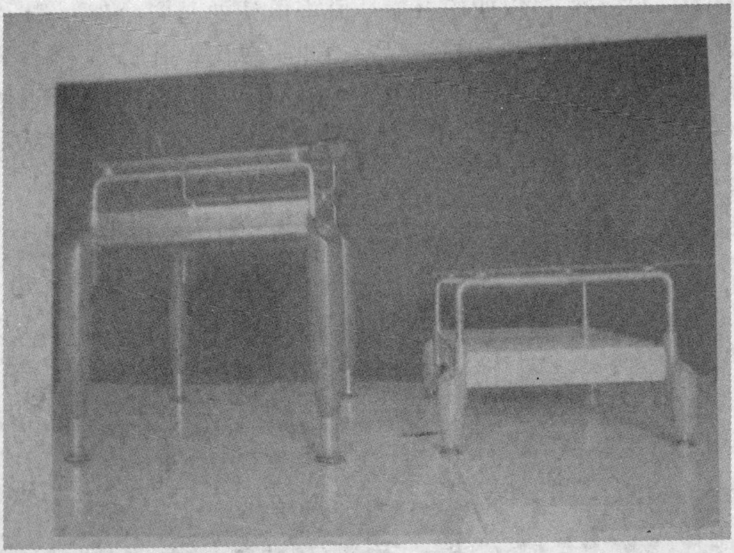

图 4　原告的专利产品（左）与被控侵权产品（右）比较图

图 5　原告专利产品（后）与被控侵权产品（前）比较图

因此，在《专利法》中给予保护的外观设计，是属于运用到具体产品上的该产品的外观设计。如果产品类别不同，则不存在侵犯外观设计专利权的问题。例如，汽车和汽车模型（玩具）属于完全不同的产品类别，即使二者的外形完全一样，也完全可以各自独立申请外观设计专利，相互之间不存在侵犯外观设计专利权的问题。

《专利法》只保护产品的外观设计，至于纯粹的设计方案问题，不属于专利法的范畴，它的保护可以通过著作权法的有关规定进行。著作权法所称的作品，是指文学、艺术和科学领域内具有独创性并能以某种有形形式复制的智力成果。《中华人民共和国著作权法》（以下简称《著作权法》）第 3 条也规定了图形作品和模型作品受该法保护。还是以上述例子说明，如果 A 在先创作了汽车模型，又申请了外观设计专利，则 A 在汽车模型产品方面受《专利法》保护，另外对该汽车模型的图纸及模型设计方案本身享有著作权，受《著作权法》保护。B 在后将上述汽车模型的外观设计运用到其生产的汽车上，则 B 不存在侵犯 A 的外观设计专利权的问题，但 B 的行为可能构成对 A 的著作权的侵犯。

（二）判断的标准

外观设计专利是一种工业设计，是对一项技术的专有，只要被控侵权产品使用了与原告专利相同或相似的外观设计，也即使用了原告外观设计技术，即可构成侵权，无需考虑两者是否会有市场混淆。2003 年以前我们审理此类案件采用的是“混淆”标准。经过多年实践，我们认识到，外观设计专利是一项技术，其与商标侵权的成立需要考虑的混淆标准是不同的，外观设计专利侵权的成立在专利产品与被控侵权产品是同类产品的前提下，只需被控侵权产品使用了与原告专利相同或相似的设计即可，无需考虑两者是否有市场混淆之可能或现实，即“抄袭”标准。如果在判定外观设计专利侵权中考虑混淆标准，若被控侵权产品贴有生产者名称、住所地、联系电话等，则消费者很难将原告专利产品与被控侵权产品混淆。这样，将会使大部分侵权者逃避法律的制裁，这显然是不合理的，也与专利法的立法目的相违背。基于外观设计专利是一项技术，只要被控侵权产品全面地使用了原告的外观设计专利，不论被控侵权产品在大小或比例、材质方面与原告外观设计专利是否相同，均应认定两者系相同或相似的设计。如申请人徐××与被申请人佛山市××家具厂诉前责令停止侵犯外观设计专利（专利号 ZL200330119785.7）行为纠纷案。申请人的外观设计专利系“沙发（大扳手）”，该沙发系三人座沙发，而被控侵权产品为单人座沙发（如图6～图8），但被控侵权产品全部使用了原告专利的设计要部，即沙发靠背的倾斜设计，且靠背上窄下宽，靠背与底座之间有凹沟，佛山市中级人民法院认为被申请人抄袭了申请人的设计要部，在符合诉前禁令的条件下，佛山市中级人民法院及时地作出了禁令，禁止被申请人生产、销售被控侵权产品。该案在专利权人起诉后，双方当事人和解，最后以原告撤诉结案。

（三）判断的方法

（1）整体观察。消费者在购买和使用商品时，一般不会想到若干同类商品中哪个是外观设计专利产品，哪个有可能是侵权产品，而只是根据个人的好恶，凭感觉去挑选商品，不会刻意对两个产品的外观进行各个局部细致地比较。故整体观察是一般消费者在购买或使用商品时自然选择的方法，也是比较两种产品外观设计是否相同或者相近似的最主要的方法。

（2）要部对比。要部是不同外观设计区别表现的集中点，也是最能引起普通购买者和使用者观察和注意的主要视觉部位。因此，要部是否相同或相近似直接决定了两个外观设计是否相同或相近似。在实践中，佛山市中级人民法院对要部的确认，一般采用的方法是，先由权利人和被控侵权人陈述、质证，然后由合议庭确定。

（3）综合判断。如果经过对被控产品进行整体观察，仍难以

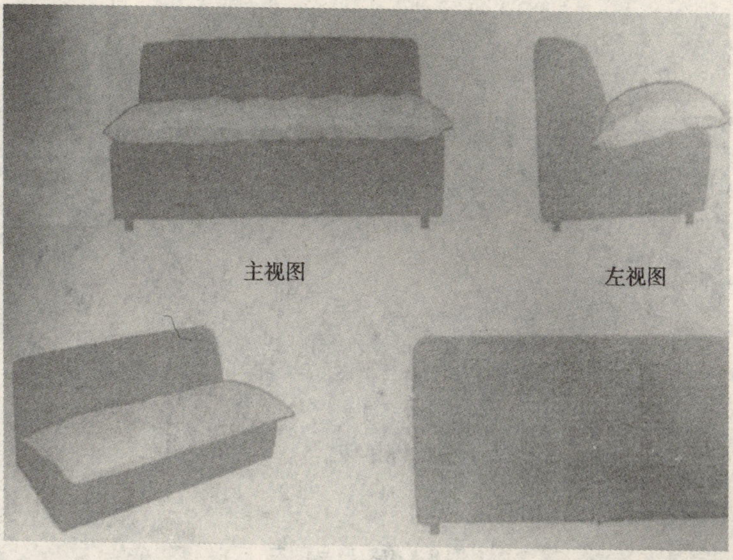

图6 原告专利公告图

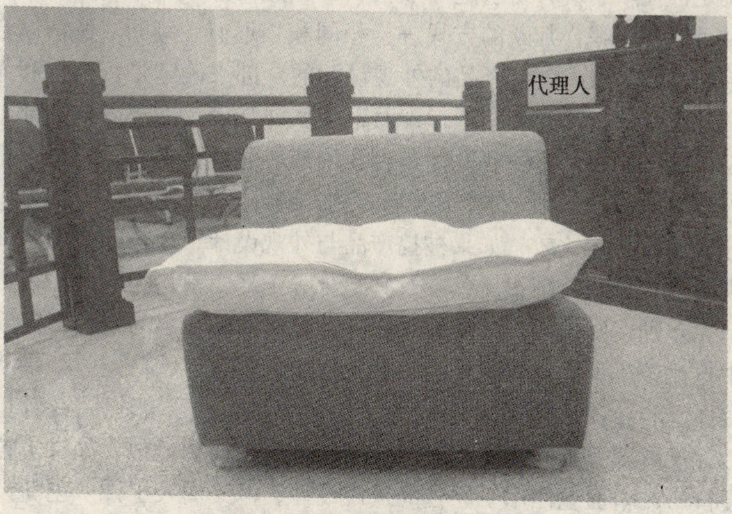

图7 被控产品图一

图8 被控产品图二

确定被控产品中容易引起一般消费者注意的部位时，对其外观设计可以使用综合判断的方式进行相同和相近似性判断。所谓综合判断，就是指由被控产品的外观设计的全部来确定是否与权利人的外观设计相同或者相近似，而不是从外观设计的部分或局部出发得出与权利人的外观设计是否相同或者相近似的结论，也不把外观设计的各个部分分割开来与权利人的外观设计进行对比判断。

通过上述比较，如果被控产品与外观设计专利产品使用的外观设计在形状、图案、色彩及其组合等全部要素均相同，在视觉上无差别，则构成相同的外观设计，此类情形很容易判断，实践中也比较少见。比较困难的是相近似的外观设计的认定。如果从整体上看，构成外观设计的要素中主要部分或要部相同或者近似，次要部分不同或不相近似，则两外观设计相近似。如果被控侵权产品全面地使用了原告的外观设计，但又加入了许多创新设计，使得原告专利与被控侵权产品整体上存在较大差异，则不可认定两者为相似的设计。

如佛山市中级人民法院审理的原告陈××、佛山市××家具有限公司诉被告李××、东莞市××家具有限公司外观设计专利（专利号为ZL200430064346.5）侵权纠纷一案。原告专利是餐台的外观设计，原告主张该专利设计要部是台面短边的侧面中间为凹槽，形成围合的夹心状。被控侵权产品全部使用了上述设计要部（如图9～图11）。但被控侵权产品的支架是由两只平行竖立的方正的“U”形金属脚组成，金属脚的上部与台面的短边相接，底部各有一条金属条与地面平行，金属脚与台面的连接处各有两条交叉的金属条。而原告专利的支架为框架结构，上部与台面相接，下部为四只与地面垂直的方形脚。通过整体观察、综合判断，我们认为两者在上述方面存在明显的不同而未达到相近似的程度，故我们驳回了原告陈××、佛山市××家具有限公司的诉讼请求。

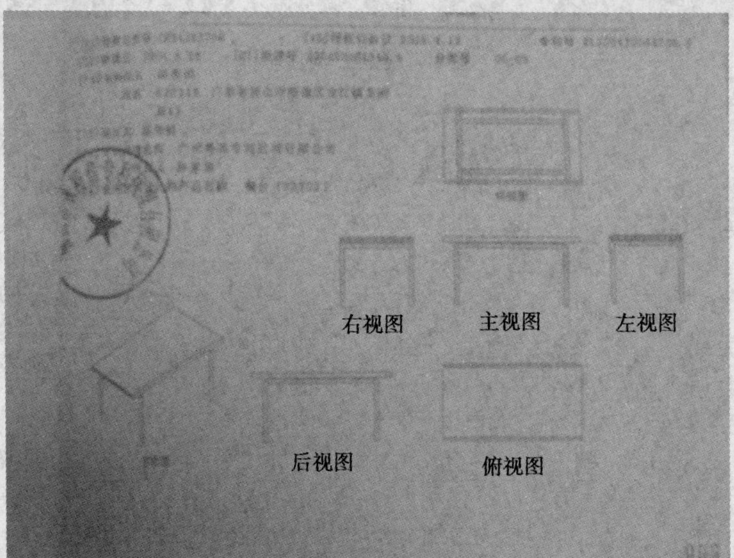

图9　原告专利公告图

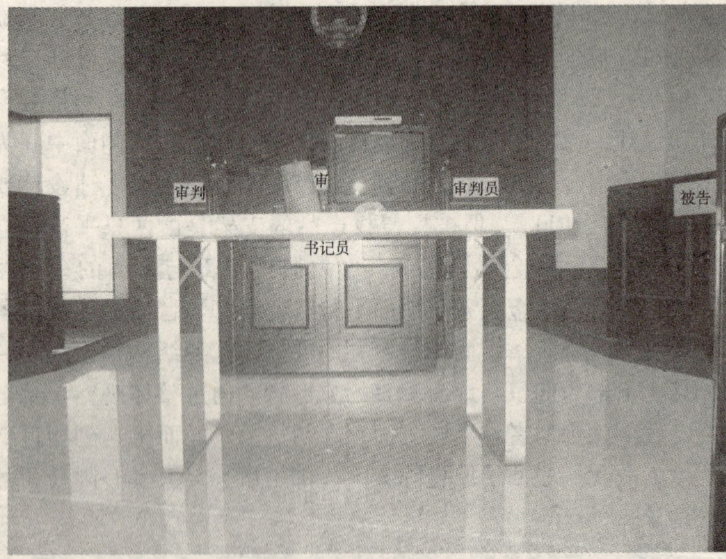

图 10　被控产品图一

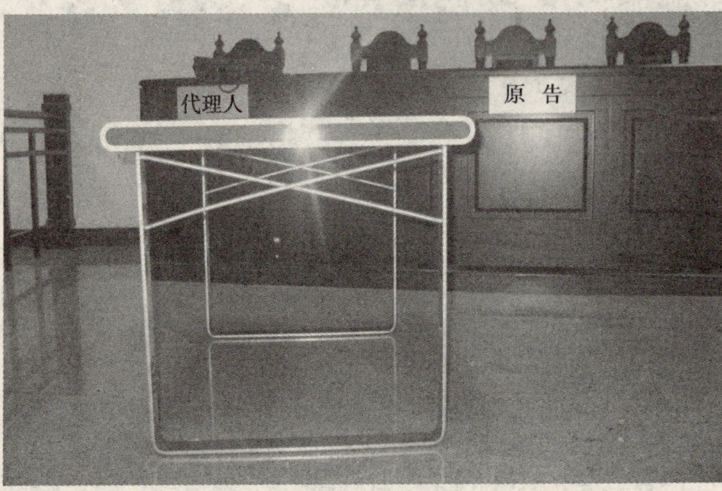

图 11　被控产品图二

第二节　发明和实用新型专利纠纷案件的审理与评析

一、等同原则的运用

专利侵权判断可以分为两个步骤：第一步就是把被控侵权物（产品或者方法）和专利权利要求相比较，如果被控侵权物具备了权利要求里的每一项技术特征，则专利侵权成立。这一步在国内称为全部技术特征原则或全面覆盖原则，在美国则称为字面侵权（Literal Infringement），两者说法不同，本质上是一致的。如果被控侵权物不具备权利要求里的所有技术特征，并不等于专利侵权就不成立。法院还要再走第二步，看被控侵权物和专利权利要求所覆盖的专利发明是不是等同。这就需要求助于等同原则。

等同原则（Doctrine of Equivalents，简称为“DOE”）是当前世界各国专利界和司法界运用得最为频繁的判断是否存在专利侵权的标准。它是专利权人在专利侵权诉讼中，为维护自身的合法权益，用以对付专利侵权而经常使用的一项判定专利侵权是否成立的原则。该原则的基本理论是：将被控侵权物的技术构成与专利权利要求记载的相应技术特征进行比较，如果所属技术领域的普通技术人员在研究了专利权人的专利说明书和权利要求书后，不经过创造性的智力劳动就能够联想到以替换手段实现专利的发明目的和积极效果，并且与专利技术相比，以基本相同的方式，实现基本相同的功能，产生基本相同的效果[1]，法院将适用等同原则判定侵权成立。

等同原则的运用需要考虑诸多因素，其中最为主要的是分析判断的方法论问题，即在运用等同原则的过程中，采用整体等同理论与全部技术特征原则。

---

[1] Machine Co. v. Murphy, 97 U. S. 120, 125 (1878).

在美国专利法发展史上，争论最为激烈，争论时间最为长久的，当数整体等同理论与全部技术特征原则的选择适用。在进行技术特征对比时，究竟是应当把专利技术特征与被控侵权物的技术特征从整体上（as a whole）进行对比，看两者在整体上是否以基本上相同的方式，实现基本上相同的功能，产生基本上相同的效果，还是应当把专利技术特征逐一地（element by element）与被控侵权物的技术特征进行对比，同样地看每一个技术特征是否“以基本上相同的方法，实现基本上相同的功能，产生基本上相同的效果”，或者说，在适用“功能—方式—结果”三重检验法时，是从整体论出发，还是从个体论出发，一直是长期困扰美国司法界的难题之一。甚至可以说，自现代等同理论确定以来，美国司法界一直徘徊在这两种方法论之间，直至1997年的希尔顿·戴维斯诉华纳·杰肯逊一案[1]，局面才基本明朗。

（一）整体等同理论及其发展过程

整体等同理论，运用到具体实践中，即为“整体效果分析”方法。它主要侧重于“功能—方式—结果”三重检验的整体效果，即将专利权利范围与被控侵权产品或者方法的全部技术特征进行整体效果分析。

整体等同理论的提出源于美国联邦巡回上诉法院（Court of Appeal for Federal Circuit，简称为CAFC）在1983年12月20日作出的对休斯航空公司诉美国政府案[2]的判决，这也是该法院成立以来（1982年成立CAFC）第一次就等同原则表态，因此意义非同小可。

该案涉及一项有关通信卫星姿态控制的专利。在20世纪五六十年代，美国国家航空航天局（NASA）一直致力于建立一种

---

[1] Hilton Davis Chemical Co. v. Warner-Jackinson Co. Inc. 35，U. S. P. Q 2d 1641 (1995).

[2] Hughes Aircraft Company v. United States, 219 U. S. P. Q. 475 ~485.

同步通信卫星系统，它能够与地球的旋转保持同步。这样的卫星系统需要解决一个卫星姿态控制的问题，即控制转轴朝向，使其天线能够始终对准地球，并使其太阳能电池能够可靠地从太阳光照射中获取所需的能量。尽管 NASA 为此耗费了大量的资金，却始终未获成功。

休斯公司成功地解决了上述问题，发明了一种用于使卫星转轴稳定化的姿态控制系统。这个控制系统负责接收和分析有关卫星运行姿势的数据，再把调整卫星运行姿势的信号发给卫星。专利的独立权利要求有两项装置加功能技术特征，一个是位于卫星上把卫星运行姿势的有关数据传送给外部控制系统的装置，另一个是位于卫星上用于从外界接收调整卫星运行姿势的信号的装置。

由于 Hughes 公司与 NASA 之间的权属纠纷，上述技术一直到 1973 年 9 月 11 日才被授予专利权。随后，Hughes 公司向美国联邦索赔法院起诉，指控 NASA 发射的几个 SE 通信卫星侵犯了其专利权。该法院认为侵权不成立，专利权人对此不服，上诉到 CAFC。

CAFC 认为不存在相同侵权（即字面侵权）。它认为，专利技术所采用的是一种实时控制方式，而 SE 卫星是将地面站发出的控制信号存储在其计算机中，经过一段时间之后再来控制喷嘴的喷射，因此没有采用实时控制方式。正因为上述差异，所以不存在相同侵权。

在进行是否存在等同侵权判定时，CAFC 发现专利发明和被控侵权物之间存在着惊人的相似之处。二者都具有喷气式发动机、日光感应器和无线电器械。惟一的区别在于，被控侵权物用现代化的计算机来取代专利权利要求规定的上述两种装置。二审法院推翻了一审法院的判决，在判决书里指出，一审法院关于只有被控侵权物具备了权利要求中规定的每一个技术特征或等同物时，专利侵权才成立的提法是错误的。法院应该把专利发明作为一个整体和整个被控侵权物进行比较，如果被控侵权物用大致相同的方式，完成大致相同的功能，并且达到大致相同的效果，法院就应该根据等同原则判定专利侵权成立。这是 CAFC 第一次把“整个专利发明”这个概念跟等同原则联系在一起，并且明确指出，即使被控侵权物缺少权利要求规定的某一项技术特征及其等同物的时候，专利侵权也有可能成立。[1] 这一判例所确立的原则在 1986 年的得克萨斯工具公司诉美国贸易委员会一案[2]得到遵循。得克萨斯工具公司专利权利要求书里的每一个技术特征都被写成装置加功能的形式。根据美国专利法（美国法典第 35 章）第 112 条第 6 款的规定，这个权利要求的范围包括专利说明书里规定的具体的结构及其等同物[3]。在一审过程中，美国贸易委员会的行政法官把被控侵权物里的每一个装置和专利说明书里的相应装置逐一进行比较，发现被控侵权物里的每一个装置都不构成专利说明书里所描述的相应装置的等同物，因此，判定专利侵权不成立。

在上诉审中，CAFC 同意美国贸易委员会关于专利侵权不成立的结论，但不同意其推理过程。CAFC 拒绝使用被控侵权物必须具备权利要求里的每一个技术特征或等同物这个判断等同的标准，提出法院应该把被控侵权物作为一个整体来和权利要求所描述的整个专利发明进行比较。在这个案子里，被控侵权物的确具备了专利权利要求所规定的每一项技术特征。但是，由于被控侵权人对被控侵权物的几个装置都同时做了一些改进，把这些改进

---

[1] 程永顺、罗李华著：《专利侵权判定——中美法条与案例比较研究》，专利文献出版社 1998 年版，第 141 页。

[2] Texas Instruments, Inc. v. United States Int'l Trade Comm'n, 231 U. S. P. Q 833 (Fed. Cir. 1986).

[3] See 35 U. S. C. §112, Six Paragraph, which provides: An element in a claim for a combination function without the recital of structure, material, or acts in support thereof and such claim shall be construed to cover corresponding structure, material, or acts described in the specification and equivalents thereof.

综合在一起考虑被控侵权物在总体上并不构成专利发明的等同物，因此专利侵权不成立。

该案判决书发表以后，立即在美国专利界引起了广泛的批评。美国专利界的很多人认为，得克萨斯工具公司和休斯航空公司两个案件的判决显然违反了《美国专利法》第112条第6款的规定。

（二）全部技术特征原则（all elements rule）

面对美国舆论的种种意见，CAFC认真地考虑了其有关等同原则的判断立场，于1987年11月6日以全体法官参加的大法庭（en banc）形式对潘沃特公司诉威兰德兰公司一案[1]作出了判决。这是该法院成立以来第二次以大法庭形式作出的判决，也是该法院对等同原则的第一次集体表态。

该判决涉及一项有关物品分拣机的专利，该装置用于根据重量、颜色或者它们的组合来分拣诸如水果之类的物品。被告生产和出售的物品分拣装置也是根据物品的重量和颜色来进行分拣。专利权人和被告之间有关事实的争辩主要在于权利要求是所述的第一和第二位置指示装置。专利权人采用一种专用硬件电路来实现其发明，其中用于实现权利要求所述位置指示功能的部件是多个移位寄存器，重量或/和颜色信号在时钟脉冲的控制下在上述多个移位寄存器中移动，从而达到指示被分拣物品的位置的作用。被告则是将重量和/或颜色数据存储在计算机的存位器中，而且没有移动该数据。

一审法院认为，被控侵权装置既没有采用相同或等同的位置指示装置，也缺少权利要求中所述的位置指示功能，因此不构成侵权行为。专利权人对一审法院的判决不服，上诉到CAFC。

CAFC首先维持了一审法院相同侵权不成立的判决。在其论

[1] Penn waltCorp. v. Durand-Wayland, Inc., 4U. S. P. Q. 2d (BNA) 1737 (Fed. Cir. 1987).

述中，该法院认为《美国专利法》第112条第6款所述的“等同”实际上涉及的是相同侵权的判断，而不是“等同原则”的判断。

在进行等同侵权判断时，CAFC的判决指出：

在适用等同原则时，必须审视权利要求的每一个限定特征。根据早就建立的原则，权利要求中的每一个技术特征都是重要的和不可缺少的。欲使法院认定侵权成立，原告就必须证明被控侵权的装置中采用了权利要求中的第一个技术特征或者等同物。要认定等同，与权利要求中的技术特征相比较，被控侵权的装置中采用的替换技术特征必须以基本上相同的方式，实现基本上相同的功能，达到基本上相同的效果。

基于上述理论和调查的事实，CAFC以7∶4的多数最后判定：由于被控侵权的装置没有采用能够实现权利要求所述有关功能的部件，因此相同侵权不成立；由于被控侵权的装置也没有采用实现等同功能的替代部件，因此等同侵权也不成立。

但是，少数派的反对意见对上述判决提出了极其尖锐的批评，他们认为该判决违反了CAFC在休斯飞机公司诉美国一案中所确立的先例。少数派中的一名法官认为，对逐个技术特征进行比较的方式过于机械，假如被控侵权物的装置采用同一部件来实现权利要求中记载的两个部件的功能，或者反之用多个部件来实现权利要求中记载的一个部件的功能，都不应当逃脱侵权的责任。[1]

上述判决表明CAFC的法官们尚有严重的意见分歧，因此也就难以起到统一标准的预期作用。事实上，在该判决之后，CAFC有关等同原则的判决仍然是五花八门。多数判决遵循全部技术特征原则，但有的判决仍然采用整体等同理论，甚至有的判

---

[1] 张乃根编著：《美国专利法判例选析》，中国政法大学出版社1995年版，第225～228页。

决试图将全部技术特征原则和整体等同理论综合起来。这种情况延续了10年，直至1995年8月8日希尔顿·戴维斯化学公司诉华纳·杰肯逊公司一案，美国最高法院才对此作出了系统的回答。

由于该案中讨论的主要问题是禁止反悔原则，对等同原则的适用方式仅略微有所涉及，所以该案详情在此不予赘述，在这里只讨论美国最高法院在判决中对适用等同原则所作的论述。美国最高法院在判决中指出：

包含在独立权利要求里的每一个技术特征对于确定专利保护范围来说都是重要的（deemed material），因此等同原则应当针对权利要求中的各个技术特征，而不是针对发明这个整体。必须强调的是，在运用等同原则时，即使对单个的技术特征也不允许将保护范围扩大到这样的程度，使得实质上是在忽略记载在权利要求中的该项技术特征。只要等同原则的运用不超过上面所述的限度，我们就有信心认为等同原则不会损坏专利权利要求在专利保护中所起的中心作用。

经过多年的徘徊，美国终于又重新确立了全部技术特征原则。这一点值得我们密切关注和借鉴，但是，我们更应该从其发展过程中采取实事求是的立场来构建中国的等同原则的适用方式，因为法律制度的移植过程中需要克服的一个问题即是受体与让体的相异性，即互相排斥的特性。

（三）整体等同理论与全部技术特征原则的发展趋势：整合与交融

在分析整体等同理论与全部技术特征原则整合与交融的发展趋势之前，我们有必要结合等同原则适用时存在的局限性分析整体等同理论和全部技术特征原则的不足之处，只有这样，才能借鉴其合理内核，形成新的理论。

1. 整体等同理论的局限性

整体等同理论，从方法论的角度看，采用的是整体主义的方法论，即在整体与组成部分的关系上，更多地偏向整体。这种方法论，由于等同原则不可避免地存在解释权利要求过于宽泛的可能性，因而有“可能忽略权利要求中的某些技术特征，不公正地扩大权利范围，忽略权利要求的界定保护范围和告知公众的双重作用，从而侵害公众的合法权益，背离等同原则公平的价值取向”[1]。或者说，整体等同理论的宽泛适用，必然有悖于权利要求书的双重功能——界定发明和公示公众。

第一，整体等同理论有可能不公正地扩大权利保护范围，忽视权利要求本身对专利保护范围的限制。举个例子来说，专利权人的专利技术由 A + B + C 三项必要技术特征构成，被控侵权人的技术由 A + B + C’ 三项必要技术特征构成。在这里，C’ 已经超出 C 的等同范围，被控侵权技术也因 C’ 具有创造性而形成了新的发展，产生了新的技术效果，二者之间已无等效性。但如果在适用整体等同理论采取过于宽泛的解释方法，则有可能把被控侵权技术 A + B + C’ 纳入 A + B + C 的等同范围内。显而易见，这种方法对于专利权人是有所助益的，但这种过分保护是有违专利立法宗旨的。毕竟，专利立法的宗旨是在实现专利权人与社会公众利益平衡基础上激发人们发明创造和投资技术创新积极性，使社会科技整体水平得以提高，促进社会文明进步与和谐发展。

第二，在另一方面，整体等同理论的宽泛适用，势必损害权利要求的另一种重要功能——通告公众或公示作用（notice function）。

承上所述，尽管越来越多的判例已经考虑到了等同理论的客观性，但由于等同物的确立是一个仁者见仁、智者见智的问题，弹性极大，没有具体的操作标准，法官们对等同物的理解差异极

[1] 李青武：“我国《专利法》中专利保护范围的不确定性及其对策——兼论等同原则在我国专利保护中的适用”，载《安徽教育学院学报》2001 年 5 月，第 19 卷第 5 期，第 60 页。

大。这样，就导致了专利保护范围的不确定性，造成对权利要求公示作用的阻碍，而这种由于等同原则的过分延伸所导致的对公示作用的阻碍将会产生如下后果：

①产生商业上的不确定性。在适用整体等同原则方面的不确定性，如同权利要求解释的不确定性一样，使得竞争者更加难以确定专利权利的范围。这反过来又使得竞争者难以计划其行动（如为许可证谈判、期望诉讼以及预测诉讼的结果）。专利律师在提供关于某一顾客是否侵权的意见时会感觉到这种不确定性的力量。

②关于等同原则的不确定性也会使得竞争者愈发不可能把资源花费在“围绕设计（design around）”专利上。例如，找到获得专利优势的途径或解决发明提出的问题而不用侵犯专利权利要求。如果人们可以从公开记录中确定地决定专利权利，那么，竞争者将会更乐意投资于围绕设计专利。然而，当专利权利不太明朗时，竞争者把资源分配到围绕设计专利中的企图将会承受更大的风险。而缺乏围绕设计的尝试对社会而言是不可欲的，因为：其一，围绕设计通过在那些专利已经阻碍竞争的地方超越需求弹性而产生竞争；其二，围绕设计本身即为一种创新。整个专利制度的目标就是鼓励人们进行创新及将他们的创新向社会公开。事实上，围绕已有发明进行构思或发明工作，从而产生新的发明，不仅是法律允许的，而且还是应大加鼓励提倡的。[1] 一方面，更为强大的专利权，伴随着一个更加扩张的等同原则，是创新的激励。另一方面，阻碍窒息围绕设计活动压抑了顺势而下的创新的重要源泉。[2]

综上所述，整体等同理论被摒弃是顺应时代发展的必然

---

[1] 管建军：“论等同原则”，载《知识产权》1997年第4期，第8页。

[2] Matthew C. Philips，Taking a Step Beyond Maxwell to Tame the Doctrine of Equivalents，Fordham Intell. Prop.，Media&Ent. L. J，Vol. 11，2000，p. 164.

趋势。

2. 全部技术特征原则之局限性

全部技术特征原则，又称逐项技术特征原则，是指被控侵权物的客体用相似的方式实施了专利权利要求中的每一项技术特征，履行了基本相同的功能，实现了基本相同的效果，被控行为就构成了侵权。从方法论的角度来说，显而易见，这是一种个体主义的方法论。换言之，在整体与个体这一对矛盾的处理过程中，更为关注的是单个的个体，而不是由单个的个体构成的整体。北京市高级人民法院的司法解释也作了如此规定。由于这一方法论的偏颇和哲学思维的处理不当，全部技术特征原则不可避免地会存在这样或者那样的缺陷。

（1）首先的一个问题即是对“技术特征”（element）的理解。“技术特征”的定义含糊不清，难以捉摸。当前，一个技术特征似乎不只是一个单独的单词，而是潜在的构成某种方法的一个完全的步骤或某个构件的完全的组成要素（这一点以分号典型地分界）。法院极可能基于一种整体环境的方法来决定某一给定的单词或段落是否为“技术要素”，其结果将赋予等同原则更多的不确定性。

（2）如果在适用全部技术特征原则时严格执行“技术要素”的“一一对应”，就容易出现错误结果。这一点可以康宁玻璃厂诉住友电气美国公司一案为例来说明。在该案中，如果光从“技术要素”是否“一一对应”这个角度入手，会得出专利侵权不成立的结论。因为被控侵权人的产品是将负性的掺杂剂加入到该光导纤维的芯部。原告专利所要求的是将正性的掺杂剂加入到该光导纤维的芯部，在这个正性地改变折射率的芯里面，没有什么东西被替换了。因此，看起来似乎这种改进没有侵权。或者说，作为具体的特征要素，将负性的掺杂剂加入光导纤维的外包部，和将正性的掺杂剂加入到该光导纤维的芯部并不“一一对应”，也很难说是相同的“方式”。但是无论是一审还是二审，都从整体等同理论出发认定专利侵权成立。法院认为，“从整体上来说，二者属于同一产品，都是由熔融的二氧化硅制成的光导纤维；均是使用掺杂剂使光导纤维的芯部与外包部产生光的曲折之差，是相互等同的东西；至于将正性的掺杂剂加入到该光导纤维的芯部与将负性的掺杂剂加入到该光导纤维外包部的差别部分，属于等同替代，从而构成侵权”❶。可见，如果仅从“全部技术特征”理论出发而不结合整体等同理论，同样会失之偏颇，犯形而上学的错误。

（3）对于迂回发明，如果严格适用全面技术特征原则，同样可能存在误判的情形。所谓迂回发明，是对已取得专利权的产品制作方法（方法发明），故意加上一些多余无用的步骤，但实质上是与专利发明等同的发明。比如，本来是通过 X 方法即可由 A 生成 B，即 $A \xrightarrow{X\text{方法}} B$。但是，迂回发明却先将 A 氧化成 A’，通过与 X 方法相同或类似的方法 X’ 方法，由 A’ 生成 B’，然后将 B’ 还原成 B。也就是 A 氧化 A’，$A' \xrightarrow{X'\text{方法}} B'$，还原 B。这样就达到了与权利要求的记载不一致的目的。❷

对于迂回发明，由于其在形式上已经规避了侵权，所以如果严格执行全面技术特征原则，则会认定专利侵权不成立。但实质上，迂回发明与专利发明的技术思想是一致的，是在专利发明已成为公知技术后出现的发明，是依据专利技术很容易联想得到的技术，质言之，迂回发明是建立在“欺骗”之上的发明，而这是与“一个人不能靠欺骗取得专利”的等同原则的本质直接相悖的。因此，“全面技术特征”原则在这种情况下可能会导致错误的后果。

---

❶ Corning Glass Works v. Sumitomo Electric U. S. A. Inc. , 9U. S. P. Q. 2d 1962 (Fed. Cir. 1989).

❷ 刘立平：“等同原则与美国最高法院的沃纳·金肯逊二审上诉判决案”，载《知识产权》1998 年第 3 期，第 40 页。

（4）还有一种极端情形，将会使全部技术特征原则陷入困境之中。假设专利权人的专利技术由 A + B + C 三项必要技术特征组成，被控侵权人的技术由 A’ + B’ + C’ 三项必要技术特征组成。从微观上看，A’、B’、C’ 均处于 A、B、C 的等同范围之内，但 A’ + B’ + C’ 的整体效果较之 A + B + C 的整体效果而言，已有实质性进步，被控侵权技术已经在整体上超越了 A + B + C 这一在先技术，形成新的发明创造，具有可专利性。但是，如果仍从“特征逐一对应”方法入手，显而易见可能会得出错误结论。笔者认为，这是方法论上的错误带来的必然后果。

（5）最后一个问题涉及“次组合”（Unterkom bination）理论或“单独要素”（Separate elements）理论。这是德国过去所建立的理论。该理论认为既可以对一项权利要求中的技术特征进行重新组合，也可以对权利要求书的多项权利要求中记载的技术特征进行重新组合，从而重新定义一种技术主题，它本身也能够获得专利保护。[1]“全部技术特征原则要求被控侵权物的设施或方法利用在权利要求中确定的所有要素，因此，问题是当一个或更多的要素被忽略时，等同原则是否仍能适用，也即次组合或者单独要素是否应该得到保护”[2]。也就是说，如果采用“次组合”理论，则与全部技术特征原则直接冲突。

总而言之，由于其哲学理论方面的缺陷，全部技术特征原则在所难免地存在着天然不足之处，我们需要采用全新的方法，该方法至少在方法论上要说得过去。

3. 结合论：新的可行途径

将全部技术特征原则和整体等同理论综合起来的观点，并非笔者一时异想天开的产物。这种观点，国内外早有学者提及。早

[1] 刘惠明：“试论确定专利保护范围的等同原则”，载《外国法译评》1999 年第 4 期，第 101 页。

[2] 尹新天著：《专利权的保护》，专利文献出版社 1998 年版，第 337 页。

在英特尔公司诉美国贸易委员会一案中,❶ CAFC 在判决中就指出，应将两者结合起来。在国内，有学者指出，“在适用等同原则判断侵权时，应当采取相应技术特征分别对比和整体对比相结合的方式……当然，仅仅对技术特征和手段逐一对比是不够的，还应从整体上对二者的目的和效果进行对比”❷。笔者认为，在适用等同原则时，应先从整体上将被控侵权物与专利技术进行比较，如果被控侵权物的实施效果与发明专利的实施效果完全相同或者前者为后者所包含则可进入适用等同原则的实质考察阶段，然后再进行相应技术特征的“逐一对比”，看后者究竟是否构成等同侵权；如果前者与后者相比较具有创造性或科技进步性，则不应该适用等同原则认定侵权成立。其理由，除了上述方法的方法论正确之外，还有以下几个方面的原因：

（1）这种做法能够实现“公平”，达到利益平衡。

我们先从整体上比较专利技术与被控侵权技术，其目的就是为了探究被控侵权技术较之现有发明是否具有创造性。如果的确具有创造性，一方面说明设计人在完成该设计的过程中付出了创造性的劳动；另一方面说明该设计有利于科技的进步，《专利法》应该对其加以保护，而不应基于对现有专利的保护而限制改进技术的实施。其实，若从知识产权的社会性出发，这一点就非常好理解。所谓知识产权的社会性，是指作为知识产权客体的知识产品的诞生在一定的意义上是社会智力积累的延续和发展，每一项成果的诞生都包含了无数人的努力。知识产品进入市场流通后又成为促进社会发展与进步的重要因素，为后续智力成果的产生创造了条件。另外，再从知识产权主体的权利享有与行使方面看，尽管知识产权被赋予一种专有独占权，但这种权利不是绝对

❶ Are Stenvik, Protection for Equivalents Under Patent Law——Theories and Practice, International Review of Industrial Property and Copyright Law, Vol. 32, No. 1/2001.

❷ Intel Corp. v. International Trade Commission, 20U. S. P. Q. 2d 1161 (Fed. Cir. 1991).

的和无限的。知识产权的目的在于激励、促进新成果的诞生并使其被社会广泛使用，以促进社会的进步，为此，强调保护知识产权人的利益是必要的，但是这种强调不应以妨碍知识产品的广泛传播和使用为限。[1] 从这两方面我们看到，如果后续开发或围绕该知识产品的设计具有创造性，则应予以保护，而不可依然适用等同原则去判断侵权与否。

（2）这种做法有利于实现“效益”，实现利益最大化。

在古典自然法学派和新自然法学派那里，效益不是法学家所应考虑的问题。[2] 但自从经济分析法学兴起以来，“法应当以效益为分配权利和义务的标准，已成了许多法学家的口号”[3]。在经济分析法学的正义观里，“效果就是正义。……衡量是非好坏的标准是看它是否能提高效果，增进社会福利，效率是评价、制定和选择法律制度的首要标准”。当然，这种说法有点言过其实，但效率应当成为法学关注的问题这一点却应该是正确的。质言之，正义与效益构成了当代法律的双重价值目标。[4] 我们说把整体等同理论和全部技术特征原则结合起来有利于实现“效率”，主要是因为对被控侵权物的创造性考察有利于简化诉讼程序，节省诉讼时间，减少诉讼成本。前已论述，如果从整体上看，被控侵权技术已经具有创造性，则侵权判定就无须再继续进行下去。这样，无论对专利权人还是对被控侵权人而言，都是十分有利的，因为如果直接进入“逐一特征对比”，较之“整体对比”而言毫无疑问要费时得多，诉讼程序也复杂得多，而后者可操作性

[1] 刘洪：“谈专利侵权诉讼中的等同原则”，载《人民司法》1997年第2期，第25~26页。

[2] 冯晓青：“知识产权法基础理论若干问题研究（上）”，载《湘江法律评论》，湘潭大学法学院主编，湖南人民出版社2002年版，第104页。

[3] ［美］E·博登海默著，邓正来译：《法理学：法律哲学与法律方法》，中国政法大学出版社1999年版，第251~296页。

[4] 卓泽渊著：《法的价值论》，法律出版社1999年版，第203页。

相对较强，只需比照获取专利的“创造性”即可。这相对而言是比较容易的事。简而言之，“逐一比较”这种方式会耗费更多的时间和费用，从理论上说，知识产权的交易成本（transaction cost）太高，因此我们有理由主张结合论。

也许有人会问，如果法院在认定专利侵权时，把整体等同理论和全面技术特征原则的固有缺陷都带了进来，那么岂不是更容易出现纰漏。这种情况应该说还是存在可能性的，但是毕竟由于这种结合论方法论上的科学性，降低错误可能性的几率是非常大的。它比单纯依靠整体或者纯粹考虑个体应该更具可操作性，也应该更有科学性，其结果也将更会令人信服。

二、仅从属权利要求有效之专利权保护范围的确定

［案情］赵某于2001年10月5日申请了一项实用新型专利，2002年7月3日获得授权并公告。该专利权利要求书有10项权利要求：1. 一种脚踏滑行车，它包括：车架（1）、车架（1）的前端有前轮（2）、后端有后轮（3）、前轮上有车把（4），其特征在于：它还包括传动装置，该传动装置为杠杆结构，至少有一个传动臂和一个中心轴，传动臂以中心轴为支点，两力点与支点的夹角可以略成直角或者略成平角或者成其他角度，传动臂绕中心轴转动的角度不超过90度，传动臂的阻力臂一端连接链条（13）、（14）或者钢丝绳（26）、（27）或者联杆（22）等，链条、钢丝绳或者联杆等连接传动轮，传动轮与后轮（3）连接。2. 根据权利要求1所述的脚踏滑行车，其特征在于：所述的传动臂是两力点与支点之间略成平角的传动臂（6）或者踏板（25）绕中心轴（5）转动的角度为10度至45度。3. 根据权利要求1所述的脚踏滑行车，其特征在于：所述的传动臂是两力点与支点之间略成直角的传动臂（18）、（19），它们的一端分别安装踏板（7）、（8），传动臂绕中心轴（5）转动的角度为10度至80度。4. 根据权利要求1所述的脚踏滑行车，其特征在于：所

述的传动臂是在传动臂（23）上固定踏板（24）而成。5. 根据权利要求1所述的脚踏滑行车，其特征在于：所述的传动轮有两个飞轮（11）、（12），飞轮分两种：一种外圆为齿轮；一种外圆为凹槽，飞轮（11）、（12）与后轮（3）同轴安装。6. 根据权利要求1所述的脚踏滑行车，其特征在于：所述的传动轮是齿盘（20），齿盘（20）的一侧与联杆（22）一端活动连接，联杆（22）的另一端与传动臂活动连接。7. 根据权利要求1所述的脚踏滑行车，其特征在于：使用两个传动臂（18）、（19）。8. 根据权利要求2所述的脚踏滑行车，其特征在于：还包括链条（13）、（14），飞轮（11）、（12）和大链轮（37）同轴安装在车架（1）上，链条（13）、（14）分别与飞轮（11）、（12）的上下两边连接。9. 根据权利要求1至8所述的脚踏滑行车，其特征在于：还包括两个加速轮（30、31），加速轮上的大轮与后轮（3）上的小链轮连接，小轮与传动臂连接。10. 根据权利要求1至8所述的脚踏滑行车，其特征在于：还包括座板（33）。

权利要求1为独立权利要求，权利要求2、3、4、5、6、7皆引用权利要求1，权利要求8引用权利要求2，权利要求9、10皆引用权利要求1至8。案外人盛某于2003年10月31日向国家知识产权局专利复审委员会提出宣告该专利无效的请求，2004年4月6日，国家知识产权局专利复审委员会作出无效宣告请求审查决定书，宣告该专利权利要求1因不具备新颖性而无效，以其权利要求2～10为基础维持该专利有效。后赵某以被告A、B、C三公司侵犯其该实用新型专利为由，于2004年6月8日将被告A、B、C三公司一并起诉至当地法院。

争议：本案在审理过程中，对于涉案专利的保护范围如何确定有不同认识，主要有两派四种观点。

第一派为独立上升说。第一种观点认为，该专利权利要求1被视为无效，权利要求1应视为前序部分，引用权利要求1的权利要求2、3、4、5、6、7均分别上升为独立权利要求，与权利要求1相结合构成新的专利保护范围。权利要求9、10引用权利要求1至8，在其引用权利要求1时也分别上升为独立权利要求，在其引用权利要求2至8时，则为从属权利要求。权利要求8引用权利要求2，为从属权利要求。因此，该专利现有八种保护范围，分别是权利要求1与权利要求2、3、4、5、6、7、9、10的组合。被控产品落入其中任何一个组合均构成侵权。

第二种观点认为，权利要求9、10引用权利要求1至8，不存在只引用权利要求1的情形，因此只能成为从属权利要求。则该专利现有六种保护范围，分别是权利要求1与权利要求2、3、4、5、6、7的组合。

第二派为叠加上升说。第一种观点认为，权利要求1被认为无效后，直接引用权利要求1的在后权利要求应同时上升为独立权利要求，并叠加构成一个完整的技术方案，与权利要求1组合形成新的保护范围。权利要求8、9、10均非直接引用权利要求1，为从属权利要求。被控产品应落入权利要求1和权利要求2、3、4、5、6、7的组合才构成侵权。

第二种观点认为权利要求9、10引用于权利要求1至8，也引用了权利要求1，亦应上升为独立权利要求，与权利要求2、3、4、5、6、7一同上升并叠加，则专利的保护范围为权利要求1与权利要求2、3、4、5、6、7、9、10的组合，被控产品落入权利要求1和权利要求2、3、4、5、6、7、9、10的组合才构成侵权。

评析：我们同意叠加上升说的第一种观点。

首先，分析哪些在后的权利要求可上升为独立权利要求？我国《专利法实施细则》第21条规定：专利的权利要求书应当有独立权利要求，也可以有从属权利要求。从属权利要求应当用附加技术特征，对引用的权利要求作进一步限定。由此可知，独立权利要求和从属权利要求共同构成了一个完整的权利要求书，其中，被引用的权利要求为独立权利要求，而用以限定独立权利要求的为从属权利要求。专利权的独立权利要求不具备新颖性被认为无效，因而成为公知技术，则直接引用原独立权利要求的在后从属权利要求应上升为新的独立权利要求。所谓直接引用原独立权利要求，是指仅仅限定——即仅仅引用于原独立权利要求的从属权利要求。

其次，在后的从属权利是独立上升还是叠加上升？独立权利要求从整体上反映实用新型的技术方案，记载了解决技术问题的必要技术特征，引用于该独立权利要求的从属权利要求是对独立权利要求的进一步限定，因此独立权利要求的保护范围最宽。被控产品仅仅落入某一从属权利要求并不意味着其落入了该专利的完整技术方案，这也是专利侵权判定依据独立权利要求的技术特征进行比对的原因所在。在从属权利要求的基础上维持专利有效后重新确定专利保护范围应把握的一个原则就是缩小专利的保护范围，否则专利权人不仅不会因专利的独立权利要求被认为无效而受到损失，反而因此获得了更大的保护范围，这显然是对社会公众的不利益，有违专利制度为专利权人提供法律保护和确保社会公众自由使用现有技术的双重目的。独立上升说将原本共存于同一结构的各个发明点独立出来自成一体，从而形成多个独立权利要求，很可能变向扩大专利权的保护范围。再者，受专利法保护的实用新型应是一个完整的技术方案，引用独立权利要求的从属权利要求分别从不同方面对独立权利要求进行限定，他们本身共存于专利原有的完整技术方案中，是相互关联并共存的完整技术方案的组成部分，如果在上升后将其分别视为自成一体的独立权利要求，极易造成新的独立权利要求难以构成一个完整技术方案的情形。因此独立权利要求被认为无效，引用该独立权利要求的从属权利要求在上升为新的独立权利要求后，应组合成一个新的完整的技术方案，与作为前序的原独立权利要求相结合形成专利的新的保护范围。

第三，独立权利要求被认为无效后对确定专利保护范围有什么作用？原独立权利要求既被认为无效，则必须从专利独立权利要求的范围内剔除，而从其位阶看，更不可能成为从属权利要求。由于独立权利要求被认为无效，其技术特征已为公知公用，将其视为记载专利所属技术领域已有技术特征的前序则是顺理成章。从理论上讲，前序部分的已有技术特征和特征部分的新的技术特征（即专利的“发明点”）共同构成专利技术方案的全部必要技术特征，因此，前序部分记载的技术特征与独立权利要求构成的完整技术方案为专利的保护范围。所以，专利权在从属权利基础上维持有效的，应将新的独立权利要求与作为前序的原独立权利要求相结合来确定专利新的保护范围。但由于被无效的原独立权利要求为前序，而非独立权利要求，对比环节是否需对其一一对比，实践中尚有不同认识，本书不予详述。

本案中原告专利的权利要求1被认为无效，以其权利要求2~10为基础维持该专利有效，在这种情形下，权利要求1应视为前序部分，引用权利要求1的从属权利要求2、3、4、5、6、7同时上升叠加为目前的独立权利要求，权利要求8、9、10并非直接引用权利要求1，系从属权利要求。权利要求2、3、4、5、6、7共同成为新的独立权利要求，与作为前序部分的权利要求1组合形成一个完整的技术方案。但是，由于本专利的特殊性：权利要求2、3、4、7分别反映不同的传动臂结构，是可替换的技术特征，在一个车体中只能是择一的；权利要求5、6是两种不同的传动方式，也是可替换的技术特征，在一个车体中只能择一存在。故涉案专利新的独立权利要求为权利要求2或3或4或7和权利要求5或6的组合（具体有八种组合方式），上述独立权利要求与作为前序的权利要求1一起共同构成该专利新的保护范围。

三、方法发明专利案件审理中应注意的几个问题——从东莞××公司诉常××、万×、南海××家具厂一案谈起

（一）案情简介

原告东莞××公司是一家专门生产、销售各种藤家具的专业

厂家，系名称为“藤条的多色着色工艺方法”的 ZL01129998.3 号发明专利的独占实施许可人。该专利于 2001 年 11 月 27 日提出申请，2003 年 6 月 25 日获授权并公告，现为有效专利。该专利独立权利要求为：一种藤条的多色着色工艺方法，其特征在于该工艺方法包括如下步骤：1. 把待着色的长藤条以等距或不等距的间隔划分成若干小段；2. 将藤条的第一小段放入盛有色料一及其稀释液体的容器中进行颜色一的着色；3. 再依次把藤条未着色的其他部分放入盛有色料二、色料三、色料四及其稀释液体的容器中进行颜色二、颜色三、颜色四的着色；4. 最后，藤条将根据需要被分成具有 2 种、3 种、4 种或 4 种以上的多色藤条。

被告常××、被告万×皆在被告南海××家具厂工作，万×系该厂的负责人。常××、万×分别于 1999 年、1993 年进入原告公司工作，并均于 2002 年 8 月未履行辞职手续即离开原告，其后两人在亦生产藤家具的藤大师家具厂（该厂未注册）工作。2003 年 9 月 28 日，南海××家具厂注册成立，南海××家具厂与藤大师家具厂对外宣传的联系人均为常××和万×，联系电话、实际生产地址均为同一厂房，南海××家具厂继续生产藤家具。2003 年 10 月 22 日，原告以三被告生产多色藤条侵犯了其多色藤条着色方法专利为由向本院提起民事诉讼，请求法院判令三被告停止侵权行为、销毁侵权产品、赔礼道歉、赔偿损失及律师代理费、调查费等支出，并承担诉讼费。三被告答辩称，原告非专利权所有人，不是适格原告；被告常××、万×是藤大师家具厂的员工，原告起诉两个个人属于主体错误；被告南海××家具厂没有侵犯原告的专利权，原告起诉没有事实依据。故请求法院依法驳回原告的起诉。

庭审中被告南海××家具厂陈述其使用的多色藤条系采用喷枪着色，而非原告专利中所述的染缸着色方法。即：将约长 2 米的藤条摆放在平台上，根据目测划分为长短不同的小段，每截的长度大概是50～80厘米，使用喷枪用油漆逐段进行着色，其颜色为同一色系的深浅不同的颜色。藤条着色后各段颜色界线分明，没有过渡带。

庭审后，佛山市中级人民法院于当日（2004年2月11日）下午到南海××家具厂要求被告按其在庭审中主张的藤条着色方法进行实际操作，被告的操作过程如下：1. 准备好加入天拿水稀释的两种颜色（一黑色、一浅色）的油漆各一桶；2. 将约2米长的藤条一扎（约15支）对折（上部呈环形），然后用本扎藤条中的一根扎住该扎藤条的中间部位；3. 将藤条放置于作业平台的一铁桶上，经佛山市中级人民法院要求按其平时生产的规模及效率操作后，又取出同样的藤条四扎，用两根洁净的木条取代铁桶平放于平台上，将五扎藤条平铺在两根木条上；4.（2004年2月11日17时23分）操作员将黑色喷料两勺放入喷枪的储料罐中，对准五扎藤条的环形上部进行喷涂，约30秒换装一次喷料，其间操作员用手逐一翻动每扎藤条。环形上部喷涂共换4次涂料。其间涂料随喷枪四散；5.（2004年2月11日17时27分）清洗喷枪的储料罐（仅一只喷枪），换上浅色喷料喷涂藤条下端，又经换两次涂料，于当日17时30分结束全部过程。

原告方法发明专利的独立权利要求中包含四个必要技术特征：特征1是着色的前期准备，特征2、3、4是重复性的操作，其核心就是将藤条放入盛有不同色料及其稀释液体的容器中进行逐段着色。经过庭审及现场操作后的技术对比，被告南海××家具厂在多色藤条着色前将藤条分为若干小段，该步骤落入原告的必要技术特征1。被告南海××家具厂主张其与原告方法专利不同的核心区别就是采用了喷涂而非原告专利独立权利要求2、3、4中的浸染。从被告的操作过程看，采用喷涂的着色方法过程复杂、效率低、浪费较大且效果极差：五扎藤条（约75根）的喷涂时间扣除前期稀释油漆、捆扎藤条及摆放过程，从喷涂开始用了7分钟，不适合大规模作业的要求；喷涂其间操作员每间隔30

秒一次的罐装涂料并要不时翻动藤条，操作极不方便；喷涂时涂料四散，浪费较大，不符合工业生产对经济效益的基本要求；喷涂结束后涂料的颜色明显不能渗透，藤条的油漆膜很薄且着色不均匀，加上藤条系捆扎后再喷涂，藤条中较多部分出现不能着色的情形，尤其是每扎藤条被扎住的中间部位根本不能着色，整个产品的效果很差，基本不适合编制家具的工业应用。因此，佛山市中级人民法院认为被告南海××家具厂陈述的着色方法不是其制造多色藤条的合理方法，即南海××家具厂不能对其制造多色藤条的方法有一个合理可信的解释，根据方法发明举证责任倒置的原则，被告南海××家具厂应承担举证不能的后果。综上，法院认为原告指控被告南海××家具厂使用了专利方法加工多色藤条，侵犯了其专利权的理由成立。因南海××家具厂系个人独资企业，负责人万×应以其个人的财产对企业的债务承担无限责任。由于原告无证据证实被告常××使用了其专利方法，故常××不承担责任。据此判决：1. 被告万×、南海××家具厂自本判决生效之日起立即停止侵权行为并销毁库存产品。2. 被告万×、被告南海××家具厂赔偿原告东莞××公司经济损失5万元，两被告承担连带责任。3. 驳回原告东莞××公司的其他诉讼请求。案件受理费、财产保全费，由被告万×、南海××家具厂承担。

（二）该案对审理方法发明专利案件的几点启示

1. 方法发明专利侵权诉讼中法院调查取证要把握最佳时机

方法发明专利侵权诉讼中实行举证责任倒置，被告应对其使用的方法不同于原告专利主张的方法承担举证责任。一旦进入诉讼程序，法院于第一时间对被告使用方法进行取证往往能够比较真实地反映被告实际使用的方法，为法院对被告使用方法与原告专利方法相同与否作出准确判断打下一个良好的基础。即使法院通过取证不能对被告使用的方法作出准确判断，也能够较为客观真实完整地记录被告的生产过程，为今后的鉴定工作提供有力的辅助证据材料。如果进入了诉讼程序又不及时对被告的方法进行取证，可能会因为给被告留有足够的时间观望及准备，使其虚构出一种与原告专利不同的方法，并实际操作、演练、完善，增强虚构方法的可行性，导致有些案件不得不进行鉴定。同时，由于未及时取证，法院不能掌握鉴定必需的反映被告真实生产情形的相关证据材料，可能会造成有些案件即使鉴定也得不出完全正确的结论。最终给诉讼带来不必要的延误，给当事人尤其是原告带来意想不到的损失。

方法发明专利侵权诉讼中，法院调查取证的最佳时机一般是原告起诉并申请证据保全的时候。方法发明专利原告一般会选择被告正常生产的时期起诉，法院此时介入能够看到被告正常使用的方法。也就是说，如果被告的确存在侵权，法院一般能够在这一时期看到其使用侵权方法的过程；如果被告不存在侵权，法院也能够目睹其不同于原告专利主张方法的真实生产方法。所以，方法发明专利侵权诉讼中，凡原告申请证据保全的应立即对被告生产方法进行证据保全；如果原告未申请证据保全，法院应对原告进行必要的诉讼引导，由其提出证据保全的申请。如果错过了这一时机，法官在审理过程中就要注意弥补，以期在最佳时机，通过最理想的方法进行取证。

本案中，在原告起诉时未对被告当时使用的方法进行证据保全，庭审时，被告称其以前使用的方法不同于原告的专利方法，并当庭进行了陈述。庭审结束后，合议庭当即决定由法官、书记员带原、被告双方当事人一并前往被告生产地对其主张的方法进行实际的操作，并要求当事人不得与外界联系。由于庭审结束时已接近下午五时，被告对法院的这一行动没有思想准备，加上法庭采取了必要的人员配备防止当事人对外联系，基本上保证了被告无法有备而战，为取证的顺利进行打下了重要的基础。

2. 法院调查取证时要确保全面准确地再现被告整个生产过程

首先，法院取证时要由双方当事人在场，一般可以要求双方当事人的相关技术人员在场，确保当事人对过程的真实性、客观性无异议，且对操作有直观的了解，便于事后对法院现场笔录发表意见。第二，法院要运用照相机及摄像机等器材对被告的操作方法作出直观的记录。第三，法院的文字记录必须到位。案件审理后最终要通过判决书以文字的形式向当事人公开，因此被告的方法必须用文字的形式再现在判决书中，为确保法院裁判文书的说服力，取证时的文字记录必须到位。用文字再现一种方法的操作务必力求准确、详细、全面，并注意结合专利方法适用的行业，考虑相关行业一般应注意到的细节，将操作过程中与相关细节有关的内容予以再现。确保法官在证据不能达到确然状态时，依靠相关的细节对被告主张方法的合理性、可行性、真实性作出准确判断。并使具备一般判断能力的正常人在看到文字记载后，能对整个过程有一个准确的感受，并对记载方法的可行性作出相应的评判。

本案多色藤条的加工方法主要适用于加工多色藤家具，因此首先考虑的是藤条着色的效果，即着色是否均匀、色膜是否有足够的厚度以保持色泽的长久；其二要考虑到生产的效率，是否能满足大规模生产的需要；其三要考虑到效益的原则，即着色的成本是否在合理的范围内；其四要考虑到作为一个生产家具的专业厂家，藤条着色的必要设备。因此在对被告进行实际操作的过程中，文字的记载必须能够清楚地反映出各个过程，要对时间、用料、设备及操作的其他细节等都要进行详细的记载。最后经双方当事人补充并确认签字。

3. 正确运用“高度盖然性”标准定案

“盖然性标准”适用于普通民事案件，已经为许多国家的学理和司法审判所承认，它是从事物发展的概率来推定案情、评定证据的一种方式，以确认的事实联系其他合理性考虑作为前提，是在对证据和案件事实的认识达不到逻辑必然性条件下不得不使用的手段。英美法系采用“盖然性占优势”标准，大陆法系注重强调“高度盖然性标准”。我国立法上的证明标准与大陆法系在民事案件上的证明标准相近，适用“高度的盖然性”标准。最高人民法院《关于民事诉讼证据的若干规定》第73条的规定即为“高度盖然性标准”在我国的正式确立。

方法发明专利侵权案中，由被告对自己使用的方法不同于原告专利主张的方法进行举证。一般来讲，被告主张自己的方法多是与原告专利方法相近的方法，既具有其存在的可能性，有时又有不太合理的情形，而且多数情况下很难有充分的证据对被告主张方法的真实性作出一个确然的判断。因此，要证实被告主张的方法是否真实使用的方法有相当的难度，这类案件法官许多情形下要依据“高度盖然性”标准对案件的相关证据进行判断。按照“高度盖然性”标准，被告证明其使用不同方法发生的盖然性高，则主张不同于原告专利方法真实发生的被告完成了其举证责任；反之，被告证明其使用不同于原告专利方法发生的盖然性低，则主张不同方法真实发生的被告不能完成举证责任，要承担举证不能的法律后果。由于盖然性毕竟是与确然性相对应的一个概念，其意味着既可能又非必然，因此法官在这一过程中要特别注意结合案件中已确认的事实、考虑与案情相关的各种因素、注意法院调查取证时对被告操作方法记录的所有细节，尽可能准确地对案件作出判断。

本案被告主张其使用的方法不同于原告的方法，而且进行了明确的描述并在法院主持下进行了实际操作，虽然从理论上这种方法能够生产出多色藤条，但结合其生产出藤条的效果及操作过程的效率与效益情况，被告的方法明显不合常理，因此依据“高度盖然性”标准，认定被告主张的方法并非一种合理、可信的方案，由此认定被告没有完成其举证责任，承担举证不能的法律后果。

四、发明专利侵权案件中诉讼中止的运用

诉讼中止，是指在案件审理过程中，因出现特殊情况，已进行的诉讼程序暂时中止，待中止的原因消失后，再恢复诉讼的一种制度。在知识产权诉讼中，由于当事人往往提出涉案专利无效宣告请求，以及在专利无效宣告之后再行提起行政诉讼，导致诉讼中止成为知识产权诉讼中的一种常态。诉讼中止的存在，可能导致诉讼周期不当延长，影响审判的正常进行，从而使该制度成为部分当事人的一种诉讼手段。而使权利人感到最无奈的是，由于诉讼中止，被告往往以判决未生效，是否侵权法律状态不明为由继续从事侵权行为。因此，诉讼中止对于正确处理知识产权纠纷，维护当事人的合法权益至关重要。但在另一方面，部分被告提出诉讼中止的理由比较充分，如果不适用诉讼中止，则可能使被告遭受不当侵害，助长了权利人的滥诉行为。正是基于以上两个方面的考虑，正确适用成为各个知识产权审判庭必须直面和破解的难题。

发明专利，是国家专利局对专利申请内容“三性”进行实质审查后才授予的一项专利权。由于它的效力相对稳定，所以最高人民法院颁布的《关于审理专利纠纷案件适用法律问题的若干规定》（以下简称《若干规定》）列举的中止情形中不包括发明专利在内，目的就是维护专利权人的利益，防止被告故意拖延时间，避免诉讼人力、财力的浪费，法院在审理此类案件时一般也不中止审理。但问题也不能一概而论。在我院审理的部分发明专利侵权纠纷中，确有发明专利在中止诉讼后被宣告无效的情形发生。所以发明专利适用诉讼中止作为一种例外情况，必须引起我们的注意。下文结合一起发明专利侵权纠纷案件重点探讨发明专利的中止审理和恢复审理的问题，以期为此类案件的审理积累经验和提供理论参考。

1999 年 3 月，原告台湾某公司向国家知识产权局提出一项

发明专利申请，经审查后公告授予了原告发明专利权。2003 年原告依据该发明专利起诉被告佛山某厂侵犯其专利权。法院受理后，被告在答辩期内对该专利向国家知识产权局专利复审委员会提出无效宣告请求，法院经审查被告提出无效宣告请求所依据的证据，认为有可能影响该发明专利的效力，据此裁定该案中止审理。2004 年2 月，专利复审委员会作出审查决定，宣告该专利全部无效。原告对该决定不服，向北京市第一中级人民法院提起行政诉讼。

该案存在的问题有三：第一，侵犯发明专利的案件是否应当中止审理；第二，本案是继续中止审理，还是恢复审理；第三，恢复审理后该案如何处理。

对于第一个问题，在审查了被告提交的证据之后，合议庭发现这些证据有可能影响该发明专利权的稳定性，为稳妥起见，决定中止本案审理。但是，《若干规定》却未对该类案件提供相关的法律支持，因此法院只能依据《民事诉讼法》第 136 条第（6）项“其他应当中止的情况”这一弹性条款，作出本案中止诉讼的裁定。该专利被专利复审委员会宣告全部无效的事实证明法院中止诉讼的判断是正确的。

在这里必须明确的是，只有经过法院的开庭审理，才能发现发明专利的“三性”特别是新颖性、创造性是否存在被否定的可能，所以，未经开庭就轻易中止发明专利诉讼的做法明显不符合法律、司法解释的规定和精神，而经过开庭后对涉案专利的有效性存在疑问时也不敢中止诉讼的做法则是保守的。这种做法极易导致原告的滥诉行为。将发明专利诉讼是否中止置于证据的制约之下，既是对包括原告和被告在内的当事人负责，也是对法院审判行为的负责，避免错审错判行为的出现。毕竟，《专利法》规定错判后已经执行完毕的，不再执行回转。而这肯定会造成一方当事人的损害。

第二个问题是，当专利复审委员会无效审查决定作出后此案该如何处理。新专利法规定："对专利复审委员会宣告专利权无效或者维持专利权的决定不服的，可以向人民法院起诉。"这时法院在处理时往往会出现分歧，一种观点认为"无效宣告决定"的效力待定，本案应继续中止审理；另一种观点认为导致中止的原因已经消除，本案可以恢复审理；最后一种观点则认为应当审查提起行政诉讼的相关证据，然后决定是否继续中止审理。我们认为最后一种观点比较稳妥。因为按照专利法的规定，专利复审委员会作出的无效审查决定不是终局裁决，导致中止的原因还没有消除，因此第二种观点直接恢复审理的做法于法无据，在实践中也可能出现错判。但按照第一种观点，不分原因地继续中止审理也有不妥之处，因为我国法律规定两审终审制，专利行政案件也不例外要经过一审、二审才能生效，需要较长时间的等待，不利于保护当事人的合法利益，也势必会延长审判周期，造成司法资源的极大浪费。同时，涉及无效宣告的行政诉讼只是对专利复审委员会的具体行政行为的程序方面和适用法律方面进行审查，而涉及专门技术问题，专利复审委员会则是最有经验和发言权的，因此最高人民法院在《关于当宣告专利权无效或者维持专利权的决定已被提起行政诉讼时相关的专利侵权案件是否应当中止审理问题的请示》的批复中没有明确提出具体的意见，也正是出于平衡和满足其他利害关系人的正当经济利益之目的。所以我们主张第三种观点，即审查提出行政诉讼的当事人是否提交了与专利效力有关的新的对己有利的证据，如果没有，法院就可以依当事人的申请或依职权主动恢复诉讼程序，迅速结案。

在这里，我们所坚持的仍然是将法院是否恢复审理的判断置于证据的制约之下这一理念。只有在当事人提交的新证据不足以对专利权的有效性产生威胁时，法院才恢复审理并作出裁判。

五、多余指定原则之缺陷分析及司法对策

多余指定原则，其含义是指如果普通技术人员在理解权利要

求所定义的技术方案时，认为该权利要求中记载的某一技术特征对于解决发明所要解决的问题来说是多余的，则该技术特征可以被忽略，因此即使被控侵权物中不存在该技术特征，也同样可以得出侵权行为成立的结论。

在我国的专利法律法规当中，并没有该原则的具体规定，但它早已被应用于我国部分法院的专利侵权案件中，如“钢筋焊接机”案❶、“建筑装饰黏合剂”案等❷。其中，最有影响的案例当数“周林频谱仪专利侵权案”❸。在此案中，北京市高级人民法院也明确地适用了多余指定原则来判定专利侵权成立。

2001 年 9 月 29 日，北京市高级人民法院以京高法发［2001］229 号文件向北京市第一、第二中级人民法院下发了《专利侵权判定若干问题的意见（试行）》，该意见对多余指定原则有较大篇幅的规定，在下文中，笔者将结合该意见分析多余指定原则。

（一）我国司法界对多余指定原则的主流观点

从专利法制定以来至专利法的第二次修改乃至北京市高级人民法院下发的《专利侵权判定若干问题的意见（试行）》，我国司法界对多余指定原则的主流态度可以说一直是宽恕政策，即主张其存在，并侧重于保护专利权人。正如一名专利法专家所言：“多余指定原则或者非必要技术特征理论实际上都是一种对专利权人的宽恕政策，其出发点是认为专利权人很难撰写出恰到好处的权利要求，难免有时会将个别本来不应当写入独立权利要求的技术特征写入其中，从而造成对其保护范围的过分限制，如果不

---

❶ 杨金琪：“专利、商标、技术合同疑难案例分析”，中国物资出版社 1995 年版，第 134 页。

❷ 叶川：“从一起专利侵权案看‘禁止反悔’和‘多余指定’原则的运用”，载《法律适用》2001 年第 4 期，第 56～57 页。

❸ 刘继祥：“人体频谱匹配效应治疗装置专利侵权纠纷案”，载《电子知识产权》1996 年第 8 期，第 25 页。

采取宽恕政策在一些情况下就会使专利权人处于‘哑巴吃黄连’的境地。”❶他们认为应当坚持多余指定原则的理由如下：

首先，专利制度在我国实施时间不长，人们的专利意识比较淡薄，对专利法及专利的相关知识也知之不多。因此要求专利人或其代理人写出恰到好处的权利要求书过于苛刻。因此，如果仅仅根据专利权利要求书的书写来武断地认定专利侵权与否，那将会导致专利法鼓励的是文字技巧，而不是技术创新。

其次，专利保护国际条约和我国专利法在解释权利要求时都采用折衷原则，即专利的保护范围以权利要求书的内容为准，说明书及附图可以用于解释权利要求书。因此，在认定专利是否侵权时应当根据说明书、附图对发明目的、技术方案、现有技术以及发明效果的描述，对独立权利要求进行的适当解释以及申请人在专利审批过程中向专利局所做的陈述进行综合分析。

再次，被控侵权产品或方法的技术特征与专利产品或方法的技术特征相比，如果恰恰缺少独立权利要求中记载的实际上属于非必要技术特征的部分，就应当认定为侵权，否则就会造成由于专利权人撰写专利文件的失误而使自己的合法权益得不到公正有效的保护，掩盖了侵权人实质上的侵权，从而在一定程度上鼓励了侵权行为，实现不了专利法激励和引导人们不断发明创造的立法目的。

最后，在专利侵权审判工作中，法院应遵循公平原则这项最基本的原则。对于多余指定类型的专利侵权纠纷案件，如果运用全面覆盖原则显失公平，人民法院就应当通过审判实践，确立一种新的原则，公平合理地解决这类案件。以周林频谱仪一案为例，该案法官认为，音乐装置与产生特殊频谱达到治疗效果的发明构思显而易见没有直接关系，如果受诉法院认定音乐配置是必要技术特征，被控侵权产品不构成侵权的话，周林

❶ 尹新天：《专利权的保护》，专利文献出版社1998年版，第340页。

的这一重大发明的专利保护就没有实际意义了，这对发明人显然是极为不公平的，因此应该适用多余指定原则认定音乐配置属于多余特征。

（二）多余指定原则之缺陷分析

适合市场经济的法律法规应从各个方面保护各类市场主体的合法地位和合法权益。知识产权法的宗旨，不仅表现为对知识产权人私益的保护，而且也愈加明显地表现为对社会公共利益的保护。基于这一视角，我们不难发现该原则的弊端所在。

第一，该原则片面地强调了发明人的利益，严重威胁社会公众对法律的正常预期。法官在进行侵权判断的时候，不能在等同原则的名义下，忽略权利要求中某些有意义的限制条件，因为社会公众依赖这些限制条件来避免侵权。后续发明人研究专利文献寻求权利范围以外的技术方案的绕开设计（design around）[1]，不是寻找法律漏洞的违法行为。相反，这是一种建立在法律预期下的正常的竞争行为，这种有效竞争当然地会压制发明人的利益。事实上，围绕已有发明进行构思或者发明工作，从而产生新的发明，不仅是法律所允许的，而且还是应该大加鼓励和提倡的[2]。知识产权制度在考虑权利人利益的同时，同样要考虑其他社会公众的可能选择。如果这种制度设计的结果使社会公众因担心卷入诉讼而放弃使用本来可以自由使用的技术，那么它就是失败的制度模式。从我国知识产权立法的整体立法政策来看，保证竞争规则的开放性，胜过为发明人的个别“过失提供救济”。

第二，适用该原则，滞后于世界范围内日益强调权利要求的确定性的发展趋势。

在美国，尽管专利代理制度非常发达，但撰写权利要求的疏

[1] Matthew C. Philips, Taking a Step Beyond Maxwell to Tame the Doctrine of Equivalents, Fordham Intell. Prop., Media&Ent. L. J, Vol. 11, 2000, p. 164.

[2] 管建军：《论等同原则》，载《知识产权》1997年第4期，第8页。

忽和不严谨同样相当普遍。尽管如此，美国法院也不会通过适用多余指定原则，来认定权利要求的哪些技术特征属于非必要技术特征，并在侵权判定时对它们忽略不计。美国法院认为，忽略权利要求里的任何一项技术特征，都会不可避免地改变权利要求的范围。如果允许法院在侵权判定时任意忽略权利要求中的某些技术特征，权利要求的范围就会因此被扩大。扩大以后的新的权利要求是否仍然符合专利法有关新颖性和创造性的要求就会成为疑问，需要重新加以审定。既然法院不可能重新进行专利检索，以审查新的权利要求是否符合专利法授予专利的要求，就不应该单方面改变权利要求的范围。在某些特殊情况下，法院可以通过适用等同原则解决这个问题，保护专利权人的合法权益[1]。

《日本专利法》中同样不存在多余指定原则。《日本专利法》第36条第（4）项规定，申请人只能够把发明的必要技术特征写进权利要求里。第70条规定，日本法院必须严格按照权利要求的文字来解释权利要求。也即，如果专利申请人把一项非必要技术特征写进权利要求里去，这本身就违反了第36条第（4）项的精神。日本法院在判定专利侵权时自然也就不会把这一项技术特征当作非必要技术特征予以忽视[2]。

德国的做法也发生了变化。在欧洲专利公约的协调下，德国已经放弃了“总的发明构思”理论，代之以等同原则。德国司法界认为，利用等同原则可以突破权利要求中设置的限制条件的范围，但是那要在等同的前提下，而不是完全放弃某一限制条件。等同原则也不能被法官用作大规模改写权利要求的工具。权利要求中的每一个限制条件都是实质性的和重要的，权利人要指控别人侵权，就必须在别人的方案中找到自己发明的所有限制

---

[1] 程永顺，罗李华：《专利侵权判定——中美法条与案例比较研究》，专利文献出版社1998年版，第262~263页。

[2] 杜颖，易继明：《日本专利法》，法律出版社2001年版，第15，16，34页。

条件。

第三，适用多余指定原则使整个专利法体系自相矛盾。

在我国，无论是实务界还是理论界，对于实用新型不宜适用多余指定原则，观点比较一致。北京市高级人民法院的司法意见第54条也明确规定："对于发明难度较低的实用新型专利，一般不适用多余指定原则确定专利保护范围。"至于其理由，有专家是这样解释的：根据我国专利法的规定，对实用新型仅进行形式审查，在权利要求的撰写方面，也没有把发明和实用新型加以区别。因此，必然会有些不属于实用新型保护的内容以各种形式的技术特征写入实用新型要求之中，形成混合型权利要求。在专利侵权诉讼中，法院不能允许实用新型的专利权人争辩说这些特征是非实用新型技术特征，或者简单地归为非必要技术特征，要求法院不予以考虑，否则就是承认了权利要求中有不能用实用新型保护的内容。因为一项权利要求是一个整体，混合型权利要求本来就不应给予保护，既然授权时许可了，就只能看作是审批中的缺陷。一旦授了权，在侵权争议中绝不能轻易删除某些技术特征，否则，就等于扩大了专利的保护范围，对公众是不利的。笔者认为，这种理由存在逻辑上的错误。发明和实用新型两种专利之间没有明显界限，作为发明的主题一般同样能够作为实用新型的主题，反之亦然。如果把同一主题的技术特征作为发明专利申请并获得专利权，则该技术特征可以适用多余指定原则；相反，如果把它申请实用新型专利，则不可以适用多余指定原则。同样的技术特征在发明与实用新型中的结果截然不同。换言之，在多余指定原则的适用上，对实用新型应"另眼看待"而不是"一视同仁"，或许，一方面这是司法界表现出应有的严肃，另一方面，又是对适用多余指定原则持谨慎怀疑态度。

第四，按照社会契约论的观点，专利权利要求相当于权利人自己拟订的合同条款。如果合同条款发生争议，无法探求其真意时，应当按照不利合同条款撰写方的意志进行解释。因此，在无法确定发明人在权利要求中所设置的限制条件是否为主要技术特征的情况下，应该按照不利于发明人的意思进行解释，那就是应该将其视为主要的技术特征。美国联邦法院法官 Rader 在 Sage 案中反对利用等同原则忽略权利人自己设定的限制条件，他指出：权利人应当清楚在提交权利要求的时候设置过多的限制条件将缩小其保护范围❶。权利人有充分的机会去谋求更宽的保护范围，但是他没有这么做。在权利人和一般的社会公众之间，应该是权利人自己来承担自己能够预见而没有主动避免的失误所带来的后果。在权利人与社会公众之间进行选择，让本来有机会避免这一不确定性的权利人来承担成本更合适❷。

（三）弥补该原则缺陷的司法对策

由于多余指定原则存在上述诸多缺陷，因此，解决由该原则产生的问题的根本途径在于废弃该原则在司法实务上的应用。事实上，由于在适用该原则时不好掌握“必要技术特征”和“多余技术特征”的确切界限，其使用率也不是很高，没有发挥出应有的作用，完全没有必要倡导该原则。相反，法官在使用该原则时应持慎重的态度，在没有明文规定废除该原则之前，司法部门至少应作出相关司法解释以将其固有缺陷限制在最小范围内。笔者认为，弥补该原则缺陷的司法对策如下：

1. 适用多余指定原则认定多余特征应严格把握的条件

（1）该特征是记载在独立权利要求的特征部分；

（2）略去该特征该专利仍然具有新颖性和创造性，即仍然具有专利法意义上的可专利性；

（3）独立权利要求所描述的技术方案略去该技术特征，仍然是一项完整的技术方案，仍然能够实现发明目的、达到发明

---

❶ Sage Product, Inc. v. Devon Industies, Inc., 126 F. 3d 1420, 44 U. S. P. Q. 2d 1103 (Fed. Cir. 1997).

❷ 崔国斌：“专利技术的等同比较”，载郑胜利《北大知识产权评论（第一卷）》，法律出版社 2002 年版，第 35 页。

效果；

（4）申请人将该技术写入独立权利要求是显而易见的疏忽，且将其作为必要技术特征会显失公平。

2. 考虑具体情况，适当减轻或免除侵权人赔偿责任

如上所述，适用多余指定原则明显违背过错责任原则，使得即使是主观上没有侵权故意的后续开发人也有可能“侵入”在先专利的权利要求从而不公平地承担赔偿责任。因此，适用该原则判定侵权成立的，法院应当考虑具体情况，免除或者减轻侵权人的赔偿责任。具体而言，就是法官应综合参考多余技术特征与必要技术特征在技术方面的关联程度，专利申请人撰写独立权利要求时的过错程度，侵权人实施侵权行为的主观过错以及被侵权的专利技术创新性的高低程度，衡平地决定赔偿数额，实现当事人之间的利益平衡。

六、一个专利证书涉及两项以上的发明或实用新型时专利权保护范围的界定

（一）法律依据和界定原则

在一般情况下，一件发明或者实用新型专利的申请应当限于申请一项发明或者实用新型。因此国家知识产权局颁发的专利证书一般只包含一项发明或者实用新型，只存在一个发明点。这也是发明或者实用新型专利中的单一性原则。相应地，一件发明或者实用新型也就只有一个独立权利要求，这个独立权利要求中记载的必要技术特征就是该发明或者实用新型专利的权利保护范围。

但是，根据《中华人民共和国专利法》第31条第1款的规定：“属于一个总的发明构思的两项以上的发明或者实用新型，可以作为一件申请提出”。这就意味着一个发明或者实用新型专利证书可能包含有两项以上的发明或者实用新型的内容。法院关于专利侵权纠纷的立案原则一般是按照专利证书来立的，一个专

利证书立一个案件。因此，遇到这种内容的专利证书时，确定专利权的保护范围就比较复杂。

《专利法实施细则》第35条进一步明确规定：“依照专利法第31条第1款规定，可以作为一件专利申请提出的属于一个总的发明构思的两项以上的发明或者实用新型，应当在技术上相互关联，包含一个或者多个相同或者相应的特定技术特征，其中特定技术特征是指每一项发明或者实用新型作为整体，对现有技术作出贡献的技术特征。”这是对专利法中“总的发明构思”的具体判断进行阐述。

国家知识产权局发布的《审查指南》第二部分第六章第2.2.1小节单一性审查原则中也列举了属于一个总的发明构思的两项以上的发明的权利要求可以按照以下六种方式之一进行撰写：（1）不能包括在一项权利要求内的两项以上产品或者方法的同类独立权利要求；（2）产品和专用于制造该产品的方法的独立权利要求；（3）产品和该产品的用途的独立权利要求；（4）产品、专用于制造该产品的方法和该产品的用途的独立权利要求；（5）产品、专用于制造该产品的方法和为实施该方法而专门设计的设备的独立权利要求；（6）方法和为实施该方法而专门设计的设备的独立权利要求。《审查指南》还说明以上六种方式只是列举而非穷举，还允许有其他的撰写方式，关键是要看是否属于一个总的发明构思的两项以上独立权利要求。

因此，在审理专利侵权案件中，遇到一件专利证书记载的发明或者实用新型专利具有两个以上的独立权利要求的情况时，我们首先应当判断该项专利权是否属于“一个总的发明构思的两项以上的发明或者实用新型”，从而把该项专利权作为两个以上的专利来确定保护范围。只要被控产品或方法落入其中一个独立权利要求记载的全部必要特征即属于实施专利的行为，从而构成专利侵权。

（二）确定保护范围的具体案例

佛山市中级人民法院审理的原告贺××、佛山市××陶瓷原料厂诉被告佛山市××精细材料有限公司、佛山市××陶瓷原料有限公司发明专利侵权纠纷一案，原告指控被告使用回转窑煅烧生产色釉料的行为侵犯了其ZL200310117640.2号发明专利权。

法院审查发现，ZL200310117640.2号发明专利权的权利要求为：1. 一种回转窑，其特征在于：包括带内衬的筒体（1），筒体（1）有贯通窑头（11）和窑尾（12）的内膛，筒体（1）的下方有动力系统和与轮缘连接的支承装置，筒体（1）与水平面之间有1°到7°的倾斜角，窑头（11）高，窑尾（12）低，动力系统与筒体（1）上的筒体大齿轮（13）连接，窑头（11）设有进料口（4）和设有烟囱（5）的烟道（6），筒体（1）的内膛中设有测温装置，窑尾（12）外设有热源产生装置，窑尾（12）有出料口（7）；2. 根据权利要求1所述的回转窑，其特征在于：所述的筒体（1）的倾斜度在2°到4°之间；3. 根据权利要求1所述的一种回转窑，其特征在于：所述的进料口（4）内设有加料管（41），其一端伸入筒体（1）内，伸入筒体（1）内的加料管（41）的一端下侧固接有挡料板（42）；4. 根据权利要求1所述的一种回转窑，其特征在于：所述的热源产生装置是由一个燃料喷枪（3）和设在燃料喷枪（3）后方的风机（30）组成，燃料喷枪（3）的喷头指向筒体（1）的内膛；5. 根据权利要求1所述的一种回转窑，其特征在于：出料口（7）所对应的筒体的下方设有冷却池（8）；6. 根据权利要求1所述的一种回转窑，其特征在于：测温装置为热电偶（15），其与筒体的内衬软性接触安装在靠近窑尾（12）的筒体（1）的内膛中；7. 根据权利要求1所述的一种回转窑，其特征在于：所述的筒体（1）的钢板外壳（110）内有第一层内衬（120）和第二层内衬（130），第一层内衬（120）为保温层，第二层内衬（130）为耐火高铝砖；8. 利用回转窑煅烧色釉料的生产方法，其特征在于：

开启回转窑的热源产生装置与动力系统，根据所需煅烧色釉料的颜色品种设定其相应的煅烧温度、回转窑转速，根据煅烧所需颜色的色釉料混合生料，将混合好的生料按照煅烧所需颜色色釉料的填充系数和加料速度从回转窑的进料口置入筒体的内膛中，筒体在动力系统的带动下不断转动，进入膛内的生料沿筒体轴心平行的方向从窑头向窑尾方向流动，这样生料经过预热、高温煅烧，到达窑尾，最后从窑尾的出料口掉出，待冷却后即可形成所需颜色的色釉料；9. 根据权利要求 8 所述的利用回转窑煅烧色釉料的生产方法，其特征在于：在煅烧过程中不断通过测温装置检测煅烧温度的变化和判断从出料口掉出的色料颜色，对热源产生装置进行控制，调控窑内的煅烧温度。

上述发明专利说明书中的附图（图 1 为俯视示意图，图 2 为结构示意图，图 3 为筒体的截面示意图）如下：

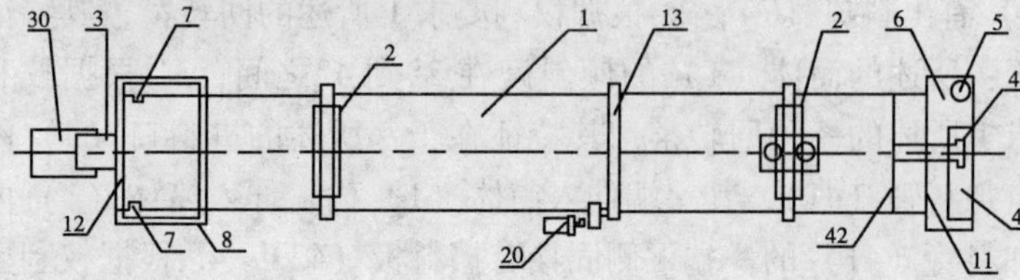

图 1

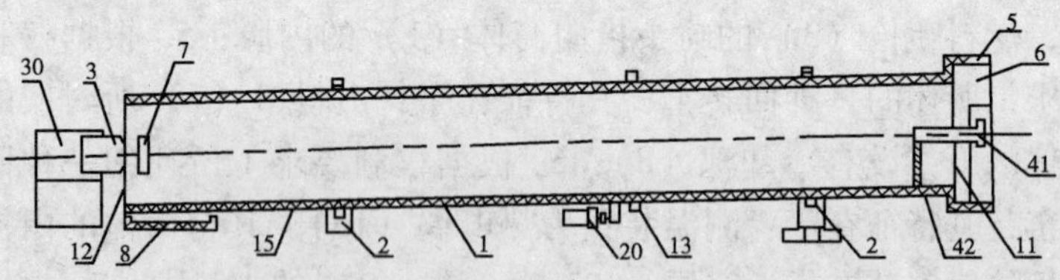

图 2

法院还查封了该案中被告的回转窑，该回转窑的结构特征与 ZL200310117640. 2 号发明专利的权利要求 1 至 7 的特征完全相同，对这一点各方当事人没有异议。但被告认为其没有使用该回

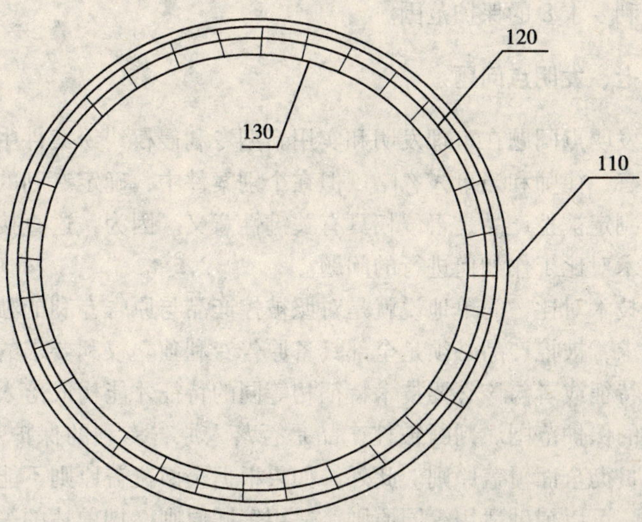

图 3

转窑煅烧生产色釉料故不存在权利要求 8 和 9 方面的特征。

法院认为原告的 ZL200310117640.2 号发明专利虽然是作为一项申请提出并获得专利证书，但属于《专利法》第 31 条第 1 款规定的一个总的发明构思的两项发明。ZL200310117640.2 号发明专利的保护范围相当于两个发明专利，即权利要求 1（2 至 7 为 1 的从属权利要求）和权利要求 8（9 为 8 的从属权利要求）确定的必要技术特征，其中权利要求 1 部分属于回转窑的结构发明，权利要求 8 部分属于利用该回转窑煅烧生产色釉料的方法发明。只要落入权利要求 1 或者 8，或者 1 和 8 同时落入，就均属于实施该专利。因此，法院认定被告拥有该回转窑本身（即已经落入权利要求 1 的保护范围）就已经构成专利侵权。即使被告所称的没有使用该回转窑煅烧生产色釉料故不存在权利要求 8 和 9 方面的特征的说法成立也不影响前述侵权判断。同时，法院进一步查明认定被告有使用该回转窑煅烧生产色釉料的行为故同时落入权利要求 8 的保护范围。

七、发明点问题

发明点问题在审理发明和实用新型专利侵权纠纷案件中容易被法官、律师和当事人忽略。但在个别案件中，确定专利的发明点对判定被控产品是否侵权具有关键性意义。因为，这直接关系到技术对比工作如何进行的问题。

技术对比，简单地说就是对照被控产品与原告专利的独立权利要求，被控产品必须是全部具备原告专利独立权利要求的必要技术特征或者与该必要技术特征相等同的特征才能构成落入原告专利的保护范围。判断被控产品是否落入原告专利的保护范围，应当贯彻全面覆盖原则。此外，如果根据全面覆盖原则不能认定相同，可以辅助适用等同原则。适用等同原则（即前述的等同特征）的时候应当慎重，即等同特征是指与所记载的技术特征以基本相同的手段，实现基本相同的功能，达到基本相同的效果，并且本领域的普通技术人员无需经过创造性劳动就能够联想到的特征。

举个例子，某个锅炉结构的发明或实用新型专利侵权案件，被控产品具备原告专利独立权利要求记载的全部必要技术特征，则根据全面覆盖原则判定被控产品落入了原告专利的保护范围。如果被控产品具备其他的全部专利特征，但其中的一个阀门属于“变劣”设计，即原告专利中对该阀门特征描述比较复杂，而被控产品中的阀门特征明显简化，与原告专利所记载的技术特征相比是以基本相同的手段，实现基本相同的功能，达到基本相同的效果，并且本领域的普通技术人员无需经过创造性劳动就能够联想到的特征，根据等同原则可以判断被控产品也落入了原告的专利保护范围。但是，这里有一个前提条件，即首先要判断该阀门是否属于原告专利的发明点。如果原告专利的发明点在于锅炉的其他结构部分，阀门只是该专利的特征之一但并非关键性的发明点特征，则可以运用以上等同原则来进行技术对比进而得出被控产品落入原告专利保护范围的结论。如果阀门部分本身属于原告专利的发明点，则应当慎重对待被控产品中阀门与原告专利结构上的阀门特征之间的区别，这个区别很可能就是原告为什么获得专利的关键所在，因此，原则上不能够将等同原则运用于阀门特征部分的技术对比，被控产品极可能并不落入原告该专利的保护范围。

那么，如何确定某项发明或实用新型专利的发明点呢？可以从两个途径分析。一是从专利公告文件中的摘要和说明书中关于背景技术和本专利创新之处（或主要解决什么问题）的内容进行分析，得出该专利的发明点；二是根据国家知识产权局专利复审委员会关于该专利无效宣告程序作出的维持该专利有效性的无效宣告请求审查决定书的内容，国家专利复审委员会在决定书中会详细陈述为什么无效请求不成立及维持专利有效性的理由，尤其在创造性部分的内容中陈述会更具体。上述审查决定书的内容可以帮助我们正确理解该专利的发明点。

第三节　关于外观设计和实用新型专利侵权纠纷案件的中止审理问题

一、对外观设计和实用新型专利侵权案件中止诉讼的有关法律、法规的理解

1985 年 2 月 16 日颁布的《关于开展专利审判工作的几个问题的通知》：“在专利侵权诉讼中，遇有被告反诉专利无效的，受理专利侵权诉讼的人民法院应当告知被告按照专利法第 48 条和第 49 条的规定请求专利复审委员会宣告该专利无效。在此期间，受理专利侵权诉讼的法院，可以根据《民事诉讼法（试行)》第 118 条第（4）项的规定中止诉讼。等专利权有效或无

效的问题解决后再恢复专利诉讼。”

上述做法极大地损害了知识产权人的利益，使侵权人利用宣告专利权无效将诉讼中止作为故意拖延诉讼的手段，以达到继续实施侵权行为的目的。

1992 年 12 月 29 日，最高人民法院《关于审理专利纠纷案件若干问题的解答》（以下简称《解答》）对于专利纠纷案件的中止诉讼有了明确规定：“（一）人民法院受理实用新型或外观设计侵权案件后，在向被告送达起诉状副本时，应通知被告欲请求宣告该项专利无效，须在答辩期间内向专利复审委员会提出。被告在答辩期间内请求宣告该项专利无效的，人民法院应中止诉讼。（二）被告在答辩期间内未说请求宣告该项专利无效的，而在其后的审理过程中提出无效请求的，人民法院可以不中止诉讼。（三）人民法院受理发明专利侵权案件或经专利复审委员会维持专利的实用新型专利侵权案件，被告在答辩期间内提出无效请求的，人民法院可以不中止诉讼。”

《解答》将专利纠纷案件的中止诉讼问题以专利的种类和被告提出无效宣告请求的时间不同作了划分。一类是外观设计和实用新型专利侵权案件，被告在答辩期间内提出宣告专利无效请求的，人民法院应当中止诉讼，被告在答辩期间后方提出无效请求的，人民法院可以不中止诉讼。另一类是发明侵权案件和经专利复审委员会维持专利的，被告在答辩期间内提出无效请求的，人民法院一般也不中止诉讼。

《解答》的出台，确实限制了某些知识产权的权利人滥用有可能存在瑕疵的权利来达到打击竞争对手的目的的不良行为，但几乎所有的外观设计和实用新型专利侵权案件中的被告都会在答辩期间内提出无效申请，从而造成大量案件处于中止审理状态。其中有相当一部分案件的被告明显是出于拖延诉讼的目的而提出无效宣告请求，法院一律中止诉讼使得其规避法律的目的得以实现，权利人的损失可能进一步扩大。另一方面，案件中止的直接结果就是审理期限延长，由于专利具有时效性的特点，有可能造成权利人无可挽回的损失，审理程序的拖沓，案件情况的变化，也加大了审判工作的难度。

2001年6月19日，最高人民法院颁布的《关于审理专利纠纷案件适用法律问题的若干规定》第8条规定："提起侵犯实用新型专利权诉讼的原告，应当在起诉时出具由国务院专利行政部门作出的检索报告。侵犯实用新型、外观设计专利权纠纷案件的被告请求中止诉讼的，应当在答辩期内对原告的专利权提出宣告无效的请求。"

第9条规定："人民法院受理的侵犯实用新型、外观设计专利权纠纷案件，被告在答辩期间内请求宣告该项专利权无效的，人民法院应当中止诉讼，但具备下列情形之一的，可以不中止诉讼：（一）原告出具的检索报告未发现导致实用新型专利丧失新颖性、创造性的技术文献的；（二）被告提供的证据足以证明其使用的技术已经公知的；（三）被告请求宣告该项专利权无效所提供的证据或者依据的理由明显不充分的；（四）人民法院认为不应当中止诉讼的其他情形。"

第10条规定："人民法院受理的侵犯实用新型、外观设计专利权纠纷案件，被告在答辩期间届满后请求宣告该项专利权无效的，人民法院不应当中止诉讼，但经审查认为有必要中止诉讼的除外。"

第11条规定："人民法院受理的侵犯发明专利权纠纷案件或者经专利复审委员会审查维持专利权的侵犯实用新型、外观设计专利权纠纷案件，被告在答辩期间内请求宣告该项专利权无效的，人民法院可以不中止诉讼。"

《若干规定》的第11条与《解答》一致，第8条、第9条和第10条则有了变化。第8条有关原告在提起实用新型专利侵权案件诉讼时必须提供检索报告的规定，立法目的是为了保障权利人的合法权益，提供了检索报告的实用新型专利相对而言比较稳定，案件尽量不中止，减少原告的诉累。第9条规定了一般情况下，在外观设计和实用新型专利案件中，被告在答辩期间内同时提出了原告专利无效请求的，人民法院应当中止诉讼，同时又规定了人民法院可以根据原告提供的实用新型检索报告，或者被告提供的证据来自行作出是否中止审理的判决。这三种情况是：(1) 原告出具的实用新型检索报告未发现导致实用新型专利丧失新颖性、创造性的技术文献的；(2) 被告提供的证据足以证明其使用的技术已经公知的；(3) 被告请求宣告该项专利权无效所提供的证据或者依据的理由明显不充分的。

在第一种情况下，由于实用新型检索报告是由国家知识产权局出具的，通过检索大量的技术文献，最终作出实用新型专利是否丧失专利性的评价。检索报告的作用在于证明了实用新型专利具有相当大的确定性，即使被告在答辩期间内提出专利无效请求，法院也可以不中止诉讼。

如果被告提供的证据足以证明其使用的技术是公知的，不管原告的专利是否无效，法院也不必中止诉讼。在（2006）佛中法民三初字第111号案件中，原告叶××的专利是一个四方形的矮柜，上半部分是空的，下半部分由两个相同的抽屉组成，抽屉上的把手有一条横条。在本案中，被告王×提交了两份宣告专利无效申请的在先专利对比文件，请求法院中止本案的诉讼。该两份对比文件也都分别是一个四方形的矮柜，上半部分是空的，下半部分由两个相同的抽屉组成。合议庭认为，被告王×制造、销售的被控侵权产品与在先专利构成相似，因此不中止本案的审理，径行判决驳回原告叶××的诉讼请求。

被告提供的宣告专利无效的证据明显不能成立的，法院可以径行判决。在（2005）佛中法民三初字第130号案件中，被告佛山市××家用电器厂在答辩期间向专利复审委员会提交了宣告专利无效申请，请求法院中止审理。合议庭认为，因被告提交的对比文件并非正式的出版物，且对比文件只是分别公开了原告陈×

×的部分设计要点，并非一份文件对原告设计方案的完全公开，因此被告佛山市××家用电器厂请求宣告该项专利权无效所提供的证据及依据的理由明显不充分，法院可以不中止诉讼，直接对该外观设计专利侵权案件进行判决。

第10条给法院留下很大自由裁量的空间，规定即使被告是在答辩期间届满后才提出宣告专利无效请求的，在法院认为有必要的前提下，仍然可以中止诉讼。在实际操作中，法官要尽量从严把关，只在案情特殊、确有必要的条件下方可中止诉讼。

二、中止前的准备工作

在外观设计和实用新型专利侵权案件中止诉讼之前，必须对案件情况进行全面深入的了解，才能审慎地作出正确的决定，最大限度地保护各方当事人的合法权益。在这方面，佛山市中级人民法院民三庭的做法是：所有的外观设计和实用新型专利案件的中止审理，无论被告是否在答辩期间内提出宣告专利无效请求，都必须经过庭前证据交换和开庭审理这两个步骤，再由合议庭综合原、被告双方的举证，在查明事实的基础上作出是否需要中止诉讼的决定。

第四节　专利侵权中制造行为的认定

我国《专利法》第11条规定，发明和实用新型专利权被授予后，除本法另有规定的以外，任何单位或者个人未经专利权人许可，都不得实施其专利，即不得为生产经营目的制造、使用、许诺销售、销售、进口其专利产品，或者使用其专利方法以及使用、许诺销售、销售、进口依照该专利方法直接获得的产品。外观设计专利权被授予后，任何单位或者个人未经专利权人许可，都不得实施其专利，即不得为生产经营目的制造、销售、进口其外观设计专利产品。由此可见，在我国，无论是发明和实用新型，还是外观设计专利，未经许可的为生产经营目的使用该专利权的制造行为都构成对该专利权的侵犯。

一、专利侵权中制造行为的构成要件

根据《专利法》的规定，制造行为本身并不构成专利法意义上的侵权行为。要构成专利侵权意义上的制造行为还必须符合几个前提条件。

（1）该制造行为本身没有被授权。《专利法》赋予专利权人的是排他的权利，可以排除他人包括制造等数种使用专利的行为。如果生产者没有经专利权人的许可，擅自制造侵权产品，那当然是构成专利侵权行为。但若一个生产者的制造行为是经专利权人的许可的话，那么其行为就具有合法性，不构成侵权行为。

（2）该制造行为是为了生产经营目的。实施制造行为的目的可以有多种，有些是为了科研目的，有些是为了个人生活需要。专利主要保护的是专利权人的经济利益，由于类似科学研究等此类非为生产经营目的的制造行为并不对专利权人构成经济利益上的竞争，其行为也不会直接造成专利权人市场份额的减少，因此专利法没必要对此类行为进行限制。相反，由于专利制度的目的是通过加强对智力成果的保护来促进科技发展，因此允许非以生产经营为目的的制造行为是符合专利法的立法宗旨。

二、几种特殊情况下制造行为的认定

一般意义上的制造是指通过机械或者手工方式加工、制作专利产品的行为。对于那些未经授权直接生产专利产品的行为比较容易认定。然而在现实生活中，有一些生产者行为尽管表面上不属于制造行为，但其行为实质上却有可能构成侵犯专利权的制造行为。也有一些制造行为尽管不是生产者故意实施，而是受他人委托指示实施的，但也可能构成侵犯专利权的制造行为。对这类行为如何认定法律没有明文规定，本书拟在这里作一探讨。

1. 组装行为

如果生产者未经授权擅自将一些原材料组装成专利产品，那显然是属于一般意义上的制造行为，构成侵权行为。但现实生活中有一些生产者是在购买他人的专利产品后组装在自己的产品上作为自己的产品进行销售，对于这类组装行为是否构成专利法上的制造行为存在一定的争议。因为从表面上看生产者并没有直接生产制造专利产品，其组装行为似乎是对专利产品的“使用”。如果将这类行为认定为对专利产品的使用，那么根据专利法中权利用尽的原则，专利产品经销售后权利用尽，组装生产者购得该产品后再进行组装销售是合法的使用和销售行为，不应认定为侵权。因此，如何对这类组装行为认定对侵权责任是否成立有着重要的影响。

专利法意义上的使用是指对专利产品本身功能或用途的一种利用，其范围仅能局限于对其功能的合理利用。而制造行为实质上是指专利的重现行为，即在某一产品上实现某专利，使该专利凝固于该产品上，使该产品成为具有专利的产品。对这类组装行为是否认定为制造行为，我们应该根据该专利产品的用途去判断。

首先，如果用以组装的专利产品用途是非独立性的，也就说只有将其安装在其他的产品上才可实现其功能，那么组装者的组装行为属于对该专利产品的合理使用行为。因为该专利产品的设计本身就决定了其功能只有通过与其他产品相结合才可得以实现，专利权人出售该项产品应推定其授权购买者依其用途（即组装在其他产品上）正常使用该产品的权利，因此将该零件组装在其他产品上是对该零件的功能的合理利用，不应视为制造行为，也不侵犯专利权人的专利权。

其次，如果用以组装的专利产品本身设计的用途是独立的，也就是该产品不必依附于其他产品上而可独立使用的完整的产品，或者这种产品并非设计为零件用于安装在其他产品上。如果组装者未经专利权人的许可将其安装在自己产品上，那么其使用就超出了对该产品的合理使用范围，其组装行为不属于专利法意义上的使用行为。

笔者认为，对这类超过产品设计用途的组装行为应认定为制造行为。组装者的这种组装行为实际上是通过购买专利产品加以组装的方式在自己的产品使用了他人的专利，将专利权人的专利用于自己的生产，因而应认定为制造行为。另一方面，从权利来源的角度看，合法的购买不等于有合法的授权。组装者尽管合法购买了该专利产品，但根据权利用尽原则，专利人丧失的只是对这种产品使用和销售的支配权，专利权人仍有权阻止他人未经授权的制造行为。组装者购买专利产品不能视为已获专利权人的授权，因此其无权将其用于生产制造，组装者的组装行为构成对专利权人专利权的侵犯。

值得一提的是，对于具有外观设计专利的产品，由于外观设计专利所保护的是产品的外观，而不是产品本身。尽管产品的外观与产品本身密不可分，但外观的用途本身是区别于产品本身的用途。由于产品的外观与该产品是一一对应的，因此对产品外观的用途应理解为将该外观设计附着于与该外观相联系的特定的产品上，而不是用于其他产品上，也不是作为其他产品的一部分。因此，外观设计专利的用途应理解为独立的。以生产经营为目的将他人具有外观设计专利的产品组装在其他产品上相当于在生产其他产品时使用他人的外观设计专利，因此应认定为制造行为，应承担侵权责任。

2. 修理[1]

我国专利法没有把修理行为作为专利侵权方式的一种，也就

[1] 修理行为如果未经授权擅自使用了他人方法发明专利，则构成了对他人专利的侵权行为。本节主要是着眼于修理的产品包含第三人的专利这种情况进行论述。

是说原则上对一件专利产品的修理尽管涉及他人的专利，但对产品的修理行为不构成对专利的侵权，除非该行为符合了专利法规定的制造、使用等几种侵权行为的构成要件。制造行为与修理行为在某些情况下并不容易区分。制造行为是使一个产品形成全新的使用价值，而修理行为则是对产品使用价值的恢复。而当修理行为对产品的使用价值的恢复比较大，以至于几乎等于重新赋予产品使用价值时，修理行为就几乎等同于制造行为。

因此，对修理行为应分两种情况去判断。第一种情况是如果该专利产品只是部分毁损，修理者只是在原有零件的基础上对毁损的部分修补、更换，或者对其功能进行恢复等，这种行为只是一般意义上的修理行为，不构成侵犯专利权。另一种情况是如果该专利产品严重地毁损，基本失去修理的可能，而修理者的修理行为把本应该报废了的零件重新还原为新的零件，其行为相当于重新制造一个新的专利产品，那在这种情况下修理者的修理行为就等于制造行为，有可能构成对甲的专利权的侵犯。

综上，当修理行为符合以下几个要件时，其实质上构成了制造行为：

（1）专利产品整体报废。该修理的产品已经整体报废，通常的换件或维修已经无法恢复其使用价值，在通常情况下使用者只能购买新产品进行更换才能获得同样的使用价值。

（2）实质上再造。制造的目的是获得新产品的全新的使用价值，而不是延长旧产品的使用寿命。如果修理者的修理行为实质上制造了一个新产品，其行为的目的和后果都如同重新制造新产品，使修理后的产品和新产品有几乎同样的使用价值和几乎同样的寿命，那么该修理行为就构成了实质上的制造行为。

3. 回收

在现实生活还有这样一种情况，就是某生产者回收他人抛弃了的专利产品，将其加工后用于自己的产品上。这种回收行为与上述的组装行为和修理行为所不同的是，生产者所使用的是被抛弃了的专利产品。由于该产品是通过回收被抛弃了的产品然后再加工成生产者自己的产品，因此表面上看生产者回收的是经过销售、使用，最后被抛弃了的产品，其行为只是对废弃物的利用，专利权人对专利权的保护不应及于废弃物。对此行为的定性，笔者认为其原理与前述的组装行为是否构成制造行为的原理相同。尽管该产品是被抛弃了，但抛弃并不等于该产品中的专利就不再受专利法的保护，也不等于专利权人声明放弃了对产品专利的保护，专利权对其专利产品的制造排他权仍应及于该专利产品。因此对该被抛弃的专利产品的使用，还是必须在合理的范围内使用。生产者将该产品回收后经加工成新的产品后再次进行销售，实际上是将甲的专利产品与自己的产品组装在一起作为一件新的产品，如果该专利产品仅有独立的用途，则这种回收加工行为构成了实质上的制造行为，其行为属于侵犯专利权的制造行为。如果该专利产品没有独立的用途，而且回收加工行为是对该专利产品合理的使用，则不构成侵权。

4. 加工承揽

在审判实践中，我们发现有相当一部分案件的被告受第三人的委托制造被控侵权产品。这时候第三人与被告构成的是加工承揽的法律关系，第三人是定作人，被告是承揽人，定作人向承揽人定作某一专利产品，由定作人向承揽人支付加工费，承揽人向定作人交付该专利产品。由于在很多情况下承揽人对该定作物是否有专利权并不了解，而且也认为自己仅仅是加工，没义务去了解该定作物是否具有专利权，因此诉讼中承揽人作为被告往往也以其加工行为是受委托的，没有侵权故意为由主张侵权责任不成立。对于这类行为，我们应分几种情况看。

（1）定作人为专利权人。由于定作人是专利权人，其具有实施该专利的权利，因此其有权委托其他人实施该专利。而对于承揽人而言，其加工行为是为生产经营目的制造了专利产品，从表面上看其加工行为符合专利侵权中制造行为大部分的构成要件，其制造行为是否构成侵权行为关键取决于是否有合法的授权。那享有专利权或有合法授权的定作人对承揽人的指示是否可以构成对承揽人的合法授权？如果根据合同双方的约定，定作人授权承揽人生产该专利产品，则显然承揽人具有实施该专利的权利，其制造行为不构成对专利权的侵犯。但如果合同仅是普通的承揽合同，则是否可以视此合同为对承揽人的授权？对此，笔者认为应该对承揽合同从宽解释，应认为专利权人将专利产品交由承揽人制造是有授权承揽人在承揽合同约定的范围制造专利产品的意思表示。因为在现实生活中相当一部分专利权人本身没有大规模生产的能力，其专利权的经济价值必须通过授权他人代为生产的方式加以实现。而现实生活中专利权人和承揽人往往只签订一份加工承揽合同委托承揽人生产，而没有另外再签订一份许可合同，如果认为此加工承揽合同不具备授权性质的话，那么承揽人的制造行为就构成对专利权人专利权的侵犯，那专利权人可以随时起诉承揽人的制造行为侵权，这样明显不符合公序良俗，不利于交易的安全。因此，在定作人（专利权人）与承揽人之间有加工承揽合同的情况下应认定为对承揽人就合同约定的专利产品范围内的授权，承揽人的制造行为不构成侵权行为。

不过值得注意的是，承揽人的制造行为只能限于合同所约定的产品数量，如果生产的产品超过了合同约定的数量，对超过约定数量的这部分产品的制造行为因没有合法的授权而有可能构成侵犯专利权行为。

（2）定作人为专利被许可人。根据我国《专利法》第 12 条的规定，任何单位或者个人实施他人专利的，应当与专利权人订立书面实施许可合同，被许可人无权允许合同规定以外的任何单位或者个人实施该专利。如果说专利权人与承揽人的承揽合同可视为有授权性质合同，那么当定作人为被许可人时，由于其无权许可其他人实施专利，因此定作人与承揽人之间的承揽合同是否可以认定为有授权性质的合同存在疑问。对此，笔者认为，根据我国目前的国情，许多被许可人本身的生产能力有限，为了充分实施专利，根据一般的交易习惯，被许可人往往需要委托第三方以其名义代为实施该专利。另一方面，由于承揽人的产品都是交还给定作人，因此承揽人受被许可人（定作人）的指示实施的制造行为应视为是被许可人生产行为的延伸。只要其在许可合同规定的范围内委托承揽人生产专利产品应予支持。但在处理时必须注意承揽人应确实为他人制造专利产品，而不是为自己生产。并且所加工或制造的产品全部交回定作人，以定作人的名义销售。如果承揽人自己留下一部分专利产品，那么其对此部分产品的制造行为由于没有合法的依据而构成侵权行为。

（3）定作人没有专利权或合法的授权。当定作人没有专利权或者没有合法的授权时，很显然承揽人的制造行为也没有合法的授权，构成侵权。但往往承揽人会提出对所加工制造的产品侵犯了他人的专利权毫不知情，没有侵权的故意，不应该承担侵权责任。对此，笔者认为承揽人虽然是受他人的指示生产某一产品，但其作为生产者仍有义务对该产品是否侵犯他人专利权尽合理的审查注意义务。如果其没注意审查委托加工或制造的产品是否有专利权，那么其对其制造专利产品的行为具有过错，应承担侵权责任。但另一方面，对承揽人的审查义务不能要求过高，因为毕竟不是专门的专利机构。只要承揽人合理地审查了定作人的专利证书并确认在专利有效期内，则可视为其尽了合理的审查义务，即使承揽人所使用的专利侵犯了他人的专利权，承揽人的制造行为仍不构成专利侵权行为。

第五节　关于专利权利冲突的解决

根据我国《专利法》第 23 条的规定，授予专利权的外观设计，应当同申请日以前在国内外出版物上公开发表过或者在国内公开使用过的外观设计不相同和不相近似，并不得与他人在先取得的合法权利相冲突。《最高人民法院关于审理专利纠纷案件适用法律问题的若干规定》第 15 条规定，人民法院受理的侵犯专利权纠纷案件，涉及权利冲突的，应当保护在先依法享有权利的当事人的合法权益。第 15 条规定，《专利法》第 23 条所称的在先取得的合法权利包括：商标权、著作权、企业名称权、肖像权、知名商品特有包装或者装潢使用权等。

本书限于篇幅，将只探讨如何处理外观设计专利权与商标权相冲突的情况。

基于三种专利的特点，与商标权发生冲突的专利权只能是外观设计专利，下面我们通过原告广州市××食品厂诉被告佛山市××调味有限公司商标侵权纠纷一案的评析来阐明如何处理两者的冲突。

1999 年 11 月 5 日，原告广州市××食品厂向国家工商行政管理局商标局申请注册“金唛（注：放弃‘唛’专用权）”文字商标。2000 年 11 月 28 日，商标局作出初步审定公告，并于 2001 年 2 月 28 日核准注册，原告取得“金唛（注：放弃‘唛’专用权）”注册商标专用权。该商标核定使用商品是第 30 类，即酱油、醋、调味品、味精、五香粉、芥末、酱菜（调味品）、豆豉、涮羊肉调料、辣椒油，有效期限自核准注册之日起至 2011 年 2 月 27 日止。在 2000 年 10 月 16 日之前，被告设计印制了一种名称为“贵豪金唛及图”的标贴，作为其于 2000 年 10 月 16 日起生产、销售“贵豪金唛排骨酱”等贵豪调味酱系列和贵豪酱油系列产品的瓶外包装装潢使用。2000 年 11 月 2 日，被告将“贵豪金唛及图”标贴以“标贴（酱）”的名称申请了外观设计专利，2001 年 4 月 19 日获授权，同年 5 月 30 日授权公告，专利号为 ZL00330270.9。2000 年 11 月 2 日，被告将上述“贵豪金唛及图”标贴的要素位置稍作变动，并将标贴的长度缩短，申请了名称为“标贴（贵豪酱油）”的外观设计专利，2001 年 6 月 2 日获授权，同月 27 日授权公告，专利号为 ZL00330273.3。经对比，

“标贴（酱）”的外观与“贵豪金唛及图”标贴的外观相同；“标贴（贵豪酱油）”的主图案与“贵豪金唛及图”标贴的主图案相同，外观相近似；两标贴中的“金唛”与原告注册商标“金唛”相同。

原告诉称，被告未经商标所有人的许可，故意在相同的商品上使用与原告相同的商标，违反了商标法的规定，属于侵犯商标专用权的行为，应依法承担民事责任。请求判令被告停止侵权，赔偿损失。

本案主要涉及以下两个问题：

一、商标权与外观设计专利权相冲突，应如何处理

本案原告的商标权申请日早于被告的外观设计专利申请日，但该商标的初审公告日迟于被告的外观设计专利申请日，如果两者的权利载体相同，应保护谁的权利？

国家工商行政管理局在1995年12月7日《关于处理商标专用权与外观设计专利冲突问题的意见》中规定：对于以外观设计专利权对抗他人商标专用权的，若该商标的初步审定公告日期先于该外观设计专利申请日期，在该外观设计专利被撤销或宣布无效之前，工商行政管理机关可以依照商标法，及时对商标侵权案件进行处理。据此，有人认为，当商标权与专利权发生冲突时，若外观设计专利申请日早于商标公告日，在商标被撤销前，可依专利法对有关专利予以保护。我们认为，上述观点欠妥。

由于商标权和外观设计专利权的授予分属于不同的部门，这两项权利的授予程序是不同的。商标经申请后，要经过初审公告，公告期是三个月，在这三个月内如无异议或异议不成立，则授予商标权。外观设计专利权经申请，经初步审查符合专利授予条件的，则授予专利权，不存在初审公告这一程序。商标权和外观设计专利权的授予程序的不同导致同时申请的权利请求获得授权的时间是不同的。当商标权与专利权发生冲突时，若外观设计专利申请日早于商标公告日，而商标的申请日又早于专利的申请日，如果对有关专利予以保护，对商标权人是不公平的。当事人将承受因授权部门的工作程序的快慢而产生不公平的结果。例如，同一权利载体一方先申请了商标注册，另一方后申请了外观专利，但商标权要经一定的审查才予以公告，经常是商标权公告日晚于外观专利申请日，当两者发生冲突时，如果保护了外观设计专利，在先申请的权利——商标权反而得不到保护。综上，我们认为，商标权与外观设计专利权发生冲突时，应适用维护公平竞争和保护在先申请权利的原则，即哪项权利申请在先，就保护哪项权利，除非申请在先的权利存在欺骗性或不正当性。当然，由于授权后还没有公告，公众无法知悉其权利已存在，则没有过错，不能认定侵权。认定侵权开始的时间，应从所保护的权利授权公告后才开始起算。所谓申请在先的权利存在欺骗性或不正当性是指：（1）虚构、隐瞒事实真相或者伪造申请书件及有关文件进行申请的；（2）违反诚实信用原则，将他人已为公众熟知的商标进行注册的；（3）未经授权，代理人以自己名义将被代理人的权利载体进行申请；（4）侵犯他人合法的在先权利进行申请的，这些在先权利包括公民的肖像权及姓名权、公民或法人的著作权、厂商字号权、原产地名称权等其他民事权利。

二、外观设计专利权所包含的文字能否抗辩商标权

如果被告外观设计专利权的申请日早于原告商标权的申请日，被告外观设计专利所包含的“金唛”文字能否抗辩原告的注册商标“金唛（注：放弃‘唛’专用权）”？也就是说，外观设计专利权所包含的文字能否抗辩商标权？

外观设计是指对产品的形状、图案、色彩或者其结合所作出的富有美感并适用于工业上应用的新设计，其保护范围以表示在图片或者照片中的该外观设计产品为准。据此，要分两种情况：一是文字一般不是外观设计专利保护的内容。一般的文字不具有

工业应用上的美感，难以作为外观设计来保护；二是如果文字是一种艺术字体，具有美感，又可以在工业上应用，就可以作为外观设计保护的内容。如“舞”字，它一般不能作为外观设计保护的内容，但如果将“舞”字写成艺术字体，具有美感，可将其作为舞蹈类产品如舞蹈鞋、舞蹈服装等产品的外观包装，就可申请外观设计专利来保护。就本案而言，被告外观设计专利所包含的“金唛”文字只是一般字体，没有美感可言，不属于外观设计专利权的保护范围，故被告以其专利权及其享有专利权的标贴中包含的“金唛”字样抗辩原告“金唛”注册商标专用权的主张，不应支持。

第六节　企业专利风险问题研究

一、企业的专利战略及其市场影响分析

（一）企业专利战略概述

企业专利战略是指企业面对国际市场激烈竞争的严峻形势下和竞争对手的技术动向，自觉主动地利用专利文献提供的新技术新产品信息，利用专利制度提供的法律保护和其他条件，为促进专利技术开发和科技创新，取得专利竞争优势，有效保护企业的合法权益，谋取最大经济利益，控制独占市场，从而求取企业长期生存和不断发展而制定和实行的一种长远规划和整体谋略。它以专利保护、专利技术开发、专利技术实施、专利许可证贸易、专利信息和专利管理为主要对象，涉及政治、经济、法律、技术、生产、经营、贸易、信息、知识产权等各个方面。[1]

在知识经济与经济全球化不断向纵深发展的背景下，知识已成为世界各国提高生产力与促进经济成长的主要驱动力，国际贸

[1] “略论中国企业的专利战略”，载 http://www.cpiu.cn/news/20060213/4151.htm，2006－2－13.

易争端形态也从过去的经济贸易之争转变成知识产权之争尤其是专利之争。世界知识产权组织公布的材料显示，在1995年收到的38 906件国际专利申请中，美国居第一位，其他依次是德国、英国、日本和法国。很明显，经济科技大国与强国必然是专利大国与强国。[1] 因此，对一个企业而言，专利战略至关重要。它作为企业经营发展战略的重要组成部分，是企业最终形成自己独特的市场竞争优势、争夺市场、保持可持续发展能力的关键因素。[2] 二战后，日本遭遇到美国专利战略攻势，于是急起直追，在大量引进先进的专利技术的基础上，经过不断地消化、吸收、开发创新，一改技术落后的面貌，成了仅次于美国的技术经济强国，并最终形成与美国专利战略攻势相抗衡的专利战略，成为全球最成功的专利战略的典范。

随着当前专利保护日趋国际化、统一化、高标准化，专利保护在未来经济发展中的作用将愈加重要。企业要具备国际竞争力，除了要生产出具有自主知识产权、高科技附加值的产品，还必须会灵活、有效地使用与专利有关的国际规则在技术竞争和市场竞争中获取独特优势。所以实施专利战略是必然选择。

（二）专利战略实施模式

专利战略的目标就是将企业的自主产权资源经过市场的运作来转化为使财产最大限度的增值，获得最大限度的市场回报。[3] 实现这一战略，有多种操作方法。例如，根据专利的申请、审查和授权三种法律状态，专利战略可划分为专利申请战略、专利保护战略、专利排除战略。按照应对市场竞争的战略实施方式，可划分为进攻型专利战略、防御型专利战略。具有较强经济实力、

[1] “美国知识产权战略特点及对我启示”，载 http：//www. uec. com. cn/hydt. nsf/news/NT00000B72/，2006－5－25.

[2] http：//www. wxzl. gov. cn/ask/2－7. htm，2006－5－30.

[3] 贺杰：“企业的专利战略”，载 http：//www. xlfl. com/zuan/gq/200603/983. html，2006－3－5.

技术上处于领先优势的企业通常采用进攻型专利战略，即利用与专利相关的法律、技术、经济手段，积极主动地开发新技术、新产品，并及时申请专利取得法律保护，抢先占领市场，维护自己在市场竞争中占主动的优势地位和垄断地位，并进一步利用专利阻止竞争对手相关产品的生产研发，通过诉讼打击竞争对手或者收取高额的专利许可费，让竞争对手的产品在市场上失去竞争力。最后就是纯粹利用已有的自己不会实施的专利收取额外的专利许可费，[1] 常用的有基本专利战略、外围专利战略、专利出售战略、专利收买战略、专利回输战略等。而对于那些经济实力较弱、技术上不具有竞争优势的企业通常采用防御型专利战略，即利用对专利技术的二次开发、技术引进、专利对抗、专利诉讼等方式抵御竞争者的专利攻势，打破竞争者的技术垄断，以改变自己在竞争中的被动劣势地位，捍卫和开拓自己的市场，如取消对方专利战略、绕开专利技术战略、交叉许可战略、技术公开战略、有偿转让与许可战略等。为适应市场，应对竞争，常见的专利战略还有专利与商标相结合的战略、[2] 专利与标准相结合的战略、专利权投资与产品输出战略、专利协作战略、共同开发战略、专利回输战略、基本专利终了战略和国外专利战略等。现简要介绍几种常见的专利战略：

（1）专利制高点战略，即专利与标准相结合的战略。技术专利化、专利标准化、标准垄断化已经成为知识经济条件下国际竞争的新游戏规则。许多发达国家、跨国公司和产业联盟都力求将自己的专利技术提升为国际上通用的技术标准。标准的实质和

[1] “国内企业如何进行专利战略的决策”，http://www.zew.cn/NewsFiles/75/20050701/7238.shtml，2006-5-26.

[2] 专利与商标相结合的战略，商品投放市场后，为了更大利益，可以将专利权和相关商标权捆绑在一起出让或者许可。商标的作用很大，可为了商标在市场上站住脚跟，需要一定的时间和投资。为了减少商标的广告投资，可以采用强制使用商标作为使用专利权交换条件的战略。

特征就是技术体系中对于技术的知识产权，由于专利权具有地域性和排他性，一旦这种标准得到普及，会形成一定形式的垄断，尤其是在市场准入方面，它会排斥不符合该标准的产品，[1] 而如果他人要制造此类产品就必须经专利权人同意，因此形成专利许可证贸易，向制造者收取专利许可费，从而控制制造者的生产规模、销售地域等，达到排斥异己的目的。这就是技术标准和知识产权关系的关键所在。几年前的 DVD 专利纠纷至今让人刻骨铭心。中国音响企业生产 DVD 产品，都必须按照国际标准如播放系统、杜比系统等进行生产，而这些标准的专利拥有者是国外一些大公司，故我国一旦出口 DVD 产品，则必须向这些标准拥有者支付专利许可费。最终，中国电子音响工业协会代表国内百余家 DVD 生产企业，与 6 大技术开发商组成的“6C 联盟”签署协议，即中国企业每生产一台 DVD 机，要向“6C 联盟”缴纳 4.5 美元的专利费，再加上其他国际 DVD 专利收费大军的进逼，导致我国 DVD 产品的出口价格上涨 10 美元，出口增长势头受阻。

（2）专利地雷战略。这是一个形象的比喻，是指企业在申请基本专利之外，为了阻止他人在此基础上进行改进并申请专利，故围绕一个核心专利不断申请多个相关改进专利，从而垄断该产品的技术市场；或者是作为一种技术储备或将来实施更新发明的基础，将本企业暂时不实施的发明申请防卫专利，以免被其他企业抢先申请而形成对自己的限制；或者申请迷惑专利，在同行之间竞争异常激烈时，为了不让对手清楚地掌握本企业的技术发展方向，故意将一些并非本企业所需的技术申请专利，让对手无法跟踪自己的发展。还可以在专利“授权人（assignee）”一栏隐匿真实身份。这是国外公司惯用的竞争策略。很多西方大企业往往用 100 多个名称充当本企业拥有的专利的授权人，有些公

---

[1] 刘尚华：“现代企业知识产权战略之一——专利战略”，载 http://www.chenxq.com/post/32.html，2006-6-1.

司甚至用300多个名称给自己的技术申报专利。例如，Aventis拥有2.9万多项专利，其中仅仅约1%的专利在授权人中包含Aventis这个词。这些用其他名字秘密部署的专利，使竞争对手无法了解自身真正的实力，相当于埋藏了一些专利地雷。[1] 如此一来，后来者在进入这一产品技术领域时不是碰到这个专利就是遭遇另一个专利，就好比落入了“地雷阵”，顾此失彼，无法行走，最后只好放弃。WALKMAN产品就是日本一个小公司发明并申请了几十件专利后才向市场推出该新产品，致使技术实力雄厚的日本东芝、索尼、三洋、松下、胜利等公司都无法涉足该产品的生产、销售及出口。

（3）外围专利战略。这是一个引进方常常采用并且能取得效果的实用专利战略，它是指后来进入某领域的生产者围绕率先进入该领域的先行者的原始的基本专利实施跟进型的专利开发战略，进行后续改进和延伸发明，不断申请应用专利、改进专利、下游专利，将原始专利团团围住，逐渐使得原企业基本专利的权利处于孤立状态，从而与基本专利权人进行对抗，同时也可以帮助该生产者获得核心专利权人的交互授权。台湾富士康、台湾鸿海、韩国三星跟踪国外企业的核心技术，大量部署外围专利，也创造了可靠的杀手锏。日本在二战以后从一个战败国迅速发展成现在的经济强国，就是成功地运用了跟进型专利战略，在实施购买、引进防御型专利战略的同时大量将改进发明或应用发明申请为改进专利、实用新型专利等外围专利，最终达到“以小制大”的目的。[2] 例如，日本东尼公司在20世纪50年代花巨资引进美国尼龙专利并获取比引进资金多得多的巨大利润后，不断吸收、

---

[1] 根据专利技术的取得方式，可分为专利技术研究开发战略、专利技术引进战略。根据对专利的利用方式，可分为专利实施战略、专利许可战略、专利转让战略等。

[2] “国内企业如何进行专利战略的决策”，载http：//www.zew.cn/NewsFiles/75/20050701/7238.shtml，2006-5-26.

消化，作了许多改进并申请了专利，将美国原始尼龙专利完全包围了起来，使其动弹不得，迫使美方只能放弃继续向日本公司收取专利许可费的念头，反而向日本公司要求后续专利。[1]

（4）专利联盟战略。随着技术的复杂化、复合化发展趋势的加强，即使是大企业，也不可能独占技术。于是，部分企业采取签订以相互的专利权交叉实施许可合同的战略，将各自拥有的专利优势进行技术互补。这既可以是同类技术交换，也可以是不同技术相互交换来弥补自身的薄弱环节，并最终形成联合技术优势，阻止后来者进入该市场。例如，日本索尼公司和韩国三星电子公司就曾联合宣布，双方将相互开放已经在美国取得专利权的基础半导体技术以及家用电器和信息通信产品方面的基础专利技术，并签署了专利技术互相免费使用协定。这种联盟打通了两个企业之间的技术专利的壁垒，等于企业没有成本地瞬间获得相当于自己企业原有的技术专利规模。它一方面将极大地降低两个企业的技术成本，另一方面又是其垄断市场的一种战略手段，[2] 等同于所谓的“价格联盟”，[3] 但并不违背反不正当竞争法的规定，是合法的垄断。[4]

（三）中国企业面临国外企业专利战略的压力

随着经济全球化与我国加入 WTO，我国企业必将更广泛地融入国际竞争的大环境中，企业在竞争中面临着严峻的知识产权

---

[1] “专利战略简介”，载 http：//www. njzlzl. com/yeNewsInfo. asp？ id = 50，2006 - 3 - 6.

[2] “日本索尼、韩国三星互通专利”，载 http：//www. pifanews. com/news_ info. asp？ nid = 1072&cid = 46，2004 - 12 - 23.

[3] 中国企业每年出口 DVD 支付的专利许可费就是支付上述美国、荷兰、日本的六大公司。反观中国音响企业在几年前建立的“价格协调会”机制，就是一种变相的“价格联盟”，是违背反不正当竞争法的，所以国家有关部门出面阻止，使得所谓“价格协调会”机制胎死腹中。如果中国音响企业也能够建立专利联盟，就是合法的，而同样能达到“价格协调会”机制的作用和目的。

[4] 以上资料主要来自 http：//www. zxdpa. com/fwxm/fwxm. htm，2006 - 5 - 16.

尤其是专利的挑战。自2002年广东出口欧洲的DVD在英国海关被扣事件开始，中国企业知识产权危机的序幕从此拉开，近年来，有关中外企业间的知识产权纠纷愈演愈烈。[1] 一些跨国公司已经开始频频就各种专利侵权问题向我国企业提起诉讼。国内企业，无论是传统制造加工业，还是高新技术产业，在自身的发展中都面临着多重压力，甚至是惨痛的教训。这些压力主要表现在：

第一，总的来说，国内企业在技术研发环节仍然很薄弱，缺少自主知识产权，在竞争中处于被动地位。我国的研究开发投入总量低，其中的基础性研究比例低，企业研究开发投入和创新能力低，[2] 原创技术少，技术储备不足。与之相比，跨国公司利用其技术上、经营战略上的优势在我国大规模地申请专利，尤其是在高科技领域，包括通信、生物、电子领域等，从而构成严密的"专利网"，迅速占领市场，使不断壮大的中国企业成为被捕捉的对象。据统计，外国公司在我国获得的通信半导体授权专利数量约占我国同类授权专利的90%以上，生物行业约占90%，医药行业和计算机行业约占70%。[3] 另一方面，由于发达国家的专利申请费和维护费用普遍较高，我国企业在申请海外专利进军发达国家专利市场时常常因费用太高被挡在市场外。[4]

第二，市场竞争能力与出口能力受到制约。因缺乏具有自主知识产权的核心技术，国内企业生产往往受制于他人，并仅能赚取微薄的加工利润。在电脑、电视、手机行业尤为突出。例如，两年前还风光无限的四家一线国产手机厂商，2005年，当与国

---

[1] "中国企业面临三大专利危机，学会用法律攻击对手"，载 http://column.bokee.com/32273.html，2004-5-27.

[2] 吕薇：《知识产权制度挑战与对策》，知识产权出版社2004年版，第3页。

[3] 同上。

[4] 吕薇：《知识产权制度挑战与对策》，知识产权出版社2004年版，第5页。

外厂商面对面进行价格大战时，就立即出现全行业亏损的悲惨局面。其中 TCL、波导的亏损额甚至超亿元。同时，由于我国出口产品均不同程度地遭遇国外专利壁垒，出口行业受到很大影响。例如，平行进口问题的限制使国内产品无法进入国外市场，或者是为进入国外市场必须支付大量的专利费，因而削弱了我国的低成本出口优势，造成较大的经济损失。欧盟利用反倾销诉温州打火机未果后，最终拿出专利技术壁垒来限制打火机在欧洲的销售，即要求安装带欧洲专利的儿童锁的专利技术壁垒，使得温州打火机在欧洲市场的销售受挫。[1]

第三，就整个国家而言，大量引进技术容易形成对国外专利技术的过度依赖，既不利于国内技术发展，又对国家经济安全造成威胁。作为目前全球知识产权的最大创造国和拥有国的美国，就一直高举知识产权保护的大棒向包括我国在内的广大发展中国家施压，知识产权问题一直是中美贸易摩擦升温的一个诱导因素。

第四，日益增加的国外企业的专利侵权诉讼也成为国内企业发展的重大阻碍。专利诉讼案件一般耗费时间长，律师费用高。一旦在国际知识产权诉讼中败诉，企业就需缴纳巨额的专利赔偿费用，不仅造成巨大的经济损失，而且削弱了本国企业低成本竞争的优势，提高了进入海外市场的门槛；或者是遭到国际市场的全面封杀，使其产品被长期排除在国际市场之外，同时还牵涉到上游产品、企业、承包商和二级产品的繁荣，给相关行业造成沉重的打击。

由此可见，中国企业要在国际市场中求生存、图发展，积极开展专利战略研究工作具有十分重要的现实意义。

---

[1] “中国企业面临三大专利危机，学会用法律攻击对手”，载 http://column.bokee.com/32273.html，2004-5-27.

二、企业如何化解专利风险

技术专利实际上是公司最主要的资产之一。[1]《中华人民共和国专利法》自从1985年施行以来，已经经过了两次修正。专利法的不断改进和规范，使专利的持有人有了更多的保障，也给专利战略的运用带来了更加强大的武器。专利战略的游戏规则已经定下，剩下的就是如何巧妙地运用规则去化解专利风险、争取市场和反击对手。建立和健全专利战略，是企业在国内外市场竞争中提升核心竞争力的必要手段。[2]我国企业必须尽快把握国情，掌握规则，积极实施有效的专利战略，加强对企业的知识产权保护，化解风险，才能保持竞争优势和市场份额。这需要从政府、企业自身、司法等多层次的保护体系予以考虑，形成以企业自主保护为基础，政府加强宏观指导和服务为主线，司法保障作后盾的专利战略体系。

（一）政府加强对企业专利战略的宏观指导与服务

首先，政府应当在专利战略中发挥其作为政策制定者和协调者的作用，大力加强技术创新的环境建设，建立和健全促进技术利用与扩散的机制与政策。具体举措如：（1）改善科技管理机制，充分调动企业作为自主创新主体的积极性，鼓励企业增加科技投入、创造核心技术、开发新产品，并着力培育一批具有自主知识产权的科技企业，形成一批具有核心竞争力的产业群和产业链。（2）进一步完善我国知识产权的权属政策，这是知识产权保护的基础因素。明晰专利技术的产权，包括职务发明专利的权属、政府资助形成的知识产权权属，合作研究开发的知识产权权属。同时，由于人的素质和创新能力在技术创新中起决定性作

---

❶ 李兆阳：《高新技术知识产权的保护与产业化》，华夏出版社2002年1月版，第143页。

❷ “现代企业专利战略”，载《中国经营报》2005年6月17日。

用，所以必须重视职务发明人的作用，加大对职务发明人的保护力度和激励机制，在法律上和制度上给予必要的保障。[1]（3）按照履行承诺、适应国情、完善制度、积极保护的方针，积极开展对新技术发展带来的专利等知识产权法律问题的研究，健全并有效执行知识产权保护制度。从适应我国经济社会发展的需要和国际知识产权保护的发展趋势出发，完善知识产权法律法规体系，从行政、司法等方面落实知识产权法律法规，为鼓励自主创新和维护权利人合法权益提供有力的法制保障。（4）制定、贯彻相关知识产权政策，包括有关技术引进、高新技术产业的税收、金融、关税等优惠政策，为企业科技创新活动、产品竞争力的提升和专利战略的实施培育良好的公共政策环境，并逐渐在产业部门、研究机构及政府之间建立一种协调系统，决定它们之间如何发生相互影响，对用于开发新产品、新工艺和新服务的知识产权转让从各种政策角度加以支持。[2]

第二，加强对专利的信息平台服务工作。利用现代化手段建立信息网络，推进信息资源的选用；加强专利知识的宣传和培训，帮助企业逐渐转变过去只重视有形资产忽视无形资产的陈旧观念，最终形成尊重、建立和保护专利的意识和习惯；加强专利代理、专利信息服务、资产评估等知识产权服务机构，改善与知识产权制度配套的法制环境、政策环境与市场环境，[3] 建立综合性全方位的服务机构。

第三，加强司法机关与知识产权行政管理机关的沟通与协调。我国的知识产权保护是行政保护和司法保护双轨制，但行政

---

[1] 吕薇：“知识产权制度挑战与对策”，知识产权出版社2004年4月版，第127页。

[2] “美国知识产权战略特点及对我启示”，http：//www. uec. com. cn/hydt. nsf/news/NT00000B72/，2006－5－30.

[3] 吕薇：“知识产权制度挑战与对策”，知识产权出版社2004年4月版，第11页。

机关与司法机关的执法标准不统一。要加强双方的沟通和协调，在一些具有全局性的知识产权案件的处理上，尽量统一执法标准、方法和步骤，减少社会震动，增强整体效能，同时加大司法保护的力度。

第四，加强对企业的专利保护的指导工作。提高企业运用专利制度的能力和水平，形成有利于推动自主创新和拥有自主专利的创新文化，推动行业建立行业内部行为准则和协调、保护、监督机制，规范企业行为，抓好行业的自律工作，避免恶性竞争，发展和培育有关商会、行业协会，在减少侵权案件发生的同时，提高行业的统筹能力和应对专利纠纷的能力。

事实上，中国知识产权战略最快将在2007年8月份出炉。国务院已经责成国家知识产权局及有关部委在这一时间完成该战略的20个专题内容的规划，并在今年年内完成总纲的制定。这意味着，在中国政府公布十一五规划时将自主创新、保护知识产权上升为基本国策后，知识产权战略将成为新中国成立以来经济、科技领域继人才发展战略、科教兴国战略、可持续发展战略之后的第四重大战略。[1]

（二）国内企业化解专利风险的战略选择

随着中国加入世界贸易组织，为适应入世后的新形势，建立我国企业的自主知识产权制度和适合企业发展的专利战略，提高运用专利战略能力，化解专利风险已迫在眉睫。国家各级政府已经开始推进各种类型的知识产权管理试点工作。[2] 企业必须在采取积极的态度，做好自我保护的同时，加大对技术研发的投入，开发专利，通过各项申请战略使自己的创新技术尽快处于合法化阶段，通过全面分析他人的专利，通过改进，形成外围专利、从

[1] 葛清："保护知识产权是怎样成为国家战略的"，载《南方周末》2006年5月4日，第7版。

[2] 吕薇：《知识产权制度挑战与对策》，知识产权出版社2004年4月版，第11页。

属专利等，积极申请相关专利，培养企业的核心竞争力，以交叉许可或投资入股等方式，实现知识产权的增值，实现企业的可持续发展。

1. 策划企业专利战略的总原则

首先，我国企业必须要具有专利战略意识，把专利制度放到企业整体经营发展的战略高度来考虑。然后，如前所述，专利战略的实施模式是多种多样的，不同特点的企业所适合的模式也不尽相同。鉴于专利战略本身所具有的局部性以及和企业整体效益的相关性，所以专利战略的目标要服从企业资源计划的总体规划和战略部署。因此，企业在策划其专利战略时，应当根据国家发展的总体战略方针，针对我国面临的国内、国际环境和条件，在国家专利战略的宏观框架之下，必须充分结合企业的特殊性和不同产品的具体情况，制定适应本企业的专利战略。专利战略谋划的要点应该考虑到绕过他人的专利壁垒，不侵犯别人的专利权，实际情况、市场的具体情况，并以取得市场实效为目的，根据所保护产品的市场份额来确定申请专利的类型。在此基础上将自己的专利技术和产品投入市场扩大销售量，取得较高的销售利润。[1] 与此同时，要依据急剧变化的形势，注意对技术、经济等情况进行前瞻性研究，进行及时的微调。

2. 建立和健全专利保护应急和预警机制

企业专利保护应急和预警机制是指企业对突然出现的专利争端及时作出反应，对可能发生的专利争端提前发布警告，以维护企业利益和最大限度地减少损失。建立企业自身的专利预警是中国企业在当前的专利战中不可或缺的“反击”。

除了需要完善的专利信息资源和有经验的专业技术人员和法律人员作基础，企业专利应急和预警机制的建立至少应包括下列

[1] 贺杰：“企业的专利战略”，载 http：//www.xlfl.com/zuan/gq/200603/983.html，2006－3－5.

各项工作：第一，充分开发、利用专利文献资源，加强专利信息分析，这是实施专利战略、赢得市场的可靠保证。企业在一个项目制定研发计划之初，就应当具备相应专利知识的技术和法律人员全程参与。充分开发、利用专利文献资源，针对项目立项进行专利查新检索，全面了解、分析现有技术状况和发展动态，特别是了解是否已经有在先专利申请或者授权，分析在先专利或已在先申请的权利者的权利状况以及在其专利的基础上进行再开发的可行性，[1] 一方面能够合理绕开、或规避他人的知识产权，防止侵权或者及时作出决策停止开发，避免低层次重复研究开发的风险，一方面能够在可以由此找到技术的空白点和技术的发展趋势，发现已有的和潜在的竞争对手，借鉴现有技术开展自主研究开发，并在此基础上建立企业的专利战略，以最小的代价获得最大的收益。同时，在项目开发研究过程中，跟踪相关技术的发展状况，必要时更新专利检索信息；第二，项目完成后，与项目开发人员研究共同制定专利保护方案；第三，专利侵权诉讼发生之时，制定专利侵权技术判定报告，必要时，提出规避侵权的技术方案；第四，研究企业所属行业技术发展现状，跟踪竞争对手专利技术发展情况，制定对策方案，提前发布警告；第五，制定企业专利申请、专利技术利用、专利权许可与转让方案，[2] 特别是企业的核心技术，应当及时将其申请为基础专利。[3]

3. 加强企业的日常专利管理

企业的专利战略应切实落实到企业的日常专利管理工作上去，将其作为企业经营战略的重要组成部分。首先，企业内部应

---

[1] 游闽健："理解企业专利战略"，http：//www. iprlawyers. com/old/readArticle. asp? ArticleID = 1789，2005 - 9 - 21.

[2] 来源："现代企业专利战略"，载《中国经营报》2005 年 6 月 17 日。

[3] 基础专利是指将某项技术或某件产品的核心技术申请专利并取得专利权，它是企业实施专利战略的基础。一个企业拥有的基础专利越多，这个企业在市场的竞争力也就越强。

当设立由技术、法律等专业人才组成的专利部门来专门负责专利保护，认真贯彻已制定的专利战略，依靠专利技术、专利产品占领市场。[1] 第二，在专利申请方面，专利部门要注意时常核查企业现有专利，通过核查及时发现专利技术是否有可改进的地方，检查公司专利的覆盖范围，看公司的产品是否都包括在专利中，若公司产品中有些产品或产品中的某些技术特征没有包括在专利里面，决定是否要申请专利，把没有专利保护的产品的技术特征保护起来。[2] 第三，由于专利法对专利技术有新颖性要求，注意在产品上市前要进行完整的产品评估，而且在申请专利前有可能通过某些合法途径不经意公布了该项技术发明，如广告中披露，科研人员在申报成果、评奖、撰写论文等过程中透露等，这都会造成专利权益流失，所以说必须建立一套严格的专利技术管理制度和专业的专利法务部来及时防止各种不利于企业专利权实现的情况发生。第四，在购买、引进专利技术时，要对购买的专利进行法律状态检索，不要买无效专利，如过期专利、没得到我国专利保护的外国专利、冒充专利等。而且，在与他方订立的专利人许可合同中应签订验收、保证和索赔条款，如验收的标准、方法，产品应达到的性能，技术资料提供、产品应达到的指标、人员培训、不侵犯第三方知识权利的保证，明确发生问题时的赔偿责任。

4. 创新型的专利引进战略与外围专利战略相结合

目前，我国正处于技术引进阶段，基础专利不多，很多企业与国外企业的项目合作是在引进国外企业先进技术和管理方式的基础上进行的。虽然说，由于资金、经济实力及技术研发能力有限，自行独立开发领先的专利核心技术对于国内大多数企业来说既不现实

---

[1] 游闽健："理解企业专利战略"，http：//www. iprlawyers. com/old/readArticle. asp? ArticleID = 1789，2005 - 9 - 21.

[2] 李兆阳：《高新技术知识产权的保护与产业化》，华夏出版社 2002 年版，第 143 页。

也不必要，但是单纯地全盘引进技术会限制自己的技术创新与进步，容易在产品生产、销售等方面受到外国专利权人的钳制。因此，在最短的时间内消化吸收国外先进的技术是中国企业亟须解决的问题。可借鉴二战后日本的专利战略，实施创新型的专利引进战略和外围专利战略。[1] 即在通过技术引进掌握国外的先进的主流技术的同时，全力围绕这些技术主动进行应用性的开发研究，构筑严密的外围专利网，利用这些外围专利进一步覆盖该技术领域，突破国外企业的技术垄断，变被动为主动，然后寻求交叉许可，就可以获得一定的生存空间。这一专利战略的实施既可以规避经营危险，减少资金投入，同时又能获得相当的利益。

5. 专利与标准结合战略

专利是一种合法的垄断，企业如果能够把自身专利上升为标准，这种垄断对于他人意味着不可企及。近年来，一个值得注意的新动向就是跨国公司正通过技术专利化、专利标准化、标准全球化的方式来实现其以标准制胜的专利战略。例如：通过捆绑我国企业的专利，尤其是核心专利，力争将自有专利技术纳入标准体系；组建知识产权联盟参与标准的制定；适度使用专利标准等技术壁垒。温州打火机案、DVD 专利收费案、思科诉华为案、INTEL 诉东进公司案等都反映出跨国公司通过专利技术标准化的方式追求知识产权保护的最大利益。[2] 这种以知识产权和标准问题对我国采取贸易围攻战的方式今后对我国的压力将会越来越

---

[1] 同时，针对我国的一些本土企业经济规模一般较小，技术能力有限，创新能力也仅达到改进型阶段、普通的知识产权保护难以对其技术创新产生显著的促进作用的现状，有必要大力推行和建立“二级专利体系”，激励本地企业研发和创新十分有效。所谓二级专利体系，是针对在本土或本地区具有一定新颖性的小发明的知识产权保护，它通常包括实用新型专利、外观设计专利等。

[2] 以上节选自在大连召开的 2005 年中国国际专利技术与产品交易会知识产权高层论坛上北京大学法学院张平教授的发言。参见“跨国公司在我国实施三大知识产权战略应引起重视”，载 http：//news. xinhuanet. com/st/2005 - 08/21/content_3382445. htm，2005 - 8 - 21.

大。美国每年花费7亿多美元用于研究和制定技术标准。这些标准大都捆绑了大量的美国专利。相反，中国每年仅仅用8 000多万元人民币研究和制定技术标准。由于我国每年要签发约4 000个技术标准，因此每个标准能够获得的研究和制定费用仅约2万元。[1] 在此趋势下，中国企业有必要在提高创新能力、逐步掌控基础专利和必要专利的同时，将现在国际的技术标准与知识产权政策的游戏规则相接轨，加紧制定出自己的技术标准与知识产权政策相结合的最佳方案，在标准中推行专利战略。

6. 巧妙应对专利诉讼

首先，企业要提前做好预知专利风险的工作，即前述的建立和完善并有效实施专利应急和预警机制。那么在遭遇到专利纠纷的时候，就会在一定程度上摆脱被动的尴尬，从而为企业赢得更多的权益或最大限度地减少损失，积极应对的作用还在于尽早识破专利欺诈，做到知己知彼，从而取得尽可能有利于自己的结果。第二，往往专利战又耗时又耗资，而且还会耽误企业技术或经营上的时机。所以国内企业要想避免与国际上的厂商发生专利侵权的法律纠纷，可以充分利用自己完善和成规模的分销体系，采取与跨国公司合作的方式，尽可能地实现利益最大化，规避专利技术壁垒。第三，跨国企业或专利联盟在提起侵权诉讼时，往往不指出什么产品或方法侵犯了它的哪项专利，而是将某项产品或技术可能涉及的大量专利罗列出来，即采取以侵权清单等方式产生的模糊指控。因此，企业要尽可能地辨别出与自己切实有关的专利，积极收集无效证据并进行充分准备，然后重点反击，从而避免专利欺诈和减少处理专利纠纷的成本。[2] 第四，为了有效保护本企业的专利技术，国内企业也应该随时关注市场动向，一

---

[1] 刘尚华："现代企业知识产权战略之一——专利战略"，载 http：//www.chenxq.com/post/32.html，2006-6-1.

[2] 葛志玉："谨慎规避国外企业专利奉献"，载《中国国门时报》，2004-7-10.

方面可充分运用专利制度的保护功能，主动跟踪和搜集竞争对手的专利侵权证据，及时向竞争对手提出侵权警告或向司法机关提起诉讼；另一方面可按照法定程序，及时向专利复审委员会申请将可能威胁其生产的专利技术宣告无效，打破竞争对手的垄断，运用专利诉讼战略巩固市场地位。[1]

（三）加大专利的司法保护力度

企业专利战略的实施仍需司法保障做后盾。首先，需要加大执法力度，提高处理专利侵权纠纷的能力与效率。正如在2006年3月27日国务院下发的《保护知识产权行动纲要（2006～2007年）》中，就明确提出了“加大对侵犯专利权重点问题的整治力度。以食品药品、农业及高新技术领域为重点，加强专利保护。继续严厉打击涉及专利的诈骗行为，遏制重复性、群体性专利侵权行为，查处冒充专利、假冒他人专利行为。”[2] 第二，对构成专利侵权的，在法定赔偿范围内，确定合理的赔偿额。第三，针对当事人反映的审理时间长的问题，尽量缩短审理时间。第四，加强对典型案件的宣传，即法院通过各种途径公布和点评一些典型案例，宣传知识产权司法保护的成就，教育企业树立尊重知识产权的意识，促进企业知识产权的开发工作。

---

[1] “略论中国企业的专利战略”，载 http：//www. cpiu. cn/news/20060213/4151. htm，2006－2－13.

[2] 葛清：“保护知识产权是怎样成为国家战略的”，载《南方周末》2006年5月4日，第7版。

第三章　商标权保护若干问题研究

第一节　普通商标侵权案件的审理

一、商标侵权的种类

根据我国《商标法》及《商标法实施条例》、最高法院《关于审理商标民事纠纷案件适用法律若干问题的解释》规定，商标侵权的种类主要包括九种：（1）未经商标注册人的许可，在同一种商品或者类似商品上使用与其注册商标相同或近似的商标的；（2）销售侵犯注册商标专用权的商品的；（3）伪造、擅自制造他人注册商标标识或者销售伪造、擅自制造的注册商标标识的；（4）未经商标注册人同意，更换其注册商标并将该更换商标的商品又投入市场的；（5）在同一种或者类似商品上，将与他人注册商标相同或者近似的标志作为商品名称或者商品装潢使用，误导公众的；（6）故意为侵犯他人注册商标专用权行为提供仓储、运输、邮寄、隐匿等便利条件的；（7）将与他人注册商标相同或者相近似的文字作为企业的字号在相同或者类似商品上突出使用，容易使相关公众产生误认的；（8）复制、模仿、翻译他人注册的驰名商标或其主要部分在不相同或者不相似商品上作为商标使用，误导公众，致使该驰名商标注册人的利益可能受到损害的；（9）将与他人注册商标相同或者相近似的文字注册为域名，并且通过该域名进行相关商品交易的电子商务，容易使相关公众产生误认的。

二、侵权认定的标准

在上述各种侵犯商标专用权的案件中，判定侵权成立与否的前提一般有两个层面，一是涉嫌侵权商标与主张商标专用权的商标之间是否存在相同或者相似；二是涉嫌侵权商标与主张商标专用权的商标是否用于同一种或者类似的商品上，但涉及侵犯驰名商标专用权的案件不受该前提限制。在这两个层面都存在相同和相似性的认定，对于商标相同以及商品同类的认定在实践中比较容易掌握，判定中的难点就在于近似商标和类似商品的认定，下面对此问题予以分述：

（一）近似商标的认定

一般认为近似商标作为商标侵权中的一个重要概念见诸于《商标法》第52条的规定。最高法院《关于审理商标民事纠纷案件适用法律若干问题的解释》对近似商标又进一步作出了界定，商标近似是指被控侵权的商标与原告的注册商标相比较，其文字的字形、读音、含义或者图形的构图及颜色，或者其各要素组合后的整体结构相似，或者其立体形状、颜色组合近似，易使相关公众对商品的来源产生误认或者认为其来源与原告有注册商标的商品有特定的联系。即使这样细化后，在司法实践中对近似商标的判断也是非常难以把握的，《关于审理商标民事纠纷案件适用法律若干问题的解释》第10条规定，认定商标近似应当遵循以下原则：（1）要以相关公众的一般注意力为标准；（2）既要对商标整体进行比对，又要对商标主要部分进行比对，比对应在比对对象隔离的状态下分别进行；（3）判断商标是否近似，应当考虑请求保护注册商标的显著性和知名度。这些原则明确了商标专用权的本质功能在于区分，商标专用权的范围以制止混淆为基础，只有存在混淆可能才构成侵权。

混淆分为直接混淆和间接混淆。直接混淆是指同类或类似的商品使用相同或类似的注册商标。间接混淆是指公众可能不会认为商品来源相同，但会认为来源有一定联系。在间接混淆中可以运用联想原则。联想，是指消费者在看到一个商品时会想到另一个知名的商品，并能感觉到该商品是在刻意攀附另一个知名的商品，也就是说消费者一般不会认为该商品与另一个知名的商品之间存在什么经济联系，但能意识到该商品是在利用另一个知名的商品的品牌效果。联想的后果是该商品的制造者希望取得不当利益，同时也不可避免地会损害知名商品的利益，如弱化、削弱知名商品商家的知名度、声誉等。运用联想原则认定侵权不仅要考虑混淆的可能性，还要考虑权利人的有关商标和商品的市场知名度，及涉嫌侵权的行为人在主观上是否存在“搭便车”的故意等。佛山市中级人民法院在审理佛山市合记饼业有限公司（以下简称合记公司）诉被告佛山市金旺福食品有限公司（以下简称金旺福公司）、黄伟强、伍思和、周智华、何兆明不正当竞争纠纷一案中，就是依据联想原则判决被告承担赔偿责任的。本案中，原告合记公司的产品包装背面在产品介绍中写有“广东省佛山市驰名的特产盲公饼，始于清嘉庆年间，在佛山鹤园街教善坊有一个姓何的失明老人……（略）”，被告金旺福公司的产品包装背面在产品介绍中写有“何公饼源于清嘉庆元年，历史悠久，是年佛山镇上一何姓老公公得有道高僧亲授一套奇特的制饼技艺……（略）”。盲公牌盲公饼是佛山市的一个传统民间食品，是当地的一个土特产品，在佛山是家喻户晓的知名商品。何公饼的商标及其商品包装装潢虽然与盲公饼不相似，但其在产品介绍中所述的“清嘉庆……何姓老公公……”等字样容易让消费者产生联想。被告是在佛山刚成立不久的公司，其商标和商品名称均不知名，为了达到推广其产品获得快速回报，其在产品介绍使用“清嘉庆……一何姓老公公”字样，利用了原告知名商品盲公饼这一品牌优势，刻意攀附原告知名的商品名称，会引起一般消费者产生混淆性联想，实质上是一种搭便车销售的行为，其行为损害了原告的合法权益，因此，判决被告金旺福公司应停止在其产品包装上使用“何公饼源于清嘉庆元年，历史悠久，是年佛山镇上一何姓老公公得有道高僧亲授一套奇特的制饼技艺……”字样，并赔偿经济损失。

（二）类似商品的认定

有人认为在认定类似商品时可以以世界知识产权组织提供的《商标注册用商品和服务国际分类表》和由国家工商行政管理总局商标局发布的《类似商品和服务区分表》为依据。我们认为这种观点在司法实践中必须纠正，上述分类在法院审理侵权案件时可以参考，但不能作为法院确定类似商品的依据。上述分类应理解为系行政机关为管理之便利而确定的分类。对于法院审理过程中认定类似有几个可参考的因素，最高人民法院《关于审理商标民事纠纷案件适用法律若干问题的解释》第 11 条规定，类似商品是指在功能、用途、生产部门、销售渠道、消费对象等方面相同，或者相关公众一般认为其存在特定联系、容易造成混淆的商品。因此，可以从上述几个方面认定是否属于类似商品。但这几个因素也并不是绝对的因素，随着经济的发展，物质的丰富，在认定类似商品中还会有其他的因素，最终落脚点在于相关公众一般是否会认为其存在特定联系，是否容易造成混淆。因此，在类似商品的认定中要特别注意考虑大众的一般注意力，可以用隔离观察的方式。但法官在审判中很难隔离观察，因此对于商品类似的判断必然存在一个法官的心证。案件的难度越大，自由心证的余地也越大。

第二节　OEM 与商标侵权风险

OEM 是英文 Original Equipment Manufacturer 的缩写，按照字面意思，应翻译为原始设备制造商。其含义是指一家厂商根据另一家厂商的要求，为其生产产品和产品配件，亦称为定牌生产或授权贴牌生产。国内习惯称为协作生产、三来加工。目前较为典型的 OEM 方式为受委托方（OEM 加工方）根据委托方（OEM 需求方）的要求，为其加工生产产品并贴附委托方的商标，获取加工费用，受委托方没有该商品的销售权。

OEM是社会化大生产、大协作趋势下的一种必由之路，也是资源合理化整合的有效途径之一，是社会化大生产的结果。一方面，“入世”后，由于世界经济一体化进程的加快和全球经济产业结构的调整，中国日益成为世界加工集散地，越来越多的世界著名厂商逐渐将生产转移到中国。另一方面，由于中国企业在电子、家电等领域有着相当强的生产加工能力，并且已开展了国际OEM生产贸易实践，因此中国企业在OEM方面具有得天独厚的优势。

但是，由于知识产权的地域性、各国知识产权政策取向的差异以及司法部门价值判断的不同，OEM厂商经常会面临知识产权的侵权陷阱，导致企业生产经营的异常，甚至会因此遭受灭顶之灾。如在影响颇大的耐克滑雪夹克商标侵权案中，浙江××制衣厂被深圳市中级人民法院认定侵犯美国耐克公司的“耐克”（NIKE）注册商标专用权，并被判决销毁侵权标识或侵害物以及赔偿原告美国耐克公司人民币30万元，从而导致该企业几近破产。因此，在有效利用定牌生产为我国经济服务的同时如何避免知识产权讼累，在OEM受托方与委托方合作过程中如何收集、保存、审查证据，从而可以在诉讼中证明其已尽必要注意义务以求至少可以免除赔偿责任，是作为OEM受托方的众多企业必须关注的重大问题。而在另一方面，司法部门在正确解读国家知识产权政策的基础上厘清知识产权法律框架内的“制造”概念的内涵与外延，分清“制造”与“代理加工”的本质区别，是其在适用法律过程中必须注意的实务问题。下面仅以一案为例分析。

2004年10月22日，阿联酋客商××委托佛山市××贸易有限公司生产加工机动车用卤钨灯145 750只。该公司依照中国有关法律法规的规定，要求该客商出示相关知识产权持有证明，该客商出示了注册国为阿联酋、注册号码为45875并经阿联酋驻迪拜外交部官员签名盖章证实以及经中华人民共和国驻迪拜总领事馆认证的商标证两张，该商标证说明“HENKEL”商标的持有人为阿联酋客商××。经审查，该公司认为委托生产加工的客商具有“HENKEL”商标许可使用的资质，故依约履行了生产加工合同。

2004年12月20日，该公司向广州海关履行“HENKEL”品牌包装机动车用卤钨灯合同的报关手续时，被广州海关认定侵权并于2005年3月30日对该批货物作没收并处罚款人民币20 000元的行政处罚。理由是广州海关认为该批货物标有“HENKEL”标识，涉嫌侵犯深圳市××实业有限公司已经在同类产品注册并在海关总署进行知识产权海关保护备案的商标专用权（备案号为T2002-03404）。

对于佛山市××贸易有限公司的此种行为是否构成侵权，实务界有两种不同观点。一种意见认为，该公司未经商标权人深圳市××实业有限公司许可，在其享有知识产权的地域内生产、出口侵犯其注册商标权的同类产品，明显违反《商标法》及《知识产权海关保护条例》，构成侵权，理应承担法律责任。另一种意见认为，此种情形在定性上属于OEM的法律责任问题，早已在中国出现过，判断OEM是否构成侵权应考虑诸种因素，不能以偏概全。

我们认为，此种情形不宜认定为侵权，理由如下：

第一，佛山市××贸易有限公司此举并不会导致相关公众的误认和混淆。众所周知，商标作为特定商品与特定生产者之间的纽带，其基本功能在于区分商品来源，即确保投放市场的商品产源一致，从而使消费者或终极用户能够将这些产品同来自其他厂商的产品区别开来，而不至于发生混淆，以保护消费者获取正确的商品信息。佛山市××贸易有限公司生产的产品完全出口，并未进入中国境内的流通领域，中国消费者在流通领域根本看不到该公司生产的产品，也就谈不上将深圳市××实业有限公司的产品与该公司的产品进行对比，更谈不上发生混淆和误认的可能性。没有考虑商标的基本功能就断定佛山市××贸易有限公司侵权的观点，是形而上学的观点。

第二，佛山市××贸易有限公司的行为不是商标法意义上的商标使用行为。该公司在本案中明显是处于OEM受委托方的地位，作为没有商品销售权而仅为加工生产的OEM受委托方，其与委托方是一种委托和受委托加工产品的关系，其性质属于《合同法》中的加工承揽，受托方的行为是委托方行为的延续和拓展，并非自主行为，而应理解为他主行为。这和将中国的OEM设在外国进行生产，其结果完全一样。表面上是在中国制造，但实际上可以不视为在中国制造。按照国际惯例，这视同为中国的工人在外国生产，实质上是一种劳务输出。在这个全过程中，这批产品和中国市场毫无关系，只是一种国际劳务输出。因此，对佛山市××贸易有限公司而言，这并不是真正商标法意义上的商标使用行为。既然如此，那么就不应为难作为OEM受委托方的佛山市××贸易有限公司，从加工承揽关系来说，承担法律责任的法律主体应为委托方阿联酋客商××。

第三，佛山市××贸易有限公司已经尽到其善良、谨慎的注意义务，主观上没有过错，承担责任没有法理依据。在知识产权责任体系中，主观过错是一个必须考虑的因素，至少在承担赔偿责任时如此，尽管有部分学者对此有不同意见。本案中，该公司严格审查了阿联酋客商××的商标证和认证证明，确信其是"HENKEL"商标的持有人，之后才进行生产。其无任何审查不当的过失，遑论任何侵权的故意，要求其承担行政责任过于严厉。

第四，2004年2月18日北京市高级人民法院制定的《关于审理商标民事纠纷案件若干问题的解答》（48号文件）第13点在回答"受境外商标权人委托定牌加工的商品仅用于出口，其商标与权利人的注册商标相同或者近似的，其行为是否构成侵权？"时明确答复，"造成相关公众的混淆、误认是构成侵犯注册商标专用权的前提。定牌加工是基于有权使用商标的人的明确委托，并且受委托定牌加工的商品不在中国境内销售，不可能造成相关公众的混淆、误认，不应当认定构成侵权”。虽然该解答并非法律意义上的有权解释，但作为在国内外知识产权界具有较高影响的人民法院的内部适用法律意见，应能反映我国司法界对该问题的态度，至少是一种倾向性意见。该解答可为行政机关作侵权判定时提供一种不同角度的参考意见。

第五，如果认定佛山市××贸易有限公司此种行为构成侵权，那么作为OEM受委托方，该公司只要与委托方签订合同，其要么违约，要么侵权。作为OEM受委托方，该公司如果不按照合同的要求进行贴牌生产，委托方肯定会追究其违约责任，如果按照合同的要求进行贴牌生产，又侵犯他人在中国境内的商标专用权。显然，造成OEM受委托方左右为难的原因不是OEM制度就是我国知识产权归责制度。事实上，OEM作为全球经济一体化产业分工日趋细化的产物，能为企业加大其拥有资源在创新能力方面的配置，尽可能地减少在固定资产方面的投入，是国际制造业转移至中国后应大力扶植的一种外贸加工方式，其本身并不存在任何缺陷。问题的关键应归责于我国的知识产权制度，特别是我国海关知识产权保护制度，其不仅将进口行为纳入行政执法范畴，而且对出口行为也进行规制，这在发达资本主义国家都是不可想像的事情，在中国这个知识产品不甚发达的国家实施得这么坚决，这本身就是一个问题。

第三节　驰名商标认定的法律思考

驰名商标在市场上享有较高声誉，标志着优良的产品品质和良好的企业信誉，意味着产品广泛的市场占有率和极强的获利能力。基于更强的显著性和更明显的区别指示功能，驰名商标更容易受到市场上不法经营者的觊觎和搭便车，权利人的利润因此被侵权人非法分享。因此，许多国家都对驰名商标给予了更大范围的保护，我国亦不例外。依据现有的法律规定，驰名商标可以突破普通商标权的保护范围，实现对更多侵权行为的制止。因此，商标皆渴望着被贴上“驰名”的标签。虽然目前法院对驰名商标的认定仅对个案有效，但有时在个案中能否得到保护对一个商标来说往往是致命的。

商标要想得到“驰名”的标签，必须经过法定的认定程序。为了适应入世的需要，同驰名商标保护力度日益加强的国际趋势一致，我国重构了驰名商标的认定机制，实行法院认定与国家商标主管行政机关认定相结合的双轨制，并以事后认定、个案认定、被动保护为特征。

同时，必须指出，驰名商标的认定属于对商标权人的合法权益进行行政保护或者司法保护的范畴，而并非一些人在字面上所理解的评选非常知名的商标的范畴。驰名商标属于典型的舶来品，在有关知识产权国际公约中称为“well-known mark”，美国人称为“famous mark”。从翻译的技术层面上，译成“驰名商标”确实非常准确，而且琅琅上口。但问题就在“琅琅上口”，由于中文的特定文化内涵，导致驰名商标被许多人视为非常优秀的品牌，具有广告宣传效应，媒体、中介机构对此也乐此不疲的宣传。在一定程度上，不少人把驰名商标的认定过程当作评优。这导致驰名商标真正的内涵往往为公众所忽略。如果把它翻译成不那么琅琅上口的“许多人都知道的商标”，也许公众的热情就不会太高，认识会更理性一些。

下面，立足司法实践，就法院认定驰名商标的启动方式、情形、标准及法律意义予以探讨。

一、法院认定驰名商标的启动方式

现行法律规定的启动方式有两种：一是法院根据案件具体情

况作出认定的主动式；二是法院依据当事人请求进行认定的被动式。[1] 民事权利是一种私权利，如果当事人在个案中未主张其商标为驰名商标，应视为其自动放弃了对商标予以更大范围的保护，法院作为消极的中间裁判者，不应主动对当事人的商标是否为驰名商标进行认定，只有当事人提出涉案商标属驰名商标的主张时，法院才可以根据案情决定是否认定。

要特别强调的是，当事人不能将认定涉案商标为驰名商标列为一项诉讼请求，只能作为其主张的一个事实由法院确认。因为法院认定商标是否为驰名商标是个案中对原告商标事实状态的确认，被认定为驰名的商标不对社会普遍有效，不适用于第三者，甚至对被告而言也不能当然及于另案。这是个案认定机制最主要的特征，如果驰名商标认定能成为一项诉讼请求，在被支持的情况下通过生效判决赋予原告商标系驰名商标以确定力、强制力及拘束力，必然与驰名商标的个案认定机制相悖。因此，在原告将认定商标驰名列为一项诉求的案件中，如果商标被认定为驰名商标，就会出现法院认为说理部分论述原告商标构成驰名商标、判决主文部分对该商标予以更大范围的保护但同时必须将原告认定商标为驰名商标的诉求予以驳回的情形，法律文书的表述十分尴尬。因此，立案时法院应及时对原告进行诉讼指引，把商标驰名作为一个事实，由法院在审理中根据原告提供的材料进行确认。

二、法院认定驰名商标的情形

法院认定商标驰名与否的出发点在于突破普通商标权的保护范围，因此只有在依赖普通商标权的规定不能制止侵权行为时，才存在由法院认定商标驰名与否的必要。具体来讲有以下几种情形：

---

[1] 怀晓红："法院认定驰名商标三题"，载《人民法院报》2004 年 6 月 11 日，第三版。

（1）需要对未注册却驰名在先的商标予以保护的情形。商标权产生的一般方式是使用及注册，“注册在先”解决了“使用在先”的不确定性，但也存在必要的代价，主要表现在个别长期使用却未注册的商标权人，不仅不能凭借其使用取得禁止他人使用的独占权，而且一旦该商标被他人注册自己反而面临不能继续使用的危险。1911 年法国第一次提出驰名商标的保护问题，1925 年修订的《保护工业产权巴黎公约》将驰名商标作为一个正式的法律术语提出，并将商标驰名确立为产生商标权的第三种方式。这种情形下商标驰名的法律后果在于赋予未注册驰名商标以注册商标的权利，其目的是弥补注册在先或使用在先原则可能造成的明显不公平的后果，并不能对其实行与已注册的驰名商标一样的跨类保护。

（2）需要对注册商标跨类保护的情形。商标权由专用权和禁用权两个方面组成，专用权以核准注册的商标和核定使用的商品为限，任何情况下都不能扩大；禁用权是商标权人禁止他人在同一种商品或类似商品上使用与其注册商标相同或近似商标的权利。基于驰名商标对社会的贡献及社会公共利益，法律对驰名商标的禁用权进行了适当扩展，将禁止使用驰名商标的范围扩大到不相同或者不相类似的商品上。在商标所有人主张自己的商标已经构成驰名应予以这种跨类保护时，法院应对商标是否驰名进行认定。

但是，基于启动驰名商标认定的慎重性，法院对类似商品的认定要灵活把握，必要时可突破认定类似商品的客观标准，适当加入主观因素，对商品类似的概念予以扩张。欧共体法院及美国法院均有采用主观判断标准的实践，我国对类似商品的认定也有区别对待的尝试。如服装与纽扣、拉链属于非类似商品，但是“如与驰名商标冲突时，服装与纽扣、拉链属于相关商品，由工商行政管理机关按照个案处理的原则，根据使用效果、商标的知名度、造成的实际后果等因素依法处理”。[1] 如果涉嫌侵权人使用商标的商品范围能够认定与原告注册商标核定使用的商品范围类似，不必通过扩大商标禁用权实现对原告商标的保护时，就不必认定驰名商标，不仅减少了法院的工作量节约了诉讼资源，更是避免了认定可能对相对人及社会公共利益造成的损害和法院可能面临的风险。但驰名商标跨类保护的范围并非当然扩大到所有类别的商品，司法中应综合驰名商标的知名度和影响力判断涉嫌侵权人的行为是否存在误导公众、致使驰名商标所有人利益可能受到损害等因素考虑商标禁用权扩大的程度。

（3）涉及域名的侵权纠纷中需要认定的情形。现行立法将为商业目的注册他人驰名商标为域名的行为定为具有恶意，体现了对驰名商标的特殊保护，赋予了商标权人在域名纠纷中提出认定商标驰名的动因。由于互联网不与具体的商品或服务相联系，因此只有在全国范围内绝大多数人心目中具有绝对显著性的商标才能获得这种特殊保护，仅在本行业或某一地区知名的商标难以获得这样的保护。法院在此类案件中认定商标驰名的标准应比其他情形更高。

（4）其他不正当使用注册商标需要认定的情形。由于成文法的局限性，其他不正当使用他人商标却没有具体规定的情形屡见不鲜，如果被侵害的商标系驰名商标，法院应运用《反不正当竞争法》的原则性规定对其予以更大范围的保护，其实质是反淡化原则的运用。我国立法中虽然没有明确规定反淡化原则，但对已注册的驰名商标跨类保护时不以混淆为标准，实际上吸收了反淡化原则的精髓。囿于法官司法过程中严格性、统一性、保守性、被动性的角色需求，不宜对现行立法进行突破，但对案件中遇到的立法漏洞必须作出具体处理并为立法者提供参考。此类案

[1] 国家工商行政管理局商标局编：《中华人民共和国商标法律法规汇编》，中国法制出版社 1995 年版，第 286 页。

件中法院可以通过正确运用法律的基本原则及法律背后隐含的理论，对现有法律进行合理的扩大解释。但应严格控制，只有在不认定明显已驰名的商标将使该商标不能得到保护的情况下才予以认定。

三、法院认定驰名商标的标准

驰名商标的认定标准决定着一国保护驰名商标的范围，各国法律对驰名商标认定标准的规定不尽相同，国际条约中亦无具体规定，世界知识产权组织在 1998 年 7 月确定了认定驰名商标的指导性意见。结合目前的立法及司法实践，笔者认为法院认定驰名商标时具体可从以下几个方面考虑：

（1）该商标在相关公众中被认知的程度。TRIPs 协议明确商标驰名的范围以相关公众为准，保护工业产权巴黎联盟及 WIPO 于 1999 年 9 月通过的《关于驰名商标保护规定的联合建议》进一步细化了“相关公众”的定义。我国对“相关公众”的界定是与商标所标识的某类商品或者服务有关的消费者和与前述商品或服务的营销有密切关系的其他经营者。法院在认定时可将其确定为该商标标识的产品或服务所指向的相对固定的消费群体及有关经营者。认知的程度是相关公众将该商标与特定的出处相联系的程度，通俗地讲就是知名度。商标构成驰名必须要达到在没有指出其所标识的具体商品或服务时，也能使相关公众与特定的出处相联系。它体现了该商标通过使用而获得的绝对显著性，与强大的知名度伴生，只有经过长期的使用及大量的宣传才可能实现。

（2）该商标持续使用的时间和地域范围及使用该商标的商品涉及的区域。迅猛发展的交通通信技术及层出不穷的广告方式使一个商标完全有可能在短时间内闻名遐迩，但要为相关公众认可接受、获得良好声誉、产生相应的经济利益、具备绝对显著性，有一个持续使用的时间上的要求。法院认定时可将持续使用时间确定为五年左右，最少不得少于三年。《驰名商标认定和保护规定》第3条关于认定驰名商标时当事人应提供使用该商标主要商品近三年销售记录的规定就隐含了这样的立法本意。商标的使用范围及使用该商标的商品涉及的区域亦应及于全国大部分地区中的相关公众。

（3）该商标的广告投入及广告宣传的持续时间、等级、范围。广告不仅是促进商品流通的方式，更是赋予有形产品无形价值的过程。❶ 自动流水线的普及降低了单纯生产所创造价值在产品价值中的比重，而产品生成后的广告、服务及营销方式创造的价值渐渐融入一个品牌中，对品牌长期投资的广告应成为权利人获得权利的一个参考。法院认定驰名商标时应对商标所有人的广告投入进行审计确定出具体数额，同时应考虑对该商标宣传的持续时间、范围及媒体等级，以期在繁杂的认定过程中能参照相对确定的因素。

（4）该商标作为驰名商标受保护的个案。虽然一案中被认定为驰名的商标不具有持续效力，但曾经被认定的个案必然能反映商标当时的状态，应作为以后认定的一个参考。

（5）使用该商标的商品的营业收入。商标蕴涵的品牌价值在一个产品整体价值中的比重日益提升，同样的商品仅因所贴附商标不同而出现售价悬殊已为公众所理解并认同，这正是商标无形资产有形化的必然结果，商标越是知名、隐含的无形资产越多，这种转化结果就越明显。驰名商标更是突破了对一种固定产品的指向，更多的是体现了一种风格、品位和个性，依附于驰名商标的商品能为商标权利人带来高于甚至远远高于一般同类产品或服务的利润。

（6）该商标被故意仿冒侵权的情况。仿冒他人商标非法分

---

❶ 黄晖：《驰名商标和著名商标的法律保护》，法律出版社2001年版，第118页。

享权利人利益，是侵权人实现仿冒行为的经济目的。因此受到他人仿冒本身就能体现一个商标在相关公众中被认知的程度及该商标在市场上的商业信誉，法院在认定商标是否驰名时应将其受到他人仿冒的情节作为认定其驰名的一个积极因素予以考虑。

上述标准只是就一般情形而言，针对不同个案，审理中可能还会有其他因素应予考虑，但基本原则是不变的，那就是要严格把握应予认定的情形，并对商标达到驰名的标准从严掌握，避免草率行事对当事人的商标状态作出不准确的定位，损害相对人的合法权益及社会公共利益。

相对于过去驰名商标的认定机制，现行的双轨制认定应该说是相当完善了，但实际操作中的个案认定、被动保护及可能不被认定为驰名的威胁可能让人略感烦琐，于是想寻求捷径。如，为防止著名企业商标被他人搭便车，某省工商局出台了《著名商标保护办法》，著名商标在该省内将享受与驰名商标同等保护❶。这一做法突破了我国现有的法律框架，至少存在如下问题：

（1）违反现有驰名商标认定机制的程序性规定，虚化并分割了国家工商行政管理总局认定驰名商标的权力。现行的驰名商标认定机制将认定驰名商标的权力赋予了法院及国家工商行政管理总局，除此之外任何单位对驰名商标的认定都是非法的，同时也是无效的。基于驰名商标的“个案认定、被动保护”原则，请求对商标作出驰名的认定旨在取得高于普通商标的更大范围的保护，如果给予某商标与驰名商标一样的保护，其实质上与将该商标认定为驰名商标无异，从而造成了其他行政机关对商标进行驰名认定的现实，在行政机关序列内分割了国家工商行政管理总局对驰名商标认定的权力，与我国现有机制是相冲突的。

（2）背离了“个案认定”原则，违背市场经济法则。现行

❶ “著名商标享受驰名商标同等保护”，载《人民法院报》2005 年 10 月 14 日，第 2 版。

的驰名商标认定机制明确了认定的驰名商标名仅在个案中有效，即法院或国家工商行政管理总局认定为驰名的商标，其效力仅限于必须确认该商标是否为驰名商标的案件本身，只在此相关案件中享有超越普通商标而对抗有关行为的特别保护，当发生新争议时，商标所有人还必须再次提供商标构成驰名的相关材料由认定机构予以认定。这一原则源于商标的价值在市场上处于动态变化的特征，符合优胜劣汰的市场法则。而著名商标的认定却并非仅限于个案，省级工商行政管理机关认定的著名商标既非源于个案的需要亦非限于个案中有效，如果直接赋予著名商标与驰名商标同等的保护，无疑背离了驰名商标“个案认定”的原则。

（3）对著名商标实施高标准“主动保护 ”，对社会公众为不利益。由于对驰名商标予以了更强的保护，社会公众使用与驰名商标相同或近似的标识于不相同或不相类似的商品类别中也将受到限制，正是因为这种大范围保护是对社会公众权利的排斥，现行驰名商标认定机制才确立了“被动保护”原则，只有因使用商标发生争议时，商标所有人才可以申请认定其商标是否驰名商标。在没有发生争议时，驰名商标所有人不能主动申请认定，驰名商标认定机关也不能主动认定，更不允许如以前一样批量公布驰名商标。赋予批量产生、定期公布、阶段内有效的著名商标与驰名商标同等的保护，其实质就是主动批量认定了驰名商标，必然造成对社会公众的不利益。

（4）人为设置障碍，造成地区行政执法不统一，助长地方保护主义。省级工商行政管理局对著名商标予以更强的保护，是针对其本省认定的著名商标还是针对全国各省工商行政管理机关认定的著名商标？如果系前者则必然造成该省与其他地区对于著名商标保护的地区差异，如果仅限于后者，则不仅要造成该省与其他地区对著名商标保护的差异，在其本省范围内也将产生对著名商标行政执法的不统一。再者，如果省级工商行政管理部门可以对著名商标赋予与驰名商标同等的保护，那么市级的工商行政管理部门是否也可以对其认定的该市范围内知名商标予以与驰名商标同等的保护？如果其他省亦如法炮制，那么对于商标的行政执法必将出现全国范围内的混乱，对商标的地方保护主义亦将因此而大量蔓延。

某省工商行政管理局的这一做法也许在某种意义上维护了一些企业的合法权益，并得到这些企业的理解与支持。但这一做法置我国现有的法律于不顾，对某些企业法外施恩，应当及时制止！[1]

四、最高法院对司法认定驰名商标的具体要求

在认定商标是否“驰名”，即是否达到一定的知名度的客观技术标准上，司法的标准与国家工商行政管理总局的标准并没有什么不同。客观技术标准可以根据《商标法》第14条和《国家工商行政管理总局驰名商标认定和保护规定》第3条的规定。

《商标法》第14条规定：“认定驰名商标应当考虑下列因素：（一）相关公众对该商标的知晓程度；（二）该商标使用的持续时间；（三）该商标的任何宣传工作的持续时间、程度和地理范围；（四）该商标作为驰名商标受保护的记录；（五）该商标驰名的其他因素。”《国家工商行政管理总局驰名商标认定和保护规定》第3条规定：“以下材料可以作为证明商标驰名的证据材料：（一）证明相关公众对该商标知晓程度的有关材料；（二）证明该商标适用持续时间的有关材料，包括该商标使用、注册的历史和范围的有关材料；（三）证明该商标的任何宣传工作的持续时间、程度和地理范围的有关材料，包括广告宣传和促销活动的方式、地域范围、宣传媒体的种类以及广告投放量等有关材料；（四）证明该商标作为驰名商标受保护记录的有关材

[1] 怀晓红：“法外施恩当休矣——从‘著名商标享受驰名商标同等保护’说开去”，载《电子知识产权》2005年第12期，第54页。

料，包括该商标曾在中国或者其他国家和地区作为驰名商标受保护的有关材料；（五）证明该商标驰名的其他证据材料，包括使用该商标的主要商品近3年的产量、销售量、销售收入、利税、销售区域等有关材料。”

但是，对法院而言，认定驰名商标本身是一个复杂的司法审判活动，不能光考虑客观技术标准，而要根据具体的案件情况得出是否给予立法规定驰名商标的保护并且作出裁判。

最高人民法院民三庭庭长蒋志培就驰名商标司法保护问题答记者问指出：人民法院认定和保护驰名商标主要遵循下列制度和原则。第一，在管辖问题上，除最高人民法院批准的少数基层人民法院外，涉及驰名商标认定的商标纠纷等知识产权案件全部由中级或中级以上人民法院审理；第二，人民法院认定驰名商标，实行被动认定的原则，即只有在当事人提出请求，且根据具体案情需要认定驰名商标时，才作出认定。所谓“需要”，是指当事人有关制止侵权行为的请求建立在应当适用《商标法》第13条、最高人民法院《关于审理涉及计算机网络域名民事纠纷案件适用法律若干问题的解释》第4条、第5条和最高人民法院《关于审理商标民事纠纷案件适用法律若干问题的解释》第1条第（2）项、第2条规定的情形；第三，人民法院认定驰名商标，实行个案认定原则，即人民法院在审理具体的案件中认定驰名商标，裁判文书所认定的驰名商标，仅对该裁判文书所涉及的个案具有效力，不必然对其他案件产生影响。如果涉案商标曾经被认定为驰名商标，且对方当事人认可该商标在本案可以继续作为驰名商标的，人民法院将不再审查，直接将其作为驰名商标予以保护。对方当事人不认可该商标为驰名商标的，人民法院才依照《商标法》第14条规定再次审查作出该商标是否为驰名商标的认定，提出不认可驰名商标的一方当事人负有最初的举证责任；第四，人民法院认定驰名商标，是作为审理案件需要查明的事实来看待的，当事人关于认定驰名商标的请求，其性质是要求法院查明事实，不构成单独的诉讼请求。因此，当事人应当按照《商标法》第 14 条的要求向人民法院提供相应的证据。

蒋志培庭长还就人民法院如何继续加强驰名商标的保护指明了政策方向：首先，最高法院和各级法院要深入调查研究，进一步总结人民法院认定和保护驰名商标的经验，进一步完善和加强对驰名商标的司法保护机制，解决新出现的和疑难的法律适用问题，不断提高知识产权司法保护水平；其次，各地法院要依法审理好涉及驰名商标认定的知识产权案件，要将《商标法》和相应司法解释关于注册商标和驰名商标各项保护规定通过每个案件实施好，落到实处。进一步加强打击侵犯商标权的侵权和犯罪行为，维护良好的市场经济秩序，为促进和提升我国品牌经济提供良好的司法保护环境；再次，在具体案件审理时，当事人请求认定和保护的驰名商标只要符合《商标法》第 14 条规定的条件和司法解释规定的情形，人民法院均应给予认定和保护，既不降低人民法院认定驰名商标的门槛，也不刻意鼓励认定或者任意扩大保护范围。只有在当事人提出请求，根据具体案情需要认定驰名商标，并且涉案商标符合《商标法》的有关规定时才会作出认定。

五、认定驰名商标的本质和意义仅在于针对个案提供特殊的法律保护

从以上立法和最高法院的要求可以看出，认定驰名商标是法院知识产权审判工作的一部分，其核心内容就是对一些特别知名的商标给予超过一般商标保护范围的特殊保护，并非评优工作。

我们可以把每个民事案件的审判工作过程划分为查明事实和适用法律两个阶段，涉及驰名商标保护的案件也不例外。

不可否认，要给予特殊保护的商标本身属于知名度很高、品牌含金量突出的商标，所属企业也多为明星企业。但是，所谓知名度很高属于审判实践中遇到的事实方面问题，该事实需要根据

《商标法》第14条规定的证据材料予以证实，即根据有关技术标准确定相关法律事实。因此，查明事实本身（每个案件的审判均需要查明各自的事实部分）属于审判工作一部分，根本不是所谓的评优。

同时，在具体案件中查明了某一商标具有较高知名度的事实并不能直接导致司法认定为驰名商标，还需要经过法律适用这个阶段。而法律适用方面的问题才是司法认定驰名商标的关键和意义所在。总体上说，在前述事实清楚的情况下还需要同时满足以下条件才能认定为驰名商标：（1）原告请求给予驰名商标的保护；（2）被控行为属于立法和司法解释规定的驰名商标的专有保护范围。即如果认定原告要求保护的商标为驰名商标，则被告的被控行为构成侵权。如果不认定为驰名商标，则被控行为不构成侵权；（3）如果不论认定驰名商标与否，被控行为均构成侵权的，则法院不作驰名商标的认定，因为此时根据普通注册商标的保护范围或《反不正当竞争法》的保护范围已经足够保护原告的合法权益；（4）被控行为超出驰名商标保护范围规定的，法院也不作驰名商标的认定。也就是说，认定驰名商标必然导致被控行为构成侵权，原告胜诉。如果即使认定了原告的商标为驰名商标，但仍不能认定被控行为构成侵权，原告的指控仍不能成立，则法院不作有关的驰名商标认定，以免浪费司法资源。笔者认为，以上四个条件缺一不可，前两个为肯定条件，后两个为否定条件（一票否决）。这四个法律适用阶段的条件是对前面的技术性的事实方面的重要补充和约束。

我们在审理一件北京××公司诉中山某饮料厂不正当竞争一案中曾发现过这样一个情况：北京××公司拥有“红牛及图”注册商标（第32类非酒精饮料）的独占许可使用权（商标权为其境外控股公司拥有），其红牛饮料当然很有名。案外人韦某也经受让取得了“红牛及图”注册商标（第30类咖啡饮料、营养液）。两者标识近似，韦某的商标远不如北京××公司的有名，但注册在先。北京××公司曾经向国家工商行政管理总局商标评审委员会请求撤销韦某的“红牛及图”注册商标（第30类咖啡饮料、营养液）。商标评审委员会在裁定中认定北京××公司的“红牛及图”注册商标（第32类非酒精饮料）为驰名商标，但却认为韦某的“红牛及图”注册商标（第30类咖啡饮料、营养液）注册正当，裁定驳回了北京××公司的撤销请求。笔者无意评判商标评审委员会的做法，但从司法裁判的角度分析，如果即使认定请求人的商标为驰名商标仍不能导致该请求人胜诉（被控行为的侵权指控仍不成立），则法院不宜对该请求保护的商标是否驰名作出认定。

只有在有前述的事实基础并且通过法律适用的前提下，法院才会得出该请求保护的商标为驰名商标（并非判项，只是体现在裁判文书“本院认为部分”中对该事实的确认），并且依法给予特殊的保护，最后得出的裁判结果便是判令被告停止侵权行为并承担相应的法律责任，等等。

从以上分析我们可以清楚地看到，在审理商标侵权案件中认定驰名商标的本质和意义仅在于针对个案提供特殊的法律保护。它不是像某些媒体或群众理解的那样，是通过打官司而出了名，成了驰名商标。恰恰相反，正因为权利人请求保护的商标驰名，所以它才在某个案件中胜诉，制止了一些特殊的商标侵权行为（这些被控行为在普通商标侵权案件中不视为侵权）。

前面已经说过，翻译是个大问题，“驰名商标”的译法与国人的“排行榜情结”吻合，加之有关媒体和机构的炒作，有些商标权人也乐于对驰名商标本身进行宣传，许多人因此把驰名商标的认定当作评优，从而忽视了其真正的内涵。

我们不能责怪媒体，也不能苛求有关企业对驰名商标问题所作的宣传一定非常专业。因为，所有的广告宣传行为均不可避免存在艺术成分，只要不违反法律的禁止性规定和损害社会公众利益，就应当是正当的。例如，对有关“诸葛酿”的不正当竞争纠纷案件，广东省高级人民法院作出了关于被控侵权行为成立、原告胜诉的终审判决。前段时间笔者在广州市看见有不少公共汽车车身上出现了这样的广告语言，“赢了，诸葛酿，江口醇，广东省高级人民法院民事判决……”。作为一名法官，显然不太认同这样的广告宣传手法，但是我们也不能因此而去责怪有关权利人或媒体，更不能在审判时因为预感可能出现这样的后果而拒绝裁判或者判决权利人败诉（而该权利人的指控在事实上应当成立）。换个角度想，如果判决权利人败诉，也可能出现相反内容的类似广告宣传。作为司法机关和司法工作人员，我们所能要求的只能是依法公正地作出裁判，保护权利人的合法权益。

最后，我们可以给驰名商标下一个定义：所谓驰名商标，是指曾经在个案中被法院或工商行政管理部门认为具有相当高的公众知名度从而给予了超过普通商标保护范围的特殊保护并制止了一些特殊的商标侵权行为（这些被控行为在普通商标侵权案件中不视为侵权）的商标。

第四节　审理商标侵权案件中涉及权利冲突的处理

民事权利中的有形财产权体现在具体物上，这种权利在形态、特征上都是可见的，有形物财产权的排他性决定同一财产之上不能附着多个财产权，除非法律有明确的规定或合同有特别约定。而无形是知识产权区别于一般财产权，尤其不同于有形财产权的主要特征，知识产权的无形，使得人们对它的占有不是一种实在而具体的占有，而是表现为认知和感受，知识产权可以同时被多个主体占有、使用和收益。因此，法律能从不同侧面、不同视角、不同切入点对同一客体规定出不同的权利。这样，对同一客体的不同形式的知识产权容易出现保护上的交叉、重叠甚至冲突。分散立法模式及缺乏统一原则的执法模式，导致各立其法，各执其政的现象十分突出，并奠定了知识产权权利冲突的制度基础。随着社会的进步，商标在现代社会中表现出一种扩展趋势，渗透到社会生活的各个方面，商标权与其他商业标识客体的同一或近似，使得以商标权为中心的权利冲突现象更为突出。

对于权利冲突，西欧各国比较推崇通过法律明确规定有关权利之间不得冲突及规定权利相互冲突的解决方式，重在防范。如作为古罗马的来源地，意大利的商标法对权利的交叉和重叠的解决，是非常恰当的。1992 年《意大利商标法》第 9 条规定，如并非驰名商标或仅具有地方知名度的未注册商标由他人在先使用，那么，该他人有权继续使用商标，也有权在广告上使用商标，但须在同一领域，并不与商标注册相抵触。该法第 13 条规定，与他人商标相同或近似的标识禁止用作商号、总称或公司名称，或用于广告牌，如果因为标识所有人的商务性质相同或相关，以及使用商标的商品或服务相同或类似，部分公众就可能产生混淆的危险，两种标识之间亦会产生混淆危险。可以看出，意大利是通过法律的直接规定防范权利冲突的发生。而美国、加拿大等国均是典型的将商号权作为商标权邻接权的国家，他们不仅将商号直接划为商标法规范的对象，且规定两权平等，任何一个在先权利可排斥在后权利，但加拿大更倾向于使用反不正当竞争条款禁止有关权利的并存，类似于事后的补救措施。我国知识产权立法是成熟一个，制定一个，旧的法律频繁修订，新的法律次第产生，知识产权处于极不稳定及支离破碎的状态之中，对于权利冲突的解决尚未形成一整套协调冲突的法律机制。因此，在司法实践中寻找和树立解决权利冲突的原则，公平、有效地处理权利冲突，以司法弥补立法的不足，对维护公平竞争的市场秩序，有着重要的价值。

一、保护合法在先权利原则

世界知识产权组织认为，在先原则和保护消费者对标识所指示的商品或者服务来源的一致性，是解决权利冲突的基本原则。

该原则也是各国普遍承认处理权利冲突的最基本的原则。在先原则，也称权利在先原则，保护在先权原则，是指在知识产权权利发生冲突时，保护获得权利在先的知识产权的规则。最高人民法院《关于全国部分法院知识产权审判工作座谈会纪要（1995 年 65 号）将在先原则作为解决知识产权权利冲突的基本原则。该原则在我国现行法律中也得到了充分体现，如《专利法》规定的先申请原则；《商标法》规定的先申请原则及申请商标注册不得损害他人现有的在先权利等规定，都是在先权利的理论和法律基础。“在先权利”和“在后权利”，从时间上看，它们的产生有先后之分；从形式上看，根据现行法律它们都是合法的。处理这些冲突时，确定权利产生的先后顺序是关键所在，因遵守诚实的商业惯例涉及民事权利保护的基本原则。当然，作为抗衡在后权利的在先权利，该权利必须是一项独立而完整的权利，且要分析在先权利的效力范围，即在先权利的权利范围必须覆盖在后权利，受保护的在先权利还必须是合法的没有瑕疵的权利，在实质上保证该权利的合法。北京市高级人民法院在审理“贵阳老干妈”与“湖南老干妈”不正当竞争纠纷一案中，认定“湖南老干妈”瓶贴虽然已获得外观设计专利权，但其与在先形成的“贵阳老干妈”知名商品的特有名称、包装、装潢权相冲突，应保护在先使用人享有继续使用的合法的民事权利，判决“湖南老干妈”构成不正当竞争 。从该案可以看出，权利有正面权利和负面权利，必须保护在先合法的正面权利的效益，打击在后形成的对他人的合法权益造成侵害或阻碍他人在先合法权利的行使的负面权利。尊重在先权利人的权利是知识产权协调中运用的一项基本原则，但我们也不能断然否定在后权利的价值，因为权利的产生不仅是社会客观现实关系的必然体现，而且是必要反映。在许多情况下，在后权利也能衬出相应客体所具有的价值，如两个相同的商标和企业字号，企业字号注册在先，刚开始时，由于均不知名，两者可以相安无事。但随着企业的进步，企业的商标可能发展为驰名商标，形成很强的知名度，消费者有可能将商标与企业字号混淆或以为两者有关联关系等，两者之间产生的冲突不可避免。这时，在处理时，必须保护知名度大的商标，因它已与消费者建立独特的联系，相关消费者已将该商标与其产品建立了惟一的联系，不再适用保护合法在先权利的原则。因此，保护在先合法权利原则，不能作为惟一处理权利纠纷的原则，必须辅之以其他原则。

二、诚实信用原则

诚实信用本是道德条款，其作为一项法律化的道德原则，已演变成市场经济的基本法律原则。诚实信用原则是反不正当竞争法的一个重要原则。我国《反不正当竞争法》只列举了 11 种具体的不正当竞争行为，这种简约的法律规定，本身就反映当时立法的滞后性。不正当竞争行为表现形式复杂多样，《反不正当竞争法》不可能涵盖和穷尽市场经济发展过程中所有竞争现象和竞争关系。由于不正当竞争的不确定性，该法难以形成完整细致的法律体系。诚实信用原则，对补充法律具体条款不足，维护市场经济所要求的公平，保持法律的稳定性，克服法律的滞后性，维护当事人之间的利益平衡，起着至关重要的作用。否则，对包罗万象的竞争行为难以正确处理，对权利冲突的解决也会因无法适用具体条文而处于尴尬地位。如原告台湾省××开发股份有限公司诉北京××有限公司使用的“MISHER”标记侵犯其注册商标“蜜雪儿”及“MYSHEROS”专用权并构成不正当竞争一案中，原告要求被告停止使用以“蜜雪儿”命名的企业名称。北京市第二中级人民法院在 1998 年 8 月 20 日作出的判决中禁止被告单独使用“MISHER”标记，并赔偿原告经济损失。双方均向北京市高级人民法院提请上诉，该院在 1999 年 3 月 15 日的终审判决中认为，被告的名称是经工商行政管理机关批准的，虽然该企业名称中的“蜜雪儿”与原告的注册商标相同，也确实会给普通消费者造成混淆，但如何调整这种关系，目前法律无明文规定，且对企业名称登记的异议不属于人民法院管辖的范围，原告应向工商行政管理机关提出请求。在此案中，法院即认定企业名称与商标混淆，却又坐视不理，理由是法律无明文规定。我们认为，在法理上说，经行政程序获取的民事权利发生冲突的，就转化为纯粹的民事权利争议，对该民事权利争议由法院居中裁决，当然是合理的，且运用司法手段，通过诉讼途径保护知识产权，突出和反映司法权力的优越性是世界共同遵守的规则。权利冲突，究其本质就是搭他人商业成果的便车，违反诚实经营的不正当行为，法院完全可以依照诚实信用的一般条款处理上述纠纷。因此，诚实信用原则对解决实践中出现的各种新情况新问题发挥重要作用。但诚实信用原则也是一把双刃剑，该原则极为概括抽象，其内涵和外延具有明显的不确定性和高度模糊性，诚实信用原则未形成法规，势必产生主观随意性，存在被滥用的可能和危险，这和法的作用是相违背的。在法理上说，法应具有指引作用，即通过明示性规定，指引人们决定怎样行为或不行为；法还具有评价作用，即以一定的客观的评价准则，判断、衡量他人行为是否合法或有效；法还应具有预测作用，即依靠作为社会规范的法律，可以预先估计到他们相互间将如何行为，加强对自己行为和合法权益的安全感。但诚实信用原则的不确定性和法官自由裁量的主观性，使法律的透明度受损，导致市场主体对市场行为的预测和评价缺乏具体的指引，从而使一些无意的或侥幸的搭便车行为不断产生，不同阶段、不同部门甚至不同合议庭作出的不同的处理，又使部分商事主体觉得无所适从，权利冲突的现象恶性循环。因此，仅依靠诚实信用原则处理权利冲突已不能根本解决问题，将司法实践中成熟的做法和经验制定为司法解释或上升为法律，已成为当务之急。

三、防止商标淡化原则

商标保护的理论是建立在避免混淆之上的，传统的商标保护立足于确保消费者将商品或服务与其生产者、提供者正确地联系在一起，这是因为商标的基本功能是确保投入市场的商品产源一致，从而使消费者能够将这些产品或服务同来自其他厂商的产品或服务区别开来，这些商品或服务的质量才能由该厂商负责。商标的本性决定以混淆或发生误认作为判定侵权的评判标准。在我国，《商标法》对商标专用权的保护仅限于在相同或近似的商品上，侵犯商标权是以造成混淆或误认为前提的。如我国《商标法》第52条规定，未经商标注册人的许可，在同一种商品或者类似商品上使用与其注册商标相同或者近似的商标构成商标侵权。最高人民法院《关于审理商标民事纠纷案件适用法律若干问题的解释〈法释（2002）32号〉》第1条规定："下列行为属于给他人注册商标专用权造成其他损害的行为：（一）将与他人注册商标相同或者相近似的文字作为企业的字号在相同或者类似商品上使用，容易使相关公众产生误认的；（二）将与他人注册商标相同或者近似的文字注册为域名，并且通过该域名进行相关商品交易的电子商务，容易使相关公众产生误认的。"由以上规定可以分析出，混淆理论是商标法的基石。但随着工业化大生产，社会生产力得到了空前的发展，工业化大生产也使得产品之间的物理区别特征越来越小，随着生活质量的不断提高，消费者也不仅满足于产品的质量和功能，开始关注品牌的价值，将追求名牌作为个人身份、生活方式的象征，著名商标尤其是驰名商标的功能已发生深刻的变化。同样质地的商品，贴上名牌的标志，立刻身价百倍，其增值似乎与商品本身没有关系。这表明，商标能与商品相分离，能独立地运载企业的信誉。正是由于著名商标产生的独特的形象，以及其在消费者心中代表的精神，其价值的重要性已超出商品本身。

混淆理论是商标保护的基本支柱，但不能解决所有问题。因为，商标的显著性越强，可能越不会发生混淆，但公众可能将二者联系起来，对二者之间产生联想。这种联想，不仅在可能让人认为产品来源相同或相关的情况下，会损害在先商标，且即使不存在混淆时也会有损害。因看到某一标记无意中想到一个商标，可将在先商标的商誉转移到该标记上，因此淡化该商标的形象。美国有十分发达的淡化理论，该理论通常被认为是由斯科特1927年在《哈佛法学评论》发表的《商标保护的理论基础》中创立的，其在该文指出，“商标被使用在非竞争的商品上，商标或名称在公众心目中的形象和影响（identity and hold）逐渐削弱或降低。商标越是显著或独特，给公众的印象就越深，防止该商标与其特定商品之间的联系被削弱或消失的需要越强烈”。1947年美国马萨诸塞州率先将斯科特的理论变为实际，通过了第一部州反淡化法，其他各州陆续通过了自己的反淡化法，基本的模式都是根据美国商标协会的《州商标示范法》第12条制定的，该条规定：“对可能造成的商业损害或者对于一个注册商标或依照普通法而有效的标记、商号的显著性造成的淡化行为，无论当事人之间是否存在竞争关系、商品来源是否存在混淆的可能，均有权提出禁令救济。”

反淡化原则对克服混淆理论的缺陷和不足，解决商标功能的扩展造成的权利冲突问题有着至关重要的现实意义。在我国，企业名称的字号或在其他非类似商品或不同行业利用著名商标的现象十分普遍，前几年出现的“松本”现象、“花都机”现象，将商标与商号的权利冲突问题推到了前台，甚至达到了十分猖獗的程度。我国市场经济起步不久，社会信用制度尚未完全建立，著名品牌的创立来之不易，而一旦创立了一个著名品牌，就有众多的搭便车者趋之若鹜，对名牌持有人造成极大的损害。不断出现的冲突现象已给我们一个强烈的信号，仅依靠行政突击办案或审理几个案件不能根本解决问题。随着商标功能的变化，我们需要审时度势，将传统商标保护消费者免受欺骗的重心转移到保护商标持有人的利益上来，反淡化原则是解决这类冲突的重要理论和实践基础。搭著名商标的便车，相关厂商为规避法律，往往在不同行业或非类似商品上使用与著名商标相同的标识，我国《商标法》和《反不正当竞争法》以欺骗行为或者混淆行为作为理论基础，已无法适应经济的发展和现有的竞争环境。由于法律没有明文禁止这类行为，使得这些搭车行为成为法律中的灰色地带，现有法律规范无法有效地为这类权利冲突提供保障。我们认为，使用他人著名商标或字号，其意图就是无偿利用在先的著名标识的声誉和对客户独立的吸引力，同样是搭他人商业成果便车的行为。如在广东××集团有限公司、高明市××实业有限公司、广东××有限公司诉被告××集团、顺德××电器有限公司使用的"正野 ZHENG YE"商标、"正野"字号构成不正当竞争一案中，原告要求被告停止使用"正野"两字。佛山市中级人民法院经审理认为：三原告及其前身从 1995 年以来，不间断地使用"正野 GENUIN"商标，并通过多年的广告宣传，该商标在市场上享有较高的声誉。2000 年 12 月，"正野 GENUIN"商标评为广东省著名商标，相关公众已将"正野"与原告紧密联系在一起。被告××集团与原告同在一个地区，应当知晓原告的"正野"商标，却在 1997 年申请注册与原告著名商标"正野 GENUIN"相近似的"正野 ZHENG YE"商标，被告顺德××电器有限公司于 1999 年登记与原告相同的"正野"字号，并在其产品及其宣传资料上突出使用"正野 ZHENG YE"及"正野电工"，其意图是希望从与在先注册的知名商标的关联中获取商业利益，虽然两商标在不同类别上使用，但被告的行为使相关公众将二者联系在一起，使原告著名商标的显著性受到减损，认定两被告的行为构成不正当竞争，判决被告变更企业名称，并赔礼道歉、承担赔偿责任 。

上述判决是我国运用反淡化原则处理权利冲突的首个案例。

该判决体现了对著名商标的保护应保护其标识的独特性，防止冲淡著名商标的显著性的观点，该观点在司法实践中对商业标识权利冲突的解决具有积极的指导意义。把著名商标使用在非类似商品上，可能真正地引起混淆，消费者会对两者产生联想，从而减弱著名商标的标志性，该著名商标与其商品之间的关系被冲淡而变弱甚至消失，著名商标持有人存在失去该商标的危险。如“阿斯匹林”本是药品的一个商标，因为它太知名，很多药品制造商都用它，最后使其成药品的一个通用名称。“劳斯莱斯”十分出名，如果在服装、酒店、玩具等产品上均使用该商标，人们将渐渐地不再将该商标与其生产的汽车联系在一起，不到10年，人类将失去该驰名商标。可以看出，淡化就像是一种感染，如果任其发展蔓延，势必破坏著名商标在公众中最初存在的独特的联系，使其形象变得越来越模糊，从而损害著名商标的活力。长此以往，会危及该商标的存在，甚至使我们失去该著名商标的危险。但在我国，反淡化一直没有受到应有的重视，相关法律没有对商标的淡化作出规定。仅国家工商总局商标局《关于商标行政执法中若干问题的意见》第11条规定：“在非类似商品或服务上使用与知名度较高且显著性较强的商标相同或近似的商标，从而不公平地利用或者损害该商标的显著性或声誉的行为，可以适用《商标法》第38条第（4）项的规定处理。”该规章是我国反淡化的惟一规定，笔者认为在行政处理中适用的该原则，同样适用于司法处理。淡化理论来源于德国判例，现已为美国、日本、欧共体等许多国家的法律所认可，TRIPs协议也明确规定禁止商标淡化的行为。可见，加强对著名商标的反淡化保护已成为各国法律发展的趋势。我国已加入世界贸易组织，现在的法律制度应适应其最低要求，法院在个案中利用反淡化的理论对著名商标进行保护是一种进步，它给市场主体传递了一种重要的信息，但这种保护还远远不够，应尽快进行反淡化立法，将其作为普遍规范引导整个社会。

权利冲突的处理，最终目的是达到权利平衡，即在各权利人之间，个人利益和社会利益，私人利益和公众利益等不同利益之间寻找最佳平衡点，以收到良好的社会效果和法律效果。当前，我们对这类冲突缺乏具体的法律规范的指引，在司法实践中求同存异，利用法理的基本精神和基本理论，借鉴国际惯例中值得参考的做法和经验，以智慧来实现公平，不失为一条切实可行的途径。

第五节　完善我国解决域名纠纷的法律制度

一、我国解决域名纠纷的法律制度现状

我国目前解决域名与商标等民事权利相冲突的法律、法规和部门规章有如下几种：

（1）《反不正当竞争法》和《民法通则》。《反不正当竞争法》第 2 条规定，经营者在市场交易中，应当遵循自愿、平等、公平、诚实信用的原则，遵守公认的商业道德。《民法通则》第 4 条规定，民事活动应当遵循自愿、公平、等价有偿、诚实信用的原则。这些条款都是口袋条款，在法律未明文规定的情况，都可用这些条款去套，这些条款经常被适用于早期的域名纠纷，在最高人民法院就域名纠纷作出解释后，才很少适用这些条款来解决域名纠纷。

（2）最高人民法院《关于审理涉及计算机网络域名民事纠纷案件适用法律若干问题的解释》。该解释自 2001 年 7 月 24 日起施行，它主要规定了如下几个方面的内容：

①管辖。该解释第 2 条规定，涉及域名的侵权纠纷案件，由侵权行为地或者被告住所地的中级人民法院管辖。对难以确定侵权行为地和被告住所地的，原告发现该域名的计算机终端等设备所在地可以视为侵权行为地。根据该司法解释的规定，涉外域名

纠纷案件主要包括两种情况：一是当事人一方或者双方是外国人、无国籍人、外国企业或组织、国际组织的；二是域名注册行为发生在外国的，例如一些“. com”、“. org”、“. net”的域名纠纷案件，域名注册地在外国，当事人间的法律关系设立、变更或终止的法律事实发生在外国，故属于涉外域名纠纷案件。该司法解释规定，涉外域名纠纷案件的管辖，依照《民事诉讼法》第四编关于涉外民事诉讼程序的特别规定确定。该特别规定主要是指《民事诉讼法》第243条，它规定，因财产权益纠纷，对在我国领域内没有住所的被告提起的诉讼，如果诉讼标的物在我国领域内，或者被告在我国领域内有可供扣押的财产，或者被告在我国领域内设有代表机构，可以由诉讼标的物所在地、可供扣押财产所在地、侵权行为地或者代表机构住所地人民法院管辖。

②注册、使用域名构成侵权或不正当竞争的条件。根据该解释，要认定被告注册、使用域名等行为构成侵权或者不正当竞争，须符合四项条件：a. 原告请求保护的民事权益合法有效；b. 被告域名或其主要部分构成对原告驰名商标的复制、模仿、翻译或音译；或者与原告的注册商标、域名等相同或近似，足以造成相关公众的误认；c. 被告对该域名或其主要部分不享有权益，也无注册、使用该域名的正当理由；d. 被告对该域名的注册、使用具有恶意。同时，该解释规定，被告只要具有如下情形之一，即具有恶意：a. 为商业目的将他人驰名商标注册为域名的；b. 为商业目的注册、使用与原告的注册商标、域名等相同或近似的域名，故意造成与原告提供的产品、服务或者原告网站的混淆，误导网络用户访问其网站或其他在线站点的；c. 曾要约高价出售、出租或者以其他方式转让该域名获取不正当利益的；d. 注册域名后自己并不使用也未准备使用，而有意阻止权利人注册该域名的；e. 具有其他恶意情形的。被告举证证明在纠纷发生前其所持有的域名已经获得一定的知名度，且能与原告的注册商标、域名等相区别，或者具有其他情形足以证明其不具

有恶意的，人民法院可以不认定被告具有恶意。

③救济手段。人民法院认定域名注册、使用等行为构成侵权或者不正当竞争的，可以判令被告停止侵权、注销域名，或者依原告的请求判令由原告注册使用该域名；给权利人造成实际损害的，可以判令被告赔偿损失。

(3) 最高人民法院《关于审理商标民事纠纷案件适用法律若干问题的解释》。该解释自 2002 年 10 月 16 日起施行。它规定，将与他人注册商标相同或者相近似的文字注册为域名，并且通过该域名进行相关商品交易的电子商务，容易使相关公众产生误认的行为，为侵犯该商标专用权的行为。

(4)《中国互联网络信息中心域名争议解决办法》。该办法是参照 ICANN 政策制定，自 2002 年 9 月 30 日起施行，它适用于因互联网络域名的注册或者使用而引发的争议，所争议域名应当限于由中国互联网络信息中心负责管理的 CN 域名和中文域名。任何机构或个人认为他人已注册的域名与该机构或个人的合法权益发生冲突的，均可以向争议解决机构提出投诉。符合下列条件的，投诉应当得到支持：①被投诉的域名与投诉人享有民事权益的名称或者标志相同，具有足以导致混淆的近似性（这一规定扩大了专家组受案范围）；②被投诉的域名持有人对域名或者其主要部分不享有合法权益；③被投诉的域名持有人对域名的注册或者使用具有恶意。被投诉的域名持有人具有下列情形之一的，其行为构成恶意注册或者使用域名：①注册或者受让域名是为了出售、出租或者以其他方式转让该域名，以获取不正当利益；②多次将他人享有合法权益的名称或者标志注册为自己的域名，以阻止他人以域名的形式在互联网上使用其享有合法权益的名称或者标志；③注册或者受让域名是为了损害投诉人的声誉，破坏投诉人正常的业务活动，或者混淆与投诉人之间的区别，误导公众；④其他恶意的情形。

该办法仅是一部门规章，仅适用于中国国际经济贸易仲裁委员会在仲裁涉及CN域名和中文域名纠纷的案件，对涉及通用域名的纠纷无能为力，且它不具有法律效力，法院在处理域名纠纷时可以适用，也可以不适用，且其裁决对当事人也没有当然的约束力，当事人可在裁决作出之前、之中或之后就同一事实向法院起诉。

二、我国解决域名纠纷的法律制度的缺点

我国虽然在构建解决域名纠纷的法律制度方面取得一定的成绩，但与发达国家如美国的解决域名纠纷制度相比，我国还存在一定的差距，相关制度仍未完善，对某些重要问题的规范仍存在不足，司法经验也不丰富。总的来说，我国解决域名纠纷的法律制度是不完善的，如它仅以司法解释的形式表现出来，且前一司法解释与后一司法解释对域名构成商标侵权的要件规定不一致，导致司法混乱，而《中国互联网络信息中心域名争议解决办法》也不具有普遍的法律意义。具体来讲，其缺点主要是没有对如下问题作出规范：

（1）著名商标的保护问题。众所周知，在我国除了驰名商标和普通商标外，还有由于我国驰名商标的评审体制而未能评定为驰名商标的著名商标，它由省级工商部门评定，在该省享有较高的知名度，有的在全国都有一定的知名度。我国现行的驰名商标的评审体制是由国家工商行政管理总局根据驰名商标的认定条件加以评定，因认定条件所限，每年认定的驰名商标很少。而法院实行的是个案认定，其认定的驰名商标也只对个案有效。因此，很多著名商标不能获得驰名商标的认定。上述规定仅对被抢注为域名的驰名商标提供特别保护，没有对被抢注为域名的著名商标提供特别的保护，就是说，著名商标所获得的保护与普通商标一样。这不利于我国著名商标的培育、成长和发展。

（2）上述法律、司法解释没有界定域名与企业名称或商号的法律关系，也没有界定域名与地理名称等民事权利的法律关

系，一旦两者发生冲突，如何处理，将无法可依。

（3）人名的保护问题。如上所述，《中国互联网络信息中心域名争议解决办法》为个人姓名提供了保护，但办法仅是部门规章，法院在审理涉及域名纠纷案件时不一定采用，且专家组依此办法作出的裁决对法院也没有约束力，据此，将个人姓名注册为域名的行为仍然没有纳入法律调整的范围。

（4）对恶意的判断。我国现行规定的恶意判断因素较为简单，在实践中不便操作，而恶意问题又是判断被告是否构成侵权的重要条件之一，因此，应对恶意的判断因素详尽地加以规范。

（5）被告的抗辩理由问题。我国现行规定的被告的抗辩理由较为简单，在实践中不便操作，为维护域名持有人的合法利益，应详尽地加以界定。

（6）没有对双方或多方对域名提出争议的处理办法。如在双方或多方均拥有相同商标的情况下，其中一方抢先将商标注册为域名，其他方提出争议，上述法律及规章没有提供处理办法。特别是域名注册方是一个普通商标的所有权人，其他方是著名商标或驰名商标的所有权人，如何处理？又如当拼音相同而字形不同的注册商标被他人注册为域名，哪一方有权要求域名注册人停止使用并由自己使用？这些在目前的规定中都无法找到处理办法。

（7）没有规定著名商标或驰名商标权利人的禁止权范围。著名商标或驰名商标的权利人是否有权禁止他人将其商标在所有顶级域名中注册？也就是说，如著名商标或驰名商标权利人已在“. com”将其商标注册为域名，他人是否可以在“. org”、“. net”或“. com. cn”等顶级域名中将其著名商标或驰名商标注册为域名？上述法律及规章没有提供处理办法。

（8）管辖问题。上述司法解释虽然对管辖问题作了规定，但是很难操作。它规定域名纠纷案件，由侵权行为地或者被告住所地的中级人民法院管辖，但由于网络的无边界性，侵权行为地难以确定，且被告为了逃避责任，往往隐藏自己的真实身份，原告也难以找到他。因此该解释又规定，对难以确定侵权行为地和被告住所地的，原告发现该域名的计算机终端等设备所在地可以视为侵权行为地。这就使得原告可随意选择管辖法院，被告在作出任何行为时将无法预见自己将受何地法院管辖，这是不合理的，也有违公正。况且，这一规定本身就存在问题，因为按民事诉讼法的规定，起诉的条件就是有明确的被告，如连被告的住所地都搞不清，怎么能搞得清被告是谁？被告是谁都不知道，怎么能起诉呢？该解释对涉外域名纠纷的管辖作出由民事诉讼法第四编关于涉外民事诉讼程序的特别规定来确定，也无法解决上述侵权行为地和被告及其住所地无法确定的问题。

（9）知名网站名称和域名问题。上述规定没有对知名网站名称和域名的含义、认定条件作出界定，也没有对知名网站名称和域名被他人注册为相同或相似的商标、企业名称应否承担责任及承担何种责任作出规定。

（10）抱怨网站问题。这类网站包括两大类，一是商标 + sucks 域名，即将他人商标加上 sucks（俚语，傻瓜之意）或其他侮辱性语汇注册为域名，并对商标权进行批评；另一类是没有带有任何侮辱性的词汇，只是将他人商标直接注册为域名，并在所导入的网站上对商标权人评头品足。这一行为是否侵犯商标权？现有的法规没有对这一问题作出规定，导致法院在处理此类问题时无法可依。对在我国已出现的抱怨网站，我国法院的处理手法过于简单，只要有人在网上对某一公司的产品进行批评，法院就会认为其侵犯了该公司的商誉，并封网或撤销域名。

（11）域名注册机构的责任问题。域名注册组织因域名的注册、使用及纠纷处理而成为被诉侵权的被告，国外出现此类案件，而相似的案件也出现在我国司法实践中，如前所述，我国的上述规定没有对域名注册机构能否作为域名侵权纠纷的被告、域名注册机构的法律性质和法律责任等问题作出界定。

（12）反向域名劫持问题。如自己没有权利或明知对方对争议域名有合法权利，仍恶意起诉，则构成反向域名劫持。对反向域名劫持进行制度设置有利于阻止原告滥用诉权，维护域名持有人的合法利益，但我国上述规定没有对这一问题作出规范。

（13）对域名纠纷，上述法律、司法解释没有规定诉讼时效。如果域名经注册使用后，商标权人在任何时间都可提出异议或提起诉讼，他一旦胜诉，域名将被停止使用，这不利于域名的稳定，将给域名带来不必要的损失。[1]

（14）法定赔偿问题。上述规定没有规定法定赔偿，涉及网络域名的赔偿难以界定，原告更无法举证证明被告的获利或自己的损失，被告的获利情况法院也难以查清，完全让法院自由裁量也不妥当，设立法定赔偿额度制度是明智之举。

三、完善我国解决域名纠纷的法律制度

我国解决域名纠纷的法律制度仅停留在司法解释的立法层次上，且这些司法解释对域名注册方承担责任的条件前后规定不一致，造成在司法实践上无所适从，而这些司法解释也没有从根本上提出解决问题的具体措施。况且，适用《反不正当竞争法》，权利人除了证明被抢注的域名与其注册商标相同外，还需证明自己为商标的知名度和影响力所作出的努力和成效被抢注者无偿占有，否则不能认定为不正当竞争。因此，依据《反不正当竞争法》调整域名纠纷虽有其合理性，但该法只能调整部分域名纠纷案件。而用《商标法》调整域名纠纷，由于域名除了与商标发生冲突外，还与商号、姓名等民事权利发生冲突，且有关域名纠纷的管辖、赔偿等问题也需要作出特别规定，而《商标法》无法将这些内容都包括进去。因此，笔者建议就域名问题单行立

[1] 李虹："域名与商标冲突之辨析"，载《中华商标》1999 年第 6 期，第 51 页。

法，而不宜靠修改《商标法》来解决。网络经济虽不足以与传统经济相比，但却是在当今世界中最活跃的经济之一，且出现与传统经济相融合的大趋势。传统经济因注入了网络内容而具有新的含义，网络经济也因传统经济的渗透而更向传统经济靠拢。法律作为经济基础的上层建筑，既要反映特定的经济内容，又要摆正立场，不应基于某一方的利益将注意力放在某一点上，而应更多地基于公平与效率原则去考虑二者利益的平衡。

在对域名问题进行专门立法时，应总结我国与别的国家有关域名的立法和司法经验，克服上述存在的一些缺点。下面笔者将结合上述美国与ICANN在解决域名纠纷方面的经验，对构建和完善我国解决域名纠纷的法律制度提出建议。

（一）法律制度的构建与完善

目前，我国对域名纠纷进行单行立法时，笔者建议包含如下内容：

1. 界定域名与商标的关系

界定域名与商标的关系，既包括界定驰名商标与域名的关系，也包括界定著名商标与域名的关系，还包括界定域名与普通商标的关系。

（1）确认淡化理论，禁止将他人的驰名商标注册为域名。众所周知，驰名商标经权利人的苦心经营，具有重大的商业价值，它获得的保护范围要宽过普通商标，其在现实世界里所建立的商誉，也应在虚拟世界得到延伸和保护，这也符合公平与效率原则。因此，我国现行的域名规制也提供了与它在商标领域一样宽的保护，即禁止将原告驰名商标复制、模仿、翻译或音译成被告域名或其主要部分，不问是否存在混淆。这是符合《巴黎公约》和TRIPs协议对驰名商标的保护要求的，也符合国际上各国的做法，对此一做法不存在争议。这一做法实际上是采用了淡化理论，因为它认定构成侵权并不考虑两者是否存在混淆，只是未加以明确，为便于理解和适用这一规定，建议在以后的立法中加以确认。在确认这一规定时，可借鉴美国的立法，明确域名对驰名商标构成淡化的构成条件：①原告拥有一个驰名商标；②被告将原告驰名商标复制、模仿、翻译或音译成自己的域名或其主要部分；③被告上述注册域名的行为发生在原告商标驰名之后；④被告对该域名的注册或使用削弱了通过原告驰名商标识别其商品或服务的能力。需要注意的是，由于驰名商标应享有强保护和宽保护，构成对驰名商标的淡化无须考虑被告是否具有恶意。

（2）引入淡化理论，禁止将他人的著名商标注册为域名。我国目前驰名商标数量很少，但却存在大量的省级工商部门认定的著名商标，它们有的已达到驰名程度，但由于我国的驰名商标认证机制而未能获得认证，有的是如保护适当，则可成为驰名商标，否则，连著名商标的头衔都可能保不住。如松本商标，其在开关插座产品上非常有名，虽然被评为广东省的著名商标，但由于暂时未能评上驰名商标，松本商标权人对他人将其商标注册在镇流器、光管等产品上无能为力，现在该商标已面临沦为普通商标的危险。同样，按我国目前的域名规制，即使有人将其注册为域名而没有经营开关插座产品，也就不会使相关公众产生误认，商标权人也无法制止这一明显有损其商标的知名度的行为。这将严重危害我国创建驰名和著名商标的战略。

我国经济正处在初步发展阶段，需要企业去创建大量的名牌产品，也需要立法、司法部门为这些已经成为名牌或正在成为名牌的商标提供有力的保护。著名商标的知名度虽不及驰名商标，但在一定程度上著名商标被侵权和被误认的可能性较普通商标大了很多，只有给予这些未来有可能成为驰名商标，今天的著名商标在势必成为未来商业媒介主导的网络空间上有力的保护，才能防患于未然，才能更加有力地推动民族工业的名牌进程。否则，即使是著名商标最终发展成为驰名商标，其作为驰名商标而应享有的扩大保护范围，也已损失殆尽了。[1]

因此，针对上述对著名商标保护不力的局面，应加大对著名商标的保护力度，应大胆地引入淡化理论，从制止混淆到制止联想，如果仅着眼于避免混淆，只能保护著名商标的区别功能，对于以损害著名商标的表彰功能为主的行为将打击不力[2]。联想理论不同混淆理论的是，联想理论不关心与商标是否相似，商品或服务是否类似，它只关心有没有可能联想，谋取不当利益通常是目的，制造联想往往是手段，产生淡化是其后果，这三者一般是相伴而行的。[3] 根据这一理论，除了赋予著名商标权人禁止他人将其商标注册、使用在该行业的商品或服务上（这里的该行业商品比类似商品的范围要广）的权利外，还应赋予著名商标权人禁止他人将其商标注册为相同或相似的域名的权利。此外，即使他人有普通商标权，他也不能注册与著名商标相同或相似的域名，如他注册在先，著名商标权人也可行使撤销权。当然，驰名商标更应享有此项权利。

著名商标除了保留现行由省级部门认定的做法外，法院在审理域名纠纷案件中也可作出认定。著名商标的认定标准和构成淡化的条件可借鉴美国的上述标准加以制定。此外，还可借鉴美国的立法经验，界定域名对著名商标构成侵权的条件：

①被告具有故意利用该商标获取利益的恶意；

②原告的商标于域名注册时已经著名；

③该域名与原告的商标相同或者具有足以导致误认的相似

---

[1] 王少洁、王琳："试析域名与商标的权利冲突"，载陶鑫良、程永顺、张平主编：《域名与知识产权保护》，知识产权出版社2001年1月第1版，第300页。

[2] 黄晖："商标识别与表彰功能的法律保护（上）——从制止混淆到制止联想"，载郑成思主编：《知识产权文丛》第五卷，中国方正出版社2001年4月第1版，第349～350页。

[3] 黄晖："商标识别与表彰功能的法律保护（上）——从制止混淆到制止联想"，载郑成思主编：《知识产权文丛》第五卷，中国方正出版社2001年4月第1版，第397页。

性，或者淡化了原告的商标。

（3）明确域名对普通商标构成侵权的条件。可借鉴 ICANN 的经验和结合我国现行对商标法的司法解释来界定域名注册人将他人的普通商标注册为域名应承担责任的条件：①域名与商标权人的商标相同或相似；②域名注册人通过该域名进行相关商品交易的电子商务，容易使相关公众产生误认；③域名持有人对该域名不享有任何权利或合法的利益；④域名持有人对该域名的注册或使用具有恶意。其实，《中国互联网络信息中心域名争议解决办法》已参照 ICANN 政策规定了该责任要件的主要部分，但它只是一部门规章，无法在司法层面上适用，且其适用范围仅限于部分域名纠纷，所以，应将其相关规定上升为法律。

2. 界定域名与企业名称或商号的法律关系

我国的企业名称是由行政区划、字号（商号）、行业或者经营特点、组织形式依次组成的，字号（商号）是区别不同企业的主要标志，其在登记主管机关的辖区内享有专有权。同时，我国《反不正当竞争法》第 5 条第 3 款规定，擅自使用他人的企业名称，引人误认为是他人的商品，属于不正当竞争行为。根据这一规定，不论擅自使用他人企业名称的行为是否发生在主管登记机关的辖区内，只要这种使用混淆了商品或服务的来源，损害了企业名称权利人的市场竞争利益，就应受到法律的制裁。因此，判断域名是否侵犯企业名称权或商号权的条件可界定为：

（1）企业名称或商号在相关领域的知名度；

一个不为人知的企业名称或商号即便被他人注册为域名并用于企业名称权或商号权人经营范围内的业务也不会造成混淆。

（2）域名与企业名称或商号相同或混淆性相似，其使用导致两者的商品或服务来源的混淆；

（3）域名注册人对该域名没有权利或合法利益；

（4）域名注册人注册、使用该域名具有恶意。

此外，根据国家工商行政管理总局对企业名称管理规定的解释，企业名称可以有简称。有些企业名称的简称因长期使用已经为人们所熟知，并具有市场信誉，因而应当在全国范围内受到保护，其权利人有权制止他人将该简称注册为域名。而有些企业名称的简称仅仅在有限的区域内为人所认可和熟知，这些简称如被他人注册为域名，受法律保护的可能性很小，其权利人一般无权加以阻止。

除了上述将他人的企业名称或商号注册为域名外，域名的名称也可能被他人登记为企业名称。我国企业名称登记不像商标那样实现全国统一检索，只要不与本区域内其他企业名称相冲突，经县以上登记主管机关核准，就在一定区域内享有专用权。因此，在不同区域使用同一名称的企业数不胜数，这种状况对保护我国的知名域名注册人的利益和促进我国网络产业的发展都有不利影响，应当适当考虑域名的知名度，授权知名域名注册人禁止他人将其知名域名注册为企业名称（对知名域名的保护下文将有详述，此处仅顺带提及）。

3. 界定域名与人名的法律关系

在对域名问题进行立法时，应对将个人姓名被注册为域名的行为纳入法律调整的范围。如前所述，由于《中国互联网络信息中心域名争议解决办法》规定投诉人投诉的权利基础是享有民事权益的名称或者标志，故其将个人姓名注册为域名也纳入了调整范围，但办法仅是部门规章，存在局限性，建议借鉴美国的相关立法，详尽地订明域名与姓名之间的法律关系。如可按如下条件来判定将他人姓名注册为域名的被告的侵权责任：

（1）被告注册的域名与其姓名相同或混淆性相似；

（2）被告注册域名没有征得原告的同意；

（3）被告有向原告或他人出售该域名谋利的特定意图。

如被告对该姓名享有权利或合法利益，则无须承担民事责任。同时，应规定可请求的救济方式只限于没收、撤销或移转域名、原告支出的诉讼费和适当的律师费。且鉴于姓名使用的广泛性和重叠性，应规定原告不可请求金钱赔偿。

4. 规范域名与地理标记等民事权利的法律关系

《巴黎公约》和TRIPs协议均将地理标记纳入了保护范围，我国作为其成员国也为这一权利客体提供了保护，但对非权利人将地理标记注册为域名的行为却未有法律规定。如前所述，虽然《中国互联网络信息中心域名争议解决办法》规定的投诉范围也包括了将他人的地理标记注册为域名的行为，由于其自身的局限性而未能较好地解决这一问题。可以借用上述处理域名与普通商标的法律关系的建议来规范域名与地理标记的法律关系，可规定：①域名与地理标记相同或混淆性相似；②域名注册人通过该域名进行相关商品交易的电子商务，容易使相关公众产生误认；③域名持有人对该域名不享有任何权利或合法的利益；④域名持有人对该域名的注册或使用具有恶意。同时，应借鉴ICANN专家组的经验，赋予政府或其相关部门对地理标记的域名专用权。

此外，对将国际组织的名称、其他国家的国名、专门药物名称注册为域名的行为也可参照上述规定来处理，但无须考虑“域名注册人通过该域名进行相关商品交易的电子商务，容易使相关公众产生误认”这一要件。

5. 增加恶意的判断因素，综合评定被告是否具有恶意

被告恶意的认定，建议借鉴美国的立法和司法实践，规定多项判断恶意的因素，结合整个案件事实，综合评定被告是否具有恶意，这样比较合理。而ICANN政策在规范被投诉方是否具有恶意这一问题时，规定只要符合条件之一即认定其具有恶意，有片面性，不宜采纳（但这不影响我们吸收专家组在判断被投诉方是否具有恶意所积累的经验，下文对这一问题有进一步的阐述）。

应借鉴美国的立法，增加多项判断恶意的考虑因素。恶意问题是处理域名纠纷的核心问题，是否构成侵权，就看被告注册、使用域名的行为是否具有恶意，因此，对恶意的判断因素须作详

细界定。这些恶意的判断因素至少应包括：

（1）争议域名所包含的注册人的商标权或其他知识产权；

（2）争议域名包含注册人的合法名称或其他通常用于识别注册人名称的程度；

（3）域名注册人在商品或服务的过程中，对该域名的在先使用；

（4）域名注册人在该域名所导入的网站上对商标的善意的非商业性使用或合理使用；

（5）域名注册人是否有通过对网站的来源、主办关系、从属关系或批准关系制造混淆的可能性，或为了获得商业利益，或为了故意抹黑、贬损该商标，将消费者从商标权人的在线位置转移至该域名所导入的可能会损害该商标商誉的网站；

（6）域名注册人是否曾经以营利为目的向商标权人或任何第三人要约转让、出售或以其他方式出让该域名，且没有使用或没有意图使用该域名于提供合法的商品或服务的过程中，或该人以前曾有过类似的行为；

（7）域名注册人在申请域名登记时提供重大的、误导性的虚假联系信息，或该人故意不保持联系信息的准确性，或该人以前曾有过类似行为；

（8）域名注册人注册或获取了多个域名，且知道这些域名与他人在该域名注册时已具有显著性的商标相同或误导性相似，或对他人在该域名注册时已经著名的商标构成淡化，在这两种情况下均无需考虑双方的商品或服务；

（9）域名注册人注册的域名中所包含的商标具不具有显著性和知名度。

此外，应为域名注册者引入安全港条款，即法院若确认域名注册人相信并有合理的理由相信其对域名的使用是合理的或合法的，则应认定其没有恶意。

6. 具体化被告的合法利益抗辩权

为了平衡域名持有人与商标权等民事权利的所有权人的利益，既要为后者起诉前者创设条件，也要为前者维护自身的合法利益设置抗辩的理由。借鉴ICANN的经验，规定如域名持有人具有如下情形之一，则可认定其对争议域名具有合法利益：①域名持有人对该域名享有商标权、商号权或版权；②在获悉域名争议之前，域名持有人已将域名或与该域名相应的名称用于或表明准备用于提供合法的商品或服务；③域名持有人虽然没有商标或服务标记权，但其作为域名的持有人已广为人知；④域名持有人只是合法地非商业性使用域名或合理使用域名，其没有通过误导消费者或淡化系争商标来谋利。⑤域名持有人的其他合法权利。

7. 建议就双方或多方对域名提出争议时如何处理作出规范

（1）在双方或多方均拥有相同商标的情况下，其中一方抢先注册域名，其他方提出争议，上述法律及规章没有提供处理办法。特别是域名注册方是一个普通商标的所有权人，其他方是著名商标权人或驰名商标权人时，如何处理?

笔者认为，如果各方所拥有的商标均为普通商标，应按域名注册的先来先得原则处理，也即先行注册者获得该域名；如果先注册者是驰名商标权人或著名商标权人，则他人无权提出异议，当然，如果先行注册者是著名商标权人，驰名商标权人可行使撤销权；如果先行注册者是普通商标权人，著名商标权人或驰名商标权人可行使撤销权。下面以德国的案例来说明这一观点。

在德国，被告以自己的姓名登记为企业名称提供在线服务，并将自己的姓氏krupp注册为域名krupp. de，原告是一个历史悠久且极为著名的钢铁、机械制造企业，krupp不仅为该企业名称中之重要部分，而且是原告的注册商标，原告认为被告以相同之名称注册域名，侵害其名称权和商标权，因而要求被告应将该域名转移给原告。法院判决被告应将争议域名移转给原告，认为被告登记的域名侵害原告的名称权和商标权，因原告为著名企业，不仅应避免混淆，而且亦应保护其避免被淡化，其应享有禁止他人使用相同名称的权利，虽然被告有相同的姓氏与企业名称，然而此尚不足以使其得以选择以此为域名，原告基于其长久以来之使用与广泛之知名度，其姓名权应该较被告之姓名权享有较高之优先性，不能仅因被告注册域名在先，就丧失取得以 krupp 为域名之地位。[1]

（2）当没有商标权的一方注册的域名与双方或多方拥有的商标相同或相似而可能构成侵权时，立法时应明确诉权的行使。在这些商标权人中，如果有驰名商标权人、著名商标权人和普通商标权人，则驰名商标权人优先行使诉权，如果驰名商标权人不行使或询问后明确表示放弃，则由著名商标权人行使，依此类推。行使诉权者如胜诉，则可拥有该域名。如果没有驰名商标权人或著名商标权人，仅有普通商标权人，则谁先行使诉权者如获胜即可获得该域名。如同时行使诉权，如获胜则可由他们共享该域名，并在该域名所标示的网站上设置导入他们网站的路径或旗标。

（3）当拼音相同而字形不同的注册商标被他人注册为域名，哪一方有权要求域名注册人停止使用并由自己使用？或者，如果其中某一商标的所有人注册了该域名，是否对其他商标构成域名抢注呢？如以域名“changhong. com. cn”为例，它对应的注册商标可以是“长虹”、“长宏”、“常宏”或是“昌宏”等。

对第一问题，同样可用上述方法得到解决；对第二个问题，如其中没有驰名或著名商标，则注册方因拥有商标权而对其域名拥有合法利益，按域名注册的先来先得原则可继续拥有该域名；如其中有驰名或著名商标，则可按上述第二点建议进行处理。

8. 应对著名商标权或驰名商标权人是否有权禁止他人在所

---

[1] 谢铭洋：“论网域名称之法律保护”，载《透视域名·商标》，吉林人民出版社2001年8月第1版，第38~39页。

有顶级域名中的注册作出规范

WIPO 最终报告建议，由于域名抢注的对象主要是权利人的著名和驰名商标，因而对著名和驰名商标的保护就很有必要。为此，建立一种机制，授予在广泛地域范围内和各种不同类别商品和服务上著名和驰名商标在网上的专用权，但这种机制只适用于将来引入的新通用顶级域名，不适用现有的通用顶级域名。这一机制是指根据商标权人的申请，由专门的认定小组认定该商标是否为著名或驰名商标，如是则赋予商标权人在所有或部分顶级域名的专有权，其他人不得在这些通用顶级域名上将该商标作为域名注册，已注册的，可予以撤销。对于与他人著名或驰名商标误导性相似，并且其使用方式可能会损害著名或驰名商标权利人的利益的域名，除非域名注册人能够证明其使用该域名具有合理性，也应当予以撤销。[1] 对于驰名商标，应赋予其权利人有权禁止他人在所有顶级域名中注册与该驰名商标相同或相似的域名；对著名商标，仅赋予其权利人有权禁止他人在部分顶级域名中注册与该著名商标相同或相似的域名，就通用域名而言，其权利人可禁止他人在“. com”、“. net”注册，但不应禁止他人在代表政府机构的通用域名“. org”中注册；就国家或地区顶级域名而言，其权利人仅可禁止他人在其商标享有知名度的国家或地区注册相同或相似域名。为维护域名体系的稳定，如权利人在知道或应当知道之日起二年内不行使诉权，则丧失该禁止权。

9. 完善管辖的有关规定

如前所述，由于网络的无边界性，侵权行为地难以确定，且被告为了逃避责任，往往隐藏自己的身份，原告也难以找到他，我国现行的规定已不适应网络管辖的特点，建议引入积极网站、消极网站、交互网站的概念，并依此对涉讼网站进行划分，并辅

---

[1] 谢冬伟：“域名问题新动向研究”，载《中华商标》1999 年第 6 期，第 49 页。

以效果标准，以确定管辖。

对消极网站，其只是消极地提供有关被告商品或服务的广告和信息，可进入此类网站计算机终端设备所在地的法院一般不会对拥有此类网站的被告行使管辖权；在交互式网站，消费者可与被告进行交流，如果被告没有有目的地利用了在法院地做生意的优势，法院将不会对被告行使管辖权，否则，法院可行使管辖权。在积极网站，消费者可通过网站购买被告的商品或服务，被告有目的地利用法院地做生意的优势，法院将对被告行使管辖权。

作为管辖权行使的客体之一的行为或者事件，在网络上虽然没有固定的地点，但它们总是和现实世界中的行为发生着某种程度的联系，大部分网络活动表现为一系列的行为，总有一部分发生在某个国家境内，更重要的是，无论这些行为发生在何处，他们总会对真实世界中的人或者物产生法律所要求的效果，正是基于这一点，美国的法院依据效果原则行使司法管辖权。如在网络诽谤案件中，虽然消极网站也许不能满足最低限度联系的要求，但是，如该域外网站给法院地的居民造成了重大损害，法院就可以根据效果原则行使属人管辖权。

同时，借鉴美国的立法，设立对物诉讼权，允许原告经适当努力后仍无法查清被告是谁的情况下，直接对争议域名提起诉讼。这样既有利于对国内的匿名域名抢注者绳之以法，也可对国外的抢注者行使正当、合理的管辖权，有利于保护我国商标权人的合法利益。

10. 完善知名网站名称和域名的保护

应对知名网站名称和域名的含义、认定条件作出界定，并对知名网站名称和域名被他人注册为相同或相似的商标、企业名称的法律责任作出规定。网站名称和域名有时统一，如中文域名：北方．公司，有时是分开，如搜狐网，搜狐是网站名称，其域名为 sohu. com。

“网站名称是互联网上区别服务商标的标志，含有知识产权的内容，他人将知名网站名称注册为域名使用，会使互联网用户将含有知名网站名称的域名与知名网站产生联系，足以造成混淆和误认。在中文网络环境下，也会给网站的权益人造成损害，从而构成不正当竞争。故对知名网站的名称应当予以保护。”❶ 将知名网站名称和域名注册为相同或相似的商标、企业名称，一样会构成侵权或不正当竞争。对知名网站或域名的认定，目前没有明确的标准。北京市第一中级人民法院在认定网站是否知名时，主要考虑如下因素：

（1）有关互联网用户对该网站的知晓程度；

（2）该网站的广告、宣传情况；

（3）网站的获奖情况；

（4）该网站页面的日、月浏览量、会话量；

（5）该网站拥有的会员数量。

在判断域名是否知名是也可参考上述因素。

此外，由于互联网发展日新月异，有的网站可能一夜成名，也可能很快消失，所以网站经营时间的长短并不能完全说明网站的知名情况。❷

11. 规范抱怨网站

抱怨网站包括两大类，第一类是商标 + suck 域名，即将他人商标加上 suck（俚语，傻瓜之意）或其他侮辱性语汇注册为域名，并对商标权进行批评；第二类是没有带有任何侮辱性的词汇，只是将他人商标直接注册为域名，并在所导入的网站上对商标权人评头品足，有时还销售与商标权人相关的商品。对第一类域名，由于其所标示的网站明显地对商标权人持批评、嘲弄的态

❶ 李燕蓉：“域名案件审理中的几个法律问题”，载《中国专利与商标》（香港）2003 年第 1 期，第 46 页。

❷ 同上书，第 47 页。

度，稍为理智的消费者都不会将其与商标权相混淆，一般不会构成商标侵权。然而，如果该商标是著名或驰名商标，域名注册人的行为可能会淡化该著名或驰名商标。对第二类域名，如没有否认声明，很容易引起消费者的混淆，则域名注册人的行为可能构成侵犯他人的商标权。然而，如果该商标是著名或驰名商标，即使域名注册人作了否认声明，其行为都可能会淡化该著名或驰名商标。

12. 界定域名注册机构的责任

域名注册机构在域名注册管理过程中往往因域名注册、使用而与域名注册人、商标权人发生纠纷，这类纠纷有两类：

（1）技术故障或工作人员不审慎使已注册的域名被注销或注册错误而发生的纠纷。在这一类纠纷中，域名注册机构作为中立的技术服务组织应承担基本责任。与其他民事主体不同的是，域名注册组织是一种非营利机构，但其一旦注册不审慎或操作失误，给注册人造成的损失可能非常巨大。让域名注册机构来赔偿这样的巨额损失显然不堪重负，为了实现法律责任承担的可行性，兼顾利益的平衡，让它承担及时补正及限制赔偿责任是合理的。

（2）被商标权人起诉商标侵权而引起的纠纷。在这一纠纷中，域名组织是否承担法律责任，取决它们的工作性质和在侵权纠纷中所起的作用。1997 年美国洛克西德公司诉 NSI 侵权纠纷案，域名注册组织 NSI 被免除法律责任，法院认为 NSI 受理域名注册，只与域名在网络上的技术特征有关，并没有将他人商标作为自己的商标使用，不构成侵权；由于域名纠纷引起的商标侵权都是在网络上将域名作为商标使用造成的，而 NSI 的职责到域名注册为止，与域名的使用无关，故也不构成共同侵权。因此，有关域名与商标、企业名称等的冲突，属实质审查的内容，与注册机关的业务无关，因而它不应对因实质冲突而引起的纠纷负责，这样处理是符合权利、义务相一致的原则的。[1]

13. 应界定反向域名劫持者的责任

经法院审理，如查明原告知道或应当知道其没有起诉的权利基础或者明知被告对争议域名拥有权利或合法利益而起诉，则应认定原告系一反向域名劫持者，属于恶意起诉来侵夺域名或起诉的目的是为了骚扰域名持有者，除了判决其败诉外，还应判令其承担被告因该案所支付的律师费，差旅费以及其他诉讼费用。但是，如果起诉是因误解作出，也应认定原告系一反向域名劫持者。此外，允许被告对原告提起反诉。即使原告撤诉，如有证据已表明其为反向域名劫持者，如被告没有反诉，则不应允许其撤诉，而应判决其承担上述责任。这一责任的界定有利于原告与被告利益的平衡，也有利于域名的稳定。

14. 应规定域名纠纷的诉讼时效时间

如果域名经注册使用后，在任何时间商标权人都可提出异议或起诉，不利于域名的稳定、发展和保护。ICANN 专家组的裁决表明，投诉方如长时间默认被投诉方注册、使用域名，可导致专家组认为被投诉方具有合法利益。因此，应在法律层面规定域名纠纷的诉讼时效。ICANN 专家组的实践还表明，一般以投诉方知道或应当知道起三年为长时间。但是，如果是一强商标或著名商标，尽管较长时间没有提出投诉，专家组也不会认定被投诉方对争议域名具有合法利益。由于域名发展的日新月异，域名纠纷的诉讼时效应以两年为宜，且从权利人知道或应该知道权利被侵害时起算，但如果权利人的权利是一个驰名商标或著名商标，其诉讼时效应以四年为宜。

15. 确认现有司法解释中的救济方法

我国现行的司法解释规定，域名注册、使用等行为一旦被认

---

[1] 张会峰："域名注册组织的法律地位及法律责任"，载张平主编，《网络法律评论》第1卷，法律出版社2001年10月第1版，第158~160页。

定构成侵权或者不正当竞争行为的，法院则可以判令被告停止侵权、注销域名，或者依原告的请求判令由原告注册使用该域名。其中，判令由原告注册使用该域名尤其重要，因为如果仅判令被告注销域名，可能在原告再行申请时又已有人捷足先登，将争议域名再次注册，又会引发新的诉讼。因此，单行立法时应将这一做法予以确认。

16. 设立法定赔偿制度

如前所述，涉及网络域名的赔偿难以界定，原告更无法举证证明被告的获利或自己的损失，被告的获利法院也难以查清，完全让法院自由裁量也不妥当，设立法定赔偿额度是明智之举，其有利于法院加快此类案件的审理，符合处理域名纠纷的效率原则。美国的立法是，每个域名的法定赔偿额为不少于 1 000 美元且不多于 10 万美元，借鉴这一规定，根据我国经济水平适当下调至每个域名的法定赔偿额为不少于 1 000 元人民币且不多于 10 万元人民币，并由我国法院根据案情酌情确定合理的赔偿额。

（二）司法解释的完善

ICANN 授权的专家组在处理域名纠纷时，积累了丰富的经验，而我国处理域名纠纷的司法经验相对较少，为了使相关的立法更加便于操作，笔者建议作出必要的司法解释。这些司法解释至少应包括如下内容：

1. 如何判断域名与商标等民事权利相同或混淆性相似

（1）标准符号、大写字母、空格、顶级域与判断域名和商标是否相同或构成混淆性相似无关。

（2）从视觉、听觉和含义上来判断相似性。如域名和商标在视觉、听觉和含义方面均不相似，则两者给人的整体印象不同，不构成相似。此外，如域名和一强商标相似，增加一个普通名词到该强商标上注册为域名，也不足以否定两者的相似性。与此相反，如果投诉方用一描述性词语作商标，且是一弱商标，被投诉方的域名只要稍作变动就足以区别两者，则该域名对该商标不构成混淆性相似。

（3）判断相似时应否考虑域名与商标的实际使用方式？专家组在这一问题上存在分歧。笔者认为，我国在增加解决域名纠纷的规定时，应采纳如下意见：为了判断域名与商标是否构成混淆性相似，不但需对该域名与商标进行对比，也需考虑域名与商标所涉及的经营范围，还需考虑两者经营的地域范围。也就是说，要考虑两者的实际使用方式。

（4）当一商标由图形和文字组成，且图形占了该商标的主要部分，因域名不含有图形，不应认定域名与商标相同或混淆性相似。另外，当一商标由图形和文字组成，去掉图形外，剩下的文字为描述性词汇或通用名词，则应认为被投诉方对系争域名拥有合法利益。同样，商标由多个文字组成，而域名只取其中的一个字，也不应认定域名与商标相同或混淆性相似。

（5）故意将他人商标错拼后注册为域名，可能导致一些互联网使用者因自身的拼写水平较低打错域名而进入抢注者的网站，应认定两者构成混淆性相似。但被故意错拼的商标为弱保护商标或故意错拼不是为了使域名与投诉方的经营业务相混淆，而是为了使该域名与其注册人自己的经营业务相混淆时，则须认定两者不构成混淆性相似。

2. 如何判断被投诉方对争议域名是否具有合法权益

（1）在判断域名注册人是否具有合法利益时，专家组在确定投诉方应负的举证责任时存在不一致的地方，但鉴于投诉方要证明被投诉方没有权利存在固有的困难，笔者认为，一旦投诉方指控被投诉方对争议域名没有权利或者没有合法利益，举证责任发生转移，由被投诉方证明其对争议域名拥有合法利益或权利。

（2）被投诉方对争议域名拥有商标权、版权或商号权均可构成对其拥有合法利益。

（3）商标权人的产品或服务的分销商对争议域名经过一定时间的合法使用，即便商标权人已撤销授权，也可对该域名拥有合法利益，有利于保持域名的稳定。

（4）被投诉方因将争议域名注册了企业名称或者商号，构成真实的准备使用，从而拥有合法利益。

（5）被投诉方的商业计划表明被投诉方在争议发生前准备使用域名，则被投诉方对争议域名取得合法利益。

（6）被投诉方在争议发生前通过争议域名提供了相应的服务而取得合法利益。

（7）被投诉方将域名申请为自己的商标也可构成表明其准备提供真实的商品或服务的证据，从而对争议域名取得合法利益。在判断被投诉方通过该域名是否真实地提供商品或服务时，应考虑其注册域名的时间和实际使用该域名提供商品或服务的时间之间隔。如果过长，应认定被投诉方没有真实使用该域名提供商品之意图，进而认定其对该域名不具有合法利益。

（8）域名注册人可通过合伙人或其客户对争议域名的使用而获得合法利益。

（9）域名注册人可通过将普通词汇注册为域名而获得合法利益，他不能因将此类域名出售而被认定具有恶意。

（10）域名注册人并不因合法利益的失去而导致善意注册的域名的失去。

3. 如何判断被投诉方是否具有恶意

根据ICANN政策，投诉方必须证明被投诉方注册和使用域名均具有恶意，但实践中，针对一些注而不用者，恶意使用域名不限于积极作为，不作为也属于恶意使用。但适用这一原则的前提是，投诉方的商标是一特别强的商标，且消极持有其域名的被投诉方提供了虚假的注册信息。没有这两种情况则不应适用这一原则。

为了证明被投诉方注册和使用争议域名具有恶意，投诉方至少必须证明被投诉方注册域名时，知道或可能知道投诉方拥有商标权。如双方地理位置紧密相邻，则可推定被投诉方在注册域名时知道或应当知道投诉方的商标。此外，如果被投诉方通过合法的商业交易购得域名，则应认定其没有恶意。

（1）若被投诉方注册域名的目的主要是为了通过出售、出租该域名给商标权人或其竞争对手获利，则可认定其具有恶意。被投诉方的主动要约，是认定其具有恶意的关键因素之一，但如果被投诉方受投诉方引诱作出出售域名的意思表示，就不应据此认定其具有恶意。与之相反，若投诉方首先提出购买争议域名，即使被投诉方要价过高也不应据此款认定其具有恶意。此外，域名注册很长时间后被投诉方才要约出售，或在收到投诉方要求停止侵权的通知后才与其讨论出售域名，或经要约后，被投诉方拒绝转让域名，则不应认定被投诉方具有恶意。

（2）被投诉方拍卖域名或向公众公开发售域名与直接向投诉方或其竞争对手出售域名一样具有恶意，因为被投诉方通过拍卖或向公众公开发售的方式一样可向投诉方或其竞争对手发出要约，且该域名对投诉方或其竞争对手具有重大商业价值，故一样可实现被投诉方通过出售域名获利的目的，没有必要一定要向投诉方或其竞争对手发出出售要约才能达到上述目的。

（3）裁决前双方当事人的通信是否体现恶意，专家组对此存在分歧。一种意见认为，被投诉方没有答复投诉方要求转让域名的请求，表明了被投诉方没有兴趣转让争议域名，不能据此认定被投诉方具有恶意，应驳回投诉方的请求。此外，被投诉方没有义务答复投诉方的请求信，不答复此类信件不构成恶意；另一种意见认为，被投诉方没有回应投诉方要求停止侵权的信件，表明被投诉方根本不想回应投诉方的合理询问和正当要求，默认了自己使用争议域名具有恶意。前一种意见更为可取，因为没有法律规定要求域名注册者必须答复投诉方的请求信，没有法定义务，也就不应据此认定其具有恶意。

（4）域名成本构成的认定。被投诉方注册域名主要是为了出售，以获得高于注册该域名成本价值的对价，则可认定被投诉方具有恶意。该对价不限于金钱，也可以是非金钱的行为。域名成本基本由域名注册费、建立网站的基本费、对商标的检索费构成。若域名注册方通过域名标示的网站进行电子商务，该成本还可包括将来的业务损失；域名如经转让，其成本还可包括转让价格及因转让产生的合法费用；若域名标示的网站具有一定的商誉，域名售价可适当提高。所以，若域名价格未明显超出上述已产生的各项费用之和，则不应据此认定域名注册方具有恶意。

(5) 通过被投诉方注册其他域名的习惯行为来推定其是否具有恶意。若被投诉方注册域名来阻止商标权人以相应的域名在网上反映其商标，且其以前也曾经注册过两个或两个以上的此类域名，则可据此认定其具有恶意。但是，若被投诉方没有在所有通用顶级域上注册了相同的域名，就不应据此认定其具有恶意。此外，如投诉方的商标是一显著性特别强的商标，要认定被投诉方有恶意无需其以前有过类似行为。

(6) 扰乱竞争者业务所体现的恶意。若被投诉方通过注册域名来扰乱竞争者的业务，则可认定其具有恶意。争议双方应存在竞争关系，如果没有竞争关系，就不应据此认定被投诉方具有恶意。这里的竞争关系既可存在于有竞争关系的企业之间，也可存在于有竞争关系的企业的经营者之间。此外，这里的竞争关系既可是现在的，也可是将来的。在适用此款来认定被投诉方是否具有恶意时，即使被投诉方注册了域名而不使用，也可认定其具有恶意。

(7) 商业利益的界定。为了获得商业利益，域名持有人故意通过制造域名与投诉人的商标在网上的混淆来诱使他人至其网站，则可认定其具有恶意。这里的商业利益，应作广义理解，销售商品或提供服务或为其商品或服务做广告而获得的收入或即使不获利或将其交与慈善团体，都可视为商业利益。此外，商业利益还可表现为对投诉方造成了商业损失。

（8）否认声明的效力。对于否认声明的效力，专家组存在分歧，一种意见认为否认声明能避免混淆，另一种意见认为，否认声明不能避免混淆。笔者认为，域名持有人通过在网站上刊登否认声明来否认自己与商标权人存在隶属关系可避免消费者混淆，即使有混淆，也是暂时的，一旦消费者看到否认声明，这一暂时的混淆即可自行消失，因此，可据此否认声明来认定被投诉方没有恶意。

（9）提供虚假信息导致恶意的判断。只要域名注册人在注册时提供虚假信息，就可以认定其具有恶意。但是，如被投诉方提供虚假或不完整信息的目的不是为了隐藏自己真实身份来逃避责任，则可不作为恶意的判断因素。

（10）提供色情信息导致恶意的判断。专家组对提供色情信息导致恶意的判断存在分歧，有的专家认为将他人商标作为黄色网站的域名构成恶意，有的专家认为，如投诉方的商标不是著名商标或驰名商标时则不存在恶意。笔者认为，在我国，前一种意见更为合理，因为在我国提供色情信息是非法行为，以他人商标作为此类网站的域名本身就具有恶意。

（11）疏忽注册域名导致恶意的判断。被投诉方疏忽注册一域名，且没有明显的善意使用该域名的意图，则可认定其具有恶意。

此外，被投诉方原本善意注册和使用域名，后来因其他原因对该域名失去了合法利益，接着以获利为目的拟出售该域名，对这种恶意更新和使用域名的行为，由于该域名的注册原属于善意，后因情势的变化而出售域名，就不应认定其具有恶意。

结　语

本书通过论证，提出我国域名纠纷的解决方法应从立法、司法方面进行构建和完善，并提出了具体的解决域名纠纷的完善措施。这些结论性措施包括：

(1) 判断域名纠纷的依据方面，对驰名商标，确认淡化理论，在所有顶级域名上禁止将他人的驰名商标注册域名；对著名商标，引入淡化理论，禁止他人在部分顶级域名中注册与著名商标相同或相似的域名；对普通商标，需域名与之相同或混淆性相似，容易使相关公众产生误认，域名持有人无合法权益和具有恶意，才构成侵权；对企业名称和商号，需企业名称或商号具有知名度，两者相同或混淆性相似，域名注册人没有合法权益和具有恶意，才构成侵权；对人名，需两者相同或混淆性相似，域名注册人没有征得姓名权人的同意，具有谋利的特定意图，没有合法权益，才构成侵权；对地理标记，需两者相同或混淆性相似，易产生误认，域名持有人没有合法权益和具有恶意，才构成侵权。此外，对域名持有人的恶意和合法利益之判断加以细化，且应对其作综合判断。

(2) 域名纠纷的诉权方面，拥有商标权的双方或多方对域名提出争议时，驰名商标权人优先于著名商标权人和普通商标权人行使诉权和获得保护，著名商标权人优先于普通商标权人行使诉权和获得保护，没有驰名商标权人和著名商标权人，按域名注册的先来先得原则处理。

(3) 域名纠纷的管辖方面，将网站划分为积极网站、消极网站、交互网站，辅以效果标准，以确定管辖。同时，设立对物诉讼权，在经适当努力后仍无法查清被告是谁的情况下，原告直接对争议域名提起诉讼。

(4) 知名网站名称和域名的保护方面，需加强对知名网站和域名的保护，在认定网站和域名是否知名时，应考虑网站和域名的知晓程度，广告，宣传情况，获奖情况，日、月浏览量，会话量，会员数量。

(5) 救济方面，一是域名纠纷的诉讼时效应为两年，且从权利人知道或应该知道时起算，但如果权利人的商标是一驰名商标或著名商标，其诉讼时效应为四年；二是救济方法，应包括法院可判令被告停止侵权、注销域名，或者依原告的请求判令由原告注册使用该域名，并依法定赔偿额度1 000 元至10 万元判令被告赔偿原告损失。

笔者期望这些措施能对解决域名纠纷的理论和实践起到一定的指导作用。

互联网是一个全新的事物，对域名纠纷的处理要受现有的域名结构体系的制约，尽管该结构体系在不断发展，但因其发展而带来的问题具有不可预知性，因此，本书只能在现有的域名体系中寻求解决域名纠纷的方法和途径。限于笔者的水平，本书肯定存在不少不尽如人意之处。

第六节 内地与香港商标制度若干问题比较

商标法律制度是知识产权制度的重要组成部分，我国内地与香港的商标制度既有相同之处，又存在差异，加强两地商标制度的比较研究，既有利于保护两地企业的利益，也有利于促进两地商标法律制度的借鉴、融合和提高。本书拟就如下议题进行比较和分析。

（1）两地商标权的取得制度；

（2）两地商标权的许可制度；

（3）两地对驰名商标的保护；

（4）两地对商标侵权的认定；

（5）两地商标制度面临的新问题。

一、两地商标权的取得制度

（一）两地商标权的取得原则

1. 内地商标权的取得原则

内地的自然人、法人或者其他组织要取得商标专用权，必须向商标局申请商标注册。没有注册的商标一般可以使用，但它无法获得商标法的保护。当然，如果未注册的商标符合版权或外观设计专利的条件的，可以获得著作权法或专利法的保护。内地商标权的取得遵循如下原则：

（1）注册取得商标专用权的原则。注册原则，是指商标专用权通过注册取得。不管该商标是否使用，只要符合商标法的规定，经商标主管机关核准注册之后，申请人即取得该商标的专用权，受法律的保护。根据《商标法》第3条的规定，经商标局核准注册的商标为注册商标，商标注册人享有商标专用权，受法律保护。可见在内地要取得商标专用权，必须首先通过商标注册，未注册商标虽然能在商品上使用，但无法取得商标专用权。

（2）自愿注册原则。根据《商标法》第4条的规定，自然人、法人或者其他组织对其生产、制造、加工、拣选、经销的商品，或者对其提供的服务项目，需要取得商标专用权的，应当向商标局申请商品商标注册。因此是否取得商标专用权由商标使用人自己决定。从这个角度来看，内地商标注册采用自愿注册原则，但是也有一些例外。《商标法》第6条规定，国家规定必须使用注册商标的商品，必须申请商标注册，未经核准注册的，不得在市场销售。国家强制注册的商品包括人用药品、烟草制品以及其他由国家工商行政管理局公布的必须使用注册商标的商品。

（3）申请在先原则。两个或两个以上的申请人先后就同一种类的商品，以相同或类似的商标申请注册，商标局对申请在先者予以审核和注册，并驳回其他人的申请，这就是申请在先原则。如果两个或两个以上的申请人，在同一种商品或者类似商品上，以相同或近似的商标申请注册，又是同一天申请的，商标局初步审定并公告使用在先的商标，驳回其他人的申请。

2. 我国香港地区商标权取得原则

根据我国香港地区2003年4月4日生效的《商标条例》的规定，商标权的取得遵循如下原则：[1]

（1）注册取得原则。要在我国香港地区取得注册商标专用权，应依法履行商标注册手续。这一原则与内地的注册取得商标专用权的原则并无区别。

（2）使用取得原则。使用取得原则是指商标通过使用即可产生权利。根据这一原则，最先使用者可以获得商标专用权。在我国香港地区，商标权可以通过使用而取得。通过这一方式取得商标权，法律要求该商标的使用在一定范围内确立了商品信誉。通过使用取得的商标权与通过注册取得的商标权一样可以对抗第三人，但两者在发生侵权时的救济方式有所不同，通过注册取得商标权的人可以提起侵权之诉，而通过使用取得商标权的人只能靠提起仿冒之诉获得救济。内地只允许注册商标获得商标权，不存在通过使用获得商标权，由此可见，两地在这一方面存在较大的区别。

（二）两地商标权取得的条件

1. 内地商标权取得的条件

（1）申请注册的商标必须具有显著性。要求商标必须有显著特征，是商标识别作用的需要，商标在市场使用时，应能很明显地让消费者辨别出是表示某经营者的标志，而不是其他意义上的标志。《商标法》第6条的规定，申请注册的商标，应当有显著特征，便于识别。且该法第8条也规定，任何能够将自然人、法人或者其他组织的商品与他人的商品区别开的可视性标志，包括文字、图形、字母、数字、三维标志和颜色组合，以及上述要素的组合，均可以作为商标申请注册。

[1] 王立："内地、香港、台湾商标权比较"，载香港法律教育信托基金编：《中国内地、香港法律制度研究与比较》，北京大学出版社2000年8月第1版，第351～352页。

（2）申请注册的商标不得使用法律禁用的文字、图形。《商标法》第 10 条规定下列标志不得作为商标使用：

a. 同中华人民共和国的国家名称、国旗、国徽、军旗、勋章相同或者近似的，以及同中央国家机关所在地特定地点的名称或者标志性建筑物的名称、图形相同的；

b. 同外国的国家名称、国旗、国徽、军旗相同或者近似的，但该国政府同意的除外；

c. 同政府间国际组织的名称、旗帜、徽记相同或者近似的，但经该组织同意或者不易误导公众的除外；

d. 与表明实施控制、予以保证的官方标志、检验印记相同或者近似的，但经授权的除外；

e. 同“红十字”、“红新月”的名称、标志相同或者近似的；

f. 带有民族歧视性的；

g. 夸大宣传并带有欺骗性的；

h. 有害于社会道德风尚或者有其他不良影响的。

县级以上行政区划的地名或者公众知晓的外国地名，不得作为商标。但是，地名具有其他含义或者作为集体商标、证明商标组成部分的除外；已经注册的使用地名的商标继续有效。

同时该法第 11 条禁止下列标志作为商标注册：

a. 仅有本商品的通用名称、图形、型号的；

b. 仅仅直接表示商品的质量、主要原料、功能、用途、重量、数量及其他特点的；

c. 缺乏显著特征的。如该标志经过使用取得显著特征，并便于识别的，可以作为商标注册。

该法第 13 条还规定，以三维标志申请注册商标的，仅由商品自身的性质产生的形状、为获得技术效果而需有的商品形状或者使商品具有实质性价值的形状，不得注册。

（3）申请注册的商标不得与他人在先取得的合法权利相冲突。这类在先权利包括他人的在先申请、注册的商标权利，他人对该申请注册的商标已享有的版权或外观设计专利权。

2. 香港商标权取得的条件

香港《商标条例》第3条规定，商标是指任何能够将某一企业的货品或服务与其他企业的货品或服务加以识别并能够通过书写或绘图方式表述的标志，它可由文字（包括个人姓名）、标识、设计式样、字母、字样、数字、图形要素、颜色、声音、气味、货品的形状或其包装，以及其组合所构成。在我国香港地区，要取得商标权也需要符合如下条件：

（1）与我国商标法一样，申请注册的商标必须具有显著性。我国香港地区《商标条例》第11条规定，欠缺显著性的商标将不获得注册，且欠缺显著性是拒绝注册的绝对理由。

（2）与我国商标法相似，申请注册的商标不得使用法律禁用的文字、图形。我国香港地区《商标条例》第11条、第12条规定了拒绝商标注册的绝对理由和相对理由，其内容与内地商标法的上述规定虽然表述上有所不同，但两者的基本内容相似。

（3）与我国商标法相似，申请注册的商标不得与他人在先取得的合法权利相冲突。这一点规定在我国香港地区《商标条例》第12条第5款（b）项，其内容也是阻止与他人在先权利相冲突的商标获得注册。然而，该条例第13条规定，如果申请注册的商标与有关在先商标或其他在先权利曾有同时使用的情况，则他人不得以在先权利阻止该商标获得注册。这一点是我国香港地区保护使用商标的相应结果，与我国商标法相关规定不同。在内地，即使申请注册的商标与享有在先权的商标、版权或外观设计专利同时使用，由于该商标不能依使用而获得商标权，因而在先注册的商标、享有在先权的版权或外观设计专利可以阻止该商标的注册。

二、两地商标权的许可制度

（一）我国商标权的许可制度

行使商标权一般有两种形式：一种是商标权人自己使用；另一种是商标权人许可他人使用。《商标法》第40条规定，商标注册人可以通过签订商标使用许可合同，许可他人使用其注册商标。最高人民法院《关于审理商标民事纠纷案件适用法律若干问题的解释》将商标使用许可分为三类：

（1）独占使用许可，是指商标注册人在约定的期间、地域和以约定的方式，将该注册商标仅许可一个被许可人使用，商标注册人依约定不得使用该注册商标。在发生注册商标专用权被侵害时，独占使用许可合同的被许可人可以向人民法院提起诉讼。

（2）排他使用许可，是指商标注册人在约定的期间、地域和以约定的方式，将该注册商标仅许可一个被许可人使用，商标注册人依约定可以使用该注册商标但不得另行许可他人使用该注册商标；此类许可合同的被许可人可以和商标注册人共同起诉，也可以在商标注册人不起诉的情况下，自行提起诉讼。

（3）普通使用许可，是指商标注册人在约定的期间、地域和以约定的方式，许可他人使用其注册商标，并可自行使用该注册商标和许可他人使用其注册商标。该被许可人经商标注册人明确授权，可以提起诉讼。

（二）我国香港地区商标权的许可制度

我国香港地区商标权许可制度比内地的相关制度更加详尽，严密。

（1）独占使用许可，是指授权被许可人在排除所有其他人（包括授予许可的人）的情况下以该许可所授权的方式使用某注册商标的许可。根据这一许可，被许可人有权以自己的名义就商标侵权起诉除注册商标权人外的任何人（商标权人如继续使用或许可他人使用，被许可人可提起违约之诉）。

（2）一般使用许可，是与独占使用许可相对而言，其含义与内地普通使用许可相同。在内地如果普通使用许可合同中的被许可人未经商标注册人明确授权，不可以提起诉讼。当发生侵权行为时，商标注册人如怠于行使诉权，将严重损害被许可人的权益，且被许可人也无其他救济手段可依。但在我国香港地区，即使许可合同中的被许可人未经商标注册人明确授予诉权，被许可人也可以书面要求商标权人行使诉权来制止商标侵权，如商标权人拒绝行使诉权或在被要求后的1个月内未行使诉权，他可以自己的名义提起侵权诉讼。[1] 显而易见，我国香港地区这方面的规定比我国其他地区要完善、严密。

（3）独占使用许可下的再一般使用许可，是指独占使用许可的被许可人再许可他人使用该注册商标。如发生侵权，再被许可人也可以书面要求独占使用许可的被许可人行使诉权来制止商标侵权，如独占使用许可的被许可人拒绝行使诉权或在被要求后的1个月内未行使诉权，他可以自己的名义提起侵权诉讼。[2] 在内地，现实中同样存在这一类型的许可，但我国商标法未对这类许可作出规定，使这类许可处于无法可依状态。司法实践中，一般按合同来处理双方的法律关系，如合同不明确，只能参照普通许可使用的法律规定来处理双方的法律关系。

三、两地对驰名商标的保护

（一）内地对驰名商标的保护

1. 我国认定驰名商标须考虑的因素

《商标法》第14条规定，认定驰名商标应当考虑下列因素：

（1）相关公众对该商标的知晓程度；

---

[1] 《商标条例》第35条。

[2] 《商标条例》第37条。

（2）该商标使用的持续时间；

（3）该商标的任何宣传工作的持续时间、程度和地理范围；

（4）该商标作为驰名商标受保护的记录；

（5）该商标驰名的其他因素。

实践中，对于商标的知晓程度，法院或国家商标局除了考虑该商标的广告发布情况、最早使用及连续使用时间外，主要根据以下因素来确定：

a. 使用该商标的商品在国内的销售量及销售区域；

b. 使用该商标的商品近3年的经济指标（年产量、销售额、利润、市场占有率等）及其在国内同行业的排名；

c. 使用该商标的产品在国外的销售量及销售区域；

d. 该商标在国内及国外的注册情况；

e. 有关该商标驰名的其他证据。

这些因素均不能单独决定某一商标是否驰名，在决定某一商标是否驰名前，须综合评估上述所有因素。

2. 内地对驰名商标的保护

对驰名商标的保护范围要比对一般商标的保护范围要宽，内地对驰名商标的保护主要包括如下两个方面：

（1）注册保护。我国对未在我国注册的驰名商标，如被他人复制、模仿或者翻译后申请在相同或者类似商品上注册，容易导致混淆的，不予注册并禁止使用；对已经在中国注册的驰名商标，如被他人复制、模仿或者翻译后申请在不相同或者不类似商品上注册，误导公众，致使该驰名商标注册人的利益可能受到损害的，不予注册并禁止使用。[1] 对恶意注册的，驰名商标所有人随时可申请撤销该注册商标，且不受时间限制。[2]

（2）侵权保护。我国《商标法》通过规定如下行为为侵权

---

[1] 《商标法》第13条。

[2] 《商标法》第14条。

来加强驰名商标的保护：

a. 复制、模仿、翻译他人注册的驰名商标或其主要部分在不相同或者不相类似商品上作为商标使用，误导公众，致使该驰名商标注册人的利益可能受到损害的；❶

b. 复制、模仿、翻译他人未在中国注册的驰名商标或其主要部分，在相同或者类似商品上作为商标使用，容易导致混淆的；❷

c. 将他人的驰名商标作为企业名称登记，可能欺骗公众或者对公众造成误解的；❸

d. 将他人的驰名商标作为域名予以登记，也构成侵权。

（二）我国香港地区对驰名商标的保护

1. 我国香港地区认定驰名商标须考虑的因素

我国香港地区认定驰名商标须考虑的因素与内地并无分别，但我国香港地区《商标条例》对驰名商标定义的规定比内地要严密，它将驰名商标的定义界定为，该商标除了驰名于香港外，其所有权人必须是：

a. 任何巴黎公约国或世界贸易组织成员国的国民，或以任何巴黎公约国或世界贸易组织成员国为居籍或通常居住于任何巴黎公约国或世界贸易组织成员国的人；或

b. 拥有香港居留权的人；或

c. 在任何巴黎公约国、世界贸易组织成员国或香港设有真实而实际的工业或商业机构的人，不论该人是否在香港经营业务或拥有任何在香港的业务的商誉。❹

---

❶ 最高人民法院《关于审理商标民事纠纷案件适用法律若干问题的解释》第1条第2款。

❷ 最高人民法院《关于审理商标民事纠纷案件适用法律若干问题的解释》第2条。

❸《商标法实施细则》第53条。

❹ 香港《商标条例》第4条。

我国商标法并未将驰名商标权人作上述限定，意味着我国商标法对不属于a、b、c三项的驰名商标权人也提供保护，这种保护过宽，对我国是不利的，这种过宽的保护既然不是条约义务，作为发展中国家就没有必要提供如此过宽的保护。反观我国香港地区的规定，更加切合实际。

2. 我国香港地区对驰名商标的保护

我国香港地区也确认对驰名商标的保护范围要比对一般商标的保护范围宽，其对驰名商标的保护主要包括如下两个方面：

（1）注册保护。我国香港地区《商标条例》也禁止与驰名商标相同或相似的商标在不相同或不类似的商品或服务上注册，这一点与内地并无分别，只是表述上更加严谨而言。它将禁止注册的条件表述为，申请注册人并无正当理由使用该商标，如使用或注册会对该驰名商标的显著特性或声誉构成不公平的利用或造成损害，则该商标不得注册或在上述构成不公平利用或造成损害的范围内不得注册。[1] 我国商标法没有作如此要求。

（2）侵权保护。我国香港地区《商标条例》也对将相同或相似于驰名商标的标志用于不相同或不类似的商品或服务视为侵权，并将构成侵权的条件规定为该标志的使用并无正当理由，且对该驰名商标的显著特性或声誉构成不公平的利用或造成损害。[2]

在有人于我国香港地区就相同或相类似的货品或服务使用任何与驰名商标相同或相类似的商标或当中主要部分与驰名商标相同或相类似的商标，这一使用可能会令公众产生混淆的情况下，驰名商标权人有权借强制令限制在我国香港地区在此货品或服务上使用该商标。[3] 这一规定与内地也无区别，但它同时规定，如

---

[1] 香港《商标条例》第12条第4款。

[2] 香港《商标条例》第18条第4款。

[3] 香港《商标条例》第63条第1款。

对某商标的使用在本规定生效前已开始，则可继续在原有范围内使用。[1] 内地由于奉行商标注册原则，不承认商标使用原则，故无此规定。

通过对比，我国香港地区《商标条例》没有关于禁止将驰名商标注册为企业名称、域名的规定。但英国已有禁止将驰名商标注册为域名的判例可供我国香港地区采用。

四、两地对商标侵权的认定

由于上面已论述了对驰名商标侵权的认定，故此节所述的对商标侵权的认定仅仅指一般的商标侵权的认定。当然，某一行为如构成对一般商标的侵权，则它肯定也会构成驰名商标的侵权。

（一）内地对商标侵权的认定

根据我国商标法，如下行为构成商标侵权：[2]

a. 未经商标注册人的许可，在同一种商品或者类似商品上使用与其注册商标相同或者近似的商标的。

b. 销售侵犯注册商标专用权的商品的。这一规定不要求销售者是否知道所销售的产品是侵犯注册商标专用权的商品，只要销售了，即构成侵权，比我国商标法原来的规定更加严厉。

c. 伪造、擅自制造他人注册商标标识或者销售伪造、擅自制造的注册商标标识的。伪造是指在注册人不知道、也未授权的情况下，通过抄袭模仿方式制造他人注册商标；擅自制造是指制造商标标识者与该商标权人存在商标使用许可或委托印制商标标识关系，但在商标权人授权以外制造商标标识。

d. 未经商标注册人同意，更换其注册商标并将该更换商标的商品又投入市场的。这是关于反向商标假冒的规定，这一行为

---

[1] 香港《商标条例》第63条第2款。

[2] 《商标法》第52条，《商标法实施细则》第50条，最高人民法院《关于审理商标民事纠纷案件适用法律若干问题的解释》第1条。

损害了商标权人通过商品的销售来提高商标的知名度的权利，同时又使侵权人利用别人优质商品来提高自己商标的知名度，获得一定知名度后再用自己的产品代替商标权人的产品，最终也会损害消费者的利益，故为我国商标法所禁止。

e. 在同一种或者类似商品上，将与他人注册商标相同或者近似的标志作为商品名称或者商品装潢使用，误导公众的。

f. 故意为侵犯他人注册商标专用权行为提供仓储、运输、邮寄、隐匿等便利条件的。在这些环节中，侵权者虽然不是侵权商品的主要经营者，但其行为为主要经营者提供了便利条件，属刑法意义上的共犯，应当承担商标侵权责任。

g. 将与他人注册商标相同或者相近似的文字作为企业的字号在相同或者类似商品上突出使用，容易使相关公众产生误认的。

h. 将与他人注册商标相同或者相近似的文字注册为域名，并且通过该域名进行相关商品交易的电子商务，容易使相关公众产生误认的。

（二）我国香港地区对商标侵权的认定

我国香港地区对商标侵权的认定既有相同的一面，又有自己独特的一面。

a. 我国香港地区《商标条例》也认为未经商标注册人的许可，在同一种商品上使用与注册商标相同的商标，构成侵权。这一行为构成侵权并不要求产生混淆的可能性，与内地相同；然而，在相类似的商品上使用与注册商标相同的商标的，或在相同或相类似的商品上使用与注册商标相似的商标，要构成侵权，必须有产生混淆的可能性。[1] 我国商标法在这一方面没有作此要求，香港这一规定要比内地严密、完善。因为对一些特别贵重的商品，人们在购买时会非常慎重，即使商标相似，也不会产生误

[1] 香港《商标条例》第18条。

购，如一律认定侵权，将有失公正。

b. 我国香港地区《商标条例》也规定销售侵犯注册商标专用权的商品构成侵权，与内地无分别。[1]

c. 我国香港地区《商标条例》没有将伪造、擅自制造他人注册商标标识或者销售伪造、擅自制造的注册商标标识的行为当作侵权。

d. 我国香港地区《商标条例》也没有商标反向假冒方面的规定。

e. 我国香港地区《商标条例》也认为在同一种或者类似商品上，将与他人注册商标相同或者近似的标志作为商品名称或者商品装潢使用，误导公众的行为构成商标侵权。[2]

f. 我国香港地区《商标条例》也禁止为侵犯他人注册商标专用权行为提供仓储、运输等便利条件。[3] 这一点与内地无大的区别。

g. 我国香港地区《商标条例》与我国商标法一样认为，将与他人注册商标相同或者相近似的文字作为企业的字号在相同或者类似商品上突出使用，容易使相关公众产生误认的，构成商标侵权，只是表述有所不同。[4]

h. 我国香港地区《商标条例》未对将与他人注册商标相同或者相近似的文字注册为域名，并且通过该域名进行相关商品交易的电子商务，容易使相关公众产生误认的行为规定为侵权。

i. 我国香港地区《商标条例》认为，任何人将与注册商标相同或相类似的标志应用于标签或包装货品、作商用纸张之用或用于货品或服务的广告宣传，且他知道或有理由相信该项应用并

[1] 香港《商标条例》第18条第（5）款（b）项。

[2] 香港《商标条例》第18条第（5）款（a）项。

[3] 香港《商标条例》第18条第（5）款（d）、（f）项。

[4] 香港《商标条例》第18条第（5）款（a）、（c）项。

没有获得注册商标权人的授权，则构成侵权。[1] 我国商标法没有如此规定，但在司法实践中，内地法院也认为作如此使用构成侵权。

此外，我国香港地区《商标条例》规定了行使商标权的限制条款，认为任何人使用他自己或其业务的前任人的姓名或名称或地址或其业务地点的名称；或使用标志以指明货品或服务的种类、质量、数量、原定用途、价值、地理来源等特性；或因有需要显示某货品或服务的用途而使用该商标的，不属于侵权行为。我国香港地区《商标条例》也规定了商标权利用尽的情况和在广告宣传中为识别注册商标的所有人而诚实使用该注册商标的行为不属于侵权。这些商标权的限制条款都是我国商标法所没有的，而这些条款对限制商标权的无限膨胀是非常必要的，建议我国商标法在以后的修订中加入这些条款。

五、两地商标制度面临的新问题

随着因特网的发展，域名成为日益重要的资源。一些所谓的先知先觉者抢先将别人的商标，特别是驰名商标注册为域名。这些网络蟑螂在网络空间抢占别人的商标要么自用，经营相同或相类似的商品，误导相关消费者，要么待价而沽，如商标权人提供不了相应的价钱，则将域名转售商标权人的竞争对手，使商标权人的权利处于危险的境地。

我国商标法的司法解释已对此作出规范，对将与他人注册商标相同或者相近似的文字注册为域名，并且通过该域名进行相关商品交易的电子商务，容易使相关公众产生误认的行为视为侵权。[2] 此外，最高人民法院在另一件有关域名案件的司法解释中

---

[1] 香港《商标条例》第18条第（6）款。

[2] 最高人民法院《关于审理商标民事纠纷案件适用法律若干问题的解释》第1条第1款。

认为，如被告域名或其主要部分是复制、模仿、翻译或音译原告驰名商标；或者与原告的注册商标相同或近似，足以造成相关公众的误认，而被告对该域名或其主要部分不享有权益，也无注册、使用该域名的正当理由，且被告对该域名的注册、使用具有恶意，则构成商标侵权。[1] 该司法解释还将恶意界定为：为商业目的将他人驰名商标注册为域名或注册、使用与原告的注册商标等相同或近似的域名，故意造成与原告提供的产品、服务的混淆，误导网络用户访问其网站或其他在线站点；或曾要约高价出售、出租或者以其他方式转让该域名获取不正当利益；或注册域名后自己并不使用也未准备使用，而有意阻止权利人注册该域名。[2] 尽管如此，内地有关处理商标与域名纠纷的规定也不完善，如没有规定合理的域名纠纷的管辖制度，没有规定处理域名注册人无法确认时的对物诉讼，没有可供操作的定额赔偿制度等。

我国香港地区《商标条例》没有规定将与他人注册商标相同或相似的文字注册为域名的行为构成侵权，但英国已有判例确认将与他人驰名商标相同或相似的文字注册为域名的行为构成侵权，香港可资引用。此外，在处理域名与商标的纠纷中，美国的立法与判例最为完善，根据普通法的原理，这些判例可被香港法院引用，具有参考价值。[3] 从这一角度而言，香港商标法例在这一方面也不会落后于内地。

小结：通过以上两地商标法领域中五个关键问题的比较，我们可发现我国商标法在很多关键方面与香港的立法非常接近，某

---

[1] 最高人民法院《关于审理涉及计算机网络域名民事纠纷案件适用法律若干问题的解释》第4条。

[2] 最高人民法院《关于审理涉及计算机网络域名民事纠纷案件适用法律若干问题的解释》第5条。

[3] 《中华人民共和国香港特别行政区基本法》第84条，转引自陈弘毅等主编：《香港法概论》，三联书店（香港）有限公司1999年第3版，第12页。

些方面甚至已走在前面。然而，相对而言，我国商标立法远没有香港商标法例严密、完善，用语也没有香港商标法例准确、严谨。因此，内地有关商标司法与立法部门应尽可能研习香港商标立法与判例，并加以借鉴，以使我国商标法更为完善、严谨。

第七节 企业商标战略应注意的问题

商标作为特定商品与特定生产者之间的纽带，其基本功能在于区分商品来源，即确保投放市场的商品来源一致，从而使消费者或终极用户能够将这些产品同来自其他厂商的产品区别开来，而不至于发生混淆误认，以保护消费者获取正确的商品信息[1]。成功的商标可以体现它所负载的商品或者服务的品质、市场定位，反映企业的市场观念和形象。随着企业市场竞争的加剧，越来越多的企业家意识到商标确实是关系到企业生存发展的战略问题，而商标战略意识，则是一个现代企业家必须具备的经营理念。

尽管如此，何谓商标战略却尚未有定论。有学者认为，商标战略是现代企业的一种基本战略，它主要是通过对商标的精心选择和培育来提高其知名度，使其有效地传达企业形象和产品质量，借以实现企业产品占有市场的目标。商标战略的实施需要转化为一系列具体的战术行为，即商标策略包括设计、注册、宣传、商标使用和维护以及商标管理等内容。[2] 另有学者认为，商标战略可被定义为：企业为获取与保持市场竞争优势，运用商标制度提供的保护手段，达到树立企业形象、促成产品或服务占领市场的总体性谋划。[3]

不过，商标战略的定义存在争议并不影响企业对商标战略的

---

[1] Hag II 案，ECJ 判决书第 13、14 段。

[2] 沙勇忠："论企业商标策略"，载《中国信息导报》1995 年第 4 期。

[3] 冯晓青：《企业知识产权战略（第 2 版）》，知识产权出版社 2005 年版，第 271 页。

重视和运用，也不影响企业商标战略的制定与实施。

在司法实践中，我们发现并研究了部分企业商标战略中的若干问题，现抛砖引玉，论述其中对相关企业具有现实意义的主要问题，以期引起相关企业的注意。

成功注册一个富有个性、便于识别和记忆、内涵丰富的商标，对于一个企业来说是十分重要的。这涉及企业商标设计、选择战略。而成功防止他人抢注一个与其注册商标近似或影响其显著性的商标，也是十分必要的。这涉及企业商标反抢注战略。我们认为，企业商标注册战略至少应当包括上述两个相辅相成的方面。

企业在实施其商标战略中应当注意以下问题。

一、商标的显著性

商标的显著性，又称作商标的区别性或识别性（distinctive character or distinctiveness），即能够起到区别作用的特性。商标的显著性与商标的分类是密切相关的。按美国的 Friendly 法官的分类，商标可分为臆造商标（fanciful mark）、任意商标（arbitrary mark）、暗示商标（suggestive mark）和叙述商标（descriptive mark）四种。[1] 其中，前面三种商标在同商品或服务结合使用时，因其本身与指定商品之间没有直接的联系，消费者会立即认为它是在标指这一商品或服务的出处，这些标记即具有固有显著性，也称内在显著性或先天显著性，它们可以直接作为商标受到保护。第四种标记，一般起不到区别出处的作用，即不具有内在显著性，但如果经过长时间、大范围的使用，消费者事实上已经将该标记同特定的出处联系在一起，则该标记即获得了显著性，或者说具备了后天显著性或"第二含义"，因此也可以作为

[1] Abercrombie & fitch Co. v. hunting World，Inc.，537 F. 2d 4（2d Cir. 1976）.

商标受到保护。[1]

因此，对一般企业，特别是处于成长期的企业而言，注册含有内在显著性的商标相对比较稳妥。在企业成长初期，它可以凭借该商标的标示作用在市场上打开局面。商标的显著性越强，其区别商品来源的作用、表示商品质量的作用和广告宣传作用就越强。而随着企业的不断壮大，商标与商品之间的联系越紧密，商标的标示功能也越强，商标的显著性也会更加提升。具有内在显著性的商标与（商品）企业之间会形成一种良性互动。

商标的显著性应包含以下几个方面：第一，商标标记感强，具有独创性。第二，商标设计应富有个性。第三，商标应适合商品特点，易引起消费者联想。第四，商标设计应适应消费心理，适应消费群体的文化素质。

二、企业反抢注商标战略

至于反抢注商标战略方面，积极的应对措施涉及企业的商标管理战略，这是事前防范措施。消极的应对措施则为本书拟论述的商标被他人抢注后的应对措施，这是事后的应对措施。笔者的建议是，以著作权抗辩商标权。

《中华人民共和国商标法》第9条规定："申请注册的商标，应当有显著特征，便于识别，并不得与他人在先取得的合法权利相冲突。"笔者的建议的出发点正是该规定的后半部分。笔者认为，既然法律禁止申请注册的商标与他人在先取得的权利相冲突，那么如果商标被他人抢注者可以通过行使著作权来否定抢注者行为的合法性。只要他能提供证据证明商标确系其创作，且商标之图形、文字、字母、颜色等单独与组合的表达具有独创性并能以某种有形形式复制，另外，他还能证明被抢注的商标系复

[1] 黄晖：《驰名商标和著名商标的法律保护》，法律出版社2001年版，第12～13页。

制、模仿其作品，那么，他就可以抢注者之商标权侵犯其著作权为由，根据《商标法》第41条第1款“已经注册的商标，违反本法第10条、第11条、第12条规定的，或者是以欺骗手段或者其他不正当手段取得注册的，由商标局撤销该商标”之规定，申请商标局撤销该商标。

三、防御商标战略

所谓防御商标，就是指商标权人目前还没有进入大规模商业使用领域，但为了防止他人模仿商标权人的其他知名度高的商标（即主营商标）来“搭便车”，甚至恶意抢注，故该商标权人事先就自行模仿自己的主营商标标识，并进行注册，所取得的注册商标就是防御商标。

这样做起码有两个好处。一是事先检测自己的主营商标的“含金量”，即能在商标行政主管部门那里得到多大的保护范围，如果商标权人申请（不一定以自己的名义，可以以其关联企业名义）的防御商标不被核准，则说明其主营商标的保护范围已经覆盖了防御商标。如果被核准，就说明该假定的模仿行为不侵犯其主营商标；二是防御商标获准注册后，他人针对权利人的主营商标的各种“灰色的侵权行为”将能够得到有效处理。换句话说，权利人主张的主营商标的专用权保护不能制裁到的模仿行为，很可能通过主张防御商标的专用权来得到有效处理。这是因为权利人在设计防御商标的时候，已经充分考虑到了各种不太明显的模仿行为。

在实行防御商标战略的时候，要注意两个问题。一是尽量不以主营商标权利人的名义申请注册，否则检测“含金量”的效果会打折扣；二是定期使用已被注册的防御商标，防止该防御商标因不使用而失去效力。

第四章　著作权保护若干问题研究

第一节　如何确定作品

著作权属于知识产权的一个分支。著作权是指基于文学、艺术和科学作品而依法产生的权利。文学、艺术和科学作品是著作权产生的前提和基础，是著作权法律关系得以发生的法律事实构成。著作权并不是抽象的权利，而是就特定作品产生的权利。著作权依作品而存在；没有作品，著作权就无从产生。[1] 在人类精神生活中，作者就像母亲，作品就像孩子，其亲子关系任何人都不能剥夺。[2] 因此，著作权包括有与人身利益相联系的内容即著作人身权，如署名权、发表权、修改权和保护作品完整权。此外，著作权还包括著作财产权，如复制发行权、表演权、放映权、改编权等权利内容。

著作权的概念有广义概念和狭义概念之分。广义概念包含著作权与邻接权的含义，狭义概念仅含作品的著作权的含义。邻接权一词译自英文 neighboring right，意思是与著作权邻近的权利。在我国《著作权法》中，这种权利称为“与著作权有关的权益”。一些国际公约和各国著作权法（主要是大陆法系国家）一般都使用邻接权的概念。为了表明邻接权与著作权的关系，所以本书使用著作邻接权的概念。著作邻接权通常是指表演者、录音制作者（也称唱片制作者）和广播电视组织（也称广播组织）

---

[1] 戴建忠：《合作作品的著作权》，法律出版社 1998 年版，第 1 页。

[2] 张玉瑞：《互联网上知识产权——诉讼与法律》，人民法院出版社 1997 年版，第 20 ~ 21 页。

对其表演活动、录音制品和广播电视节目享有的一种类似著作权的权利。著作邻接权是在传播作品中产生的权利。作品创作出来后，需在公众中传播，传播者在传播作品中有创造性劳动，这种劳动应受到法律保护。传播者传播作品而产生的权利被称为著作权的邻接权。

著作权邻接权与著作权（狭义上）的区别，包括以下几点：

（1）权利主体不同。著作权的主体是作者和其他著作权人，著作邻接权的主体是传播作品的表演者、录音录像制作者、广播电视组织和出版者。

（2）权利的范围不同。两种法律关系的权利范围各不相同。前者权利范围包括著作人身权的发表权、署名权、修改权、保护作品完整权以及著作财产权的使用权和获得报酬权。因此著作权的权利范围比著作邻接权的权利范围广得多。且著作邻接权一般没有精神权利（表演者权除外）。

（3）权利保护期限不同。著作邻接权的保护期限比著作权的保护期限短。

（4）保护的强度不同。著作权基于作者对作品的创造性劳动而直接产生，权利的行使一般不受限制。因此，法律对著作权的保护比较直接，保护的力度比较强。作品传播者享有的著作邻接权却总要受到被其传播作品的著作权的限制，其行使一般都要得到著作权人的许可和向著作权人支付报酬，并不得以任何方式侵犯作品原有的著作权。

综上，著作权法是一部保护作者文学、艺术和科学智力创作成果的法律，而作品就是作者享有著作权的依据。因此作品的认定对于著作权的保护具有重要的意义。根据《著作权法实施条例》第2条的规定，作品是指在文学、艺术和科学领域内，具有独创性并能以某种有形形式复制的智力创作成果。参照各国对于作品的法律规定，本书将著作权法保护的作品的法律要件分为以下几项：

（1）作品是创作成果。创，始造之也。因此创作成果包括两个方面的含义：一是作品必须来源于作者的劳动；二是作品必须体现作者的个性特征。[1] 著作权法保护的作品应当是作者创造性劳动的成果。根据著作权法理论，一部作品必须具有独创性才能给予法律保护。作品的独创性是指作者在作品创作过程中投入的某种智力性劳动，而使作品具有最低限度的创造性。[2] 独创性只涉及思想的表达，而不涉及思想本身。对于作品的独创性，我国学者在理论上有不同的观点。有学者认为作品的独创性指的是作品从整体上说是一个作者或者若干个作者独立创作出来的，而不是将他人的作品作为自己的作品。[3] 也有学者认为，独创性是指一件作品的完成是该作者自己的选择、取舍、安排、设计、综合的结果，既不是依已有的形式复制而来，也不是依既定的程式推演而来。[4] 在作品是否具有独创性的问题上，大陆法系是看作品中是否有作者的个性，英美法系则是看作品中是否有作者的判断。[5] 我国著作权法没有明确解释独创性的含义，司法实践中掌握的尺度不一。

（2）作品应当是思想、情感的表达，属于文学、艺术、科学领域。我国的《著作权法》和《保护文学艺术作品伯尼尔公约》都将作品的领域划定在文学、艺术、科学领域。思想和情感属于主观范畴，本身不受法律保护。同样的思想可以用不同的方式加以表现和利用。把作品所表现的内容和作品本身严格区别开来，是法律技术上的重大突破，其根本意义在于实现了著作权的法律保护与思想自由宪政原则两者之间的辩证统一。

---

[1] 黄勤南：《知识产权法》，法律出版社2000年版，第301页。

[2] 李明德、许超：《著作权法》，法律出版社2003年版，第31页。

[3] 刘白驹主编：《社会科学领域的著作权问题》，社会科学文献出版社1996年版，第41页。

[4] 刘春田主编：《知识产权法》，高等教育出版社2000年版，第38页。

[5] 郑成思：《知识产权法》，法律出版社2003年版，第369页。

（3）作品须固定于有形载体上，并可被复制。作品获得保护的前提是必须以物质形式固定下来。作品能够被复制首先要求作品有一定的表现形式，仅停留在主观意识中的思想、观念、信息不能成为著作权保护的对象。完成表达形式过程本身就是创作过程。创作之妙是指散佚的思想和信息固定化。[1]

（4）作品的表现形式应当符合法律规定。首先，作者把自己的思想、情感和科学论断借助一定的物质介质以及声音、色彩等符号系统，把主观转化为客观。其次，作品的表现形式应当为著作权法所认可。

（5）作品必须不属于《著作权法》明确规定不予保护和不适用《著作权法》的范围。如禁止出版、传播的作品不受著作权法保护。还有一些情况，如法律、法规，国家机关的决议、决定、命令和其他具有立法、行政、司法性质的文件，及其官方正式译文，反映某种客观事实的时事新闻，以及历法、数表、通用表格和公式，著作权法明确规定不适用著作权法，因而它们也不属著作权法保护的作品范围。

在分析了作品的法律要件之后，我们再将目光投入司法实践中对作品的认定中来。

2003 年 11 月，在华纳唱片有限公司诉北京唐人街餐饮娱乐有限公司侵犯著作权纠纷案中，华纳唱片有限公司称，该公司是郭富城演唱的《爱的呼唤》、《有效日期》、《听风的歌》3 首歌曲 MTV 作品的著作权人。而外资企业北京唐人街餐饮娱乐有限公司未经其许可，以卡拉 OK 的形式向公众播放这三首作品，侵犯了其所享有的著作权中的放映权，故请求法院判令北京唐人街餐饮娱乐有限公司停止侵权，公开赔礼道歉并赔偿经济损失 35 万元。2003 年 12 月 5 日，北京市第二中级人民法院作出一审判决：被告北京唐人街餐饮娱乐有限公司侵犯了华纳唱片有限公司

[1] 黄勤南：《知识产权法》，法律出版社 2000 年版，第 303 页。

对前述3首歌所享有的著作权中的放映权，赔偿原告经济损失2.3万元和因诉讼而支出的合理费用1.5万元。北京唐人街餐饮娱乐有限公司不服判决提起上诉，北京市高级人民法院经审理维持原判。一石激起千层浪，2004年3月，近五十家中外唱片公司以“擅自使用权利人MTV或卡拉OK作品”为由向全国20多个省、直辖市、自治区的KTV经营者发出律师函。[1] 目前我国法律尚未对MTV的性质作出界定，理论界也存在较大分歧，因此MTV作品的性质及著作权归属问题成为此类纠纷争议的焦点。

关于MTV的定性主要有两种不同的观点。一种观点认为MTV属于我国《著作权法》所规定的以类似摄制电影的方法创作的作品，是受到我国《著作权法》保护的一种作品形式。理由如下：MTV即音乐电视，是以确定的声乐、器乐作品作为承载的主题形象，依据音乐体裁不同的特性和诗歌意象进行视觉的创意设计，确立作品空间形象的形态、类型特征和情境氛围，使画面与音乐在时空运动中融为一体，形成鲜明和谐的视听结构。[2] 这种声、画合一的电视艺术体裁充分运用光、色、构图、运动等各种造型因素，利用电子编辑、三维动画和数码编剪等后期技术制作手段，将电视画面造型语言的诸多元素从传统的制作规范中解脱出来，利用分解的、变形的、多层画面的拼叠组合等形式构建一个多维时空形态，一部仅两三分钟的MTV，凝聚着编导、演员、美工等人员的创造性劳动，其制作成本相当于两三个小时的电影制作。[3] 电影是一种综合艺术形式，在著作权法上表现为电影作品，电影作品是以现代科学技术为手段，以画面和

---

[1] 刘琼：“49家唱片公司集体赔偿，全国20多个省区市的众多卡拉OK经营者存在侵权”，载《人民日报》2004年3月2日。

[2] 杨望远：“MTV著作权侵权问题分析”，载《知识产权报》2004年9月10日。

[3] 张晓津：“华纳状告唐人街卡拉OK歌曲侵权胜诉”，载《中国法院网》2003年12月10日。

音响为媒介，在特定的银幕时空中创造形象和艺术情节，再现和反映生活的艺术表现形式。按照《著作权实施条例》的解释，电影作品和以类似摄制电影的方法创作的作品，是在摄制在一定介质上，由一系列有伴音或者无伴音的画面组成，并且借助适当装置放映或者以其他方式传播的作品。以类似摄制电影的方法创作的作品，指表现手法与摄制电影类似，只是其载体有别于电影胶片的作品。因此 MTV 作品是视听结合的一种艺术形式，符合作品的构成要件，属于《著作权法》规定的以类似摄制电影的方法创作的作品。

另一种观点认为 MTV 属于录像制品。MTV 的作用就是最大限度的表现词曲作品，所以只是一种包装或传播技术，它的独创性仅体现在传播方式和表演手法上，不具备作品的独创性。且某些 MTV 缺少创造性，只是以一些简单的画面如模特、山水、交谊舞等作为背景。此类 MTV 不能成为类似摄制电影的方法创作的作品，只能属于录像制品，其录制者只享有《著作权法》规定的录制者的权利，并不享有电影作品制片人的权利。

由此可见，对于不同类型的 MTV 的性质确定不能一概而论，只能根据具体的创作过程进行个案认定。只有专门为歌曲制作的短片，有画面、音乐、剪辑等元素，包含了摄像、演员、导演等人员的创造性劳动的 MTV 才能认定为作品。

在司法实践中，对于实用艺术品是否属于《著作权法》保护范围也存在争议。实用艺术品是兼具实用性与艺术性的产品，只有当艺术品符合了作品条件，才能称为实用艺术作品。艺术性是指通过形象反映生活，表现思想感情所达到的准确、鲜明、生动以及形式、结构、表现技巧的完美程度。[1] 世界知识产权组织编写的《著作权和邻接权法律词汇》对实用艺术作品的定义为“具有实际用途的艺术作品，无论这种作品是手工艺品还是工业

---

[1] 辞海编辑委员会：《辞海（上）》，上海辞书出版社1979年版。

生产的产品”。就我国著作权法规定来讲，立体造型艺术以美术、建筑产品进行列举，其中广义的美术作品包括了实用艺术作品。实用艺术作品满足了美术作品的“有审美意义”的要求，具备以线条、色彩或者其他方式构成平面或者立体造型的表现形式，因此美术作品的定义足以涵盖实用艺术作品。[1] 实用艺术作品同时具备实用性和艺术性，其中艺术性的表达符合作品属性。同时，实用艺术作品纳入著作权法保护的对象为与实用性分离的独创性的艺术表达。综上，可以从对美术作品的著作权法律保护中去探寻对实用艺术作品进行著作权保护的法律依据。

第二节 音像制品的著作权保护

音像制品的侵权判断，首先要审查原告主张的著作权是否成立，其次，要对被控侵权音像制品与原告主张享有著作权的音像制品进行对比，看两者的音和像是否一致。此类案件的难点在于审查原告主张的著作权是否成立，本书予以着重探讨。下面笔者通过原告广东××影视制品有限公司诉被告梁××等著作权侵权纠纷案的评析来进一步说明。

××国际电影公司是一家根据荷兰法律成立的公司，系诉争的《神鬼传奇》等50多部电影作品的版权持有者。2003年3月6日××国际电影公司与原告广东××影视制品有限公司签订协议书，约定本系列案诉争的《神鬼传奇》等50多部电影作品在中国内地的载体仅限于VCD的复制、发行、销售权授予广东××影视制品有限公司，期限从2003年3月1日至2004年2月28日。美国电影协会北京代表处出具版权证明书，证明其会员××国际电影公司系诉争电影作品的版权持有者，且已将该影片在中

[1] 丁丽瑛：“实用艺术品纳入著作权对象的原则”，《厦门大学学报（哲学社会科学版）》2004年6月。

国内地的 VCD 发行权独家授予了原告。2003 年 10 月 20 日××国际电影公司的董事×××代表该公司出具声明，称××国际电影公司对环球影城及梦工厂后附目录影片拥有以录像带和激光视盘（包括 VCD 和 DVD）的形式向公众提供服务的独占许可权，并证明××国际电影公司已许可原告独家以 VCD 的形式按约定期限在中国内地发行上述诉争电影作品，且××国际电影公司已授权原告在中国内地对被授权电影作品的一切盗版行为行使诉权。荷兰外交部出具证明，×××是××国际电影公司的执行董事，代表××国际电影公司签发了上述声明。我国驻荷兰大使馆对荷兰外交部出具的证明进行了认证。原告通过广州市海珠区公证处分别在涉案被告处购买了本案的被控产品，后分别起诉了梁××等 20 多个被告，涉案 60 多起，要求法院判令众被告停止侵权、赔偿损失、赔礼道歉。

法院认为，××国际电影公司是在荷兰注册的公司，其转让相关知识产权给原告，必须首先证明其享有著作权。美国电影协会系我国国家版权局指定对涉外版权进行认证的机构，其出具的版权证明书能证明××国际电影公司系诉争电影作品的版权持有者。根据原告与××国际电影公司签订的协议书及××国际电影公司的声明，原告从 2003 年 3 月 1 日至 2004 年 2 月 28 日有权在中国内地独家以 VCD 形式复制、发行、销售诉争的电影作品，并在中国内地对被授权电影作品的一切盗版行为行使诉权。被告未经版权人或原告的许可，擅自销售被控产品营利，侵犯了原告对诉争电影作品所享有的在中国内地复制、发行、销售的独占许可权。原告要求被告立即停止侵权行为，赔偿经济损失的请求应予以支持。由于原告无法提供被告获利的证据，也无法全面提供其损失的证据，故法院根据被告侵权情节、侵权时间酌定赔偿额。因原告没有提供被告侵权行为对其商誉造成损失的证据，故对原告赔礼道歉的诉讼请求不予支持。据此分别判决每个案件的被告在本判决生效之日起立即停止销售侵犯原告在中国内地享有复制、发行、销售独占许可权的电影作品；并赔偿原告经济损失3 000元；驳回了原告的其他诉讼请求。

一、境外形成证据的审查

涉外版权案件中必然涉及对境外形成证据的认定，其中有些证据直接决定着版权本身是否合法存在，从而成为定案最关键的证据，因此对这类证据的分析与认定非常重要，法院在审理时应从以下两个方面对境外形成的证据进行审查。

（一）证据来源的合法性审查

根据最高人民法院《关于民事诉讼证据的若干规定》（法释〔2001〕33 号）第 11 条规定，当事人向人民法院提供的证据系在我国领域外形成的，该证据应当经所在国公证机关予以证明，并经我国驻该国使领馆认证，或者履行我国与该所在国订立的有关条约中规定的证明手续；当事人向人民法院提供的证据是在我国香港、澳门、台湾地区形成的，亦应履行相关的证明手续。根据《广东审判工作规程》第 517 条规定，在我国领域内没有住所的外国当事人，其所在国与我国有外交关系的，其从国外、或我国香港、澳门、台湾地区寄交或托交的有关材料，应当经所在国公证机关公证并经我国驻该国使领馆认证，或履行双边司法协助协定规定的证明手续。该规程第 518 条规定，在我国领域内没有住所的外国当事人，其所在国与我国无外交关系的，其从国外、我国香港、澳门、台湾地区寄交或托交的有关诉讼材料，应当经所在国公证机关公证并经与我国有外交关系的第三国驻该国使领馆认证，再转由我国驻该第三国使领馆认证。只有符合上述条件的证据才能作为定案的依据。

本系列案中，××国际电影公司的董事×××代表该公司出具声明系在境外形成的证据，经过荷兰外交部出具证明，并经我国驻荷兰大使馆对荷兰外交部出具的证明进行了认证，才能作为本案的定案依据。

(二)证据内容的实质性审查

境外形成证据的原始语言一般为英文，向法院提交时均有相应的中文翻译件，尽管法院尽量要求当事人提交具有翻译资格的专业翻译公司或翻译员出具的翻译件，但由于不同的语言之间不可能存在能够全面涵盖、绝对准确的对应词汇，加之具备翻译资格的人员有时并非熟悉法律，对法律性很强的文本很难准确地用法律语词再现全部细节。因此，承办法官对原始件的必要审查非常重要，尤其是提供的翻译件不是专业翻译人员出具时更要注意审查。

本系列案中，××国际电影公司的董事×××代表该公司出具声明是证明授权原告中国内地 VCD 发行权的重要证据，对该证据内容的准确理解对定案十分重要。翻译件中将本意为“排他性许可（exclusive licence)”译为“绝对的权利”、将“产品的制造、销售、传播（product produced and/or distributed and/or made available to the public)”译为“开发市场及分销”、将“起诉（take action against)”译为“打击”，此外，英文原件并未将××国际电影公司的权利范围限定于中国而翻译件却将其限定为中国内地，如果法官不对相关细节认真审查，将会影响对案件事实的认定。

二、对国外版权的确认

外国人就其作品在中国享有版权的标准规定在我国《著作权法》第2条。《伯尔尼公约》第3条第1款明确规定：凡具有本公约成员国国民身份的作者，不论其作品是否已经出版，均必须给以版权保护。目前在我国受著作权法保护的外国人作品的范围已经远远扩大了，除了与我国不在同一个双边或多边版权条约之中的国家的外国作品要求首先在中国境内出版或在中国参加的国际条约的成员国首次出版的才受中国著作权法保护外，几乎没有其他限制性的规定。

但是，许多国家都对作品有一个登记程序的要求，有的将登记规定为获得版权保护的必要前提条件（如西班牙1918年后的版权法），但大部分国家不是以登记作为获得版权的前提条件，只是将其视为证实版权实际归属的手段（如日本）或将其作为诉讼中维护该权利的前提（如美国）。由于两个基本的版权公约都没有要求把登记作为获得版权的前提条件，所以目前实行版权登记制度，又参加了《伯尔尼公约》或《世界版权公约》的国家，只能要求其本国国民以登记为取得版权的条件，对公约其他成员国不能做这样的要求。虽然登记与否不影响该作品是否受我国《著作权法》的保护，但对源于选择登记制国家的作品，审理中可以要求主张权利者出示作品登记证，便于法院审理中确认其版权。如果没有登记证，就应当提供其享有权利的其他证据，如：有权机关的证明，美术、摄影作品的底稿，文字作品的原稿，影音制品的录制合同及履行合同的相关旁证（向表演者支付费用的凭证等）。

本系列案中××国际电影公司享有版权的证据就是美国电影协会北京代表处出具的版权证明书，因该协会是我国国家版权局指定的对涉外版权的认证机构，其出具的认证能够证明××国际电影公司享有版权。原告如果不能提供这一证据，则不能证明其受让得到的版权具有合法的权源，原告将承担举证不能的后果。如：在××中国有限公司诉南海市××塑料电器厂著作权纠纷案中，因原告只有证据证实其从唱片公司获得9813 Jr. Bass Fishin等款游戏机的版权和相关知识产权，但并未就唱片公司对9813 Jr. Bass Fishin等款游戏机享有版权进一步举证，因此，其基于受让获得的版权不能得到法律保护。佛山市中级人民法院以（1999）佛中法知初字第91号判决驳回原告的诉讼请求，并经（2000）粤法知终字第43号判决维持。

三、赔偿标准的确定

对侵犯知识产权行为的赔偿在确定赔偿额时应采取补偿性原则，而非惩罚性原则。虽然加入WTO后中国承诺要加强知识产权的保护，法律制度的建设也基本上与世界保持同一水平，有些方面甚至超过了世界水平，但以我们相对薄弱的经济基础难以支付保护知识产权的高昂费用，支撑像发达国家那样给予知识产权同样力度的保护。而且从知识产权法律制度本质上讲，在保护权利人的同时也要注重社会公共利益的平衡，知识产权的形成不仅仅是相关利益集团之间博弈的结果，更是现代社会广泛存在的多样性权利互相博弈的结果。现代知识产权制度应关注权利人与其他利益主体尤其是社会公共利益的协调，避免知识产权过度扩张可能引发的社会整体及个体的权利失衡和发展失衡。

我国立法中对侵犯著作权行为确定赔偿额时采用的是补偿性原则，将权利人的实际损失作为确定赔偿的首要依据，其次才是侵权人的违法所得，在这两者均不能确定时由法院酌定。因此法院在酌定赔偿额时也应符合补偿性原则的要求，以弥补被侵权人可能受到的损失为出发点，适当考虑权利人权利的范围，评估其权利受到侵害后可能造成的实际损失以确定合理的赔偿额。力求在权利人与共享人之间、权利人利益和社会公共利益之间、发达国家超越WTO保护标准和发展中国家现状所需求的保护水平之间保持均衡。

本系列案中，原告从每个被告处购得3张VCD，每个被告涉案3件，20多个被告共涉案60余件。原告公证购买费及支付的律师费均以每个被告为一组，即每三件案支付5 000元律师费和500元公证购买费，折合每件案子的实际支出为1 800元。鉴于目前VCD已经不是主流的音像制品，市场获利空间较窄，销售单张VCD的利润只有2元至3元人民币，出租一张VCD仅为1元，被告因该侵权行为获利较少。法院基于补偿原告经济损失的思路，将每件案子的赔偿额包括律师费、公证购买费等实际支出在内总计确定为 3 000 元。

第三节　实用艺术作品的著作权保护

实用艺术作品（Works of applied art）是指具有实际用途的艺术作品，包括工艺品以及工业品外观设计，如器皿的造型、地毯的图案设计等。由于实用艺术作品兼具艺术性和工业实用性，这类作品就可能得到著作权法和专利法的双重保护，但对于实用艺术作品是否应当同时受到双重保护，实践中存在分歧。

一、国际上有关实用艺术作品的立法和司法实践

（一）《伯尔尼公约》的解读

《伯尔尼公约》规定，文学和艺术作品一词包括文学、科学和艺术领域内的一切成果，不论其表现形式或方式如何，诸如书籍、实用艺术作品。作为艺术作品保护的实用艺术作品的保护期限由本同盟各成员国的法律规定；但这一期限不应少于自该作品完成之后算起的 25 年。在遵守这一规定的前提下，本同盟各成员国得通过国内立法规定其法律在何种程度上适用于实用艺术作品以及工业品平面和立体设计，以及此种作品和平面与立体设计受保护的条件。在起源国仅仅作为平面与立体设计受到保护的作品，在本同盟其他成员国只享受各该国给予平面和立体设计的那种专门保护；但如在该国并不给予这种专门保护，则这些作品将作为艺术作品得到保护。

《伯尔尼公约》原本没有规定对实用艺术作品的保护，1948 年在布鲁塞尔进行修订时，规定了每一缔约国可自行规定实用艺术作品的保护期，1967 年在斯德哥尔摩进行修订时，取消了这一弹性规定，要求各缔约国给予实用艺术作品的最低保护期限。这一新的期限依缔约国给予实用艺术作品的保护类型而定。首

先，缔约国可将实用艺术作品单单作为平面和立体设计保护，这是一种非版权保护，缔约国可自行规定保护条件和登记要求。如果来自一缔约国的作者在其他同盟成员国要求保护实用艺术作品时，作者将可享受被要求保护的该成员国所给予该实用艺术作品平面和立体的专门保护；如果被要求保护的同盟成员国没有对实用艺术作品规定平面和立体的专门保护，公约要求该同盟成员国依据其版权法作为艺术作品来保护实用艺术作品，其最低保护期限为作品完成之后算起 25 年。其次，如果起源国依据其版权法将实用艺术作品作为艺术作品来保护，作者可以要求同盟成员国给予版权保护，同样其最低保护期限为作品完成之后算起 25 年。

从《伯尔尼公约》上述规定可得出三点结论：

（1）成员国对实用艺术作品可以采取外观设计保护或版权保护，两者可任选一种，但《伯尔尼公约》并没有禁止成员国同时提供两种保护。

（2）《伯尔尼公约》对实用艺术作品的保护是互惠的，如实用艺术作品的起源国仅仅将其作为平面与立体设计保护时，其他同盟成员国也只给予平面和立体设计的专门保护，只有在该国并不给予这种专门保护时，该实用艺术作品才能享受该国版权法的保护。

（3）不论成员国对实用艺术作品是采取外观设计保护还是版权保护，实用艺术作品的保护期限最低均为 25 年。

（二）国外对实用艺术作品的保护

国际上，对实用艺术作品能否取得版权看法并不一致，因此，各国对这个问题的法律规定各不相同。在欧洲大陆国家，一般实行多重保护制度。

1. 美国的司法实践和立法

斯坦（Stein）诉梅泽（Mazer）侵犯版权一案，被上诉人斯坦（Stein）是一家制造灯具的公司，它的一个合伙人创作了一尊用非完全不吸水陶瓷做的男女舞蹈人物雕塑，这尊雕塑是按传统泥塑手法造型，然后做模子制成的，作品完成后，进行了版权登记。因上诉人梅泽（Mazer）仿制了上述雕塑，被上诉人斯坦向地区法院起诉，指控梅泽侵犯其版权。梅泽则以斯坦的雕像被用于台灯底座并作为台灯的一部分对外销售不符合版权保护的主题为由，提起反诉，要求宣告该版权无效。1954 年，美国联邦最高法院经审理后认为，按照《美国版权法实施细则》规定，雕塑只要是独创的，也即必须是作者思想的有形体现，都可以取得版权保护。按照这个原则，本案所涉及雕塑完全符合版权保护的主题，所以用它制作的台灯底座及其复制品也完全可以取得版权保护。该院还认为，凡属于可以取得专利的主题也可取得版权。此外，美国联邦最高法院认为，本案被上诉人的雕塑不论是否装在台灯上，对取得版权保护并没有影响，因为版权与专利不同。专利权保护的是一项发明的构思（idea）本身，版权则保护作品构思的表现形式（expression），它不涉及作品反映的实质内容。版权和外观设计专利保护的对象是不同的，版权保护的不是美感和实用而是艺术。而外观设计专利则保护新颖的装饰性设计的发明。即使实用艺术作品被用于工业品上，我们仍可以对这种艺术作品予以版权保护。版权法中从未规定过可取得版权的主题如用于或准备用于工业品外观设计就不能取得版权。鉴于上述理由，美国联邦最高法院作出对版权人有利的裁决。

美国 1976 年颁布的新版权法就对实用艺术作品给予版权保护作出明文规定。该法第 101 条对受版权法保护的绘画、雕刻和雕塑作品作了如下定义："这类作品包括就其形式而非其机械和实用方面而言的艺术性工艺作品。实用物品的设计，如果具有能从该物品的实用方面分离出来，并单独存在的绘画、雕刻、雕塑的特征，则在该范围内，该设计应视为绘画、雕刻或雕塑作品。"同时该法对实用物品设计的保护规定了一定的限制条件：（1）如果一件物品的惟一内在功能在于其实用性，那么该物品即使具有诱人的外观，仍不足以使该物品成为实用艺术作品，但若该实用物品本身为一种艺术品，那么它也是实用作品的事实将不妨碍它取得版权。(2) 虽然一件实用物品的外形体现了绘画、雕刻、雕塑等美术作品的特征，但这些特征不能从实用物品中分离出来而作为艺术作品独立存在，同样不能取得版权保护，这类实用艺术作品只能适用工业产权法。(3) 受版权法保护的只是从实用物品分离出来，能独立存在的那部分艺术作品，同时该部分艺术作品要取得版权保护还须满足版权法对独创性的一般要求。

2. 英国的立法

根据《英国 1988 年版权法》，工艺美术作品作为艺术作品受版权法保护。经著作权人许可，艺术作品（不仅是工艺美术品，而且指一切美术作品）用于工业生产的，其保护期为 25 年。在英国创作性程度较高的艺术作品受著作权法保护，创作性程度很低的外观设计，比如一般的工业产品，版权法仅保护到图纸一类的外观设计文件，照图纸施工或者生产，不在版权禁止之列；对于艺术作品的图纸，则必须经著作权人许可才能实施；无论是艺术作品还是外观设计，一旦用于工业生产，其保护期就降为 25 年。

3. 意大利的立法

如果艺术作品能从工业产品中分离出来，构成智力成果，则可单独受到保护，因此，一个作品的外观设计如果能与工业产品分离，可受到版权法的保护，难于分离的，可受到专利法的保护。

4. 德国的立法

《德国著作权法》第 2 条明确规定保护实用艺术作品，但该法的保护客体没有工业品外观设计，然而，德国的法学家及司法机关的判例均认为，版权法中的实用艺术作品已包括了外观设计，无须另行列出。

5. 法国的立法

《法国1992年著作权法》第112－2条规定了著作权法保护的客体，其中明确规定保护实用艺术作品。

6. 西班牙的立法

1987年的《西班牙著作权法》第3条规定，作者的权利独立于下面指出的权利，并且与之相容：a. 对包含智力创作的物体拥有的产权和其他权利；b. 作品可能具有的工业产权；c. 本法第二卷承认的其他知识产权权利，包括工业产权。该法第10条还规定，雕塑、油画、线条画、版画、石版画、插图和连环画及其草图，以及一切其他不问其是否具有实用性的造型艺术作品，受著作权法保护。西班牙的规定说明，著作权保护艺术作品的一部分，可能是具有实用性的工业产品，即使这类具有艺术性的工业产品受工业产权法调整，也不妨碍其著作权的存在及得到著作权法保护。

二、我国有关实用艺术作品的立法和司法实践

（一）为实施公约的立法

1992年7月1日全国人大决定我国加入《伯尔尼公约》，同时，由于我国《著作权法》没有明确规定保护实用艺术作品，而该条约又要求我国履行保护实用艺术作品的义务，且我国《专利法》所规定的外观设计专利保护期限不能满足该公约所规定的实用艺术作品保护的最低期限，故国务院1992年9月25日发布了《实施国际著作权条约的规定》，该规定第1条明确规定："为了实施国际著作权条约，保护外国作品著作权人的合法权益，制定本规定。"因此，这一规定只适用于保护外国著作权人的作品，不适用于保护我国著作权人的作品。同时，该规定界定外国实用艺术作品的保护期为自该作品完成起25年，美术作品（包括动画形象设计）用于工业制品的，不适用此规定。而我国实用艺术作品却处于无法可依的尴尬境地。司法实践中，对外国人的实用艺术作品，就适用上述规定进行保护，而对我国的此类作

品，就硬往美术作品上套，在2001年前，著作权法未修改，套用美术作品保护实用艺术作品还存在二大法律障碍，一是1990年《著作权法》第7条规定，科学技术作品中应当由专利法、技术合同法等法律保护的，适用专利法、技术合同法等法律的规定；二是该法第52条规定，本法所称的复制，指以印刷、复印、临摹、拓印、录音、录像、翻录、翻拍等方式将作品制作一份或者多份的行为。按照工程设计、产品设计图纸及其说明进行施工、生产工业品，不属于本法所称的复制。2001年修改《著作权法》时，这两条被删除，并在2002年发布的《中华人民共和国著作权法实施条例》（以下简称《著作权法实施条例》）的第4条第（8）项规定，美术作品，是指绘画、书法、雕塑等以线条、色彩或者其他方式构成的有审美意义的平面或者立体的造型艺术作品。法律障碍似乎已被消除，但修改后的《著作权法》同样未明确对实用艺术作品进行保护。

（二）我国的司法实践

1. 瑞士英特莱格公司诉可高（天津）玩具有限公司、北京市复兴商业城侵犯著作权纠纷案

1999年9月15日，瑞士英特莱格公司（以下简称英特莱格公司）以可高（天津）玩具有限公司（以下简称可高公司）侵犯其玩具积木块实用艺术作品的著作权为由向北京市第一中级人民法院提起民事诉讼。北京市第一中级人民法院经审理后认为，英特莱格公司是本案涉及的53种乐高玩具积木块实用艺术作品在中国的著作权及相关权益的所有者。英特莱格公司所在国瑞士及中国均为《伯尔尼公约》成员国，依《伯尔尼公约》第2条的规定，公约保护的文学艺术作品包括实用艺术作品，故中国对起源于《伯尔尼公约》成员国国民的实用艺术作品负有保护义务。根据《实施国际著作权条约的规定》，外国实用艺术作品在中国应自作品完成起25年受中国著作权法律、法规的保护。实用艺术作品是指具有实用性、艺术性并符合作品构成要件的智力

创作成果。实用艺术作品应当具有实用性、艺术性、独创性和可复制性。英特莱格公司主张权利的53种玩具积木块中有3种不具有独创性和艺术性，其余的则符合实用艺术作品的构成条件，应受法律保护。构成实用艺术作品的50种玩具积木块中，可高公司产品与之实质性相似，构成侵权的有33件，故判决可高公司停止生产、销售侵权产品和赔偿英特莱格公司经济损失。

二审法院北京市高级人民法院于2002年12月18日作出维持原判的判决。该院认为，实用艺术作品一般应当具有实用性、艺术性、独创性及可复制性的特征。实用性是指该物品有实用价值，而不是单纯地仅具有观赏、收藏价值。艺术性则要求该物品具有一定的艺术创作程度，这种创作程度至少应使一般公众足以将其看作艺术品。英特莱格公司主张权利的53种玩具积木块中，有3种没有达到应有的艺术创作程度，不应被认定为实用艺术作品，另50件则具备了实用性、艺术性、独创性和可复制性，应当被认定为实用艺术作品。现在没有证据表明中国法律对于外国人的实用艺术作品排斥著作权和专利权的双重保护。英特莱格公司就其实用艺术作品虽然申请了中国外观设计专利，但并不妨碍其同时继续得到著作权法的保护。

2. 美国复兴地毯公司诉山东省特艺品进出口公司、被告河北省吴桥县对外经济贸易局瑞丰公司侵犯地毯图案著作权纠纷一案

原告美国复兴地毯公司（以下简称复兴地毯公司）从1995年12月12日起，陆续将其委托他人创作的14幅中世纪风格的地毯图案向美国国家版权局申请版权登记，并获得美国国家版权局颁发的版权登记证书，该版权登记证书注明作者为复兴地毯公司。1996年初，被告山东省特艺品进出口公司（以下简称特艺品公司）向被告河北省吴桥县对外经济贸易局瑞丰公司（以下简称瑞丰公司）提供地毯图案，委托其加工生产地毯，其中有6种地毯的图案与原告版权登记的图案相同，原告遂向法院提起诉讼。

青岛市中级人民法院经审理认为，原告诉称拥有著作权的

14种专用于地毯的设计图案，已在美国国家版权局进行了登记，该图案虽具有中世纪地毯风格，但不能因此而否认其创作性，符合作品的构成要件，一经完成，原告即享有著作权。根据《伯尔尼公约》和我国《著作权法》的规定原告在美国发表的14种地毯设计图案最低应作为美术作品受我国《著作权法》保护。被告认为原告的地毯图案是一种工业品的外观设计，应作为工业产权进行保护，法院认为，作品本身是一种智力成果，不具有物质形态，从作品的这一特征来看，著作权保护的是作品的表现形式，而不是保护其附着物或者说固定物。既可以将实用美术作品视为外观设计，作为一种工业产权进行保护，也可以作为美术作品进行保护，在这方面，权利人有选择权。因此，寻求何种救济方式是原告的权利，原告要求得到保护的是其拥有的著作权，法院即依据《著作权法》对原告的著作权进行保护。但是，如果权利人主张把实用美术作品作为美术作品依《著作权法》进行保护，则仅能保护实用美术作品上具有独创性的造型或图案，而不保护实用美术品本身，简单地讲，只保护其“艺术性”而不保护其“实用性”，由于地毯图案同样具有美的欣赏价值，《著作权法》只保护“地毯图案”而不保护地毯。

3. 佛山市保护实用艺术作品的司法实践

石湾公仔只有艺术性，没有实用性，不属于实用艺术作品，实践中我们将其归入美术作品加以保护。一些陶瓷如花瓶若既具有艺术性，又具有实用性，则可作为实用艺术作品加以保护。

（1）权利人将其设计申请了外观专利来保护其实用艺术作品。

实践中，权利人将印有美术图案的瓷砖、玩具、家具申请了外观设计专利，并以该外观设计专利权起诉他人，如原告王×诉被告三水市××陶瓷有限公司专利侵权纠纷一案，原告将其陶瓷拼花板的外观设计申请了专利，获得授权后即以被告生产、销售的砖瓦与其专利相同为由提起侵权诉讼，并获得法院支持。其实，在目前相关法律未明确规定实行双重或单一保护的情况下，这类瓷砖、玩具、家具如符合版权法所要求的条件，也可作为实用艺术作品获得版权保护。

（2）权利人以版权法来保护其实用艺术作品的案件。

这类案件以侵犯花布著作权案件较多，如原告南通市嘉宇斯贸易有限公司诉被告周立波、绍兴凤仪纺织印染有限公司侵犯著作权纠纷一案。2001 年 6 月，原告南通市嘉宇斯贸易有限公司创作了"金葵花"美术作品，该作品由朵朵金葵花、绿葵花、红葵花编织而称，编织的黄花和绿花含笑绽放在绿色的花丛中，形成一副层层展开的花的海洋。原告于 2001 年 8 月 6 日将该作品向江苏省版权局申请备案登记，该局同日向原告颁发了"金葵花"的作品登记证。法院经审理后认为，受著作权保护的作品应具备以下条件：①属于文学、艺术和科学领域内的智力创作成果，科学领域又包括自然科学、社会科学和工程技术等领域；②必须具有独创性，即是由作者独立完成的；③必须是具有某种具体形式的客观表现；④能够被固定在载体上，并能被复制使用；⑤必须不属于著作权法明确规定不予保护和不适用著作权法的范围内。原告享有著作权的"金葵花"属美术作品，凝聚了原告的智力创作成果，具有显著的独创性，属著作权法保护对象，依法应受法律保护，最后，法院作出了对原告有利的裁决。

综上所述，我国现行立法只对外国人的实用艺术作品提供保护，而对我国实用艺术作品未明确保护，但在司法实践中，法院已将我国的实用艺术作品纳入美术作品的范畴来保护。

三、对我国保护实用艺术作品的立法建议

（一）建议界定中外实用艺术作品的保护及其期限

2001 年修改后的《著作权法》未明确对实用艺术作品进行保护，实践中，为了公平地保护中外实用艺术作品的著作权人的合法权益，只能对美术作品的定义作扩大解释，将实用艺术作品

涵盖进去。然而，按世界知识产权组织编写的《版权法与邻接权法词汇》，实用艺术作品与美术作品具有如下区别：美术作品仅仅是某种艺术品，而实用艺术作品除了必须是艺术作品外，还必须是为实际使用而创作的作品，即不能仅为观赏目的而创作。而美国的上述判例也认为，只有为实际使用而创作或创作成功后被实际付诸使用的艺术作品，才被视为实用艺术作品。而且，按照我国《著作权法》的规定，美术作品的保护期限最少有 50 年，而《伯尔尼公约》只要求缔约国对实用艺术作品的保护期最低为 25 年，当然，该公约并没有禁止缔约国给实用艺术作品提供比这更长的保护期，但我国没有必要这样做。因为，如果对我国实用艺术作品以我国未规定保护为由不予保护，会造成超国民待遇的不公平竞争；如果以美术作品给予我国实用艺术作品保护，其保护期明显比公约所要求的保护期长，最终会造成外国实用艺术作品的著作权人依据国民待遇原则，要求与我国实用艺术作品同等的保护期。这就使我国对实用艺术作品的保护期最少达 50 年之久。我国是发展中国家，实用艺术创作远远未能跟发达国家相比，我们还需要走日本曾经走过的老路，模仿发达国家的工业品设计，如果对外国实用艺术作品提供不必要的过长的保护期，想迅速模仿就成为不可能，而过时的模仿又成为不必要。显而易见，这对像我国这样的发展中国家是不利的。

当务之急是，将实用艺术作品明确纳入《著作权法》的保护范围，并按照《伯尔尼公约》的要求，设定实用艺术作品的最低保护期限为作品完成之后算起 25 年，这样，不仅可消除超国民待遇所造成的不公平竞争，也可满足《伯尔尼公约》的要求，又不至于承担过高的保护义务。

（二）建议界定对实用艺术作品给予版权保护和外观设计专利保护的界限

我国始终未明确对实用艺术作品是实行双重保护，还是实行分开单一保护。如上所述，我国目前的司法实践对实用艺术作品多持双重保护的观点，至于实行哪种保护，由权利人自行选择。但是，对实用艺术作品如果给予版权保护，不但手续比外观设计专利保护简便，而且保护期限比外观设计专利更长，也不用花什么费用，以致有人也许就不想通过申请外观设计专利来保护其实用艺术作品，如此一来，外观设计专利制度可能就形同虚设。当然，在侵权诉讼中，以外观设计专利来保护实用艺术作品比以版权保护在证明权利基础方面具有优势。

此外，外观设计专利保护与版权保护是两种不同的保护。德国著名知识产权学者施利克教授编纂的《著作权评论》一书认为，外观设计保护同著作权保护的区别，只是反映在对创作高度的要求上。外观设计一般不要求太高的创作高度，而著作权保护必须达到一定的艺术创作高度，根据判例这个高度要高于常人的创作水平。外观设计构成了保护实用艺术作品的底线，著作权保护和外观设计保护并不互相排斥，而是能够依次存在。对于著作权保护来说，外观设计不是主要的，主要的是是否达到必要的艺术创作高度。艺术著作权和外观设计权以分级保护和共同保护保证了手工业和工业的造型保护。

因此，我们认为，对符合版权法要求的实用艺术作品可实行双重保护，即对符合版权法要求的实用艺术作品如申请了外观设计专利，则可提供专利和版权的双重保护，采取哪种保护由权利人自行选择，在外观设计专利保护期期满后，可继续受版权保护，直至该版权保护期期满为止。但对请求保护对象是否应受外观设计专利法或版权法保护须附带条件加以区分，以防止将一些艺术性、创造性低的设计纳入版权保护范围。

对于这一问题，一些国家已采取了一些方法加以区分。如法国曾经在1806年至1902年就实用艺术作品是适用版权保护还是外观设计专利保护规定了如下划分标准：（1）复制的方法，通过手工制成则享有版权，通过机械制成则不享有版权；（2）该设计的目的或最终使用，如该设计是为了工业生产，则受外观设计专利法调整；这一目的标准，实施起来存在结果不一致的困难和跟作品的概念不一致的地方，因此，法国在1902年前已将其抛弃，但在法国之外却流行起来，至今仍然影响着欧洲其他国的相关制度；（3）作者的身份，如作者是一生产商，则适用外观设计专利法，如是一艺术家，则适用版权法。但是，如作者是一生产商或作者将其复制权转让给一公司，这一区分将毫无意义。（4）该设计的相对艺术价值，这一标准仍被欧共体经常引用。艺术价值越高，越可能受版权法保护。

此外，如前所述，美国和意大利以艺术作品能否从工业产品中分离出来为标准，划分实用艺术作品受版权保护与外观设计专利保护的界线，一个作品的外观设计如果能与工业产品分离，可受到版权法的保护，难于分离的，只可受到外观设计专利法的保护。法国、德国、西班牙等国对实用艺术作品则实行多重保护；在我国，北京市第一中级人民法院和北京市高级人民法院均认为，实用艺术作品应当具有实用性、艺术性、独创性和可复制性。

在斯坦诉梅泽案后，美国有人主张，用创造性作为界定实用艺术作品受版权法保护与外观设计专利法保护的标准。他们认为，外观设计专利法为了避免对普通的设计提供短期保护而要求申请外观设计专利的设计具有一定的创造性，逻辑上则要求获得更长版权保护的设计则需具有更高的创造性。因此，具有一定的创造性的设计只能获得外观设计专利法的保护，只有具有较高创造性的设计才能作为实用艺术作品获得版权保护。对申请获取外观设计保护的设计而言，只要含有最低程度的创造性内容即可，而对请求获得版权保护的设计，则需具有实质性的创造性（substantial creativity）。在1991年，美国联邦最高法院对Feist案的判决认为，作为版权中使用的术语，创作性不仅意味着这件作品是由作者独立创作的（以区别于从其他作品复制而来），而且意味着它至少具有某种最低程度的创造性。这里的创造性与上述北京市高级人民法院所主张的艺术性应是相近语词。这样一来，既可排除所有有用但没有创造性的平常设计获得版权保护，也可帮助法院排除一些盲从模仿的创造性很低的设计获得版权保护，同时也可保留具有一定创造性的设计受外观设计专利法保护，而不至于依赖通过使用获得第二含义来保护或导致其成为公共领域的公用资源。

在工业品的外形与实用功能越来越难以分开的情况下，美国和意大利所实行的分离标准难以适用。相对而言，艺术性或创造性标准虽然依赖法官的主观判断，但更符合保护逻辑，也更容易适用。

综上所述，建议我国对符合版权法要求的实用艺术作品实行双重保护，但需要求请求版权保护的设计比申请外观设计专利的设计具有更高的艺术性或创造性。

第四节　侵权行为不产生新的权利

对因侵权行为而产生的“权利”是不能进行保护的，侵权行为不产生新的权利。这就如一个小偷偷得一辆自行车，并将其卖给他人，在买受者不付款，该小偷向法院起诉索要价款时，法院应首先查明该自行车的所有权人是谁，在确认小偷是非法占有他人财产的情况下，法院就不应判令买受者支付价款，而应驳回该小偷的诉讼请求。下面我们通过原告佛山市城区××贸易发展公司诉被告佛山市城区××玩具厂著作权侵权纠纷一案的评析来进一步说明。

1999年3月15日，原告以被告生产的拼图图案侵犯了原告独家创作的作品“宇宙神”的著作权为由，向佛山市中级人民法院提起诉讼，要求被告立即停止侵权并赔偿经济损失。被告辩称被控侵权产品的图案是在日本产品图案的基础上设计出来的，不构成对原告的侵权。经审理查明：原告根据日本yanoman公司的两幅拼图“Weaver of Dreams”、“Spring Feeling”的图案和处于公用领域的地球、小星球图片构思设计了“宇宙神”图。1998年3月12日，原告委托广州××印刷有限公司对该图进行了分色、制版。此后，原告以该“宇宙神”图为蓝本生产了一千块装的拼图，并投放市场。该“宇宙神”图是原告将“Weaver of Dreams”中的月亮女神图案、“Spring Feeling”中的星河图案裁剪下来，并与处于公用领域的地球、小星球图片，拼接成含有月亮女神、星河、地球、小星球的“宇宙神”图。“Weaver of Dreams”中的月亮女神图构成“宇宙神”图的主要部分。“Weaver of Dreams”、“Spring Feeling”图案均标有版权标记，上述作品刊登在yanoman公司1998年第1期的产品宣传册上，处于保护期内。佛山市中级人民法院经审理认为，著作权人无论是行使其著作权，还是使用他人作品，都必须依法进行。我国和日本都是《伯尔尼公约》、《世界版权公约》的成员国，一缔约国的作品，在另一缔约国内依照该国的法律保护。原告未经日本yanoman公司的许可，将yanoman公司享有著作权的两幅拼图中的图案，使用于“宇宙神”图中，其行为不是合理使用，而是一种抄袭、剽窃他人作品的侵权行为。原告对依侵权行为而得来的作品“宇宙神”不享有著作权，故应依法驳回其诉讼请求。在案件宣判前，原告撤回了起诉。

本案主要涉及以下三个问题：其一，原告佛山市城区××贸易发展公司与日本yanoman公司的权利义务关系是否属于本案审理范围；其二，原告佛山市城区××贸易发展公司编辑日本yanoman公司的作品是否应取得其许可；其三，原告佛山市城区××贸易发展公司对“宇宙神”图是否享有著作权，法院对因侵权行为而生产的“权利”应不应该保护。

一、原告与日本 yanoman 公司的权利义务关系是否属于本案审理范围

在本案审理中，有人认为原告与日本 yanoman 公司的权利义务关系不属于本案审查范围。我们认为，此种意见缺乏法理依据。本案原告诉被告侵犯著作权，属侵权之诉。而要判定被告是否侵权，则首先要确定原告是否享有其所主张的权利，即要首先确定原告是否享有“宇宙神”图案的著作权。要确权，就要审查清楚原告的作品是自己创作还是抄袭他人。因此，原告与日本 yanoman 公司的权利义务关系属于本案的审理范围。

二、原告编辑日本 yanoman 公司的作品是否应取得其许可

我国和日本都是《伯尔尼公约》、《世界版权公约》的成员国，上述国际公约规定一缔约国的作品，在另一缔约国依照该国的法律保护。我国《著作权法》第 23 条规定，除本法规定可以不经许可的以外，使用他人作品均应当同著作权人订立合同或者取得其许可。所谓“本法规定可以不经许可的”是指该法第 22 条规定的 12 种情况，即：为个人学习、研究或者欣赏，使用他人已经发表的作品；为介绍、评论某一作品或者说明某一问题，在作品中适当引用他人已经发表的作品；为报道时事新闻，在报纸、期刊、广播、电视节目或者新闻纪录影片中引用已经发表的作品；报纸、期刊、广播电台、电视台刊登或者播放其他报纸、期刊、广播电台、电视台已经发表的社论、评论员文章；报纸、期刊、广播电台、电视台刊登或者播放在公众集会上发表的讲话，但作者声明不许刊登、播放的除外；为学校课堂教学或者科学研究，翻译或者少量复制已经发表的作品，供教学或科研人员使用，但不得出版发行；国家机关为执行公务使用已经发表的作品；图书馆、档案室、纪念馆、博物馆、美术馆等为陈列或者保存版本的需要，复制本馆收藏的作品；免费表演已发表的作品；

对设置或者陈列在室外公共场所的艺术作品进行临摹、绘画、摄影、录像；将已经发表的汉族文字作品翻译成少数民族文字在国内出版发行；将已经发表的作品改成盲文出版。原告对日本 yanoman 公司的作品的裁剪、拼接属于编辑，但这种编辑显然不属于上述合理使用的 12 种情况。再根据我国《著作权法》第 10 条第（5）项的规定，编辑属于使用的一种方式，故原告对日本公司作品的编辑应依法征得日本公司的许可。

三、原告对“宇宙神”图是否享有著作权，即对因侵权行为而生的权利应不应进行保护

作品的著作权和对著作权的保护，是以法律的形式加以确认和规定的。不管著作权人行使其著作权，还是对他人作品的使用，都必须依法进行。原告对日本 yanoman 公司作品的编辑使用，其目的不是为了介绍、评论某一作品或者说明某一问题进行引用，而是作为自己“宇宙神”图的组成部分，且为了自己的需要，随意增删修改或照搬，其行为不属于著作权所规定的创作。这种不经自己付出创造性劳动，而是通过照抄或部分摘抄，以及稍加增删改动的办法，将他人作品作为自己的作品，且以自己的名义发表，实质上是一种抄袭、剽窃他人作品的侵权行为，侵犯了日本 yanoman 公司对其作品所享有的修改权、保护作品完整权、使用权和由此获得的报酬权。对因这种侵权行为而产生的“权利”是不能进行保护的。

第五节 TRIPs 协议与我国著作权法比较研究

随着世界经济、科技一体化和世界贸易自由化进程的加快，传统经济形态迅速向知识经济转化，知识产权在世界贸易中的地位越来越重要，对知识产权的保护已成为多边贸易体系的一个主要部分。1994 年关贸总协定乌拉圭回合谈判中形成了《与贸易

有关的知识产权协定》（即 TRIPs 协议），同以前的知识产权条约相比，它明文规定了执法的规则，要求更多地从司法程序提供保护，进一步提高了对知识产权的保护水平。我国加入 WTO 后，国内法中有关知识产权的规定将面临与国际法相协调的问题，亟待研究、解决。尤其是著作权保护方面更是如此，从总体上看，我国的著作权法已经基本上达到有关国际公约的要求，但与专利法、商标法相比，著作权法与 TRIPs 的差距是最大的，主要体现在以下几个方面：

一、关于知识产权的性质和作者的界定有差异

TRIPs 协议认为知识产权是私权，而我国《著作权法》虽然承认著作权为私权，但在《著作权法》中却有职务作品、法人作品由法人或非法人团体作为作者，享有著作权，从而出现单位是著作权人和作者的现象。这些单位所拥有的著作权是“国家财产”还是“私人所专有的财产权”，难以得到明确地界定，而且难免与其他法律产生矛盾。更重要的是，TRIPs 协议的序言中明确规定全体世界贸易组织成员都要承认知识产权是私权。因此，我国著作权法对著作权的性质的基本认识需要有所改变。

另外，《伯尔尼公约》认为作者是属于公约成员国的“国民”，只要他是作品的创作者，则就是该著作权的“作者”，该公约和 TRIPs 协议中的作者均指“国民”。而我国《著作权法》第 11 条却规定：“为创作作品的公民是作者。由法人或者非法人单位主持，代表法人或者非法人单位意志创作，并由法人或者非法人单位承担责任的作品，法人或者非法人单位视为作者。如无相反证明，在作品上署名的公民、法人或者非法人单位为作者。”这样，法人或者非法人单位都可以是作者，这与两个公约的规定是不一样的，则在实施国民待遇时可能会出现障碍。如何有效地保护法人和非法人单位的利益，又不与现行国际条约冲突，这是我们需要解决的问题。在著作权法修改中，应进一步明确法人作

品创作主体与创作活动实现者的关系和法律地位，明确归纳概括创作活动过程的具体表现，注意划分与职务作品的法律界限，同时应当将职务作品概念中与法人作品相混淆的部分内容，归入法人作品概念中，净化职务作品的法律范畴，最终根本理顺法人作品及其相关概念的法律规定，更好地调整作品创作活动，切实保护作者的合法权益。

二、关于国民待遇、最惠国待遇的规定有差距

按照现行《著作权法》和其他相应法规规定，对中国人和外国人的著作权保护实行两种标准：对中国人适用现行法律法规，而对外国人的作品，如果首先在中国境内发表的，依照《著作权法》享有著作权，外国人在中国境外发表的作品，根据其所属国同中国签订的协议或者共同参加的国际条约享有的著作权，受《著作权法》保护。国际公约是《伯尔尼公约》，以及与外国签订的有关著作权保护的双边协定。即中国人以外的《伯尔尼公约》成员国及与中国签订有双边保护知识产权的国家和地区的国民，在中国除适用中国的《著作权法》和《实施国际著作权条约的规定》外，在上述法律与《伯尔尼公约》相冲突时，还可以直接适用《伯尔尼公约》，从而形成了外国人的超国民待遇。例如，我国《著作权法》第52条中对我国国民不保护的实用工业品，外国作者、中外合资或外资企业的作者却享有25年的著作权保护；又如，《计算机软件保护条例》第3章，关于计算机软件纠纷处理的规定，我国国民须先经登记程序才能进行诉讼，但在实施国际著作权条约的规定第7条时关于对外国计算机程序，却作为文学艺术作品加以保护，可以不履行登记手续，保护期自该程序首次发表那年的年底起算50年，这比对我国国民保护的25年更长。这种“双重待遇”[1] 的做法与TRIPs协议所规

---

[1] 李顺德著：“WTO与我国的著作权保护”，载《著作权》2001年第1期。

定的国民待遇有差别，因此在修改现行《著作权法》时，应使外国人享有合理的国民待遇，而不是“次国民待遇”或“超国民待遇”。

三、关于邻接权和权利限制方面的差距

TRIPs 协议在“最惠国待遇”等条款中，均把邻接权的保护作为例外，允许成员国或成员地区降低保护标准。何谓邻接权，就是指表演者对其表演、录音制作者对其制作的录音、广播电视组织对其播放的电视节目所享有的权利，通称为“与著作权邻接的一些权利”，简称邻接权。[1] 在 TRIPs 协议第 14 条中，甚至允许成员对邻接权中的有些权利不加以保护（例如广播组织权）。而我国《著作权法》保护的邻接权的客体范围是比较大的。《著作权法》第 42 条规定了广播电台、电视台的权利：“广播电台、电视台对其制作的广播、电视节目，享有播放，许可他人播放并获得报酬，许可他人复制发行其制作的广播、电视节目并获得报酬的权利。”显然，此处的广播组织权的概念不确切。因为“广播组织权”只有对该广播电台自己的非作品的节目（例如该电台被授权进行的独家体育竞赛现场广播，该电台自己安排的与某一观众进行的面对面的问题讨论节目现场直播），该电台才是“广播组织权”的主体。因此，我国《著作权法》把广播组织权规定为“广播电台、电视台对其制作的广播、电视节目”享有的权利，是不确切的。这种规定一方面不合理地扩大了邻接权的客体；从另一方面讲，在某些场合，电台、电视台实际是版权人时，却被当作邻接权主体对待了，这又降低了这些主体应当受到的保护水平。

TRIPs 协议对著作权保护中的权利限制和邻接权保护中可以

---

[1] 刘文华主编：“WTO 与中国知识产权制度的冲突与规避”，中国城市出版社 2001 年 1 月版，第 222 页。

允许的权利限制，是分别作出规定的，对权利限制所作出的规定，主要见于第 13 条，这一条实际上是对权利限制的限制。它强调的并不是怎样去限制对版权的保护，而是强调权利限制不能够影响作品的正常使用，也不能不合理地损害版权持有人（既包括版权所有人，也包括独占被许可人或者可能的其他持有人）的合法权益。而我国《著作权法》允许的权利限制是比较宽的，主要规定在《著作权法》第 22 条。这条规定适应于对邻接权的权利限制。这与 TRIPs 协议将著作权限制与邻接权限制区别对待的方式是不一样的。

此外，我国《著作权法》中还有一些“自愿法定许可制度”、[1]“强制许可制度”等其他限制。中国进入 WTO 以后，这些限制也需要修正。

四、关于打击盗版、侵权方面的差距

TRIPs 协议第 61 条规定：全体成员均应提供刑事程序及刑事惩罚，至少对于有意以商业规模假冒商标或版权盗版的情况是如此。成员可规定，将刑事程序及形式惩罚适用于侵犯知识产权的其他情况，尤其是有意侵犯并以商业规模侵权的情况。而我国《著作权法》没有规定盗版、侵权的刑事责任，虽然在 1997 年修改的新刑法中已经作了补充，但是在《著作权法》中还应加以明确。

TRIPs 协议第 41 条第 1 款规定：缔约方应保证其国内法律能够提供本部分所规定的施行程序，以便对侵犯本协议所述知识产权的任何行为采取有效的制止措施，包括制止侵权的及时法律救济和防止进一步侵权的法律救济。我国《著作权法》在“制止侵权”和“阻止侵权”方面已达这一要求，但在“防止侵权”

[1] 《著作权》第 32 条第 2 款；第 35 条第 2 款、第 5 款；第 37 条第 1 款；第 40 条第 1 款。

方面尚有不足之处，没有TRIPs协议那样的制止“即发侵权”的规定，即允许权利所有人对于“即发侵权”采取措施及向司法或行政当局申请保护。所谓“即发侵权”是指那种即将会发生、但是尚未发生的侵权行为。[1] 这种通过阻止“即发侵权”，力争把侵权行为消灭在萌芽状态的做法，是值得肯定的。根据我国民法原理，侵权后果的存在是侵权必须具备的条件之一。我国《著作权法》对侵权构成没有作特别的规定，因此在侵权物未进入流通领域时不构成侵权。[2] 我国新专利法已有这方面的规定，我国《著作权法》亦应该相应加以补充。

另外，损害赔偿原则的合理制定是制止侵权的有效手段。关于侵权赔偿问题，TRIPs协议第45条确立了赔偿损失的一般原则，即赔偿额应等于实际损失，而实际损失的范围包括权利人的诉讼开支。这就是说，对因过错构成侵权的，侵权人除了赔偿侵权本身造成的损失外，还应向权利人支付有关诉讼方面的开支，如调查取证费、路费、住宿费等，还可以包括律师费。我国民法通则规定了损害赔偿适用完全赔偿原则，最高法院的司法解释规定了损害赔偿的计算方法可以是以权利持有人因侵权所受到的损失，或者是侵权人因侵权行为获得的全部利润，或者以不低于知识产权的使用费、转让费的合理数额作为损失赔偿额。但实践中赔偿范围一般不包括被侵权人为诉讼支出的合理费用，如调查取证费，更不包括律师费。其次，TRIPs协议中几次提到“法定赔偿额”，可以看出这一规定是十分必要的。现行《著作权法》第45条和第46条，对侵犯著作权和与著作权有关的权利的行为人，规定了应当“赔偿损失”的民事责任。人民法院和著作权行政管理机关在处理侵权纠纷时，一般是依照民法通则的有关规定，根据受害人的实际损失或者侵害人的非法所得计算赔偿数

---

[1] 李顺德著：“WTO与我国的著作权保护”，载《著作权》2001年第1期。

[2] 胡志超著：“WTO与中国法律”，载《法庭》2001年第3期。

额。一旦受害人的实际损失或者侵害人的非法所得无法确定或很难确定时，就得由法院酌情判定，却没有规定“法定赔偿额”。因此，从我国人民法院处理著作权侵权纠纷的实际需要出发，修改现行《著作权法》时，有必要参照TRIPs协议的规定，增加侵犯著作权法定损害赔偿的规定。法定损害赔偿金额的高低，既要考虑侵犯不同作品著作权给权利人带来的财产损失相差悬殊，又要考虑我国经济发展水平和侵权人的实际偿还能力。为提高广大公众的著作权法律意识，严惩故意侵权者，法定损害赔偿额定为1 000元以上50万元以下为宜。[1]

五、关于“合理使用”和出租权规定的差距

所谓“合理使用”，是指在法律允许的条件下，不经权利人许可，不付报酬使用他人已经发表的作品。[2]我国《著作权法》第43条规定：“广播电台、电视台非营业性播放已经出版的录音制品，可以不经著作权人、表演者、录音制作者许可，不向其支付报酬。”这种对录音制品“合理使用”的规定，是极不合理的，它明显与《伯尔尼公约》第11条所规定的表演权、广播权相冲突，侵犯了该录音制品的原作品著作权人对其作品的表演权、传播权和获得报酬权。因此，应将本条“不向其支付报酬”修改为“必须向其支付报酬”。

另外，我国《著作权法》对“合理使用”的规定，集中于第22条，不要说达到TRIPs的要求，就连《伯尔尼公约》的要求都没有完全达到。在国际公约中，对“合理使用”的规定，都是针对版权、邻接权分别制定的。而我国《著作权法》却把其放到一起，显得不够合理。《伯尔尼公约》只允许对“政治演

---

[1] 沈仁干著：“关于修改现行著作权法的思考”，载《法学前沿》2001年第4期。

[2] 龙永图主编：《入世与知识产权保护》，中国对外经济贸易出版社2000年9月版，第303页。

说、法律诉讼中的演说”等口述作品用多种方式使用，对其他作品只能在有限制的条件下，以复制（包括摘录）、翻译和广播等三种方式使用，才能视为是“合理使用”，而我国的《著作权法》没有加以上述限制。我国将“免费表演已经发表的作品”视为“合理使用”，也是直接与《伯尔尼公约》第11条所规定的“公开表演权”相冲突的。

TRIPs协议第11条规定，至少对于计算机程序和电影作品，成员应授权其作者或作者的合法继承人享有其作品原件或复制件的出租权；第14条第（4）款规定，第11条的规定原则上适用于录音制品制作者及其他合法权利持有人。而按照我国《著作权法》第10条和实施条例第5条第（5）项的解释，出租权是包含在发行权之中的，可以适用于所有受到著作权保护的作品，当然包括电影作品，通过对《著作权法》和《计算机软件保护条例》的解释，也可适用于计算机程序，但是不能适用于录音制品。我国《著作权法》修改时可以考虑将出租权从发行权中分离出来，而且规定此种出租权仅适用于计算机程序和电影作品，而暂不适用其他类型作品。❶ 此外，我国所规定的出租权只适用于“复印件”，而没有明确是否包括作品“原件”。另外，我国所规定的享有出租权的主体，不仅有著作权人，还有版权人，这种没有限制的扩大，有可能损害电影作品、计算机软件版权所有人的合法权益。上述这些均需修改和明确。

综上可以看出，我国的著作权保护虽然取得了相当的成绩，并已基本与国际接轨，但与TRIPs协议的要求还有一定的距离，客观地认识这一距离，并有的放矢地补充和完善，真正做到既要积极，又要稳妥；既要参与，又要有理、有利、有节；既要顺应趋势，又要坚持主权原则，维护国家利益，才会使我国在著作权

---

❶ 沈仁干著：“关于修改现行著作权法的思考”，载《法学前沿》2001年第4期。

的国际保护上立于不败之地。

第六节　企业与著作权

传统的知识产权包括著作权、商标权与专利权三大部分。基于不同类型知识产权管理体系上的差异及不同权利在实现经济利益过程中期限与效果的不同，企业对不同类型的知识产权有着不同程度的重视。总体上说，目前企业对于商标和专利的重视远甚于著作权，对有些企业而言在著作权的相关保护方面甚至处于空白阶段。不仅是企业，甚至在社会上也广泛存在着认为能利用著作权作为武器实现自身利益仅限于传统出版行业内的企业的错误观点。究其原因主要在于企业对于著作权了解不够深入全面。

著作权，又称版权，是指自然人、法人或者其他组织就其独创性的智力成果享有的权利。著作权涵盖的范围极其广泛，包括：文字作品；口述作品；音乐、戏剧、曲艺、舞蹈、杂技艺术作品；美术、建筑作品；摄影作品；电影作品和以类似摄制电影的方法创作的作品；工程设计图、产品设计图、地图、示意图等图形作品和模型作品；计算机软件等。只要是符合一定的原创性并能够通过一定的形式被有形复制的都是著作权法保护的作品。上述名目繁多的权利与企业的生产与经营有着非常密切的关系。例如，玩具企业可以针对其匠心独运的玩具产品主张著作权；服装企业可以对其风格独特的服装设计主张著作权；纺织企业可以对其与众不同的纺织品之图案主张著作权；还有企业对相关的宣传图片也可以主张著作权。只要企业的产品包含了独创性的智力成果，就可以依据著作权保护其相应的权利。

在无形产权在企业商业运作中所占的比重越来越大的今天，

体系性的知识产权构架是今后任何企业生存的基础。[1] 企业对自身著作权的忽视必然会导致部分利益无法实现，给企业经济利益带来负面影响，与此同时，由于企业著作权意识的淡薄，形成对他人著作权的无视，容易导致不自觉地侵犯他人著作权，并由此遭到巨额索赔。前几年全国各地关于卡拉 OK 收费的纠纷，以及相关网站就 MP3 下载被判赔偿案件就是国内企业无视他人著作权导致赔偿的例证。

在日常的企业运作中，企业必须对容易忽视的著作权予以重视：

（1）企业的宣传文本与图册、企业产品的包装、公司内部发行的报纸杂志、企业在申请商标和专利方面的申请材料、文字材料等与著作权密切相关的载体都属于著作权的保护范围，如果发现他人未经许可使用上述文字或图片，可以请求其停止使用并承担相应的侵权责任。

（2）企业员工发表的学术论文、科研文字成果、拍摄的相关作品、绘制的相关图纸等都涉及著作权的相关内容，由于这类作品涉及利用企业的工作便利及工作时间，企业与作品的创作人之间要对于署名权、修改权、复制权、发行权、出租权、展览权、表演权、放映权、广播权、信息网络传播权、摄制权、改编权、翻译权、汇编权、转让权获得报酬权等都应该在企业内部进行明确合理的约定，避免以后发生不必要的纠纷。对于其中符合职务作品要按照法律规定的原则处理。

（3）企业在委托他人开发作品时，要注意对权利归属约定明确。我国著作权法规定，委托开发作品的著作权归属从合同约定，没约定或约定不明的著作权归开发人所有。对委托他人开发的作品如果没有约定著作权归属，开发人有权利以著作权人的身

[1] 赵福军："企业著作权意识刻不容缓"，载 http：//tech. qq. com/a/20050616/000025. htm。

份要求相关的著作权权益。尤其是对于必须涉及升级的作品，如计算机软件，企业委托专业的开发公司开发计算机软件，应对著作权归属问题、更新升级问题在合同予以约定，避免在实践管理中出现纠纷。

（4）在信息时代企业通过网络营销扩大知名度非常多见，建立网站是最常用的方法之一。企业网站与著作权关系非常密切，企业网站就其整体以及抽出其中部分设计都涉及著作权的相关权利。企业网站如果被他人剽窃，企业应及时主张权利；相反，如果企业网站复制他人的源代码或者使用他人相关的图片、文字则存在侵犯他人著作权的嫌疑。企业网站链接如果涉及他人的著作权，又没有经过相关权利人的同意，也可能惹上著作权官司，因此企业网站在链接中应尽到充分的注意义务。

（5）加强防范意识，避免被侵权后无法保护企业的合法权利。企业要有足够的防范意识，对于企业自身已经取得的相关权利应在第一时间通过法律规定的方式予以固定，避免被侵权后为自己权利的存在尚需举证。如，纺织品企业对于开发出的新型图案可到版权部门进行登记，将企业对作品享有著作权的时间及外形予以固定。

凡事预则立，不预则废，与其出现纠纷后疲于劳累应对，不如在初期就进行常规性的预防，将纠纷与损失的发生率减低到最低！因此，企业必须重视长期被忽略的著作权方面的保护。

企业对自身著作权的保护，还应当注意著作权与其他知识产权权利的衔接，树立起立体保护观念，从而最大限度地维护自己的合法权益。

例如，佛山市中级人民法院在审理一起著作权案件中曾经遇到过这样的问题。原告委托广告公司制作了其家具产品的系列宣传画册并广为散发。被告对原告的产品宣传画册中的图片进行抄袭，并且打上自己的字号。很明显，被告的产品宣传画册有抄袭原告相同产品图片（相片）的情形。原告以被告侵犯其产品宣传画册的著作权为由向法院起诉。原告提交了图片的底片，委托A公司制作、印刷自己的产品宣传画册的合同等证据证明自己的权利。但是，庭审中被告指出上述合同中并没有明确著作权的归属，按《著作权法》第17条规定该画册的著作权应归受托方（即A公司）所有；原告的宣传画册上并没有明确署名著作权人，而只是打上原告的厂名和制作方A公司，故原告不享有其产品宣传画册的著作权。诚然，原告在庭审后及时找到了A公司，相互之间明确了著作权的归属问题（归原告），从而可以行使著作权人的权利。

但是，我们可以再作深层次的考虑和研究。如果该案原告无法再找到A公司，或者说该宣传画册本身的著作权推定就是A公司的，即原告无法证明自己的著作权人身份，怎么办？我们认为，原告可以考虑通过《反不正当竞争法》的有关规定来维护自己的正当权益，制止被告的前述不正当行为。因为：双方是同业竞争关系；原告确实是在先使用该宣传画册，该宣传画册图片上展示的是原告产品；被告确实是抄袭了原告产品宣传画册的有关产品图片等内容；被告的宣传画册内容有可能造成相关公众混淆；被告对外散发其产品宣传画册的行为属于对商品的来源的虚假宣传，即把本应是原告产品的图片说成是被告产品的图片，误导公众，属于不正当竞争行为之一。

上述例子说明了企业在增强自己的著作权意识的同时，应当注意著作权与其他权利之间的协调关系，为自己多上一道保险。

第五章　反不正当竞争之司法保护若干问题研究

第一节　不正当竞争行为的界定问题

审判实践中，需要对一些行为是否属于不正当竞争行为进行界定。如专利权人向知识产权局申请对其他公司侵犯其专利权进行行政调处并申请查封该公司产品及生产模具的行为，后涉案专利被宣告无效，该公司以专利权人明知其专利申请日前已公开，还恶意申请调处及查封，其行为构成不正当竞争为由诉至法院。如何界定不正当竞争行为？

判断该问题的关键在于专利权人的行为是否符合《中华人民共和国反不正当竞争法》（以下简称《反不正当竞争法》）中不正当竞争行为的规定。因其行为不属于《反不正当竞争法》中明确列举的侵害行为，故对该行为作出判断只能考虑该行为是否符合第 2 条的概括性规定。该条第 1 款规定："经营者在市场交易中，应当遵循自愿、平等、公平、诚实信用的原则，遵守公认的商业道德。"该条第 2 款规定："本法所称的不正当竞争，是指经营者违反本法规定，损害其他经营者的合法权益，扰乱社会经济秩序的行为。"一般情形下，在适用上述规定认定不正当竞争行为时，应当符合如下条件：1. 该项行为的主体是经营者；2. 该项行为为市场交易行为；3. 该项行为违反了自愿、平等、公平、诚实信用的原则和公认的商业道德；4. 该项行为损害其他经营者的合法权益；5. 该项行为在反不正当竞争法中没有具体规定，并且在其他法律、法规中也没有特别规定。就涉案行为而言，不仅该项行为不是市场交易行为，而且该项行为在《专利法》第47条也有特别规定，因此涉案行为不构成《反不正当竞争法》所述的反不正当竞争行为，最终法院驳回了原告的诉讼请求。因此，在判定一个具体民事行为是否构成不正当竞争时，应当从以上几个方面出发，结合被控行为的具体情况，综合分析判断，既要衡量经营者不正当竞争的动机目的，又要衡量经营者不正当竞争的具体手段，还要衡量经营者造成的不正当竞争后果，这样才能正确划清正当竞争与不正当竞争行为的界限，以鼓励和保护公平竞争，制止不正当竞争，保护经营者和消费者的合法权益。审判中，一般不宜轻易扩大认定法条中未列明的“不正当竞争行为”，否则就容易伤害市场竞争；同时，也不要拘泥于反不正当竞争法法条的列举，否则就会放纵不正当竞争。

第二节　经营者的界定

审判实践中，一些被告往往称自己不是经营者，不应是适格被告。如一些个人被告，从原告公司跳槽到被告公司后，被原告以侵犯商业秘密为由诉至法院，这些个人被告就称自己不是经营者，原告告错人了。因此，我们有必要对经营者的含义进行明确。我国《反不正当竞争法》第2条规定，经营者，是指从事商品经营或者营利性服务的法人、其他经济组织和个人。实务界对经营者的含义有两种理解：一种是从资格角度来理解，认为只有具备合法经营资格的法人、其他经济组织或者个人才能成为经营者；另一种是从行为的角度来界定经营者，认为只要参与或者从事市场行为，不论是否具备法定的经营者主体资格，均属于经营者。我们在司法实践中，采纳了后一种观点。我们认为，如按前一种观点来处理，将会放纵一些带着原单位的商业秘密跳槽到其他单位的个人被告，因为这些个人被告不是法定资格的经营者，也会鼓励一些个人以未注册的企业从事不正当竞争行为，因为这些未注册的企业也不是具有合法资格的经营者。显而易见，这种从资格的角度来理解经营者是机械的，不符合立法的本意。其实，从我国《反不正当竞争法》第2条的规定来看，也没有要求经营者需具备法定经营资格，该条仅是强调经营者需从事商品经营或者营利性服务，也就是说只要有从事商品经营或者营利性服务的行为的法人、其他经济组织和个人，均属于我国《反不正当竞争法》所规定的经营者。一些个人被告带着原告的商业秘密跳槽到被告公司，是被告公司在生产经营，这些个人被告是经营者吗？我们认为这些个人被告是经营者，因为这些个人被告要么以其持有的商业秘密作为股份入股被告公司，要么以其持有的商业秘密作对价获得较高的薪水，要么以其持有的商业秘密获取其他待遇，如职位。总之，这些个人被告所获取的待遇与其持有的商业秘密息息相关，他们所获取的待遇与该商业秘密在被告公司的使用所产生的效益密切相关，这些个人直接或间接地参与被告公司的经营，他们或者是参与被告公司产品的生产，或者是参与被告公司产品的销售，因此，他们属于直接或间接的经营者。

第三节 经营秘密的界定

一、有关制止侵犯商业秘密行为的现行法律依据

在我国现行的民事法律体系中，侵犯商业秘密的行为所产生的相关民事法律关系属于《反不正当竞争法》所调整的范围。现行的属于法律层面的规范只有《反不正当竞争法》第10条的规定，即“经营者不得采用下列手段侵犯商业秘密：（一）以盗窃、利诱、胁迫或者其他不正当手段获取权利人的商业秘密；（二）披露、使用或者允许他人使用以前项手段获取的权利人的商业秘密；（三）违反约定或者违反权利人有关保守商业秘密的要求，披露、使用或者允许他人使用其所掌握的商业秘密。第三人明知或者应知前款所列违法行为，获取、使用或者披露他人的

商业秘密，视为侵犯商业秘密。本条所称的商业秘密，是指不为公众所知悉、能为权利人带来经济利益、具有实用性并经权利人采取保密措施的技术信息和经营信息”。

二、商业秘密的性质与分类

根据以上条文的表述可知，商业秘密在本质上属于附着在不同载体上的信息，因为能够承载属于商业秘密信息的载体多种多样，所以在审判实践中，通常根据信息的内容而不是载体的种类，将有关商业秘密的信息分为技术信息和经营信息两大类，相应的商业秘密也分为技术秘密与经营秘密两大类。

该分类方式较为详细的成文表述出现在“北京市高级人民法院关于印发《关于审理反不正当竞争案件几个问题的解答（试行）》的通知”（1998 年 3 月 24 日京高法发［1998］73 号）中。在该文件中，商业秘密包括：（1）技术信息，包括完整的技术方案、开发过程中的阶段性技术成果以及取得的有价值的技术数据，也包括针对技术问题的技术诀窍。（2）经营信息，指经营策略、管理诀窍、客户名单、货源情报、投标标底等信息。

与之相似的分类也表现在“建设部、国家知识产权局关于印发《工程勘察设计咨询业知识产权保护与管理导则》的通知”（建质［2003］210 号）中。在该文件中，有关商业秘密分类的表述为“根据我国反不正当竞争法第 10 条，商业秘密是指不为公众所知悉，能为权利人带来经济利益、具有实用性并经权利人采用保密措施的技术信息和经营信息。商业秘密包括技术秘密（即专有技术）和经营秘密两类。”及“专有技术即通常所称的技术秘密（Know-How），是指不为公众所知悉，具有实用性，能为权利人带来经济利益，并经权利人采取保密措施的非专利技术”。

以上两种分类虽有差异，但对于相关信息进行分类的标准与所界定范围大致相同。参考以上的分类方式并结合法院的审判实践，笔者对有关商业秘密的信息作如下分类，技术信息主要包括但不限于：设计图纸、技术样品、质量控制、应用试验、工艺流程、工业配方、化学配方、制作工艺、制作方法、计算机程序等。作为技术信息的商业秘密，也被称作技术秘密、专有技术、非专利技术等；经营信息主要包括但不限于：客户名单、经营计划、财务资料、货源渠道、竞争方案、管理诀窍、产销策略、财务状况、投融资计划、标书标底、谈判方案等。

对于属于以上分类的信息而言，只有符合下列三个条件才可以成为受法律保护的商业秘密：（1）秘密性，即该信息不为公众所知悉，也不能直接从公开渠道获取；（2）保密性，即信息持有人或权利人已经意识到该信息为商业秘密而对该信息采取了合理的保密措施，包括订立保密协议，建立保密制度等措施；（3）价值性，即该信息具有确定的实际应用的可能并因该信息的应用能够为权利人带来现实的或潜在的经济利益或竞争优势。

三、在诉讼过程中法院对于经营秘密界定的方法与标准

法院界定经营秘密的方法是先要求权利人自己主张，然后将其主张的内容固定，再由法院进行审核并确定。根据以上三个条件中的保密性要求可知，只有已经被采取一定的保密措施的信息才有可能成为法律所保护的商业秘密，即该信息的权利人或持有人必须先意识到该信息为秘密，该信息才有可能成为商业秘密。在诉讼阶段权利人通常主张与其经营有关的所有信息均为经营秘密，这些信息有时是散乱无序的，法院对于经营秘密的界定就是对权利人所主张的具体内容和范围的确认及审核。所以首先由信息的权利人或持有人自己对其所持有的信息是否为商业秘密进行界定，将其认为属于商业秘密的信息从其他的信息中分离出来，即权利人明确其所主张商业秘密的具体内容和范围，并将所述信息以某种载体的形式进行固定，比如制作出成文的客户名单、经营计划、货源渠道、竞争方案、管理诀窍、产销策略、财务状

况、投融资计划、谈判方案等。

权利人所主张属于经营秘密的信息固定后，法院要按照一定的标准进行审查，符合标准的信息由法院确认为经营秘密。标准就是该信息是否具有秘密性、保密性和价值性三个特性，认定过程中对于三个特性的认定有先后顺序，即先认定有无秘密性，再认定有无采取保密措施，因价值性实际上仅是一种可能，即可能具有价值，该可能性较难判断，所以实践中一般假定信息只要具备秘密性和保密性的特征即具有价值性。

（一）秘密性的认定

认定某一信息具有秘密性的意义在于明确了该信息是公众（本节中“公众”指社会中的不特定人，含义同“任何一个人”）不能从公开的渠道直接获得的，即该信息不是众所周知的，是仅由特定的人所知晓或掌握的。商业秘密的秘密性是相对的，在一定的范围内被一定数量的特定的人所知晓或掌握并不影响信息的秘密性，只要该范围是由于采取了保密措施而形成或该特定的人属于负有保密义务的人。秘密性还要求该信息不能从公开的渠道直接获得，即不能把公共领域内的信息当作自己的商业秘密。但是，这种秘密性的要求并不高，只要是不为同行所一般知悉的信息都可以作为商业秘密来保护。以客户名单为例，客户名单通常包括客户的名称、地址、联系方式、交易内容、习惯等信息。在认定客户名单是否为公众所知悉时，一般应当同时考虑两个方面的因素：一是作为客户本身应当不为通常处理所涉信息范围的人普遍知道或容易获得，或者该客户本身虽为通常处理所涉信息范围内的人普遍知道或者容易获得，但是该客户的营业却不为通常处理所涉信息范围的人普遍知道或容易获得；二是客户名单持有人与客户之间的营业关系不为通常处理所涉信息范围的人普遍知道或容易获得。客户名单中信息的获取难度也是衡量其是否具有秘密性所要考虑的一个因素，因为信息获取的难度体现了该信息不为公众所知的程度。

（二）保密性的认定

即权利人对信息是否采取了保密措施。因保密措施形式多种多样，对于采取保密措施没有具体的要求，认定信息是否具有保密性仅要求权利人主观上具有保密意图，客观上采取了合理的、适当的保密措施。一般性的保密措施起码要符合以下条件：（1）限制了接触范围；（2）明确了接触的准许条件或者采取了限制接触的技术手段；（3）对接触人员明确赋予了未经授权不得使用、披露的义务；（4）接触到该商业秘密的人都能显然识别和认识其为商业秘密。

四、是否通过不正当手段获取或基于不正当的目的使用商业秘密是判定侵犯商业秘密通常的标准

商业秘密侵权判定的事实基础在于被控侵权人已经获取或使用了属于商业秘密的信息，所以，被控侵权人获取该信息的手段是否正当成为侵权判定的一个标准。如果被控侵权人取得该信息的手段是正当的，则一般情况下不构成侵权，比如，属于商业秘密的信息因权利人或持有人的原因泄露而被世人公知，即变为自由的公知信息，或者他人在不知情的情况下自主研发获知该信息，或者他人通过反向工程及合法转让等手段取得了属于商业秘密的信息等，都属于合法手段取得。特殊情况在于负有保密义务的人员虽然获知该属于商业秘密的信息是通过正当途径，如该负有保密义务的人员使用该信息具有不正当的目的，例如恶意向他人泄露或串通他人不正当获取，则该负有保密义务的人员构成违约（违反保密义务）与侵权（侵犯商业秘密）的竞合。

值得注意的情况是，员工在经营过程中不可避免地要获取相关领域的信息和有关经营方面的经验，这些信息和经验中有属于经营秘密的信息，也有员工正常积累的属于其工作技能、从业经验或属于其工作经历的信息。要注意将经营秘密与企业员工在经营过程中正常积累的属于技能、经验、经历中的信息相区分。区

分的标准在于该员工或其新的工作单位是否以不正当的手段掌握或使用原企业属于经营秘密的信息。例如，在审理以客户名单为内容的侵犯商业秘密的案件中，如果客户是基于对员工个人的信任而与该员工所在的单位进行市场交易，那么该员工离开原单位后，如果能够证明是客户自愿选择与该员工或者该员工所到的新的单位进行市场交易的，应当认定没有采用不正当的手段。相反，经营者以获取、使用商业秘密为目的，聘用其他企业掌握权利人商业秘密的人员的行为本身就是一种不正当竞争的手段。

五、案例

（一）案情简介

原告××迅通公司成立于1993年2月13日，是一家从事光缆通信设备的中外合资企业，生产经营OJ－03系列光缆接头盒等产品。被告麦××于1994年进入原告××迅通公司工作，离开××迅通公司之前一直担任该公司副总经理一职，主管供销经营工作。被告陈××于1997年进入原告××迅通公司，担任业务员，从事销售工作。××迅通公司的OJ－03系列光缆接头盒产品的主体材质是聚丙烯按一定比例加入有色专用母粒形成，光缆接头盒的主体材质由聚丙烯及有色专用母粒按一定生产工序形成已为行业公知，产品配料有色专用母粒及加入的比例这一材料生产工艺属于广州××材料研究所所有。原告××迅通公司OJ－03系列光缆接头盒产品原材料配件的进货渠道为：从广州××材料研究所购买有色专用母粒；从顺德市××橡胶厂购买硅胶圈；从溧阳××化工厂购买401胶；从顺德市××电器塑胶厂购买PVC拉管；从绵阳市××塑胶有限公司购买光纤头、热缩套管；从××中国有限公司购买聚丙烯。××迅通公司主张保护的与本案有关的产品销售客户名单为：中山××电子有限公司、广州××通信部、柳州××部队、××有线电视台、××有线电视台、广州××通支办、××广播电视站、××有线电视站、××

电信局、××省长途电信线路局、××有线电视公司、××有线电视台、东莞××广播电视台、××天线工程公司、广东省××通信工程服务公司、河北石家庄××科技开发有限公司、××通信工程有限公司等。上述客户的名单形成于1998年至2001年间，其中广东省××通信工程服务公司作为原告客户形成于2001年9月28日以后，其余客户均形成于2001年2月以前。该客户名单包括产品的销售价格等与客户有关的资料在内。××迅通公司在生产销售经营过程中形成确定了产品销售底价、销售费用的提取比例及对销售人员的奖励等销售经营政策。通过制定"劳动纪律管理规定"、"档案管理规定"、"公文管理规定"、"技术图纸管理规定"等公司管理制度，××迅通公司明确了公司的保密制度，对公司的技术信息和经营信息采取了合理的保密措施。在与被告麦××、陈××签订的劳动合同中，××迅通公司对其提出了保密要求，双方有保密约定，在公司章程中还制定了对总经理、副总经理的竞业禁止规定。

被告××联业公司成立于2000年10月24日，2001年5月21日，被告和香港××有限公司投资设立了被告××景业公司，法定代表人是肖×。××景业公司是以生产光缆接头盒等产品为主的通信设备制造企业。其生产的光缆接头盒，产品配件材料除聚丙烯进货渠道与原告不同外，其他配件材料均有与原告相同的进货渠道，即：从广州××材料研究所购买有色专用母粒；从顺德市××橡胶厂购买硅胶圈；从溧阳××化工厂购买401胶；从顺德市××电器塑胶厂购买PVC拉管；从绵阳市××塑胶有限公司购买光纤头、热缩套管。而其中从广州××材料研究所购买有色专用母粒、从顺德市××橡胶厂购买硅胶圈、从绵阳市××塑胶有限公司购买光纤头、热缩套管。××景业公司光缆接头盒产品的销售客户中有原告主张保护的前述18家客户在内。其中5家客户是××景业公司于2001年发展的，9家客户是××景业公司于2002年发展的，4家客户是××景业公司于2003年发展的，2001 年发展的 5 家客户占了 × ×景业公司销售量的大部分。其中广州 × ×通支办是由原告产品代理商深圳 × ×公司的总经理肖 ×联系代销的，肖 ×成立 × ×景业公司后，广州 × ×通支办成为 × ×景业公司的客户。

被告麦 × ×原为原告 × ×迅通公司主管供销经营的副总经理，2000 年 12 月 25 日获准辞职，与原告公司解除了劳动合同关系。在与原告解除劳动合同关系之前，麦 × ×至少从 2000 年 11 月 23 日起已为被告公司工作，被告公司为麦 × ×报销其个人购置车辆的各项费用。被告陈 × ×与原告公司解除劳动合同关系的时间为 2001 年 5 月至 2001 年 9 月 17 日间，具体时间不明。被告麦 × ×与陈 × ×至少从 2001 年 6 月起已为被告公司工作。

另查明：在审理中，原告放弃将 OJ－03 产品内部结构作为技术秘密保护。

（二）案件评析

我国《反不正当竞争法》规定，商业秘密是指不为公众所知悉、能为权利人带来经济利益、具有实用性并经权利人采取保密措施的技术信息和经营信息。本案原告成立后长期生产经营自己研发的 OJ－03 系列光缆接头盒产品，在与客户长期的经济往来中通过其自己的努力，投入相当的人力、物力从不特定的公共信息和潜在的客户群中与一些客户建立起了长期的业务关系，双方形成了相对稳定的交易习惯，这些客户已从一般的、不特定的、可从公共信息中获知的客户群中分离出来，成为原告的特定客户，这些客户及包括交易价格在内的原告与之进行往来的与客户有关的资料共同构成原告公司特定的客户名单。该客户名单以及原告制定的销售经营政策只有原告公司高级管理人员及其相关工作人员才有机会接触，因而具有不为公众所知悉的特点。原告生产光缆接头盒产品的原材料进货渠道，是其在长期的生产过程中从众多的同类原材料供应商中通过比较、调查、实验、分析各自的利弊后予以选择确定的，因此相关原材料供应商虽然是公开的，但原告对有关原材料供应商的选择却是特定的，因此而形成的采购渠道同样具有不为公众所知悉的特点。上述客户名单、供货渠道以及销售经营政策属于原告公司的经营信息，能够使其方便、快捷、经济、有效、灵活地组织生产经营销售，显然具有实用性，能够为其带来经济利益。并且原告公司通过制定保密制度、与员工约定保密条款，采取了合理的保密措施。因此，原告的上述客户名单、供货渠道以及销售经营政策等经营信息符合法律所规定的商业秘密构成要件，属于原告公司的商业秘密，应当受到法律的保护。

我国《反不正当竞争法》规定，违反约定或者违反权利人有关保守商业秘密的要求，披露、使用或者允许他人使用其所掌握的商业秘密是侵犯他人商业秘密的侵权行为；第三人明知或者应知上述违法行为，使用他人商业秘密也是侵犯他人商业秘密的侵权行为。本案被告麦××1994 年即在××迅通公司工作，离开××迅通公司之前一直担任公司副总经理一职，主管供销经营工作。被告陈××1997 年即在原告公司工作，担任业务员，从事销售工作。两人因工作职责应接触知悉或有机会接触知悉原告公司在生产经营销售过程中的上述商业秘密。麦××在尚未与原告公司解除劳动合同关系之前，即至少从 2000 年 11 月 23 日起，违反竞业禁止的规定开始为被告××联业公司工作，被告公司非正常地为麦××报销了其个人购买车辆的各项费用，并且此后至 2003 年均由××联业公司为麦××报销车船使用税；麦××、陈××在××联业公司于 2001 年 5 月投资设立与原告生产同类产品的被告××景业公司后，立即进入××景业公司工作。而××景业公司成立后在不长的时间内陆续与原告的多家主要销售客户进行业务往来，销售相同产品；使用与××迅通公司相同的原材料进货渠道，且被告不能举证说明上述经营信息的合法来源。基于以上事实，依照商业秘密纠纷案件中“接触、相似、排除合法来源”的审理原则，可以认定××联业公司与××景业公司在使用原告商业秘密上有关联，被告麦××、陈××、××联业公司和××景业公司侵犯了××迅通公司的上述商业秘密，构成侵权。

本案××迅通公司主张保护的商业秘密范围中的上述18家客户名单中，由于广州××通支办被告有合法来源，广东省××通信工程服务公司作为原告客户形成于麦××、陈××与××迅通公司解除劳动合同关系之后，即2001年9月28日以后，麦××、陈××并未掌握这些客户信息。因此，被告与该两客户的业务往来，并不构成对原告商业秘密的侵犯。

原告主张保护的商业秘密范围中的进货渠道，其中从广州××材料研究所购买有色专用母粒，原告承认该购买渠道已为行业公知，从顺德市××橡胶厂购买硅胶圈、从绵阳市××塑胶有限公司购买光纤头、热缩套管，原告在销售其产品时已将其生产厂家、联系方式公开，××景业公司使用这些配件的进货渠道有合法来源，被告该行为不构成侵权。

原告主张产品设计文件（产品设计任务书、设计图纸）是其商业秘密，但原告未向法院举证相关设计文件，没有证据证明其主张的产品设计文件属于法律保护的商业秘密，对原告该项请求法院不予支持。另原告主张产品内部结构是其商业秘密，审理中原告放弃将产品内部结构作为商业秘密保护的范围，法院予以准许。

××迅通公司光缆接头盒产品的主体材质是聚丙烯按一定比例加入有色专用母粒形成，光缆接头盒的主体材质由聚丙烯加上有色专用母粒按一定生产工序形成是行业公知，产品配料有色专用母粒及加入的比例这一材料生产工艺由广州××研究所掌握和操作，并非属原告所有。因此对原告将光缆接头盒产品材料（主体材料聚丙烯、配料有色专用母粒）、材料工艺（主体材料聚丙烯加入配料有色专用母粒）作为商业秘密请求保护的主张，法院不予支持。

被告麦××、陈××、××联业公司、××景业公司侵犯了原告××迅通公司的上述商业秘密，应依法承担相应的民事责任。××迅通公司要求四被告停止侵害、赔偿损失的诉讼请求符合规定，法院予以支持。至于××迅通公司主张的损失赔偿数额，××迅通公司没有证据证实其合理性，其损失及被告的获利均难以查清，因此法院将根据被告的侵权时间、业务规模、原告为调查侵权行为支付的合理费用等因素酌情确定赔偿数额。至于××迅通公司要求被告赔礼道歉、消除影响的请求，因此项民事责任承担方式系适用于侵犯人身权或造成商誉损失的情形，而本案不涉及人身权，××迅通公司也无证据证明其商誉受到侵害。故对这一请求法院不予支持。

综上，依据《中华人民共和国民法通则》第134条第1款第（1）项、第（7）项和《中华人民共和国反不正当竞争法》第10条的规定、参照最高人民法院《关于全国部分法院知识产权审判工作座谈会纪要》的精神及审判实践掌握的赔偿标准，判决如下：

一、被告麦××、陈××、××联业公司、××景业公司自本判决生效之日起立即停止侵害原告××迅通公司的商业秘密，即自判决生效之日起1年内不得向原告下列客户销售光缆接头盒产品：中山××电子有限公司、广州××通信部、柳州××部队、××有线电视台、××广播电视站、××有线电视站、××电信局、××省长途电信线路局、××有线电视公司、××有线电视台、××有线电视台、东莞××广播电视台、××天线工程公司、河北石家庄××科技开发有限公司、××通信工程有限公司；自判决生效之日起1年内不得从溧阳××化工厂购买401胶，从顺德市××塑胶厂购买PVC拉管。

二、被告麦××、陈××、××联业公司、××景业公司自判决生效之日起10日内赔偿原告××迅通公司经济损失10万元，并相互承担连带清偿责任。

三、驳回原告××迅通公司的其他诉讼请求。

第四节　技术秘密的界定

技术秘密与经营秘密均属于商业秘密，其界定的一般方法和标准与经营秘密的界定基本相同，但在技术秘密界定的过程中有以下几个问题略有不同：

一、技术秘密的秘密性

技术秘密的表现形式或载体主要有：设计图纸、技术样品、质量控制、应用试验、工艺流程、工业配方、化学配方、制作工艺、制作方法、计算机程序等。但技术秘密并不是以上列举的设计图纸或技术样品等物品本身，而是上述物品中蕴涵的一定的信息，即能够解决技术问题的技术方案或窍门。

因技术秘密权利人或持有人通常要将技术秘密进行应用，即投入生产实践中以转化为成果或收益，作为成果之一的产品中通常也蕴涵着一定的信息，通过合法途径获得产品的他人运用一定的手段对产品中蕴涵的信息进行分析，可能会获知生产该产品过程中所使用的技术方案的部分或全部，这种获得他人技术秘密的方式即为“反向工程”。因进行反向工程要求具有一定的技术水平与设备条件且经济上需要相当大的花费与投入，而且反向工程行为与产品研发、改进的行为之间缺乏明确的界限，所以法律一般并不禁止该行为，反向工程是获得商业秘密的合法途径之一。但在特殊情况下，例如对于计算机程序等包含技术信息的载体，法律是禁止进行反向工程的。所以如果权利人所主张技术秘密中包含的信息仅表现为一种产品的尺寸、结构、材料、部件的简单组合，所涉信息范围的人通过观察产品本身就可以直观地获得该信息，产品进入市场后，该项信息即可以认为通过使用而公开，该信息因不符合秘密性而不能成为技术秘密。如果某一信息表现为一种产品的配方、制造方法、工艺尺寸公差等，其产品进入市场后，不通过对产品进行检测或分析难以直观地从产品本身获得该信息的，不论被控侵权人能否提供完整、可信的反向工程过程的，只要该信息除权利人、持有人、被控侵权人知悉之外，其他不特定的公众不能直接获得的，该信息仍符合秘密性，属于技术秘密。

反向工程也具有一定的局限性，因反向工程通过对公开渠道取得的产品进行拆卸、测绘、分析等技术手段获得有关技术信息，所以通过反向工程只能力图对技术秘密中的信息进行还原。因反向工程所取得的信息并非从技术秘密中的信息直接复制的，所以两者之间在正常情况下应有一定差异。如果被控侵权人主张其通过反向工程获得的信息中包含明显不能通过反向工程手段取得的信息，如零件的尺寸公差，且该信息与技术秘密权利人所主张的技术秘密中的信息不合常理地一致，则可推定被控侵权人是在知悉了权利人的技术秘密后，又主张该信息是通过反向工程获得的，其提出的反向工程的主张不能得到法院的支持。

有明确证据证明通过其他途径已经知悉技术秘密的人，其提出反向工程的主张不能得到法院的支持。

二、技术秘密的保密性

(1) 技术信息采取保密措施的前提是该信息具有前款秘密性的特征，即必须是有秘密才保。在没有秘密的情况下，即使采取了保密措施，被保密的信息也不会仅因为被采取了保密措施而变成秘密。例如，将公开发行的技术手册放入保险箱保管并不能使手册上的技术信息变为技术秘密。在实践中有如下案例：某公司实施了严格、完善的保密制度，公司与其技术人员签订了保密协议，公司的图纸也有专门保管制度并实行专人管理，技术人员某甲在离职前私下将公司作为秘密管理的图纸进行了大量复制并将复制品携带出公司，某甲离职后，公司发现其该行为并向公安机关报案，公安机关抓获某甲并在其住所发现大量该公司图纸的复印件。在基层人民法院刑事审判庭一审以侵犯商业秘密罪判处某甲有期徒刑8个月并已执行完毕后，该公司以侵犯商业秘密纠纷为案由起诉至中级法院知识产权庭要求某甲承担民事赔偿责任，并以该刑事判决书作为证据以支持其主张。在民事案件审理过程中，经质证发现，某甲所复印的图纸或已通过该公司产品公开，或为该行业通用图纸，所有图纸中包含的所有信息均不属于知识产权法规定的技术秘密的范围。笔者认为，虽然刑事审判中认定是否犯罪与民事审判中认定是否侵权的证明标准及归责原则不同，刑事审判中的被告人与民事审判中的被告应承担的责任也不同，但是，不论在刑事审判还是民事审判中，技术秘密是否存在这一问题都应属于案件的客观事实，相应的民事判决或刑事判决都应是在查明事实的基础上正确适用法律的结果。本案例中的刑事判决认为某甲使用了秘密窃取的手段（即某甲违反保密规定偷偷复印）取得公司的技术秘密（即采取保密措施的大量图纸）即构成犯罪。实际上通过民事案件的审理可知，某甲所复印的图纸并无秘密性可言，某甲复印该图纸的行为的性质与其复印诸如电话黄页、辞海等自由公知材料的性质是相同的，既不应承担民事责任，更不应被追究刑事责任。其行为所应承担的责任，最多是因违反该公司内部规定和劳动合同而受到公司内部的处理。

（2）保密措施中的保密协议不应限制劳动者正当的劳动权利。劳动者进行劳动并获取报酬的权利是一项宪法权利，法律保护该权利不受非法的剥夺。劳动者通过劳动能够逐渐具有一定的工作技能和技术水平，也会掌握一些技术窍门，但往往这些技术窍门有可能就是企业的技术秘密，对该技术秘密进行保护时要考虑劳动者正当劳动的权利。例如：海绵是通过发泡工艺制作的，即将液体化学物质按一定配方在盆状器皿中混合反应后就会在液体表面不断产生厚厚的气泡，使用一定形状的工具将气泡向上引导，气泡干燥后就能形成海绵。该工艺的原理是公知的，但技术窍门在于用工具将气泡向上引导的速度，该提升速度应该和液体反应时产生气泡的速度一致，产生多少气泡提升多少。如提升速度过慢，则海绵发泡不完全，部分地方产生堆积，成品表现为密度不一致，如提升速度过快，则容易拉断气泡层，因提升工具在气泡层最上端，其功能在于将气泡从液体中全部提升出来，气泡层一旦断裂，剩余液体产生的气泡则无法提升，气泡会在容器中固化，成为废品。某企业以不同速度反复试制，在产生大量废品的情况下，通过摸索搞清了提升速度与反应速度的对应关系及如何根据反应情况人工调整提升速度的方法，成品率大幅提高。某企业将该提升速度与反应速度的对应关系及如何根据反应情况人工调整提升速度的方法作为本企业的核心技术秘密加以保护，在企业内部限定有限的人员可以知晓，并与以上人员签订了保密合同。在这种情况下，因观察反应情况与操作提升机构均为人工完成，所以工人即使知道提升速度与反应速度的对应关系及如何根据反应情况人工调整提升速度的方法，也要通过大量的实践操作才能熟练掌握。对于工人来说，能够正常生产就要既知道该技术窍门也要具备一定的操作技能。某企业预见到该工人如果从某企业离职，因其只有从事海绵发泡的工作经历和技能，该工人很可能在同类企业中谋职，所以在签订保密合同中就有禁止该工人从企业离职后在其他企业从事类似工作的条款。其后，该工人因报酬低从某企业离职，到某企业的竞争对手企业中从事海绵提升工作。某企业以该工人违反保密合同为由起诉至人民法院，在庭审中，该工人提出从某企业离职后没有收入，因其只具有提升海绵的技能，所以只能到同类企业从事劳动并取得报酬的抗辩。笔者认为，如果没有证据证明该工人向他人泄露了某企业的技术窍门，也没有证据证明同类企业是为了获得该技术窍门的目的雇佣该工人，最主要的是该工人的收入与其付出的劳动相适应，在该工人与同类企业其他同种工作工人相比，没有获得过多的报酬的情况下，某企业试图仅以保密合同为由就禁止该工人在同类企业中从事正当劳动的主张不应获得法院的支持。

三、案例

(一)案情简介

原告华顺公司的经营范围为制造电机、机电产品、五金机械、动平衡机。被告刘××受聘于华顺公司，从事动平衡机项目的研制和开发，并参与安装调试和使用培训等工作，被告高××在华顺公司从事有关技术工作。刘××、高××于2002年9月从华顺公司离职。被告严×在华顺公司市场部工作，严×于2002年10月从华顺公司离职。华顺公司规定了保密制度，对公司的经营、技术等方面的资料采取了保密措施。2002年9月30日，刘××经顺德市工商局核准开办了个体工商户企业××平衡机厂。其后高××、严×从华顺公司离职后即到该厂工作。

2003年1月16日，顺德市工商局根据华顺公司的举报立案查处刘××侵犯商业秘密一案，并于次日对××平衡机厂进行了检查，从该厂取得了被控图纸、被控产品、宣传资料、单据、客户资料等证据材料。

(二)案件评析

本案属于侵犯商业秘密民事纠纷。

关于经营秘密方面。原告的供应渠道（载体为供应商名单）本身可能构成经营秘密，但是在本案中原告无法证实被告在华顺公司工作期间接触了上述供应渠道，而且其关键证据即原告的供应商证明已经被该供应商推翻，因此原告关于被告侵犯其供应渠道的经营秘密的主张显然证据不足。原告关于三被告侵犯其经营秘密的主张不成立。

关于技术秘密方面。在本案中，佛山市中级人民法院从顺德市工商局调取了被控图纸，故本案需要对原告图纸是否属于技术秘密、被控图纸与原告图纸的一致性、××平衡机厂（刘××）持有被控图纸本身是否构成侵权以及刘××是否使用了被控图纸进行经营活动、生产销售被控产品是否构成侵权进行裁判。

从原告图纸内容看属于技术信息，具有利益性和实用性，原告也采取了保密措施，故判断原告图纸是否属于技术秘密的关键在于该图纸中的内容是否不为公众所知悉以及是否在刘××涉嫌侵权前已经公开。原告图纸的内容主要是各个机器部件的尺寸、结构、材料、公差（即允许存在的误差值）及其他技术要求。被告在本案中提交的公开出版资料本身并没有完全反映原告图纸的具体信息，故不能认为原告图纸已经通过出版公开而为公众所知悉。原告产品在刘××离职前已经在国内市场上公开销售，故原告图纸中关于产品的尺寸、结构、材料、部件的简单组合等方面的信息，是可以通过观察产品本身就直接获取的，故在原告产品进入市场后可以认为前述信息通过使用而公开。但是，关于公差等技术要求，通过观察产品本身并不能直接获取，具有秘密性。

被控图纸中有41份图纸的内容与原告图纸完全一致（包括公差等技术要求在内）。刘××作为原告的前技术人员，具有接触原告图纸技术的便利条件，而在刘××经营的××平衡机厂里又发现了上述41份内容完全相同的被控图纸。刘××也不能向法院说明该信息的合法来源。因此，可以推定刘××非法获取了上述41份图纸所包含的原告的技术秘密。

被控图纸中的另25份图纸的内容虽然与原告图纸的内容大部分相同，但是在公差等技术要求方面还是存在一定的区别。如前所述，原告图纸的秘密点在于公差等技术要求，而原告图纸中关于产品的尺寸、结构、材料、部件的简单组合等方面信息已经通过其产品投入市场而公开。因此，这25份图纸反映的信息与原告相应的技术秘密存在区别，不存在被告侵犯商业秘密的问题。至于被控图纸的其余部分，则与原告图纸完全不同，不存在侵权问题。

（三）判决结果

（1）被告刘××立即停止侵犯原告华顺公司的商业技术秘密的行为，即立即销毁41份被控图纸，并不得对上述41份图纸记载的技术秘密进行披露和使用；

（2）被告刘××应于本判决生效之日起10日内向原告华顺公司支付赔偿款8 000元；

（3）驳回原告的其他诉讼请求。

第五节 知名商品特有的名称、包装、装潢的保护问题

一、关于知名商品的认定问题

这个问题一直以来存在争议，主要是关于知名商品的空间影响力问题，其次是具体的知名度问题。

对于前述第一个问题，《最高人民法院关于审理不正当竞争民事案件应用法律若干问题的解释》第1条中作出了明确规定。它的标准是以全国性知名为主，辅之以区域性的限制。该解释规定：在中国境内具有一定的市场知名度，为相关公众所知悉的商品，应当认定为反不正当竞争法规定的知名商品。这就排除了在中国境外知名但在中国境内市场并不知名的所谓“洋品牌”适用反不正当竞争法关于知名商品的保护。

不可否认，中国市场广阔，多数商品都存在在某一地域比较有名而在某些地域并不知名的客观情况。如果不加区别地对知名商品做同样的保护显然不太公平。因此，前述司法解释在具体的区域性问题上作出了补充规定，即：在不同地域范围内使用相同或者近似的知名商品特有的名称、包装、装潢，在后使用者能够证明其善意使用的，不构成反不正当竞争法第5条第（2）项规定的不正当竞争行为。因后来的经营活动进入相同地域范围而使其商品来源足以产生混淆，在先使用者请求责令在后使用者附加

足以区别商品来源的其他标识的，人民法院应当予以支持。

至于具体的知名度标准问题，应当属于法官个案裁量范畴，一般来说参照商标知名度的判断标准。《最高人民法院关于审理不正当竞争民事案件应用法律若干问题的解释》规定：人民法院认定知名商品，应当考虑该商品的销售时间、销售区域、销售额和销售对象，进行任何宣传的持续时间、程度和地域范围，作为知名商品受保护的情况等因素，进行综合判断。原告应当对其商品的市场知名度负举证责任。

二、知名商品特有名称的判断

知名商品的特有名称，是指该知名商品区别于同类产品的通用名称部分，专属于知名商品权利人所有的名称内容。国家工商行政管理局《关于禁止仿冒知名商品特有的名称、包装、装潢的不正当竞争行为的若干规定》第 3 条规定：知名商品特有的名称，是指知名商品独有的与通用名称有显著区别的商品名称，但该名称已经作为商标注册的除外。

这里要明确的是，在我国是允许权利人将知名商品的特有名称注册为商标的。也就是说，如果权利人将知名商品的特有名称注册为商标，则依照商标法的规定保护该注册商标（该注册商标的标识即为前述特有名称），不再对该特有名称进行反不正当竞争法的保护；如果权利人未将知名商品的特有名称注册为商标，则依照反不正当竞争法的规定对该特有名称进行保护。

以下案例可以说明法院如何认定知名商品的特有名称。

佛山市中级人民法院在 1998 年受理了河北旭日集团有限公司起诉众多厂商的侵犯其知名商品特有名称的一系列不正当竞争民事案件（即当时很有影响的旭日升冰茶案）。原告的主张之一是冰茶为其知名商品的特有名称。被告答辩的要点之一也在于冰茶属于一个通用的产品名称，并非特有名称。佛山市中级人民法院经审查认为：原告的旭日升冰茶属于知名商品。虽然国内在科技期刊的数据库中有记载，也有早于原告向有关部门申请冰茶饮料发明专利的情况，但在国内市场均无证据反映该饮料早于原告进入公知的市场领域，相反是原告先将其生产、销售的一种含茶碳酸饮料区别于市场上饮料的通用名称，成为与通用名称有区别特征的商品名称，消费者也未将其认为一类商品名称。故认定原告生产销售的旭日升冰茶为知名商品及特有名称。被告在其同类产品上使用“冰茶”字样属于侵犯原告知名商品的特有名称的不正当竞争行为。佛山市中级人民法院据此作出了判令被告停止侵权、赔偿损失的判决。

三、知名商品特有的包装、装潢的判断

国家工商行政管理局《关于禁止仿冒知名商品特有的名称、包装、装潢的不正当竞争行为的若干规定》第 3 条还规定了知名商品特有的包装、装潢问题。所谓特有，就是指商品的包装、装潢非为相关商品所通用，并具有显著的区别特征。包装是指为识别商品以及方便携带、储运而使用在商品上的辅助物和容器。装潢则是指为识别和美化商品而在商品或者其包装上附加的文字、图案、色彩及其排列组合。

产品包装、装潢侵权的判断标准类似于商标侵权判断标准，即近似性和混淆性。以下案例有助于大家深入了解该问题。

面对明显不同的两个商标，产品包装也不相同，只是在其产品包装中的文字说明与一知名商品的包装中的文字说明近似，是否构成不正当竞争？对知名商品包装、装潢的近似性判断，除了传统的图案、色彩、字体等物质载体本身的混淆性判断以外，我们还运用了联想理论，将判断的标准适当延伸到包装上的文字说明部分。

在原告佛山市合记饼业有限公司诉被告佛山市金旺福食品有限公司等不正当竞争案件［（2004）佛中法民三初字第 32 号］中（注：该案件包含商业秘密和其他不正当竞争行为，本书仅就

以下部分内容的判决进行阐述)，原告是生产经营佛山知名商品盲公饼的老字号企业，被告是在后成立的经营同类业务的企业并且其股东和管理人员是原告原来的高层管理人员。原告的诉讼请求之一是认为被告在同类产品的包装背面上的文字说明部分抄袭原告产品的文字说明，造成消费者混淆，构成不正当竞争。原告生产的盲公饼是佛山的知名商品，在其产品包装袋的背面有这么一段关于盲公饼来源传说的文字说明："佛山特产——盲公饼，广东省佛山市驰名的特产盲公饼，始于清嘉庆年间，在佛山鹤园街教善坊有一个姓何的失明老人，开设乾乾堂卜易馆占卦算命，何某别具心裁，以锅巴研磨成粉，采用油、糖、花生、芝麻等物以炭火烘烤成饼，由于质优价廉，买者日众，辗转相传，远近驰名，到盲公处买饼的人顺口称之为盲公饼，乾乾堂渐变为合记饼店，佛山合记盲公饼亦因而得名。盲公饼以其色泽金黄、甘、香、酥、脆的特点，成为驰名的佛山特产；为旅游、自奉与馈赠的地方特产。近年为发扬中国四大名镇之一的食品——佛山盲公饼，经多方努力恢复传统制作，选料上乘，由乾乾堂后裔——佛山合记饼业有限公司的名师指导，产品质量更有提高并辅以精美新颖的包装，产品远销港澳及东南亚、欧洲、美洲等华人聚居的地区，成为旅游、馈赠的首选佳品。"关于盲公饼及盲公饼的传说在佛山市已经到了家喻户晓的程度，并且在佛山地方志及中华民国时期的报纸都有上述记载。

被告作为一个新成立不久的企业，生产何公饼（注：与原告的盲公饼属于同类产品，均为花生芝麻酥饼，外形、包装规格也相同)。被告在何公饼包装袋的背面有这么一段文字说明："佛山特产——何公饼，佛山市金旺福食品有限公司出品之何公饼是佛山市传统特产，甘爽酥脆，唇齿留香，回味无穷，有口皆碑。何公饼源于清嘉庆元年，历史悠久，是年佛山镇上一何姓老公公得有道高僧亲授一套奇特的制饼技艺，烤制成金黄小饼摆卖于祖庙门前，因味道极佳，很快就吃出了名声，世代相传。为纪念此何公公，是名何公饼。本品秉承传统制作工艺，融入现代科技之精华，选用绿色食品上乘原料，工艺质量严格把关，精益求精。因而美名日盛，饮誉海内外，远销东南亚、澳洲和欧美地区，被奉为家居旅游及馈赠之佳品。”被告同时也不能证实在其成立之前有人生产过“何公饼”。关于前述何公饼的文字说明，被告承认是其编写的传说，但认为传说人人可以编写故不存在违法性。

佛山市中级人民法院经审理认为：被告在产品介绍中所述的“清嘉庆……何公……”等字样容易让消费者产生联想。联想，是指消费者在看到一个商品时会想到另一个知名的商品，并能感觉到该商品是在刻意攀附另一个知名的商品，也就是说消费者一般不会认为该商品与另一个知名的商品之间存在什么经济联系，但能意识到该商品是在利用另一个知名的商品的品牌效果。联想的后果是该商品的生产者希望取得不正当利益，同时也不可避免地会损害知名商品的利益，如弱化、削弱商家知名度、声誉等。本案中被告是在佛山刚成立不久的公司，其商标和商品均不知名，为了达到推广其产品获得快回报，其在产品介绍中使用与原告知名商品的产品介绍意思相近的“清嘉庆、一个姓何的老人”字样，意图利用原告知名商品盲公饼这一品牌优势，刻意去攀附原告知名商品的商誉，会引起一般消费者产生混淆性联想，尤其是佛山消费者的遐想，实质是一种搭便车销售的行为，其行为损害了原告的合法权益。佛山市中级人民法院一审判决被告金旺福食品有限公司立即停止在其产品包装上使用“何公饼源于清嘉庆元年，是年佛山镇上一何姓老公公得有道高僧亲授一套奇特的制饼技艺”字样并赔礼道歉及赔偿原告相应的损失 2 万元。

第六节　企业名称权的法律保护

企业名称承载着企业商誉，代表着企业的形象，是市场竞争中的一个重要砝码。防止商业名称的滥用以及淡化商誉，禁止不正当竞争，已成为各国立法的重要内容。

一、概述

企业名称是法人及其他经济组织在从事商事活动时用以署名而与他人相区别的文字标记。我国现行法律对企业名称的界定并不统一，有称“商号”的，有称“企业名称”的，有称“字号”的，或将“字号”等同于“商号”。其实“字号”或“商号”仅是企业名称的一个组成部分。据《企业名称登记管理规定》第7条的规定，我国企业名称应当由以下部分依次组成：字号（或者商号）、行业或者经营特点、组织形式。企业名称应当冠以企业所在地省（包括自治区、直辖市）或者市（包括州）或者县（包括市辖区）行政区域名称，经国家工商行政管理局核准可以不冠以企业所在地行政区划名称的除外。

企业名称权是指法人及其他经济组织依法享有的设定、使用、变更、转让自己的名称并排除他人非法侵害的权利。其中，名称设定权意味着企业享有为自己设定名称的权利，但须符合法定条件和程序；使用权则意味着企业对其名称享有独占使用权，未经许可，他人不得擅自使用；名称变更权是指企业在经营过程中可依法变更其名称；转让权是指企业有权转让自己的名称而获取物质利益。《企业名称登记管理规定》第23条规定：“企业名称可以随企业或者企业的一部分一并转让。企业名称只能转让给一户企业。企业名称的转让方与受让方应当签订书面合同或者协议，报原登记主管机关核准。企业名称转让后，转让方不得继续使用已转让的企业名称。”根据该规定，企业名称的转让必须与企业的转让共同进行。目前，多数国家都要求企业名称只有经法定程序注册登记后，才具有排他性的效力。我国《企业名称登记管理规定》第3条即有相应的规定。但国际社会立法的趋势是既保护已注册的企业名称，也保护未注册的企业名称。

企业名称权具有以下法律特征：

（一）地域性

企业名称权有严格的地域限制，即只在企业名称的登记主管机关所辖行政区域内且在同行业企业内才享有专用权，这是由法律直接规定的。如我国《企业名称登记管理规定》第3条规定："企业名称在企业申请登记时，由企业名称的登记主管机关核定。企业名称经核准登记注册后方可使用，在规定的范围内享有专用权。"

（二）专有性

企业名称权具有一定程度的专有性，在登记机关的辖区范围内同一行业间享有排他的专有权，其他不同的行业仍可以使用该字号，但其使用应以不对他人字号权有降低信誉等侵害为宜，也不得造成消费者的误认。《企业名称登记管理规定》第6条规定："企业只准使用一个名称，在登记主管机关辖区内不得与已登记注册的同行业企业名称相同或者近似。"

（三）时间无限性

自企业登记成立日起至企业终止前，企业名称权不受时间限制。从这个意义上说，企业名称权具有时间上的无限性。

二、企业名称权的法律保护

世界各国对企业名称权的法律保护有不同的立法模式：（1）在民商法中加以规定。如《日本商法典》，瑞士《债权债务法》，我国的《民法通则》、《公司法》都对"商号"、企业名称作了规定。（2）以特别法的形式加以规定。我国制定《企业名称登记管理规定》将企业名称从传统的民商法典中单列出来，予以规范。（3）在知识产权法中加以规定。《保护工业产权巴黎公约》第2条将厂商名称与专利、商标等并列为工业产权的保护范围。（4）在竞争法中加以规定。如日本的《不正当竞争防止法》、德国的《反不正当竞争法》。我国《反不正当竞争法》也有原则性的规定。

三、侵害企业名称权行为的认定

侵害企业名称权的行为为侵权行为，仍须具备侵权民事责任的一般构成要件，即有侵害企业名称权的违法行为、企业名称权受到损害、该违法行为与损害结果有因果关系以及侵权人有主观上的过错。

侵害企业名称权的具体表现形式主要有四种：

（1）假冒他人的企业名称，即擅自使用与其他企业名称相同的企业名称。

（2）仿冒他人企业名称，即使用与其他企业名称相近似的企业名称，使公众产生误认或混淆。

（3）将他人企业名称中的字号用作商标，能引起人误解的行为。

（4）将他人的企业名称在商品广告中作引人误解的使用。

构成企业名称权民事侵权，应承担的民事责任有停止侵害、赔偿损失、消除影响等。侵害他人名称权，首先应负有停止侵害的责任。同时，对于侵权行为所造成的影响应予以消除，权利人要求赔礼道歉的，还应当予以赔礼道歉。根据侵害企业名称权行为的特点，确定损失赔偿额的方法是：（1）以被侵权人因被侵权所受到的损失计算赔偿数额；（2）以侵权人因侵权所获得的利益计算赔偿数额；（3）侵权人因侵权所获得的利益或被侵权人因被侵权所受到的损失均难以确定的，可以考虑侵权行为的性质、期间、后果、商誉等因素综合确定赔偿数额。

四、维护企业名称权的思路

因企业名称权受到企业登记机关辖区范围的严格的地域限制，因此，对于侵权人恶意侵害企业名称权的行为，在采取维权措施时，就应当考虑企业名称权地域性的法律特征。

一般情况下，侵权企业和被侵权企业在同一企业登记机关辖区范围内的，可选择侵害企业名称权的维权方式。如侵权企业和被侵权企业不在同一企业登记机关辖区范围内，选择侵害企业名称权的维权方式，通常得不到支持。此时应根据2001年1月19日国家工商行政管理局《关于〈企业名称登记管理规定〉有关问题的答复》（工商企字［2001］第28号）关于“已经登记注册的企业名称在使用中发生争议，注册在后的企业名称如果对公众造成欺骗或者误解，登记机关应依据《企业名称登记管理规定》第9条第（2）项和第5条，认定为不适宜的企业名称予以纠正”的规定，以“不适宜的企业名称”或不正当竞争为由，向有关机关寻求保护；如果已将“字号”注册为商标的，可依商标法的有关规定主张权利。当然，如属驰名企业，则其“字号”或“商号”受保护的范围则可不受企业登记机关辖区范围的限制。

如佛山市中级人民法院受理的英陶洁具有限公司（以下简称洁具公司）诉佛山市英陶陶瓷有限公司（以下简称陶瓷公司）企业名称权纠纷一案。洁具公司于1993年7月16日于中山市工商行政管理局登记成立，其生产的英陶IMPERIAL牌卫生陶瓷产品于2005年9月被广东省质量技术监督局评为“广东省名牌产品”。陶瓷公司于2003年9月17日经佛山市工商行政管理局核准登记成立。此后，陶瓷公司即在其职员名片、招牌及产品目录上正常使用“佛山市英陶陶瓷有限公司”的名称，并使用www.yingtaoceramics.com网址。洁具公司认为陶瓷公司该行为侵犯其企业名称权，遂向法院提起诉讼。因为企业名称专用权有地域限制，即只在企业名称的登记主管机关所辖行政区域内且在同行业内享有专用权；超出该行政区域，或者虽在该行政区域，但企业所属行业不同，都不享有专用权。洁具公司又无证据证明其是全国范围内具有广泛知名度的驰名企业。因此，洁具公司的主张，在一、二审法院均未能得到支持。

第七节　商誉损害赔偿的审判理论及实践

在现代市场经济条件下，商誉是经营者良好信誉的体现，意味着无限的商机和丰厚的市场回报，它既是企业的财富和荣誉，也是企业立足市场进行竞争的无形资本，对企业生存和发展起着至关重要的作用。随着经济的发展，关于商誉损害的纠纷也日益增多。佛山市中级人民法院从知识产权庭成立以来，受理的此类案件数逐年增长。基于这一问题的突出，本书特设专节予以讨论。

一、商誉本论

（一）商誉的概念

“商誉”一词最早出现于16世纪中后期，英国会计学家Leake在“Goodwill：It's Nature and How to Value It”一文中还具体引用了1571年出现在英格兰的那句话：“我把我采石场的全部利益和商誉……都给了约翰·斯蒂文。”人们普遍认为，这是关于商誉的最早记录。虽然商誉最早是作为商业上的词汇出现的，但是，商誉问题最先却是引起法庭的注意，故最早关于商誉的定义既不是经济界，也不是会计界所下，而是法官所下。其中最有影响的当属1859年英国一案例中司法官对商誉所下的定义：“商誉意指旧企业在从事经济活动中所取得的一切有利条件，包括地理位置、商号等有关的一切，以及与企业经营有联系，并由于它们能使企业受益的一切有利条件。”这个概念在英国法庭一直沿用到20世纪初。

商誉问题引起学术界，尤其是会计学术界的普遍关注和广泛讨论，是19世纪末的事。19世纪末，经过工业革命，资本主义经济有了长足的发展，生产规模扩大，生产场所逐渐固定，企业组织也一改往日家庭作坊、临时结合等方式，以独资或合伙制为主。从另一方面看，由于工业革命业已结束，虽然工业化过程仍在继续，但劳动生产率已不像过去那样惊人地提高，在投资报酬率大幅降低，竞争日益加剧的情况下，企业要想获得丰厚的利润，必须依靠内部的各项优秀素质：如果一家企业信誉卓著、生产工艺精湛、推销有术、组织管理有方，它就能吸引较多的顾客购买其产品，企业与客户之间亦能建立起良好的相互信任关系。而且这种良好关系一旦建立，正常情况下能够一贯保持下去，企业就会源源不断地获得较多的未来收益。此时，商誉普遍被理解为能使企业获得更多收益的业主与顾客之间的友好关系。例如，19 世纪末（1888 年），英国一篇会计学术论文将商誉定义为："……一个企业由于其顾客所持的好感并可能继续光顾和支持而得到的利益和好处。"这个概念在当时很有代表性。

20 世纪初，经济更加发达，企业之间的竞争也更加激烈。企业的优势已不完全取决于业主与顾客之间的关系，而要从内部管理、生产组织、销售环节等各方面努力，如果企业拥有某些方面的优势：如优越的地理位置、优秀的管理人员、高素质的生产工人、庞大的销售网络、稳定的财务状况等，它就能获得较同类型其他企业更高的利润，即超额利润。因此，当时将能使一个企业比其他企业更具有优势的一切方面，即能导致一个企业比其他企业获得更多（超额）利润的一切因素，称为商誉。

不过到目前为止，关于商誉的概念学术界并未取得一致的认识。在国际上具有代表性的观点是《牛津法律大词典》对商誉的定义："某企业拥有的一种优良品质，源于该企业的名誉，与顾客以及使与顾客的联系得以保护的环境有关。它与它所隶属的企业不可分离，尤其取决于企业所有人或经理人的人格或个人素质，也取决于它的地理位置或取决于二者，它是一种可以买卖、可以遗嘱形式给予或索要的属人财产，其所有人可以通过参加诉讼来维护其权利。在企业终止时商誉是其财产的一部分，在企业破产时，随着财产一起转移给破产受托人，一般来讲，它包括未登记的商标或商业名称。”这个定义一方面指出了商誉的人身属性即商誉与其所隶属的企业不可分离；另一方面着重强调了商誉的财产属性，指出商誉是企业财产的一部分，在一定条件下可成为交易的对象。现代西方法律词典对商誉的解释是：商誉是一种无形资产，它由因企业经营管理人员的人格和经验而获得的超过企业纯粹的出售价值的好感或者声望，因企业经营管理人员的技术和可信赖性而产生的声誉、企业的地理位置或者其他附着于企业的能够招徕和留住顾客的环境因素等构成。

在我国，商誉概念最早是由经济学界所引入。一般认为，所谓商誉是指“具有经济属性，能影响企业获得一定利润水平能力的一种特别信誉，其价值通过企业收益和社会基准收益差额部分的本金化价格来实现”。在会计实践中，一家公司收购另一家公司支付的价格超过了净值的账面价值（资产减去负债），这些多支付了的价值就是商誉。

我国法学界对商誉较为一致的看法是，所谓商誉是指社会公众对特定的经营者的生产经营能力、经营状况、资信状况、商品及服务质量等经营素质的全面的、客观的评价，反映了该特定经营者的总体商业形象。如有的学者将商誉定义为“是商品经济发展到一定阶段的产物，是商品生产者或经营者在它们的生产、流通和与此有直接联系的经济行为中逐渐形成的，反映社会对其生产、产品、销售、服务等方面的综合评价”。还有学者将商誉定义为“与商誉主体发生经济活动关系的社会公众、单位（包括同业竞争者、主管部门等）对其总体商业形象的综合评价”。

（二）商誉的性质

第一，商誉具有一定的人身属性，一般来说，商誉不能离开企业整体而单独存在。然而，商誉的基本属性应定位于财产性，商誉是一种无形财产。因为：（1）商誉是一种无形资产已为经济学界所肯定，并逐渐为法学界所认可。我国财政部发布的《企业会计准则》和《企业财务通则》两个规范文件都指出，无形资产是指企业长期使用，但是没有实物形态的资产，包括专利权、商标权、著作权、土地使用权、非专利技术、商誉等。（2）现代民法中人格利益有从精神价值向财产价值扩张的趋势。在现代民法中，人格利益的财产意义不仅表现为侵犯人格权所产生的财产结果，更重要的是部分人格权在客观上有可能转化为物质利益。商誉最初源于企业的名誉，主要表现为人格利益，然而随着商品经济的发展，其已逐渐演变为财产利益，成为一种重要的无形的资产。商誉也就从人身法的保护对象逐渐成为财产法的保护对象。

第二，从内在构成上看，商誉是信息的集合。对经营者来说，商誉实际上是显示企业品质的各种信息，这些信息蕴涵于企业之中，是企业实力的综合表现。对顾客来说，商誉是顾客的共享信息，是一种认识资本，它能够控制顾客的行为方向。从外在表现上看，商誉要通过一系列载体性要素表现出来。商誉的表现形式主要体现在以下几个方面：（1）商号。商号即企业的名称。它是现代企业的特点化标志，和产品的声誉及企业的信誉密切相联。在我国过去没有实行商标制度的情况下，商号起着区分商品质量的功能，实际上起着商标的标示作用，在现代社会也同样如此。（2）商标。驰名商标体现得则更为突出。人们在日常生活中往往看重名牌商品或者服务，宁愿多花一些钱，也要买到好的东西或享受到高品位的服务，这实质上是看重这些附着在商标上的商誉。（3）专利。人们对专利产品青睐，是由于专利产品的新颖性、创造性和实用性，一个企业比其他企业拥有更多的专利产品，说明该企业的科技水平高、技术实力强，同时也反映在该企业的商誉上。（4）商业秘密。比如企业的专有技术、顾客名单或者比较固定的销售渠道等。现在北京“全聚德”烤鸭在全国各地开设了分店，生意兴隆。人们喜欢吃“全聚德”烤鸭，是因为它所具有的独特口味：皮薄、外焦、里嫩，这些“秘方”就是商业秘密。（5）特许经营权。这是由于政府实行许可管制制度所形成的。比如证券、金融的特许经营，房地产、建筑领域的许可等。一个房产开发商搞到了一块好的地段，就有了比较高的利润保障和比较高的广告效应，这势必有利于提高该开发商的商誉。(6) 企业家及其骨干技术人员的声誉。比如，比尔·盖茨的声誉和“微软”的商誉是紧密联系在一起的。(7) 企业优越的地理位置、网络域名，甚至特定的电话号码等。因为这些都能给企业带来好的商机。(8) 企业文化。企业文化是一把利器，对内可以成为职工和企业之间的黏合剂，内化为动力，激励职工多作贡献；对外则能外化为一种品牌和形象，给企业带来商誉和效益。当然企业商誉的外在表现因素并不局限于上述几个方面，但由于其复杂性和不确定性，这里不可能一一列举。

结合以上分析，笔者认为，商誉是民事主体所有的，因其生产经营活动中的经济能力获得社会积极评价而形成的无形财产。

（三）商誉的特征

作为一种无形资产，商誉有其鲜明的特性：

1. 非实体性

一方面，商誉没有人们感官可感触的物质形态，人们只能从观念上感觉它，它或者表现为人们心目中的一种形象，或者以社会对对象的一种整体评价的形式表现为一种社会关系范畴。另一方面，它在使用过程中没有有形损耗，报废时也无残值。我国《企业会计制度》第43条规定：“无形资产，是指企业为生产商品或者提供劳务、出租给他人、或为管理目的而持有的、没有实物形态的非货币性长期资产。”商誉就符合此规定。

2. 依附性

商誉内含于企业整体形象和资产组合之中，虽不具有独立实体却无法离开实体。其价值必须依托一定的实体——企业及其表现形式（如产品、服务或商号）才能实现，商誉一旦与企业剥离则烟消云散，一文不值。

3. 不确定性

从会计学角度看，可以说从未有一个问题像商誉这样让人困扰、引人关注。这是由于商誉不但是一种主观评价，是由多种因素形成的，而且这种评价始终处于动态变化之中，所以，一方面，它的有效期受技术进步和市场变化的影响很难准确地加以确定；另一方面，由于有效期的不确定，加上影响企业未来收益因素的多元化，它给企业带来的未来收益也很不稳定。

4. 共享性

商誉可以由几个主体同时共有。如体现在商标上的商誉，经转让后受让企业就可以与出让企业同时享有；体现在企业名称中的商誉也可以因为企业并购而与被并购的企业共同享有。改革开放以后，外资企业、民营企业与国有企业合资，利用国有企业的技术人才和销售网络研制和推销自己的产品，很快地占领国内市场。这在相当程度上是得力于共享国有企业多年来耗费巨资创造的商誉的结果。

5. 人身性

无形资产往往被特定主体垄断占有，具体表现为以下几个方面：有些无形资产在法律制度的保护下，禁止非持有人无偿地取得，排斥他人的非法竞争，如专利权；有些无形资产的独占权虽不受法律保护，但只要能确保秘密不泄露于外界，实际上也能独占，如专有技术；还有些无形资产不能与企业整体相分离，除非整个企业转让，否则别人无法获得，商誉就是如此。商誉具有人身性和财产性双重结合的属性。商誉与权利主体人身不可分离，总是和从事生产、经营、服务的生产经营者联系在一起，表现了生产经营者的人格权，甚至与生产经营者的法定代表人和业务骨干的人格魅力及业务水平密不可分。

6. 高效性

商誉能给企业带来远远高于其成本的经济利益。企业的商誉越好，则其获利能力越强，而且往往与实体产品不成比例，如某些名牌产品，与它们在成为名牌之前相比，品质方面未必有多少差异，但价格差异却非常大。反之，企业的商誉如果不佳，则其获利能力就弱，市场竞争能力也就越差。

7. 可增值性

企业商誉价值的变化与企业存在的时间成正比，由于它是企业在长期生产经营过程中逐渐积累起来的一种无形资产，通常年限越久，价值越大，除非企业由于经营管理不善，产品品质或服务质量下降。美国可口可乐商标 1994 年评估价值为 360 亿美元，1999 年 6 月为 838.5 亿美元。可以说这种增值绝大部分来源于该公司的商誉。所以说在知识经济时代商誉具有明显的增值性。

8. 可比性差

商誉的交换价值横向比较的难度很大。一方面，商誉作为无形资产，在市场上很难找到与它相同的参照品，因而没有市场价值可供比照；另一方面，商誉仅对特定的企业有意义，转让和变现能力极差，因此商誉在价值上横向比较非常困难。

二、商誉在法律中的保护

在英美法系国家，商誉权的保护制度主要是通过判例建立起来的。在英国 1901 年的国内税收专员诉穆勒一案中，法院将商誉称之为“形成习惯的吸引人的力量”，抑或“企业的良好名声、声誉和往来关系带来的惠益和优势”，明确承认商誉的无形财产属性。此外，英国判例还创设了包括“Actio form passing off”在内的各种不同形态之诉讼以对抗商品假冒、损害竞争对手利益的行为，其中一些特别程序即是针对诽谤或损害他人商誉的行为而设定的。至 20 世纪末，英国法院通过仿冒诉讼来保护商誉权。1990 年其最高法院在瑞克特·克尔曼有限责任公司诉保尔顿股份公司及其他侵权者一案中确立了仿冒他人商品、侵害商誉权的民事责任原则。判例认为，有关仿冒诉讼的救济不但包括侵犯商标权、名誉权，亦应包括仿冒他人商品侵犯商誉权的行为。法院还认为，提起侵犯商誉权之诉有两个条件：一是商誉权人必须在受诉法院具有管辖权的地区建立起了商誉；二是这种商誉必须与特定的企业的产品相联系，而且必须通过产品的明显特征表现出来。在美国，1886 年孟德维诉哈德门案即是涉及商誉权的一个典型判例。一般而言，构成商誉之良好关系，应存在于商业界中，且有转让的可能性。美国法院认为，该案所涉及的技术专家如医师、律师等享有的商誉，来自于其个人技巧与道德，并无转让之可能，且将因其个人身亡而与其俱灭。在许多不正当竞争案件中，法院将“商誉”（Good will of a trade or business）看做是一种财产权（a property right）而应受保护。基此信誉所可能发生之期待（probable expectancies）亦然。

在大陆法系国家，主要是沿用侵权法或反不正当竞争法来保护商誉。一般而言，大陆法系国家的民法典鲜有对商誉权保护的明确规定。在一些国家的侵权法中，关于法人名誉权的规范隐含着有关商誉权的内容，即商誉权的保护适用一般人格权制度的规定。例如，1994 年《俄罗斯联邦民法典》第 8 章规定了公民与法人的商业信誉不受侵害，受害人有权通过法院要求对损害其商业信誉的信息进行辟谣，并有权要求赔偿由于这种信息的传播而受到的损失和精神损害。但是，《俄罗斯联邦民法典》强调商业信誉与名誉、尊严等都属于非物质利益。可见有关商业信誉的权利仍为一种人格权。大陆法系多数国家采用竞争法来保护商誉权。《德国反不正当竞争法》第 15 条在题为“商业诽谤”条目中规定，“对他人的营利业务、企业主或领导人本人、他人的商品或工业给付恶意主张或传播构成损害商事企业的违背真实的事实者，应被科以最高为 1 年之徒刑或罚款”。《日本防止不正当竞争法》第 1 条第 6 款也规定了陈述虚假事实、妨害有竞争关系的他人在营业上的信用，或者散布这种虚假事实的行为。上述国家适用竞争法保护商誉权有两个特点：第一，承认商誉包含有财产利益，但并未完全接受产权理论。日本学者小岛庸和强调该类权利是一种反不正当竞争权，仅具有禁止权效力，因而与著作权、专利权、商标权等独占权不同。第二，侵权人与受害人系竞争对手，形成竞争关系。所谓竞争关系，即是因为竞争活动中的生产经营者的关系。至于生产经营者，不分自然人与法人均可。

在商誉权的国际保护领域，目前相关国际公约主要是从制止不正当竞争的角度对商誉权进行规定，并将其纳入到知识产权法律体系之中。《保护工业产权巴黎公约》1967 年斯德哥尔摩文本第 10 条之 2 列举了三种特别应予以禁止的行为，包括"在经营商业中，具有损害竞争者的营业所、商品或工商业活动商誉性质的虚伪说法"。1967 年签订的《成立世界知识产权组织公约》明确规定知识产权包括制止不正当竞争的权利。何为不正当竞争行为，该公约虽未作出解释，但 1993 年世界知识产权组织制定的《对反不正当竞争的保护示范法草案》第 5 条以巴黎公约的相关条款为依据，规定了诋毁商誉的不正当竞争行为：凡在工商活动中损害或可能损害他人企业或其活动，尤其是对该企业提供的产品或服务的信誉的虚伪或不正当的说法，应构成不正当竞争行为。与商业混淆行为一样，这种损害商誉的做法可以出现在比较广告之中、产品促销活动之中，也可以发生在工商活动中，例如与分包商或供应商有关的活动当中。但是与混淆行为不同的是，典型的误导混淆行为是关于某人自己产品或服务的说法，为使消费者对自己的产品或服务产生虚伪的印象，而并不直接针对竞争对手。损害商誉的行为则是直接针对竞争对手的产品或服务或其他工商业活动。从国际公约的立法精神来看，归属于知识产权范畴的反不正当竞争权主要是一种禁止权，即是排除他人不正当损害竞争对手的行为（包括侵害商誉）的一种权利。作为不正当竞争行为的侵权对象的商誉权，应是具有财产权性质的民事权利，因此立法者主张给予类似物权的保护。

三、商誉侵权的构成要件和归责原则

商誉是一种民事权利，具有合法性，受法律保护，不容他人侵犯。侵害商誉的行为必然影响社会对商誉权利主体的客观评价，降低其在社会公众中的信誉程度，从而损害权利主体的人格权，并带来目前的、直接的和长远的、潜在的经济损失。构成商誉侵权必须同时符合如下四个要件：

（一）主观上有过错

侵害商誉权的行为发生在竞争对手之间，这一行为的目的在于通过诋毁、诽谤他人的商业信誉和商品声誉，削弱对方当事人的竞争能力，从而使自己在竞争中取得优势地位。因此，故意行为才构成侵权行为。从过错心理方面来分析，行为人明知自己的行为会发生损害他人商誉的结果，但希望或放任这种商誉毁损的危害结果的发生，行为人的这种主观故意性是明显而确定的。出于过失而损害了他人的商誉，应以侵犯名誉权论处。

（二）行为人具有经营者身份

这是确定商誉侵权的主体资格，即只有从事商品经营或营利性服务的法人、其他经济组织和个人所实施的损害竞争对手商誉的行为才构成该类特殊侵权行为，非经营者实施的侮辱、诽谤、贬低的行为则以一般侵权论。《保护工业产权巴黎公约》及世界知识产权组织的《对反不正当竞争的保护示范法》，均将商誉侵害视为不正当竞争行为。英美法系国家为商誉权提供仿冒诉讼与其他特殊诉讼的救济方式，其主体指向经营者。大陆法系国家主要适用竞争法保护商誉权，因此侵权行为人与受害人存在着商业竞争关系。在我国，最高人民法院依照《民法通则》和《反不正当竞争法》的规定于1998年作出司法解释，从主体要件方面明确了侵犯商誉权行为与一般侵权行为的区别：（1）新闻单位对生产者、经营者、销售者的产品质量或者服务质量进行批评、评论，主要内容失实，损害其名誉的；或者对经营者的某种行为或其产品、服务等所作的评论严重不当，如定性错误、乱下结论，致经营者名誉受到损害的，构成对名誉权的侵害，应按侵害他人名誉权处理。（2）消费者对生产者、经营者、销售者的产品质量或服务质量进行批评、评论，借机诽谤、诋毁、损害其名誉的，应当认定为侵害名誉权。由此可见，新闻单位、消费者与商誉主体没有竞争关系，不互为竞争对手，因此不能作为侵犯商誉权行为的主体。他们所实施的商业诽谤或诋毁行为以侵害一般人格权论，不能适用《反不正当竞争法》的有关规定。

（三）实施了商誉侵权行为

侵害商誉权的行为表现为捏造虚伪事实或对真实事件采取不正当说法，损害竞争对手商誉的行为。根据世界知识产权组织关于反不正当竞争示范法所作出的解释，凡是对某企业产品、服务或商业活动提出虚假或不当的说法，都是违反公平竞争原则，损害他人商誉的行为。

在现实生活中侵害商誉的行为多种多样，主要有如下表现形式：

1. 毁损

毁损主要包括诋毁和贬损两种方式，但不限于这两种形式。所谓诋毁，就是行为人因过错谩骂、毁损他人的商誉行为。按照《现代汉语字典》的解释，“诋毁”的含义是“毁谤”、“污蔑”。“诋”是“说坏话，骂”，“毁”也是说坏话的意思。“诋毁”一词侧重于一般意义上的骂和说坏话，如诋毁某公司靠坑蒙拐骗起家，书写和散发丑化败坏某公司形象和声誉的传单、漫画。贬损，顾名思义就是指行为人故意贬低他人、损其商誉的行为。贬损行为多发生于竞争对手之间。对于竞争对手来说，贬损他人商誉多以不正当竞争为目的，通过贬损他人以抬高自己、挤垮他人。贬损的表现形式多种多样，比较典型的如通过广告、产品说明和介绍、报纸杂志、直销等，以对比形式贬损他人的产品，以推销自己的产品。

2. 假冒

假冒是指行为人未经许可，利用他人的商誉从事商业活动，从而损害他人商誉的行为。该词的英文为 passing off，是 1842 年由 Perry v . Truefitt 一案首先确立的。Langdale 勋爵在此案中对 passing off 的原则性陈述为以后所广泛采纳，即“一个人不得在假冒他人的商品的情况下销售其自己的商品；它不能被允许进行如此的欺骗，也不允许采取达到此种目的的手段。因此它不能被允许使用能够引起购买者相信其所销售的商品为他人所制造的姓名、标记、文字或者其他标示。假冒行为，主要是假冒他人商标（包括注册商标）、假冒产商名称及厂址（包括原产地名称）、假冒他人的专利产品、假冒他人的认证产品和许可证产品、假冒他人的优质标志产品等。行为人的目的就是非法地无偿利用他人的商誉不劳而获，其最大的特点就是未经权利人的同意而擅自使用。

如佛山市中级人民法院审结的原告 × ×，S. COOP. LTDA（中文名 × × 电梯有限公司）诉被告广东 × × 电梯有限公司不正当竞争案。

原告是西班牙公司，是欧洲三大电梯生产商之一。原告以前在中国市场的代理人是香港 × × 公司，后发生分歧停止合作。香港 × × 公司在中国注册了“ORONA”、“奥安达”商标，香港 × × 公司还通过其在香港的关联企业奥安达电梯（远东）有限公司在佛山成立了合资企业被告广东 × × 电梯有限公司。由于原告与代理人香港 × × 公司之间的合作协议中有国际商事仲裁条款，故在本案中只是原告起诉被告广东 × × 电梯有限公司（原告对香港 × × 公司的起诉被广东省高级人民法院裁定驳回）。

在被告的宣传资料第 4 点、第 6 点、第 16 点中明确表明“奥安达样板电梯全部为奥安达组装产品”、“奥安达电梯零部件全部由西班牙总厂生产或向总厂专业合作伙伴采购”、“奥安达电梯总厂主要生产小功率马达，大功率马达由总厂从专业合作伙件生产厂采购。奥安达电梯导轨，由一家在佛山的外资专业生产导轨厂家生产并提供，其产品主要进行出口”，但被告在同份宣传资料中又称其电梯产自欧洲西班牙。

被告在其宣传资料中还称广东××电梯公司的股份结构为中方股份20%，欧洲奥安达电梯公司（外方）股份80%，但实际情况是，广东××电梯有限公司的外方投资主体为奥安达电梯（远东）有限公司，该公司注册地在香港，占广东××电梯有限公司80%的股份，而非被告宣称的外方股东为欧洲奥安达电梯公司。

法院审理认为，反不正当竞争法意义上的产地，是指产品的最终形成地，对于工业产品而言，应指该产品的制作地、加工地或组装地。特别地，对组装机而言，因原装机和组装机的交易价值极为不同，最终消费者非常在乎两者的区别，因此，组装机的产地不能标注为零部件的进口地，而应为主体部分的形成地。被告明知佛山为电梯零部件的组装地，却在宣传资料中虚假宣称其产地为西班牙，为其谋取竞争优势，增强消费者或者购买者对商品质量的良好印象，其行为违反了诚实信用此种市场竞争的基本法律原则，构成不正当竞争。同时，被告虚构了其股权结构，其对外方股份的描述是“欧洲奥安达电梯公司（外方）股份80%”，而原告××电梯有限公司本身是欧洲大型电梯生产企业，被告的外方（港方）股东与欧洲没有关系，结合被告对产地的虚假陈述，可以认定被告虚构股权结构的问题可能使消费者对产品来源产生混淆并对原告造成实质性损害，从而构成不正当竞争（尤其在原告××电梯有限公司与香港××公司已经事实上停止代理合作关系以后）。

3. 诽谤

《牛津法律大辞典》将“诽谤”解释为“向第三人传播虚伪事实而致他人（申诉者）声名狼藉”。我国学者认为：所谓诽谤，是指因过错捏造并散布某些虚假的事实，损害他人名誉的行为。诽谤他人商誉，是指行为人因过错捏造或者不法散布虚伪事实损害他人商誉的行为。我们认为对诽谤和诋毁应有所区分，“诽谤”是将某种虚伪事实与被指向对象相联系的方式来侵害他人商誉的行为。诋毁则是通过无端谩骂等毁损行为来侵害他人商誉。最高人民法院《关于贯彻执行〈民法通则〉若干问题的意见》（试行）第140条规定：“以书面、口头等形式诋毁、诽谤法人名誉，给法人造成损害的，应当认定为侵害法人名誉权的行为。”这说明最高人民法院对“诋毁”和“诽谤”这两种不同的侵权行为是有所区分的。在英国，权利人除以passing off为诉因保护商誉外，还可以以诽谤（slander）为诉因寻求司法保护。英美法还沿袭罗马法将其分为“口头诽谤”和“书面诽谤”两种形式。

我国《反不正当竞争法》第14条对诽谤商誉不正当竞争行为作了明确的规定：“经营者不得捏造、散布虚伪事实，损害竞争对手的商业信誉、商品声誉。”如果所散布的不是捏造、虚假的事实，则不构成诽谤，也不构成侵权。如佛山市中级人民法院（2003）佛中法民三初字第107号原告恒发厂诉被告虹华厂、邱×损害竞争对手商业信誉纠纷案。几年前恒发厂侵犯虹华厂的专利权并被法院判决侵权成立。在该专利侵权判决生效后，虹华厂将该生效判决书的当事人基本情况部分、判决理由以及判决结果部分印制在其专利产品外包装上。恒发厂认为虹华厂的上述行为侵害其商业信誉和商品声誉，构成不正当竞争，遂起诉到法院要求确认虹华厂的上述行为侵权并赔偿损失。法院认为虹华厂的行为不存在捏造、散布虚伪事实的情况，而法院生效判决又是对社会公开的，不存在《反不正当竞争法》第14条规定的损害竞争对手商业信誉的问题，故驳回原告恒发厂的诉讼请求。

4. 淡化

贬低、盗用、诽谤、诋毁都是较常见的商誉侵权方式，除此之外，还有变相的商誉侵权方式已经越来越引起人们的重视，这就是淡化他人商誉的行为。“淡化”最早适用于对驰名商标的保护，而今已扩展到对包括商号或其他企业名称等在内的商誉的保护。WIPO《示范规定》第3条专门对损害他人商誉或名声的行为进行了规定，并提出了“弱化”这一概念。“弱化商誉或名声”系指降低商标、厂商名称或其他企业名称、产品外观、产品或服务介绍、名人或著名虚构人物的区别性特征或广告价值。提出弱化概念的主要理由是，应当对例如商标、厂商名称或其他企业名称进行保护，以抑制市场中的其他参与者对其本质的独特性进行利用的明显欲望。WIPO的这一《示范规定》在商誉保护方面是一个很大的飞跃。第一，明确将商誉损害行为作为不正当竞争行为的一大种类加以规定，强化了对商誉的保护。第二，在商誉侵权行为方式上，明确提出“淡化”的概念。第三，扩大了商誉保护的范围，对商誉的保护不再局限于驰名商标，而是覆盖了所有商标（无论注册与否）、商号、企业名称、产品名称、产品外观以及产品（或服务）介绍等。

淡化主要有两种表现形式：冲淡与污损。冲淡行为有可能使人们对权利人与其商誉之间的独特联系发生注意力转移。污损是行为人出于某种目的玷污他人商誉或虽未有某种目的但对他人商誉造成玷污影响的行为。

《中华人民共和国反不正当竞争法》第2条第1款规定，经营者在市场交易中，应当遵循自愿、平等、公平、诚实信用的原则，遵守公认的商业道德。该款规定了经营者在市场经济活动中的基本活动准则。该法第9条还规定，经营者不得利用广告或者其他方法，对商品的质量、制作成分、性能、用途、生产者、有效期限、产地等作引人误解的虚假宣传。这是商主体从事商行为应遵循的基本准则，也是诚实信用原则在商事活动中的题中应有之义。但在实践中，如何结合案情具体判断当事人的行为是否构成引人误解的虚假宣传，并非易事。

例如，佛山市中级人民法院审理的某洗发水行业的企业起诉某制药企业的不正当竞争案件就有助于我们理解反淡化理论在审理不正当竞争案件中的运用。本案被告系治疗头皮屑疾病的药品——“采乐”牌酮康唑洗剂非处方药的生产销售商，原告则为日化产品“采乐”洗发水生产销售商，两者本来不是属于一个行业，但由于两者商标近似（商标侵权及不正当竞争纠纷在北京市第一中级人民法院进行，而商标撤销纠纷则在商标局商标评审委员会进行），且商品种类在普通消费者眼中具有一定程度的混同，故发生争议。经审理查明，被告有在外包装突出宣传其去除“头皮屑”、外包装适应症表述与产品说明书适应症表述不一致、在报纸广告中将牙膏、洗面奶等日化产品与“采乐”牌酮康唑洗剂并列、在平面广告词中称其产品“洗发水一样的用法、不一样的效果”并突出“洗发水一样的用法”、在报纸上称采乐的用法和每次用量同普通洗发水完全一样、在电视广告中不对产品的药物属性作出正面回答并宣传“洗发水一样的用法、不一样的效果”、在因特网上称“采乐使用时同普通去屑香波一样”、在广告监测中将其产品与宝洁、海飞丝等知名品牌洗发水一起作对比以及在被告内部刊物上该公司将“采乐”牌酮康唑洗剂定位为一种“药用去屑洗发水”等一系列行为。在全国各地的一些百货商店和超市均发现有被告的“采乐”牌酮康唑洗剂与其他的普通洗发水一起销售。此外，被告在报纸上的广告内容有诋毁原告商誉的情况。原告因此起诉被告和各地的经销商（在百货店和超市违规销售被告“采乐”牌酮康唑洗剂的店主）。

法院审理认为，本案被告从事“采乐”牌酮康唑洗剂非处方药的生产销售，本应遵守药业领域的法律法规、行业准则以及商业道德，在药品生产销售渠道和销售群体中获取相应利益，也即应恪守诚实信用的原则，在相应的头皮屑疾病患者等消费群体中进行宣传，在药店或者医药公司等具备药品经营资格的企业进行销售，不能诱导消费者，也不能将药品与洗发水相混同。被告的上述种种行为，有意淡化“采乐”牌酮康唑洗剂的药物属性，故意模糊药品与一般洗发水（化妆品）的区分界限，突出宣传“采乐”牌酮康唑洗剂的良好去屑效果，使得普通消费者误认为“采乐”牌酮康唑洗剂就是一种洗发水，至少以为该产品与普通洗发水一样，并且又比一般洗发水更安全，效果更好，从而使得消费者愿意去百货商店和超市购买。被告的上述种种行为，违背了诚实信用的基本交易原则，扰乱了社会经济秩序，破坏了正常的竞争秩序，挤占了原告在化妆品领域应有的市场份额，损害了原告在该领域的合法权益。为什么在全国许多地方的超市或百货商店中能够买到原告的药品？这里有销售商的违规因素，但也与被告的长期误导性宣传有必然联系。原告（或者普通的未患病的消费者）能够在全国各地数家百货商店和超市购买到“采乐”牌酮康唑洗剂，应认定被告上述引人误解的宣传已经造成实质性损害。因此，被告引人误解的宣传行为构成对原告的不正当竞争。

（四）已经或者可能造成商誉的损害

商誉侵权行为所造成的直接后果就是使竞争对手的商誉受到损害。由于商誉是一种综合性的社会评价，它反映了经营者的总体商业形象，因此，商誉侵权行为的后果表现为对受害人的社会评价的降低。只要商誉侵权行为在社会公众中引起了任何不利于竞争对手商誉或商业形象的评价，也即只要竞争对手的经营活动受到任何不利的影响，就可以认定为发生了损害或可能发生损害。在判断商誉侵权行为是否会损害竞争对手的商誉时，既不能以行为人的内在意见为标准，也不宜以受害人对行为人所陈述的事实的客观理解为准，而应当从有关行为所面向的普通交易相对人的立场出发，来对这个问题进行判断。据此，只要商誉侵权行为在相关交易相对人中引起了竞争对手的商誉受到损害的印象，就可以认定这种行为损害了竞争对手的商誉。

对受害人社会评价的降低是作为一种观念、认识而存在于社会公众的思想当中，对这种评价的降低的强度、范围等很难进行量化分析。而伴随着受害人社会评价的降低，受害人还会遭受财产损失。财产损失包括直接损失，也包括间接损失。直接损失是指受害人财产的减少、灭失、损坏等，具体包含了因商誉侵权行为造成的客户退货的损失、支出的正名费用、诉讼费用等。间接损失是指可得利益的损失，包括市场占有率的降低、商品知名度的损害、商品的滞销等。

要注意的是，商誉侵权行为的认定不以损害的实际发生为必要条件。按照 WIPO 1996 年《关于反不正当竞争保护的示范规定》（注释）中的解释，“虚假说法或不当说法不需要实际损害信用，制止损害信用的有效保护不依赖于任何关于实际损害的证据”。因此，商誉侵权行为不需要实际损害商誉，只要商誉的损害有可能发生即可。

在司法实践中，针对商誉侵权的归责原则，许多人认为应适用过错原则，而且多以最高人民法院《关于审理名誉权案件若干问题的解答》（1998 年 9 月 15 日施行）这一规范性司法解释为依据：“是否构成名誉权的责任，应当根据受害人确有名誉被损害的事实，行为人违法，违法行为与损害后果之间有因果关系，行为人主观上有过错来认定。”

认真考察，我们不能不注意两个问题：一是名誉和商誉不能完全等同，二者有区别，不能简单地把名誉权的归责原则直接作为商誉侵权的归责原则；二是需要从理论上和实践上深刻地认识作为知识产权的商誉具有的特殊性，并进而反思和确定商誉侵权的归责原则。

在理论界，关于知识产权侵权的归责原则问题一般认为，知识产权（特别是其中无需行政登记即可依法产生的版权）由于其无形、具有地域性、受法定时间限制之类物权等民事权利不具有的特点，权利人的专有权范围被他人无意及无过失闯入的可能性与实际机会，比物权等权利多得多、普遍得多。就是说，无过错而使他人知识产权受到损害，在某种情况下有普遍性。无过错给他人知识产权造成损害的普遍性，就成了知识产权领域归责原则的特殊性。同时，在知识产权侵权纠纷中，原告要证明被告有过错往往很困难。而被告要证明自己无过错又很容易，这也是带普遍性的。在司法实践中，商誉侵权纠纷特别是因技术原因而侵权的情况则更为复杂，因此对商誉侵权不能简单照搬名誉权的过错归责原则，同时也不能简单适用无过错归责原则，而应视具体情况适用过错原则或过错推定原则。所谓过错推定原则，是指若原告能证明其所受到的损害是由被告所致，而被告不能证明自己没有过错，则应推定被告有过错并应承担民事责任。过错推定原则具有以下法律特征：免除了原告（受害人）就被告的过错举证的责任，而是采取举证责任倒置的方法，由被告就其没有过错问题作出反证；在某些适用过错推定的案件中，法律对抗辩事由作出了严格限定。过错推定因此可以分为一般过错推定和特殊过错推定，一般过错推定是指法律规定行为人侵害他人人身、财产并造成损害的，应负民事责任，但如果加害人能够证明损害不是由于他的过错所致，可以免除责任。特殊过错推定是指在某些特殊的侵权行为中，法律规定行为人要推翻对其过错的推定，必须证明有法定的抗辩事由的存在，以表明自己是无过错的，才能对损害结果不负责任。我国民法通则采取了特殊过错推定方式，同时我国民法也承认一般过错推定。

从司法审判实践来看，法院在实践中早已采用一般过错推定原则确认民事责任。一般过错推定原则虽然没有法律作出明确规定，特别是没有对抗辩事由作出限定，但允许法官在审判实践中根据具体情况运用此种方式确定责任是十分必要的。这是由于过错本身是一个发展的概念，它随着政治、经济、科学技术和知识水平的发展而发展。正如有的学者认为，过错推定原则与过错原则的发展一样。在一些案件中，由于现有技术水平和知识水平的限制，很难确定行为人是否有过错，需要借助于过错推定；从加害人的角度来看，由于他（或她）更了解损害发生的起因，因而也有责任就有无过错问题举证。

概括起来讲，针对商誉侵害案件，其侵权责任的归责原则应由法官视具体情况决定适用过错原则或一般过错推定原则。

四、商誉损害赔偿数额之确定

（一）商誉损害赔偿应遵循的原则

（1）全面赔偿原则。这是现代民法理论的基本原则之一，也是各国司法实践的通例。所谓全面赔偿原则是指对侵害人的侵害行为，不论行为人在主观上是出于故意还是过失，也不论行为人是否已经受到刑事、行政制裁，均应根据受害人财产损失的多少、精神损害的大小，确定侵害人的民事赔偿的范围。这种原则既包括财产损失等直接损失的赔偿，也包括精神损害等间接损失的赔偿。

（2）考虑当事人经济状况的原则。这是指在侵权赔偿案件中，在确定侵害人的民事责任后，确定赔偿数额时，必须考虑当事人的经济状况。这一原则是由民事责任，尤其是损害赔偿的性质是一种财产责任所决定的。如果侵害人的经济状况差，没有财产或财产很少，无力承担这种财产赔偿责任，要他们进行财产赔偿实际上是不可能的。

（3）抚慰为主，补偿为辅的原则。这是由于商誉损害不同于其他的物质损害，很难像物质损害那样用数字来计算。法律上规定商誉损害可以用物质赔偿，其目的在于通过经济补偿达到对受害人的抚慰，以恢复和维护其在社会上的声誉。

（4）具体情况具体分析的原则，也可表述为法官自由裁量原则。即在法律规定不具体，个案情况的差别又很大的情况下，特别是在虽明知商誉遭到损害却很难确定损害程度（加以量化）的情况下，法官可根据实际情况进行裁量。

（二）目前确定商誉损害赔偿数额的法律依据及司法实践

如何依据事实和法律确定商誉损害案件的赔偿额一直是审判

实践中的难点问题。司法实践中商誉损害赔偿额的确定主要根据是我国《反不正当竞争法》第20条："经营者违反本法规定，给被侵害的经营者造成损害的，应当承担损害赔偿责任，被侵害的经营者的损失难以计算的，赔偿额为侵权人在侵权期间所获得的利润；并应当承担被侵害的经营者因调查该经营者侵害其合法权益的不正当竞争行为所支付的合理费用。"它在实践中暴露出的弊端有三：第一，各类不正当竞争侵权案件的损害后果各不相同，都有其自身的特点，在实践中适用此统一的标准往往忽略了对商誉这种无形财产进行损害赔偿的特点。第二，被侵害的经营者的损失难以计算时，规定以侵权人的侵权所得来弥补其损失，不符合全面赔偿原则，在某种程度上它既不合理也不科学。而且由于商誉为无形财产损失的特殊性，司法者很容易援引该项规定而不对受害人的商誉损失作出合理科学的计算。第三，如果侵权人侵权行为本身并没有获利或者获利较少而商誉损害后果又较重，按照该规定，商誉权人几乎得不到任何补偿。而且，对商誉权人来说，能否得到补偿以及补偿多少在一定程度上取决于侵权人的获利多少显然不公平。事实上要查清侵权人的获利情况也很困难，一方面受害人举证有一定难度，另一方面趋利避害的本能会使侵权人拒不提供甚至隐瞒获利的证据。因此该规定不利于商誉权人合法权益的保护。实务界人士也认为"对商誉损失的赔偿问题，尚无可操作性的计算标准，人民法院在处理时较难把握"。佛山市中级人民法院还是按照《反不正当竞争法》第20条和《最高人民法院关于全国部分法院知识产权审判工作座谈会纪要》（法［1998］65号）的规定来确定赔偿数额问题。具体的侵权赔偿计算标准按以下三个顺序进行：（1）权利人因被侵权所遭受的损失；（2）侵权人因侵权所获取的利润；（3）定额赔偿，即法院根据侵权的类型、侵权持续的时间、侵权的性质和情节等因素酌定赔偿数额。定额赔偿的额度掌握在5 000元至30万元之间，后由于修改后的法律和司法解释关于专利和商标案件的酌定赔偿额度上升到不超过50万元，故我们对不正当竞争侵权案件的酌定赔偿额度也相应上升到最高不超过50万元。新颁布的《最高人民法院关于审理不正当竞争民事案件应用法律若干问题的解释》也明确规定不正当竞争案件的定额赔偿标准参照专利或商标侵权案件的定额赔偿标准。

（三）确定商誉损害赔偿数额的其他参考方法

（1）以无形财产评估方法核定商誉损害赔偿数额。建立科学、规范的无形财产评估制度，是确定知识产权损害赔偿数额的有效途径。从世界各国的情况看，无形财产的价值都是通过一定的方式由权威的资产评估机构评定的。一些发达国家对无形财产的价值评估已建立起了一套可行的评估办法和科学的评估体系。我国在处理专利、商标侵权案件中也尝试使用无形财产评估方法确定损害赔偿数额，在商誉损害赔偿案件中也可以考虑使用这一方法确定商誉损害赔偿额。当然这一方法有赖于科学的无形财产评估体系的建立和完善。

（2）参照许可使用费确定商誉损害赔偿额。在商业特许经营中，被特许人为获得特许经营权需支付一定的费用，包括加盟费、特许权使用费等。所谓特许权使用费即商誉费，是指被特许者在使用特许经营权过程中按一定的标准或比例向特许者定期支付的费用。关于商誉使用费的标准或收取比例并无统一规定，主要取决于合同的约定。尽管商誉使用费以合同约定为前提，但这并不影响在商誉损害赔偿案件中参照其数额作为商誉权人获得赔偿的合理依据。这种计算方法类似于假设在侵权者和被侵权者之间进行一场谈判，在假设的谈判中寻找使用费作为赔偿的数额。即根据市场状况和合理条件，权利人会要求多少使用费，或者一般的被许可人愿意出多少使用费。

第八节　冒用他人的产品标准号问题

冒用他人的产品标准号构成不正当竞争，下面我们通过原告佛山××公司诉被告台湾省××公司不正当竞争纠纷一案的评析来进一步说明。该案原告诉称，其是一家历史悠久的食品生产国有企业，生产的“盲公饼”是驰名的佛山特产，产品享誉广东省、我国香港、澳门地区，东南亚及欧美华人聚居地区。近来，我公司发现市场上在销售一种被告所生产的“禅公酥”食品，外包装袋上直接使用我公司的产品标准号“Q/JH01－90”，该标准号是我公司自行向佛山市技术监督局申请注册并且是独家享有的，被告擅自使用我公司的产品标准号，致使广大消费者误认为其生产的“禅公酥”为我公司生产的“盲公饼”的系列产品，给我公司造成了极大的经济损失。所以被告擅自使用我公司的产品标准号的行为，已构成了不正当竞争行为，给我公司的企业信誉造成了不良的影响，生产销售亦受到影响，造成了极大的经济损失，请法院判令被告停止不正当竞争的侵权行为，消除影响，赔礼道歉，赔偿经济损失30万元人民币，承担本案的全部诉讼费用。被告辩称，我公司是曾在“禅公酥”产品的少量包装袋上误印了原告的产品标准号，在发现错误后已经及时更正，除已进入市场的产品包装无法收回之外，我公司已将全部包装袋上的产品标准号修改为正确的“Q/NY7－2000”。而且即使是已进入市场的误用了原告产品标准号的“禅公酥”包装亦不构成对原告“盲公饼”产品的不正当竞争，因为原告的产品标准号“Q/JH01－90”是原告自行编制的生产盲公饼所采用的企业标准代号，该代号本身并不直接表示产品的质量状况，更不表示对于产品质量的肯定，况且产品标准号以小号字体印刷于包装袋背面，属于极细微不引起瞩目部分。仅凭“Q/JH01－90”这一代号，任何普通消费者无法将其与原告的“盲公饼”产品联系在一起，完全不会将两者混同，也不会因我公司所误印的产品标准号而对“禅公酥”产品质量产生任何误解。故我公司误印原告产品标准号不构成不正当竞争，请求驳回原告的诉讼请求。

经审理查明，1995 年 7 月 16 日原告以“Q/JH01 - 90”作为其产品“盲公饼”的标准号向佛山市技术监督局申请登记，取得了“广东省企业产品执行标准登记证”，并经佛山市技术监督局复审有效。2000 年 3 月，被告未经原告同意擅自将原告“盲公饼”的标准号“Q/JH01 - 90”作为其生产的“禅公酥”的标准号印刷在“禅公酥”的外包装袋上，2000 年 5 月被佛山市技术监督局进行产品质量普查时发现，予以制止，当月被告便自定了“禅公酥”的质量指标，并以“Q/NY7 - 2000”为“禅公酥”的标准号向佛山市技术监督局申请登记取得了“广东省企业产品执行标准登记证”。

佛山市中级人民法院经审理认为，原告生产的“盲公饼”的产品标准号“Q/JH01 - 90”是一种质量标志，受国家法律保护。被告未经原告准许擅自将原告的产品标准号“Q/JH01 - 90”印刷在其同类产品“禅公酥”的外包装袋上，其行为已构成不正当竞争，应对原告因此造成的损失承担赔偿责任。由于没有被告在使用原告产品标准号期间的生产及销售账册，因此对原告经济损失的赔偿只能根据本案事实及依照有关法律规定酌情确定。依照《中华人民共和国反不正当竞争法》第 5 条第（4）项、第 20 条第 1 款之规定，判令被告自本判决发生法律效力之日起停止将原告产品标准号“Q/JH01 - 90”用于其产品上的行为，在《佛山日报》上刊登启事，向原告赔礼道歉，赔偿原告经济损失 5 万元，本案受理费 7 010元、诉讼保全费 2 020 元，合计 9 030 元，由被告负担。原、被告在上诉期内均没有上诉，并且被告按期履行了上述判决。

本案主要涉及以下四个问题：其一，原告是否享有企业产品标准号的专用权；其二，被告冒用原告的企业产品标准号是否构成不正当竞争；其三，本案的被告应否承担赔偿责任，如何确定赔偿数额；最后，应否判令被告在报刊上公开赔礼道歉。

一、原告是否享有企业产品标准号的专用权

（一）企业产品标准号及其专用权的含义

产品质量标准分国家标准、行业标准、地方标准及自定标准，进行生产时有国家标准的依照国家标准，没有国家标准的依照行业标准，没有行业标准的依照地方标准，既没有国家标准、行业标准又没有地方标准的由生产企业自定标准。产品标准号是在某种产品质量没有国家标准、地方标准和行业标准的情况下，由生产企业自定该种产品的质量达到一定指标的一种明示担保。如本案原告产品标准号“Q/JH01 – 90”，“Q”表示企业标准代号，“JH”是“嘉华”二个汉字汉语拼音 JiaHua 的字母，“01”是产品标准顺序号，“90”是发布产品标准的年号，其所代表的内容——“盲公饼”的质量指标已全部在佛山市技术监督局标准化科登记备案（备案号 QB/440600X374 – 90）。所谓企业产品标准号专用权是指企业单独占有、使用、收益和处分某个特定产品标准号的资格或能力，其保护范围是在核准登记机关的行政区域内以核准登记的产品标准号和核定使用的商品为限。企业产品标准应定期复审，复审周期一般不超过三年，当有相应国家标准、行业标准和地方标准发布实施后，应及时复审，并确定其是否有效。企业产品标准号专用权具有专有性，一个企业产品标准号一般只能归一家企业在指定的产品上登记并归其所有，而不能同时为多个单位或个人所享有。

（二）企业产品标准号专用权的取得

要取得企业产品标准号专用权，前提是该产品没有国家标准、行业标准和地方标准，才由生产企业自定标准，取得企业产品标准号专用权的条件是其所定的标准号符合标准法的形式要求，即不得与他人已取得的标准号相同或近似，其内容与产品实

际采用的质量指标一致。取得企业产品标准号专用权的程序是向技术监督部门申请，经技术监督部门审查其所送的产品标准是否符合标准法的有关规定，如符合，则准予登记，并颁发“企业产品执行标准登记证”。如本案原、被告所争议的产品标准号“Q/JH01－90”是由于国家、地区及食品行业没有“盲公饼”这种食品的标准，原告便自定“盲公饼”的质量指标，根据《广东省企业产品质量标准备案管理办法》，于1995年7月16日向佛山市技术监督局申请登记，佛山市技术监督局经审查，认为其申请符合标准法的有关规定，准予“盲公饼”的产品标准号“Q/JH01－90”登记，并向原告颁发了“企业产品执行标准登记证”，由此，原告获得了该产品标准号的专用权。

（三）企业产品标准号专用权的意义、作用

产品质量法规定，产品质量应当符合在产品或者其包装上注明采用的产品标准。因此，经登记备案颁证后的产品标准号由申请登记的企业独占使用，代表该种产品的质量指标和该种产品对社会消费者的明示担保，可作为该产品接受各级产品质量监督检查的依据、产品质量仲裁的依据以及贸易活动中质量条款确定的依据。

二、被告冒用原告的企业产品标准号是否构成不正当竞争

反不当竞争法指出，不正当竞争是指经营者违反反不正当竞争法规定，损害其他经营者的合法权益，扰乱社会经济秩序的行为。从上述规定中可以看出：（1）不正当竞争行为的主体是经营者，该经营者是指从事商品经营或者营利性服务的法人、其他经济组织和个人，非经营者一般不能成为不正当竞争行为的主体。在特殊不正当竞争行为中，政府及其所属部门也可作为不正当竞争行为的主体，如滥用行政权力限制竞争行为。本案原告是从事饼干、糖、糕点、非酒精饮料加工、制造的企业，被告是从事蜜饯果脯、调味品、非酒精饮料加工、制造的企业，两者均属

于从事商品经营的经济组织，可以作为不正当竞争行为的主体。(2) 行为人与相对人是否存在竞争关系。竞争关系的存在，是构成不正当竞争行为的前提和基础，没有竞争关系，不会发生不正当竞争行为。本案原、被告均属于从事同类商品经营的经济组织，存在竞争关系。(3) 行为是否属于市场竞争性行为。只有市场竞争性行为才可能构成不正当竞争行为，经营者为了争取消费者或购买者而进行的各种行为都是竞争性行为。本案原、被告在产品上的包装袋上使用标准号，以表明自己的产品达到一定质量，目的均是为争取消费者购买。(4) 行为人是否有过错。过错原则和过错推定原则，是民事责任制度的基本原则，也是构成不正当竞争行为并承担民事责任的要件。本案被告与原告是同一地区的同行企业，且原告是本地区生产“盲公饼”的知名企业，被告应知产品标准号“Q/JH01－90”为原告所有，仍然擅自将其使用在自己的产品上，其行为具有故意性。(5) 违反市场经济基本准则的行为或者是违法行为，两者只居其一，即可构成不正当竞争。经营者在市场交易中，应当遵守自愿、平等、公平、诚实信用的原则，遵守公认的商业道德，这些是反不正当竞争法所规定的市场经济的基本准则，是否违反这些准则，是判断行为是正当竞争行为或不正当竞争行为的标准。本案被告知道产品标准号“Q/JH01－90”为原告所有，且自己的产品根本不具有该产品标准号“Q/JH01－90”所代表的内容，仍然将其使用在自己的产品上，欺骗消费者，违反了诚实信用的原则。不正当竞争行为是违法行为，这里的违法是指违反反不正当竞争法第二章的规定，该章共列举了11种不正当竞争行为，其中该法第5条规定，经营者不得采用下列不正当竞争手段从事市场交易，损害竞争对手：a. 假冒他人的注册商标；b. 擅自使用知名商品特有的名称、包装、装潢或者使用与知名商品近似的名称、包装、装潢，造成和他人知名商品相混淆，使购买者误认为是该知名商品；c. 擅自使用他人的企业名称或者姓名，引人误认为是他人的商品；d. 在商品上伪造或者冒用认证标志、名优标志等质量标志，伪造产地，对商品质量作引人误解的虚假表示。质量标志是指由有关主管部门或者组织，按照规定的程序颁发给生产者，用以表明该企业生产的该产品的质量达到相应水平的证明标志，包括名优标志、认证标志以及其他质量标志。原告的产品标准号“Q/JH01 -90”是否属于质量标志？如上所述，产品标准号是在某种产品质量没有国家标准、地方标准和行业标准的情况下，由生产企业自定该种产品的质量指标并在技术监督部门登记备案，作为企业对该种产品质量达到一定指标的一种明示担保。经营者将其产品标准号所记载的各项质量指标已在技术监督部门登记备案，向消费者保证其标有该产品标准号的产品达到了已在技术监督部门登记备案的各项质量指标，其产品的质量如不兑现产品标准号所记载的各项质量指标，会构成对消费者的欺诈，将会受到技术监督部门的查处，因此产品标准号是一种代表产品达到了自己已在技术监督部门登记备案的各项质量指标的质量标志。综上所述，本案被告未经原告许可，将原告产品标准号直接使用在其生产的“禅公酥”的外包装袋上，违反了反不正当竞争法第5条第（4）项的规定。反不正当竞争法之所以作出上述规定，是因为产品标准号一经获准登记备案并颁证，申请企业即对该产品标准号享有专用权，产品标准号专用权的专有性意味着其他任何人未经企业产品标准号专用权人许可，不得在与核定产品相同或类似范围内使用与该企业产品标准号相同的企业产品标准号。（6）不正当竞争行为侵害的客体是其他经营者的合法权益和社会正常的经济秩序。被告未经原告的许可，将原告产品标准号直接使用在其生产的“禅公酥”的外包装袋上，其产品根本不具有原告产品标准号所标示的质量指标，其行为直接欺骗了消费者，侵犯了一般消费者的权益，扰乱了社会正常的经济秩序，同时被告的行为间接损害了原告产品的声誉。原告是一家历史悠久的食品生产国有企业，“盲公饼”是驰名的佛山特产，在广东省，我国香港、澳门地区，东南亚及欧美华人聚居地区有一定的声誉。被告在“禅公酥”的外包装袋上使用与原告一样的产品标准号，但其产品却不具有原告产品标准号所含有的质量指标，一般消费者买了被告的产品，吃后感觉并不好，一旦发现原告的产品标有与被告产品一样的标准号，就会产生原告产品质量与被告的一样差的消极评价，也就没有购买的欲望；此外，同类产品的专业经营者由于具备专业知识而注重企业产品标准号，其在经营过程中，如发现原、被告的产品标准号相同，进而认为两者的质量一样好，在被告产品价格较低的情况下就会选择经营被告产品，以获得更多的利润，因此，被告的冒用行为间接损害了原告产品的声誉，也会间接降低原告产品的市场份额，进而损害原告的合法权益。

综上所述，被告未经原告准许擅自将原告的产品标准号“Q/JH01－90”印刷在其同类产品“禅公酥”的外包装袋上，其行为符合不正当竞争行为的认定条件，已构成不正当竞争行为。因此，企业产品标准号专用权的专有性意味着其他任何人未经企业产品标准号专用权人许可，不得在与核定产品相同或类似范围内使用与该企业产品标准号相同的企业产品标准号，否则构成侵权。

三、本案的被告应否承担赔偿责任，如何确定赔偿数额

综上所述，被告的行为已构成不正当竞争行为，应对原告因此造成的损失承担赔偿责任。知识产权案件的赔偿数额通常有三种计算方法：一是原告因被告的侵权所受到的损失；二是被告因侵权所获得的利润；三是酌情确定赔偿数额。本案原告要求被告赔偿损失30万元，但由于原告提供的利润损失证据未经有关部门审计，不能作为因被告的侵权行为致使其利润可能减少的依据，且又没有被告在使用原告产品标准号期间的生产及销售账册，无法查清其获利，因此，对原告经济损失的赔偿只能根据案

件事实，酌情确定。在酌情确定本案的赔偿额时应考虑如下因素：（1）原告产品有一定声誉。如前所述，原告生产的“盲公饼”是驰名的佛山特产，在广东省，我国香港、澳门地区，东南亚及欧美华人聚居地区有一定的声誉。（2）被告的行为间接损害了原告产品的声誉。由于被告的冒用行为及其产品质量比原告产品差，会引起消费者对具有同样标准号的原、被告产品作出同样的消极评价，间接损害了原告产品的声誉。（3）被告的行为不是商业混同行为，而是一种虚假标示行为。商业混同行为是指经营者不正当地从事市场交易，使自己的商品或服务与他人的商品或服务相混淆，造成或足以造成购买者误认误购的不正当竞争；而虚假标示行为是指经营者在商品或其包装的标识上，对商品的质量标志、产地或其他反映商品质量状况的各种因素作不真实的标注，欺骗购买者的不正当竞争行为。本案被告将原告产品标准号“Q/JH01－90”使用在自己的产品上，不会造成普通消费者将两者产品混同及误认误购，其只是利用“Q/JH01－90”对产品质量状况作不真实的标注，是一种虚假标示行为，而不是商业混同行为，不直接损害特定竞争对手原告的利益，其直接侵犯的是一般消费者的权益，应由技术监督部门对被告进行行政处罚，但同时被告的行为如前所述，也间接损害了原告的合法权益，且原告为制止被告的侵权付出了一定的费用，也应得到补偿。（4）被告的生产、销售的时间不长。2000 年 3 月被告开始冒用原告的标准号，2000 年 5 月即被技术监督部门制止，其侵权持续的时间仅为三个月。（5）被告产品的获利不高。被告的产品每袋销售价 5.3 元至 5.8 元，每袋利润 0.6 元。综合考虑上述因素，本案的赔偿额定为 5 万元。

四、应否判令被告在报刊上公开赔礼道歉

本案被告将原告产品标准号“Q/JH01－90”使用在自己的产品上，对自己的产品作了虚假标示，欺骗了一般消费者，直接

损害了社会一般消费者的利益，同时，被告的行为间接损害了原告产品的声誉，在公众中造成了一定的消极影响，如不判令被告在报刊上公开赔礼道歉，不足以保护原告产品的声誉和公众的合法权益，故应判令被告在报刊上公开赔礼道歉，并说明事实真相。

第九节　知名形象及其法律保护

商品化权是现代社会经济生活中出现的一种新型权利，英美国家在20世纪50年代才有判例涉及这一问题。我国没有规定独立的商品化权，在20世纪80年代末才引入这一概念，对此问题的探索刚刚起步。本书以典型案例审理中的困惑为起点，探究了国外对商品化权的规定及该权利保护的法律发展趋势，分析了我国以著作权法、专利法、商标法等特别法保护商品化权的缺陷，结合商品化权的本质，论述我国设立独立的商品化权的必要性。

一、一则案例引发的法律思考

2003年2月25日，中央电视台《经济与法》报道了一个案件，基本案情是：李福寿生于1906年，其制作的毛笔工艺独特，尤其是书画笔更是独树一帜，为文人墨客所钟爱。新中国成立后，李福寿笔店和其他几家私营店加入集体合作社，成立了北京制笔厂，该社在“文革”前成立李福寿毛笔门市部。1983年，北京制笔厂将“李福寿”注册为商标。2001年，该厂将其企业名称变更为北京李福寿笔业有限责任公司。李福寿的5个子女即向北京市宣武区人民法院提起诉讼，认为北京李福寿笔业有限责任公司将其父亲的姓名注册为商标和字号侵犯了其父亲的姓名权，且其父亲的姓名不同于普通公民姓名，可以带来相应的商业价值，是一笔无形资产，该姓名带来的财产权益应由原告继承。北京市宣武区人民法院认为李福寿是知名人士，该姓名可带来财产方面的利益，其子女可以继承。但原告起诉时已超过诉讼时效，故驳回其诉讼请求。

本案原告是否已超过诉讼时效，应否驳回原告的诉讼请求不在本案讨论的范围。本案需要研究的是：已故名人的姓名在法律上应如何定性？就姓名权而言，它是一种人身权，其保护不能延及身后，一旦人不存在了，该权利也就消亡了，知名人士也不例外。姓名权、肖像权等权利保护的是保护其人格权利免受贬损、伤害，而上述以营利为目的商业行为在客观上起到了缅怀已故名人的作用，从这个角度来说，也不构成侵犯名誉权。这是不是意味着使用已故名人的姓名无须经得任何人许可？传统理论认为，姓名权不过是一个人的符号而已，很难与财产利益联系在一起。北京市宣武区人民法院突破上述人格权的传统束缚，认定知名姓名能带来财产权益，就是一种具有历史性进步的观点。但这种财产权益在法律上是何种权利？他人擅自使用该姓名谋求利益是否构成侵权？如构成侵权，侵犯的是哪一种权利？这些问题触及了我国现行法律的一个空白点，即知名人物商品化权的问题。

二、各国对商品化权的法律保护

商品化权是现代社会经济生活中出现的一种新型权利。英美国家早在20世纪50年代已有判例涉及这一问题。我国在20世纪80年代末引入这一概念，对此问题的探索才刚刚起步，有商品化权、形象权、公开权、虚构人物形象等多种称谓，这一状况影响了该权利在市场竞争中的作用及司法实践中的把握。

对于商品化权，尽管各国对其界定范围不尽一致，但对其基本内涵的认识是一致的，即商品化权是指权利人将自己的姓名、形象及创作的作品、角色、标志等通过商业性使用而取得经济利益的可能性的权利。

商品化权的特征主要表现为：（1）权利客体为知名形象，可以是真实人物，即已故名人或现实生活中的知名人物，如鲁迅、袁隆平、成龙、贝克汉姆等，其肖像、姓名、甚至动作语言等个性特征均可商品化；可以是虚构形象，如米老鼠、唐老鸭、蓝猫、淘气、史努比等著名卡通形象；甚至还可以是知名的称谓，如将红楼梦、红番区、红高粱等用于饮食、酒店等服务上；(2）这些知名形象具有亲和力，并产生了公众效应，可以给这些形象的创造者、拥有人或被许可人带来经济利益，如贝克汉姆形象使用费每年几百万英镑；（3）该权利主要表现为一种财产意义上的权利，故他人不得为商业目的而使用。

国际公约及两大法系国家均对商品化权进行法律保护。世界知识产权组织认为："混淆的这种概念可能与所谓的知名权（Publicity Right）有关，该权利涉及知名艺术家、大众传媒或者体育人士以及商品化权利（Merchandising Rights），涉及文学或者艺术作品中的虚构人物。对于知名人士或者人物的姓名或者肖像与该商品或者服务有关的利用，消费者通常会被误导相信，知名人士已经明确授权使用 。"故该组织在《反不正当竞争示范条款》中将知名人物商品化权利的保护纳入到不正当竞争的保护中，并同时规定了不同的保护原因，即按照仿冒行为认定，构成淡化按照淡化理论论处。

《巴黎公约》中规定，第三人的人身权，尤其是姓氏、假名或肖像可构成在先权。

德国《反不正当竞争法》第1条规定，擅自使用他人作品中虚构角色或实质性人格特征的行为，构成违背善良风俗、不公平利用或榨取他人成果的不正当竞争行为。

美国的知名权是州法律的创造物，大约过半数的州通过判例法或者制定法承认了知名权 。尽管该权利在各州差异很大，但按照美国法律协会《不正当竞争法》（第三次重述），知名权大体上可以界定为禁止他人未经同意而为商业目的使用他人的姓名、肖像或"特征"的权利 。

可见，对知名形象的保护散见于各个权利体系中，但保护知名形象所有者或创造者具有控制和从该形象中获取商业利益的权利，防止他人擅自利用该知名形象商业上的使用，已为国际公约和两大法系普遍认可，并成为世界各国法律发展的趋势。

三、我国商品化权保护的法律缺陷

我国没有规定独立的商品化权，有关权利通过民法通则的人格权或著作权法、专利法、商标法等特别法予以保护。如著名主持人崔永元状告北京市华鳞企业有限公司一案中，崔永元作为知名电视节目《实话实说》中家喻户晓的主持人形象，对他人擅自使用其形象提起侵犯其肖像权、名誉权之诉；又如，著名漫画家张乐平先生的继承人冯雏音等八人诉江苏三毛集团公司侵害著作权一案中，法院认定原告对"大脑袋、圆鼻头、头上长着三根毛"的"三毛"形象享有著作权。商品化权还可以通过外观设计专利进行保护，如将图案、色彩及其结合申请外观设计专利，专利法可以对这些富有美感的新设计给予保护；还可以通过将知名人物的照片、姓名、知名漫画等注册为商标，按照商标法进行保护。

但按照上述各种保护方法和途径只是保护某一侧面，在保护范围和保护强度上均存在不同程度的缺憾。

（一）人格权保护

人格权彰显的是一种效力内敛的特征，而不像其他以典型商事权利为代表的权利类型，在效力上表现出强劲的扩张性，这种内敛型的权利，除非受到明显侵害，不能阻止其他权利的行使。如重名现象很普遍，但由于权利性质的内敛，故只有在利益明显受到侵害时，法律之手才给予救济。更重要的是，人格权的保护只限于在世真人的姓名、肖像等人格特征和由此所得的利益，该权利不允许转让和许可使用，不能继承，仅及于"本人"人格特征的保护。它对基于虚构内容而产生的知名形象及冒用他人人格特征等侵权同样无能为力。

（二）著作权保护

著作权只能对虚构的形象提供保护，因著作权法保护的对象和客体是作品，即必须在文学、科学和艺术领域内，具有独创性并能以某种有形形式复制的智力创作成果。作为法律意义上的作品，这种创作必须体现创作意图、创作构思、创作手法和创作风格等多种指标，对基于真实内容而产生的权利，如知名人物的姓名、知名作品标题等，因其是带有通用性的词汇，难以成为著作权保护的客体。

（三）专利权、商标权的保护

外观设计专利权保护的是产品的形状、图案或者结合以及色彩与形状、图案的结合所作出的富有美感的新设计，不适用工业化生产的设计或知名形象的动作、语言等均不能纳入专利法的保护。而商标法保护的商标必须申请注册，并非所有的人格特征都能注册为商标（如动作、声音），且注册商标必须持续使用在商品或服务上，注册商标的保护范围也仅限于若干商品或服务，他人在同类或类似商品上使用与知名形象相似的商标才构成侵权，知名形象的创造者如果不准备经营企业，或他人在非类似商品、服务上使用，则对知名形象的权利难以予以商标法上的保护。

（四）反不正当竞争法的保护

无可否认，利用知名形象获取利益，是一种利用他人知名度，搭他人便车的行为，是一种不正当竞争的行为。但反不正当竞争法提供的保护是事后救济式的消极权利保护，不能以积极保护的方式正面有效地解决商品化权中的权利，且在适用不正当竞争法时，传统上首先确定有无竞争关系，并且将竞争关系限于狭隘的即直接竞争关系的经营者，极大地限制了商品化权的保护范围。

四、我国应设立独立的商品化权

（一）商品化权本质决定商品化权应是一种独立的权利

知名形象商品化权与著作权、商标权或外观设计专利权分属不同的权利。知名卡通形象、知名人士的姓名、知名影视形象、名称等之所以被大量地应用于商品或服务上，最直接的原因是这些形象在社会上产生了广泛的知名度和美誉度，社会公众熟悉并喜爱它们，因为这些形象能够在公众心目中产生联想，将他们应用在商品上，能使承载的商品或服务与这些形象产生联想，联想到角色的性格、作品宣扬的价值观和道德观，消费者会以为以该名字命名的企业或标志的商品与其有一定的渊源，使商品更加引人注目，从而使消费者产生购买冲动。知名形象正是通过商品化的过程，使创造者或被许可者获得经济利益，其经济价值构成一种利益，这是需要法律保护的内核。同时，知名形象本身是智力劳动创造的成果，可以转化为商业价值，也是一种商业成果，如果未经知名人物的许可而擅自使用其形象，必然妨碍知名人物可能进行的销售努力，剥夺其影响带来的潜在的财产收益，这是需要法律保护的原因。

商品化权的本质，无论其形式还是内容，都具有独立于人格或其他物质形式的排他属性，这是需要法律独立保护的根基。而著作权保护的客体是作品，商标法保护的是使用在商品或服务上的可识别性标记，专利法保护的是可以得到保护的发明创造，外观设计专利保护的是工业品外表的艺术造型。可见，各种知识产权，其保护智力成果的不同侧面，保护条件不同，设定的保护目的也不同。规定商品化权利可以维护知名形象经济利益，为创造者提供经济刺激，促进知识性和创造性的作品产生，还可以通过防止法律传统认为的不正当的行为，保护个人利益和社会利益，这是商品化权利的政策基础。

（二）及时调整社会关系，需增设商品化权

中国历史上，一直存在重物轻人，漠视个人权利的现象，且中国有着漫长的重农轻商的历史，商品经济的发展一直步履维艰。但随着对个人权利的尊重和市场经济发展，这种状况得到了很大的改变。社会经济活动的日渐频繁，人们已强烈意识到，名人的姓名、知名影视形象、名人肖像甚至其动作语言等个性特征均具有一定的号召力，已成为一种商业资源，能够带来巨大的商业利益。于是，擅自使用知名形象注册为商标、字号或应用于广告的纠纷比较突出，并呈蔓延之势。知名形象的商品化已成为引人注目的商业活动。因此，从立法上明确这类权利为商品化权，对其进行法律保护成为非常重要、非常必要的问题。

引人注目的是，2001 年我国对《商标法》修改之前，我国公民尚无权申请和拥有商标，因此，商标上所凝结的财产无权为我国公民所享有，也谈不上继承。但这种情况在商标法修订后有了很大的改变，首先，公民可以以个人身份申请商标；其次，自然人也可享有商标所有权，两个或两个以上的自然人还可共同享有商标权，体现了中国司法界对商标权是私权在认识上的深化。新规定为那些目前虽不从事但准备在未来不太长时期内从事工商业经营的人提前注册商标提供了便利，也使商标作为私人财产依法继承、赠予或以其他方式移转成为可能。设立商品化权可以适应这种需要，在根本上防止他人抢先使用知名形象用于商业活动，避免纠纷的产生，也可以在发生纠纷时有法可依。如随着电视剧《刘老根》的热播，赵本山扮演的“刘老根”的形象家喻户晓。据报道，在今年政协会议上，赵本山就抱怨“刘老根”被多家企业申请注册为商标或企业字号，出现了“刘老根饭店”、“刘老根啤酒”等多家企业。其中铁岭一家啤酒厂生产一箱“刘老根”啤酒，要给当地注册“刘老根”商标的企业 6 元钱。“刘老根”本是很普通的名字，但作为电视剧题名，同时也是该剧中的虚构角色，通过赵本山的演绎，将其塑造成了一个生动的、朴实感人的有血有肉的形象，其独具的感召力已形成商业化的促销功能，对“刘老根”带来的利益，应给予其创造者法律上的保护。但“刘老根”是通用性的词汇，很难认定其有原创性，给予版权保护是相当困难的，更不可能给予其他知识产权特别法的保护。究其纠纷本质，老百姓接受“刘老根”的不是这三个字，在《刘老根》播出之前，你写成千上万个“刘老根”，也不会有人去看，更不会引起任何人的注意。“刘老根”三个字的知名，是因为赵本山演绎的这个形象诚实、生动、朴实感人，能代表一个企业想张扬的形象，利用它作商标或字号，正是为了借助该电视剧产生的巨大的影响力，提高企业的知名度，获取丰厚的商业利益，从而阻止赵本山自己使用或许可他人以“刘老根”作商标或字号使用，使其经济利益受损，这正是商品化保护的内核。因此，设立商品化权能适应经济发展的需要，正面有效地解决这类纠纷，促进知识性、创造性的作品产生，改变现有法律体系对这类纠纷无法保护或保护不力的状况。

（三）设立商品化权，以事前调整式的模式设定积极权利，这是市场行为规范化的需要

设立商品化权，并规定其可以构成在先权，已成为世界各国法律发展的趋势。商品化权利的设立，不仅可以在发生权利冲突时有法可依，更重要的是确立这种法定权利，让公众了解这类权利，在法律上给予明确的指引和评价，避免纠纷的产生，引导市场主体的市场行为。民法上说，法无明文禁止即为许可，知名形象与商标、字号、外观设计权利冲突不断增多，并呈蔓延之势，没有确立商品化权是根本原因，使得这类冲突成为法律中的灰色区域。不久前，某电视台播出了一则广告，演员酷似克林顿，与其同行的女士酷似希拉里，演员的穿着、打扮、行为举止都像克林顿，还露出克林顿特有的撅嘴一笑，不少观众以为克林顿在中国电视上为产品做广告。这则广告引起了司法界、广告界的争

议，有侵犯肖像权，侵犯名誉权，不正当竞争、违反广告法、不构成侵权等多种观点。笔者认为，这则广告并没有侵犯克林顿的肖像权，因为肖像是指公民的个人形象通过摄影、造型艺术或其他形式在客观上的再现，该演员长得跟克林顿十分相像，并且照片再现的是模仿者自己的肖像，因此，根据民法的规定，它并未侵犯克林顿的肖像权。其次，该行为也不构成名誉侵权，因为该广告并没有贬损他人的形象，也不属虚假广告。但克林顿的形象的确与普通人不同，具有很大的商业价值，该广告也确实借用他人形象获取商业利益，在现有法律框架下，只能作为一种利益，以违反公平、等价有偿的民法原则给予保护。但这种利益的内涵和外延具有明显的不确定性和高度模糊性，是否得到保护，与法院、法官对法律的理解和执法水平息息相关，势必产生主观随意性，存在被滥用的可能和危险，也会进一步导致此类侥幸行为的发生。设立商品化权，通过这种法定权利对市场主体产生指引作用，即通过明示性规定，指引市场主体决定怎样行为或不行为，并以一定的客观评价准则，判断、衡量市场行为是否合法或有效。同时，依靠作为社会普遍规范的法律，让市场主体预先估计到相互间将如何行为，大大加强市场主体对自己行为和合法权益的安全感。因此，设定商品化权，也是增强法律的透明性，指引市场主体对市场行为的预测和评价，规范市场主体行为，维护市场秩序的迫切需要。

第十节　关于商标和企业字号的权利冲突方面的司法实践

处理权利冲突的一般原则是依法保护在先权利。

目前对商标权与企业名称中的字号权的冲突引发的不正当竞争案件呈上升趋势，但有关的法律和司法解释的规定还不很明确，这给审判实践带来了困难。涉及商标权与企业名称中的字号权的冲突的案件有两种：一是企业名称中的字号侵犯商标权；二是商标侵犯企业名称中的字号权。

一、企业名称中的字号侵犯商标权的问题

目前佛山市中级人民法院对企业名称中的字号侵犯注册商标权的案件是按照商标侵权案件立案受理，具体做法主要是：（1）广东省工商行政管理局2002年9月发布的《广东省著名商标认定和管理暂行办法》第31条规定："自著名商标认定之日起，将与著名商标相同或者近似的文字申请作为企业名称的字号登记，属同行业的，企业登记主管机关不予受理；虽属不同行业，但足以引起公众误认或者暗示其与著名商标所有人存在某种联系，并可能对著名商标所有人的合法权益造成损害的，企业登记主管机关不予受理"。该暂行办法第32条规定："著名商标的文字为县级以上行政区划名称的；著名商标的文字为全国或者本省闻名的江河、湖泊、山川和名胜古迹的；著名商标的文字具有其他公用性质的不适用上述第31条的规定"。目前佛山市中级人民法院主要是参照上述原则处理有关纠纷，即：对在原告的商标获得广东省著名商标的称号后被告才登记成立的企业字号，则认为该字号本身构成侵权，判决被告停止使用该字号并责令被告办理变更登记手续；而对在原告的商标获得广东省著名商标的称号前被告就已登记成立的企业字号，则一般不认为该企业字号本身侵权（当然，被告在同类产品或服务中不正当使用字号从而侵犯原告商标权的除外）。（2）对认定为驰名商标的，按有关驰名商标的规定处理。（3）对被告在其与原告同类的产品包装上突出使用其字号造成相关公众误认从而侵犯原告商标权的按照一般商标侵权案件处理，即适用最高人民法院《关于审理商标民事纠纷案件适用法律若干问题的解释》第1条规定。

二、商标侵犯企业名称中的字号权问题

这个问题在过去一直困扰司法界，但有一个共识就是这类型的案件属于不正当竞争纠纷。各地法院也作出了不少尝试性的判决。2005 年 3 月 11 日，最高人民法院发布答复江苏高院的（2004）民三他字第 10 号函，对此类案件作出了行政前置、不直接作为民事案件受理的规定。从此，各地法院（除北京市第一中级人民法院作为管辖法院对商标评审委员会的具体行政行为进行司法审查外）开始不再受理此类案件。

我们可以通过以下案例回顾一下这段历史，希望有所启发。

佛山市中级人民法院于 2003 年受理了一件被告恶意注册商标从而侵犯原告企业名称中的字号权的案件，即原告西斯尔［英文名 CSR］（广东）岩棉制品有限公司起诉被告南海里水伟荣耐火保温有限公司不正当竞争案件［（2003）佛中法民三初字第 94 号］。原告于 1996 年成立，被告的法定代表人原为原告的经销商的法定代表人，后离职自己开办了被告企业。被告于 2000 年将“西斯尔 + CSIER”向国家商标总局申请注册商标并于 2001 年获授权，核定使用的产品为同类产品（即岩棉制品）。原告起诉要求确认被告利用原告的字号去注册商标构成不正当竞争；判令被告停止侵权、赔礼道歉及赔偿损失。佛山市中级人民法院经审理认为，被告注册“西斯尔 + CSIER”商标的行为明显存在恶意，违反诚实信用原则和商业道德，构成不正当竞争。但由于没有证据显示被告已经在同类产品上使用了“西斯尔 + CSIER”商标，故对原告要求被告停止侵权、赔礼道歉及赔偿损失的请求不予支持。佛山市中级人民法院在 2004 年 3 月作出一审判决：确认被告注册上述商标的行为侵犯了原告的企业名称权，构成不正当竞争；驳回原告的其他诉讼请求。该案双方当事人均提起上诉。在广东省高级人民法院二审审理过程中，最高人民法院的上述

(2004) 民三他字第10号函发布了，主要内容如下：根据《民事诉讼法》第111条第（3）项、《商标法》第30条、第41条的规定，对涉及注册商标授权争议的注册商标专用权权利冲突纠纷，告知原告向有关行政主管机关申请处理，人民法院不予受理。故广东省高级人民法院根据最高法院（2004）民三他字第10号函的有关规定，裁定：撤销佛山市中级人民法院的前述一审判决；驳回原审原告的起诉。

第六章　知识产权合同若干问题研究

第一节　概　　述

知识产权合同在知识产权法学领域是一个重要而又值得研究的问题。这类合同既是传统合同法分则需要关注的问题，更是知识产权法的重要内容。知识产权合同一般分为著作权合同、专利合同以及商标合同。从1995年下半年起，直到1999年2月，知识产权界学者以论文形式、知识产权主管机关以专题报告形式，希望能够在深入研究的基础上，由专门法去规范这类合同。1999年3月1日，我国通过了《中华人民共和国合同法》（以下简称《合同法》)，并于10月1日生效实施，而过去的《技术合同法》同时废止。合同法结束了经济合同法、涉外经济合同法和技术合同法三法并存的格局，经济合同、涉外经济合同和技术合同均被纳入统一合同法的调整范围。《合同法》颁布后，参加起草者及知识产权主管与研究机构之外的人们，吃惊地发现："分则"部分中，在技术合同之外几乎排除了其他知识产权合同，一方面，《合同法》中基本摘除了知识产权合同分则，另一方面，《合同法》又并未完全置知识产权于不顾。对此，在九届人大二次会议关于《合同法》的说明中进行了解释。按"说明"所述，《合同法》中第123条对一大部分知识产权合同应由什么法去规范作了原则性规定。而在专利领域，对于专利合同，是放在技术合同中进行了规定，并纳入了《合同法》分则。虽然当时"不纳入《合同法》分则"的呼声及专利合同的特殊性问题，已经反映到了立法机关，但由于太迟，已很难在短时间把它们从"技术合同"分则中摘出。不过，《合同法》第355条已经作了补救，即极特殊地规定了其他法律乃至行政法规如果对专利合同、专利申请合同的规定与《合同法》不一致，则依照那些法律及行政法规的规定执行。这实际上仍旧等于把专利合同从分则中又摘了出去。而无论1995年3月出台的合同法“专家建议稿”，还是1995年7月出台的全国人大法工委的合同法“试拟稿”，都包容了一大部分版权合同、商标合同分则。同时期的报刊上刊载的专家论述，也都是希望尽可能地把各种知识产权合同统统收入分则。这一变化，可以反映出中国的知识产权界对《合同法》起草的参与，以及中国知识产权研究成果对《合同法》形成的影响。《合同法》分则中虽未包含多数知识产权合同，但《合同法》总则中的大多数原则（即除去显然只适用于有形物交易或服务贸易的外），仍然适用于知识产权合同。合同法总则有关合同的一般原则的规定，有关合同的订立、效力、履行、变更、转让、权利义务终止、违约责任以及合同的解释、时效等其他一些共同性的规定，不仅对一般合同适用，对于知识产权合同也是适用的。因此，人民法院在审理知识产权合同纠纷案件时，首先要适用好合同法总则的有关条文，把知识产权合同审判工作真正统一到合同法所确立的裁判规则上来。

1. 关于要约和承诺制度。《合同法》第13～31条是对要约和承诺制度的规定，这是《合同法》对我国合同制度的丰富和完善。在双方以信函、数据电文往来方式订立合同的情况下，当事人就一个合同是否成立发生分歧时，就应用要约和承诺的规则来进行分析判断。合同法设立要约和承诺的这项合同制度，为判断合同成立增加了可操作性。合同成立是指当事人之间的意思表示达成一致，无需经过有关机关的批准。依法成立的合同只有根据国家法律或者行政法规规定应当办理批准、登记手续才生效的，才需要办理批准、登记手续。所以，法官们在审理知识产权合同纠纷案件时，要正确运用合同法关于要约和承诺的这项合同制度，处理好知识产权合同的成立问题。

2. 关于缔约过失责任制度。缔约过失责任制度是指一方当事人在订立合同过程中，因自己的过失而给对方当事人造成损失时所应承担的责任。《合同法》规定了的缔约过失责任包括两类情形：一类是《合同法》第 42 条规定的情形，即当事人在订立合同过程中，假借订立合同，恶意进行磋商；故意隐瞒与订立合同有关的重要事实或者提供虚假情况；或者具有其他违背诚实信用原则的行为，而给对方造成损失的，要承担损害赔偿责任。另一类是《合同法》第 43 条规定的情形，即当事人泄露或者不正当使用在签订合同过程中所知悉的商业秘密而给对方造成损失的，要承担损害赔偿责任。

3. 关于效力待定的合同制度，可变更、可撤销的合同制度。效力待定合同是指《合同法》第 47 条、第 48 条和第 51 条所规定的合同，即限制行为能力人签订的合同；没有代理权、超越代理权或者代理权终止后行为人以被代理人名义签订的合同，无处分权的人处分他人财产而签订的合同。这类合同的共同特征都是由于当事人签订合同时不具备某种行为能力或者权利，因此，合同需要经过具备相应的行为能力的人或者权利人的追认才能生效，如果得不到追认，则合同不生效。而对于当事人因重大误解签订的合同，显失公平签订的合同，一方以欺诈、胁迫的手段或者乘人之危，使对方在违背真实意思的情况下签订的合同，《合同法》第 54 条把它们全部规定为可变更、可撤销的合同。当然，一方以欺诈、胁迫的手段订立合同损害国家利益的，则按无效合同处理。

4. 同时履行抗辩权、后履行抗辩权和不安抗辩权制度。《合同法》第 66 条、第 67 条和第 68 条分别是对同时履行抗辩权、后履行抗辩权和不安抗辩权制度的规定。在审理知识产权合同纠纷案件时，对于合同约定了先后履行顺序而先履行一方不履行债务或者后履行债务的一方有确切的证据证明先履行债务的一方不能履行债务的，应根据《合同法》第 66 条、第 67 条或者第 68

条的规定处理。

5. 预期违约制度。《合同法》第94条第（2）项是对预期违约制度的规定。所谓预期违约，是指在合同履行期限届满之前，当事人一方明确表示或者以自己的行为表明不履行合同主要债务的行为。根据《合同法》的规定，预期违约是解除合同的法定条件之一。

另外，《合同法》第11条关于数据交换和电子邮件可以作为合同的书面形式的规定，第73条、第74条及第75条关于代位权和撤销权的规定，第60条和第92条关于履行合同的附随义务和后合同义务的规定，第94条第（3）项关于迟延履行催告程序的规定；第114条关于违约金的规定，第122条关于责任竞合的规定，第125条关于对合同条款解释的规定和第129条关于合同纠纷的诉讼时效的规定等，都与审理知识产权合同纠纷案件有直接的关系，值得注意。

总之，应根据《合同法》第123条、第124条的规定，处理好《合同法》总则与知识产权合同的特别规定的关系，即其他法律对知识产权合同另有规定的，依照其规定。《合同法》分则或者其他法律没有明文规定的，适用《合同法》总则的规定，并可以参照《合同法》分则或者其他法律最相类似的规定。

第二节　著作权合同

一、著作权合同概述

著作权合同纠纷是指当事人违反涉及许可使用、权利转让等内容的著作权和邻接权合同而产生的纠纷。权利转让是权利人处分其私权的重要方式，对著作权而言，也不例外。在过去，人们对著作权能否转让存在分歧意见，2001年10月27日著作权法修改时澄清了这个问题（《著作权法》第10条第3款）。在这种市场化过程中，著作权人可以充分实现依附于其作品之上的经济、文化效益。著作权和邻接权中的财产权像其他财产权利一样都具有可流转性，其流转的方式主要是财产权利的许可使用和财产权利的转让。根据民法和著作权法的规定，著作权人与著作邻接权人为了行使其权利，其他民事主体为了对著作权和邻接权的财产权进行使用，可以依照法律规定，通过设立民事法律关系达到各自的目的。也就是说，在著作权人或邻接权人与其他民事主体之间可以设立以使用和转让著作权或邻接权为主要内容的一种债权债务关系，即著作权或邻接权合同关系。这种关系也就是关于著作权和邻接权合同法律规定的调整和保护的对象。

至于著作人身权能否转让，法律并没有规定。在学理上，人们普遍认为为了维护作者的正当利益，不应允许转让著作人身权。所以它永远属于原始著作权人，即使原始著作权人消灭（例如自然人死亡、法人解散）也不会影响其归属。在这种情况之下，原著作权人的人身权利由继受著作财产权的人保护（《著作权法实施条例》第15条、第16条）。

不过，如前所述，著作人身权不如普通人身权的人身性质强烈，而且和财产权利密切相连。所以在一定的场合，作者是可以将其放弃、许可他人行使甚至有限地转让的。例如作者可以放弃署名权、在不违反公益的情况下可以允许他人署名，也可以将其修改作品的权利让与他人行使（《著作权法》第10条第1款第（3）项）。

对于涉及作品许可使用及著作财产权转让的合同，称为著作权合同；涉及著作邻接权使用、转让的合同，称为邻接权合同。

1. 著作权与邻接权合同的分类

著作权与邻接权合同可以按照不同的标准作出不同的分类。（1）按照著作财产权利的民事主体之间的流转方式，可分为著作权使用许可合同与著作权转让合同。著作权使用许可合同中约定的内容主要是著作权人许可他人以一定的方式，在特定期限和范围内使用其作品。而著作权转让合同的内容主要涉及就著作财产权的一部分或全部转让给他人。（2）按照合同的使用方式不同，可以分为出版合同、改编合同、翻译合同、演出合同、播放合同、影视摄制合同、录音录像合同等。（3）按许可使用的方式为标准进行划分，可分为专有使用合同与非专有使用合同。若双方订立专有使用合同，则著作权人在特定期限内不能再许可他人以相同的方式使用该合同，若双方订立非专有使用合同，则著作权人可将权利再行许可。（4）按照所许可使用的权利类别，可分为出版者、表演者、录音录像者以及广播电台电视台邻接权合同。如现场直播许可合同、录音录像许可合同、录音录像制品复制发行合同等。

2. 著作权与邻接权合同的订立

和其他类型合同一样，著作权与邻接权合同的订立应符合《合同法》的一般规定。如，当事人订立合同应当具有相应的民事权利能力和民事行为能力。当事人订立合同，有书面形式、口头形式和其他形式。法律、行政法规规定采取书面形式的，应当采取书面形式。当事人约定采取书面形式的，应当采取书面形式。关于著作权与邻接权合同的订立形式，我国《著作权法》有相应的规定，如我国《著作权法》第24条规定，“使用他人作品应当同著作权人订立许可使用合同，本法规定可以不经许可的除外。”第25条规定，“转让本法第10条第1款第（5）项至第（17）项规定的权利，应当订立书面合同”。因此，按照我国现行著作权法的规定，著作权的转让合同和许可使用合同均应采取书面形式，当然对于著作权的许可使用有例外规定的除外。如《著作权法实施条例》第23条规定，“使用他人作品应当同著作权人订立许可使用合同，许可使用的权利是专有使用权的，应当采取书面形式，但是报社、期刊刊登作品除外”。对于著作权人向报社、期刊投稿的，我国著作权法规定的是自稿件发出之日起15日内未收到期刊社通知决定刊登的，或者自稿件发出之日起

30日内未收到期刊社通知决定刊登的，可以将同一作品向其他报社、期刊投稿。因此，著作权人向报社、期刊投稿是无须订立书面合同的。

同样，著作权与邻接权合同的订立也要采取要约和承诺方式，并在承诺生效时合同成立。此外，对于著作权许可使用合同和著作权转让合同是否必须经著作权行政管理部门登记的问题，我国《著作权法实施条例》第25条也有明确规定，“与著作权人订立专有许可使用合同、转让合同的，可以向著作权行政管理部门备案”。也就是说，著作权许可使用合同和著作权转让合同的生效，并不以向著作权行政管理部门登记或备案为强制性的前提条件，是否备案完全取决于合同双方的自愿。

二、著作权许可使用合同和著作权转让合同

（一）著作权转让合同

1. 著作权转让的概念

著作权的转让即指著作权依当事人的意志全部或部分地转移。这种转移一般是永久性的，这就是说，在一项著作权有效期内转移。著作权转让之后，受让人成为新的著作权人。

权利转让是权利人处分其私权的重要方式，对著作权而言，也不例外。在过去，人们对著作权能否转让存在分歧，2001年10月27日经修改后的《著作权法》时澄清了这个问题（《著作权法》第10条第3款）。

但是，上述规定仅仅涉及著作财产权，至于著作人身权能否转让，法律并没有规定。在学理上，人们普遍认为为了维护作者的正当利益，不应允许转让著作人身权。所以它永远属于原始著作权人，即使原始著作权人消灭（例如自然人死亡、法人解散），也不会影响其归属。在这种情况之下，原著作权人的人身权利由继受著作财产权的人保护（《著作权法实施条例》第15条、第16条）。

不过，如前所述，著作人身权不如普通人身权的人身性质强烈，而且和财产权利密切相连。所以在一定的场合，作者是可以将其放弃、许可他人行使甚至有限地转让的。例如作者可以放弃署名权、在不违反公益的情况下可以允许他人署名，也可以将其修改作品的权利让与他人来行使（《著作权法》第10条第1款第（3）项）。

2. 著作权转让的一般原则

有关著作权的转让应该适用《民法通则》以及《合同法》关于合同行为的一般规定。例如当事人应当遵循契约自由、诚实信用、尊重公德等原则。著作权人在谈判过程中常常处于弱势，因此，必须对契约自由原则作限制性的解释，以便著作权转让能健康开展。在这方面，国外通行的实践具有很好的参考价值。例如，不允许约定由著作权人放弃将来因技术进步等因素可能导致的新的权利，不得转让作者在将来可能创作的全部作品的著作权，等等。

针对著作权转让的特殊性，《著作权法》所作的特殊规定十分有限，归纳起来，主要有以下三点：

（1）转让合同应该采用书面形式（《著作权法》第25条第1款）。这有利于明确双方的权利义务关系。若未采用书面形式，则应根据《合同法》第36条、第37条的规定来确定其是否成立（《最高人民法院关于审理著作权民事纠纷案件适用法律若干问题的解释》第22条）。

（2）合同中应该尽量定义清楚转让的权利，合同中没有明确的权利不发生转让（《著作权法》第26条）。

（3）作品原件的转移不导致相关著作权的转移。《著作权法》第18条规定："美术作品原件所有权的转移，不视为作品著作权的转移。"这里虽然仅仅提到美术作品，但是，该原则应该对所有作品都适用。

3. 合同主要条款

关于转让著作权的合同的主要条款，《著作权法》第25条规定了以下几项：

（1）作品的名称；

（2）权利种类、地域范围；

（3）价金及其交付方式；

（4）违约责任；

（5）其他内容。

显然，以上规定是非常原则的，对实际操作的指导意义有限。为了防止日后出现纠纷，当事人应当在平等协商的基础上，就著作权转让事项达成尽可能公平、准确的约定。

（二）著作权许可使用合同

1. 概念

著作权许可使用是指著作权人在保留其著作权人身份的前提下，允许他人在一定的条件下行使其著作权。所谓“一定的条件”除了指使用费以外，还包括对使用方式、时间和地域范围等方面的限制。除著作权人自己使用作品外，他人对著作财产权的任何形式和范围的使用都必须通过著作权人与使用者订立许可使用合同的形式进行。它是指著作权或邻接权人与使用者就作品的著作财产权或邻接权在一定范围、方式和期限的使用和支付报酬而订立的协议。许可使用合同以许可方式的不同性质可以分为专有和非专有使用合同；按合同约定使用的标的种类又可以分为具体类型的合同，如出版许可使用合同、作品改编许可使用合同、作品表演许可合同、翻译许可使用合同等。

许可使用的对象一般是著作财产权，但是在少数情况下也包括人身权利，例如根据《著作权法》第10条第1款第（3）项的规定，作者得将其修改权授予他人行使。由于许可使用既能够维持著作权主体不变，又可以借助社会的力量来开发、利用自己的作品，所以它是现实中非常重要的著作权行使方式。

著作权许可使用和著作权转让有着明显的区别。首先，著作权的转让引起著作权权利主体的变更，受让人在转让完成之后成为新的著作权人，他对作品享有相应的财产所有权，他既可以使用它，也可以处分它，并获得相应的收益；而著作权的许可使用并没有这种效力，被许可人因许可使用合同获得的仅仅是在特定条件下使用作品的权利。因此他通常又被称为作品使用者，而不能称为著作权人。他的处分权受到约定条件的严格限制。其次，著作权的转让无所谓期限的问题，即它总是指将著作权之全部或其部分在整个著作权保护期内让渡给他人。除非有民法上关于民事行为绝对无效或者相对无效的理由，如合同违法、显失公平或重大误解等，否则著作权一旦转让出去便是不可逆转的；而著作权的许可使用通常都有一定的时间限制。许可使用期届满而著作权保护期尚有剩余的话被许可的权利又回归著作权人。

关于邻接权的许可使用以及转让，《著作权法》及《著作权法实施条例》几乎没有规定，在实践中除了应该遵循一般民事法律的规定外，可参考有关著作权的规定处理。

2. 一般规定

因著作权许可使用而设立的合同叫许可使用合同，它也是一种民事合同，故同样应该遵循《民法通则》和《合同法》的规定。另外，《著作权法》还对许可使用合同的主要条款及其他相关内容作了一些特殊规定，现归纳如下。

（1）合同形式。关于合同的形式，《著作权法》未作特殊要求，因此，当事人既可以采用书面形式，也可以采用口头形式或者其他形式。不过，《著作权法实施条例》第 23 条作了一些限制，“……许可使用的权利是专有使用权的，应当采取书面形式，但是报社、期刊社刊登作品除外”。

（2）权利内容。权利的内容解决许可使用的权利种类和效力性质问题。这是许可使用合同中最关键的一部分条款。

权利内容一般根据《著作权法》第 10 条第 1 款对各项权利

的定义来确定，著作权法规定的著作权权利包括复制权、表演权、展览权、发行权、翻译权、编辑权等多种多样的权利，著作权许可使用合同必须明确约定著作权人授权被许可人使用哪种类型的权利。但是，当事人之间出于更进一步精确化的需要（或者由于对著作权法的了解有限），也可以采用双方具有共识并且符合行业惯例的方式来界定权利的名称和内容。

效力性质是指许可协议赋予被许可人针对他人使用行为的排除力，即使用权的专有性质。《著作权法》第24条第2款第（2）项区分为专有使用权和非专有使用权。专有使用权意味着被许可人一方获得授权，其他任何人不得为同样的使用，著作权人（即许可人）也不例外（《著作权法实施条例》第24条）。而非专有使用权则相反，被许可人不得排除他人的使用。这意味着著作权人还可以以相同的方式使用作品，他也可以许可第三人使用。

通说认为，经许可获得非专有使用权的人不得再将其权利转让或者许可给他人，至于获得专有使用权的人能否再许可或者转让其权利，存在不同的见解。《著作权法实施条例》第24条规定："……除合同另有约定外，被许可人许可第三人行使同一权利，必须取得著作权人的许可。"

（3）许可时间、地域范围

时间、地域范围是进一步界定被许可的使用权效力范围的重要因素。法律对此没有特别的限制，通常由当事人根据需要自由约定。

著作权许可使用的期间一般以5～10年较为常见，永久性的许可使用比较少见。在后一种情况下，被许可方获得的使用权在著作权剩余保护期内一直有效，如果使用权是专有的，则和权利转让的效果区别不大。

许可使用的地域范围和作品的使用方式有密切的联系，一般是以一个国家为界限，但是，对一些权利，又往往可以作更小的划分，例如表演权可以被限制在一个小县城的范围，播放权可以被限制在一定的城市里。但是，应该注意避免通过该条款形成对市场的分割，造成对自由竞争的危害。例如，国内图书出版合同一般不得以省份为界限（我国台湾、香港和澳门地区除外）分别许可不同的出版社出版同一作品。

（4）许可使用的方式。《著作权法》要求被许可人在与著作权人签订合同时必须明确约定许可使用的性质。若是著作权人许可专有使用权，则著作权人不得再将同一作品许可他人以同样方式使用。而非专有使用权则相反。我国《著作权法实施条例》第24条规定："《著作权法》第24条规定的专有使用权的内容由合同约定，合同没有约定或者约定不明的，视为被许可人有权排除包括著作权人在内的任何人以同样的方式使用作品；除合同另有约定外，被许可人许可第三人行使同一权利，必须取得著作权人的许可。"

（5）报酬计算标准和办法。《著作权法》第27条规定，使用作品的报酬计算标准和办法可以由当事人约定，也可以按照国务院著作权行政管理部门会同有关部门制定的付酬标准支付报酬。当事人约定不明确的，按照国务院著作权行政管理部门会同有关部门制定的付酬标准支付报酬。例如1990年6月15日国家版权局发布的《书籍稿酬暂行规定》就是规范著作权人和出版者之间的付酬标准的基本性文件。使用费是著作权人最主要的收益，合同中应该对其标准和支付方式加以明确规定。当然，在少数情况下著作权人可能更看重非经济利益，因而会放弃使用费，甚至对被许可方提供经费上的补贴，例如为发表学术论文而支付版面费。

使用费的标准由当事人根据市场行情约定，可以参考国家版权局会同有关部门制定的付酬标准支付；当事人约定不明确的，执行上述机关制定的标准（《著作权法》第27条）。

如今，常见的使用费标准是稿酬制和版税制。其中稿酬制在我国始于20世纪50年代，它是由政府文化部门为作品使用制定的统一的付酬标准。稿酬制具有一定的计划经济色彩。稿酬一般分为基本稿酬和印数稿酬。书刊基本稿酬的计算公式是：每千字稿酬额×全文千字数。印数稿酬一般按千册计算，每千册约付基本稿酬的0.8%。稿酬一般在作品交付出版时便付清，它与出版的图书的定价无关，也不受作品实际销量的影响。

版税制是指著作权人与作品使用者按照一定比例分享作品销售所得的一种计酬方式。版税是著作权人应获得的收入。在著作权人要求的情况下，版税也可以在交付作品时支付，但是它往往仅是部分预支。版税的最终数额取决于作品的实际出售结果。出版文字作品的版税称出版版税，它的计算公式是：出版物定价（或零售价）×出版物销售量（或印刷量）×一定的百分比（版税率）。音乐、戏剧作品演出版税称上演版税，其计算公式是：票房收入×一定的百分比（版税率）。其中版税率由著作权人和作品使用者协商确定。它取决于作品的性质、版次、畅销程度以及作者的知名度等多种因素。从目前的国际惯例来看，出版版税率一般在5%~20%之间。显然，相对于稿酬制而言，版税制更符合市场经济的要求，能更好地协调出版社与作者之间的利益。

（6）其他。完整的著作权许可使用合同还包括许多具体的内容，例如作品名称、主体身份、违约责任、侵权责任担保以及对他人侵权行为的追究等。如同转让合同一样，当事人应当在充分协商的基础上，就有关事项达成尽可能详尽、公平的条款。特别是关于违约责任的约定，违约责任是一方或双方因过错而违反合同应当承担的民事责任，在该条款中，合同当事人约定违反合同并造成损失的计算方法、赔偿范围及如何具体承担责任等。违约责任条款对于促进双方当事人自觉而适当地履行合同义务和及时解决违约纠纷、保护非违约方的合法权益具有重要意义。

（7）合同的解释。同转让著作权的情形一样，在著作权许可业务中著作权人往往也是弱小的一方，故法律也对他作了倾斜性保护。例如《著作权法》第 26 条规定，合同中未明确许可的权利，未经著作权人同意，另一方当事人不得行使。这表明被许可人若要以合同中未明确提到的方式使用作品，需要著作权人的重新确认。例如，以电子出版物的形式使用作者的作品。由于此种方式在目前对绝大多数作者而言仍然是不曾预料到的，故非经作者许可即为侵权。又如，未经作者另外授权，获得图书出版权的国内出版社不能在海外出版繁体字版本。

当然，上述原则也不能绝对化。因为，有时合同中常常省略了一些当事人觉得理所当然的内容。这时一旦双方事后发生争议，应结合缔约时的实际情况并参考行业惯例对合同作出客观公正的解释。

三、具体合同

许可使用合同的种类繁多，不过《著作权法》除上述许可使用的原则性条文外，并没有逐一对各种许可合同进行规定，只是在第四章（与作者相关的权益）相应的条文中涉及一些常见的许可使用合同，这些合同大致可以分为 4 种。

1. 出版合同

图书出版合同的概念有广义和狭义之分。狭义的图书出版合同，特指图书出版者与作品的作者或者其他著作权人就作品出版的协议。广义的图书出版合同包括图书出版合同、约稿合同、自费出版合同等在内的合同。在实践中，有的图书出版合同的订立，是在作者已写成书稿交出版社的情况下，双方再就出版该书稿的权利义务经商议而达成合意。而有的图书出版合同是在作品未产生的情况下订立的，由出版者和作者双方就尚未产生的作品的交稿和出版事宜作出约定。此处的图书出版合同仅涉及狭义的图书出版。

所谓出版权实际上是复制权和发行权之和（《著作权法》第 57 条）。由于作品的主要形式是图书和文章，故出版合同可以大体分为图书出版合同和文章发表合同。

就图书出版合同而言除了必须符合上述一般规定以外，《著作权法》尚有以下限制：（1）著作权人必须按照约定期限交付作品；出版者必须按照约定的质量和期限出版图书（《著作权法》第31条第1款）；（2）图书出版者经作者许可方可修改、删节作品（《著作权法》第33条第1款）；（3）图书重印、再版时应当通知著作权人，并支付报酬。图书脱销后，图书出版者拒绝重印、再版的，著作权人有权终止合同（《著作权法》第31条第3款）。根据《著作权法实施条例》第29条的规定，著作权人寄给图书出版者的两份图书订单在6个月内未能得到履行的，视为脱销。

另外，法律还对专有出版权的内容作了规定，“图书出版合同中约定图书出版者享有专有出版权但没有明确其具体内容的，视为图书出版者享有在合同有效期内和在合同约定的地域范围内以同种文字的原版、修订版出版图书的专有权利”（《著作权法实施条例》第28条）。

文章发表合同的一方当事人是文章作者或者其他著作权人，另一方是报社、期刊社或者其他人，例如网络服务商。双方通常按行业习惯来合作，常常以口头或者默示的方式达成协议，签订书面发表合同的相对比较少。《著作权法》对这类合同的规定也十分有限。

《著作权法》第32条第1款规定：“著作权人向报社、期刊社投稿的，自稿件发出之日起15日内未收到报社通知决定刊登的，或者自稿件发出之日起30日内未收到期刊社通知决定刊登的，可以将同一作品向其他报社、杂志社投稿。双方另有约定的除外。”该款表明，立法者没有赋予报刊出版者法定的专有出版权，因此，文章发表合同的当事人双方应可自由约定许可使用的权利的性质，换言之只要他们之间有合意，那么可以一稿多投。不过，这里的当事人合意必须是一稿多投所涉及的所有当事人的合意，即一篇文章的作者和多家报刊社的共同合意。故作者在未告知所有有关报刊社的情况下一稿多投是不允许的。另外，在无约定的情况下，只有当法定期限届满之后才能一稿多投。最初收稿的报刊社如果在法定期内未作通知，表明他接受或容忍作者的再次投稿，但他仍有权利刊用来稿，除非作者又来信撤稿。为了维护第三方的利益，作者在作第二次投稿时应将尚未撤回第一次投稿的情况告知第三方。

《著作权法》第 33 条第 2 款还规定："报社、期刊社可以对作品作文字性修改、删节，对内容的修改应当经作者许可。"所谓文字性修改是指不触及、不损害作品实质内容和观点的修改，如纠正来稿中的标点和书写错误、语法逻辑上的错误、引文错误、客观事实（时间、地点等）错误等。如果报刊社认为来稿有使用价值，但内容或观点上需要改进，应征得作者同意后才能改动或者径请作者自己修改，而不能擅自将编者的观点强加到他人作品之中。

2. 表演合同

表演合同即表演权许可合同，它是指著作权人与表演者订立的允许表演者使用著作权人的作品进行演出并获得相应报酬的合同。订立该合同，著作权人和表演者之间产生一种著作权使用许可法律关系。由于表演者所使用的作品不同，是否需要和著作权人订立上述合同也应视情形而定。根据我国《著作权法》的规定，若表演者对已发表的作品进行免费演出（既未向公众收取费用，也未向表演者支付报酬），可以不经著作权人许可。除此之外，使用他人作品进行演出，表演者应当取得著作权人许可，并支付报酬。这就表明，按照《著作权法》的规定，对表演权的使用应当由表演者（包括演员和演出单位）与著作权人订立使用合同。演出组织者组织演出，由该组织取得著作权人许可，并支付报酬。

无论是演出者还是演出组织者，获得著作权人许可的方式主要是与之签订表演权许可合同。表演合同的主要条款一般包括：(1) 所表演的作品名称；(2) 对作品进行表演的方式、地域、场次和期限；(3) 违约责任。

著作权人的主要权利和义务：(1) 按照合同约定的表演方式、地域、场次和期限允许表演者表演作品；(2) 按照合同的约定收取报酬。表演者的主要权利和义务：(1) 应合理使用作品，尊重作品的署名，不能歪曲和篡改作品的原意；(2) 按照合同的约定支付报酬；(3) 在合同约定的范围内表演作品并获得收益。

除了属于合理使用范围内的表演以外，表演他人作品都应该经过著作权人的许可。如果表演的是经过演绎创作的作品，例如外国人创作的作品的中译本，又如是由小说改编成的剧本，则不仅要征得演绎作品著作权人的许可，还要征得原作品著作权人的许可（《著作权法》第36条第2款）。

3. 录制合同

录制合同是指著作权人许可录制者行使其作品的录制权的协议。

依据《著作权法》第39条第1款、第2款的规定，录制者使用他人作品制作录音、录像制品应该取得著作权人的许可。如果被录制的作品是演绎作品，则还应取得演绎作品著作权人的许可。

4. 播放合同

播放合同是指著作权人许可播放者行使其作品的广播权的协议。

根据规定，播放者使用他人未发表的作品时，应该取得著作权人的许可（《著作权法》第42条第1款）。另外，电视台播放他人已经发表的影视作品也应当取得著作权人的许可（《著作权法》第45条）。

四、计算机软件许可使用合同——著作权许可使用合同的新类型

（一）计算机软件种类及其许可方式

计算机软件的著作权人往往并不是软件的作者，而是软件公司。计算机软件许可使用合同多是以软件公司为许可一方，用户或经销人为被许可一方而签订的。

计算机软件主要分为专用软件（Coustom Software）、通用软件（Standard Software）与定作软件（Customized Software）。专用软件又称“用户软件”，涉及它的许可使用合同主要是在软件公司与用户之间直接签订的。这种软件的专有权主要靠保密条款去维护，故可以把它排除在著作权许可使用贸易之外。通用软件又称为“软件包”，是大量上市的、解决某一类数据处理的标准软件。定作软件又称“用户化软件”，其中大部分是由软件公司改造通用软件，使其适用范围仅限于某些用户，或改造专用软件，使其适用范围从一个用户扩大为几个或更多用户（但又尚未达到“通用”的标准化程度）。计算机软件的许可使用，主要就是指后两种软件的许可使用。

软件公司与用户之间就定作软件的使用签订的合同大多数是软件公司直接与用户签订的。这种合同中必须包含著作权条款，因为软件公司是不会把软件的著作权转让给用户的。如果这种软件要通过经销商才能到达用户手中，则经销商必须在经销许可合同中承担为软件公司申明保留著作权的义务。

通用软件一般不直接从软件公司销到用户手中，而要通过经销商。在软件公司与经销商之间签订的“通用软件经销许可合同”中，必须有著作权条款。这种著作权条款可分为两类：一是软件公司将保护软件著作权的权利授予经销商（乃至把软件的著作权授予经销商），这样经销商就必须在他们与用户之间的计算机软件许可使用合同中制定著作权保护条款和规定侵犯著作权的

法律责任。二是软件公司自己保留保护著作权的权利，经销商则与用户一样，必须在经销中注意不侵犯软件公司的著作权。在这种情况下，每个软件载体的购买者（用户），在计算机软件许可使用合同中的不侵犯版权的保证，是直接对软件公司作出的。

而经销商（或软件公司）与用户就通用软件的使用达成的合同，是不可能通过点对点的谈判去实现的。因为通用软件的用户可能成千上万，软件的载体又是作为商品在市场上销售的。20世纪70年代末，从软件产业最发达的美国开始，出现了一种“拆封合同”。经销商在销售其软件产品时，将事先拟好的合同条款醒目印刷在软件的外包装上；用户使用前，应首先阅读该合同条款（这一点往往会被用户忽视）；如果用户打开该软件的外包装套（一般以封条封好），则意味着用户已同意接受该合同的条款，并愿意使之成为双方之间的契约，而这些印刷在外包装套上的文字便构成拆封合同的条款。其内容主要是要求用户尊重软件的版权，只能自己使用，不可转借他人，不可复制，不可修改，用完后应予销毁等。这些条款清楚地表明购买软件物质载体的人并不等于买到了软件的版权，用户在使用软件产品时必须严格遵守销售商所指明的使用范围，任何超出范围的使用行为，只要不在法律的保护范围内，都有可能会导致对合同义务的违反，从而产生违约责任。目前，美国的一些州已通过立法或作出判例，承认了拆封合同的地位和效力。我国《合同法》第137条也规定：“出卖具有知识产权的计算机软件等的标的物，除法律另有规定或当事人另有约定的以外，该标的的知识产权不属于买受人。”这表明我国事实上已更多地将计算机软件的买卖作为一种著作权的许可使用来看待。

（二）拆封合同当事人利益的平衡

拆封合同在性质上应当属格式合同。格式合同的出现和发展是市场经济不断发展的产物，它极大地促进了市场交易活动的进行，有利于提高效率、降低成本、节约时间，同时也带来了许多问题。用户也许根本就没有注意到或者没有耐心去阅读那些印刷在软件外包装套上的冗长文字，因为他们已经习惯于普通的购买方式。对销售商而言，打开软件外包装的封条意味着对拆封合同条款的承认和同意；当销售商依据拆封合同条款对用户的违约行为提出请求时，许多用户也许根本就没有意识到自己已经违反了约定。除非用户属于恶意违约，对用户的大意所造成的违约行为提出违约赔偿并非完全公平，软件销售商至少应当承担告知的义务，这对销售商而言并非是件难事，但对用户来说，耐下性子阅读拆封合同的内容却没有那么简单。

软件销售商和用户为了各自的利益，在拆封合同上的争议是不可避免的。销售商试图通过拆封合同，在法律的直接保护以外，以约定的方式加快交易的进程、提高效率、攫取最大的利润；用户却希望以尽可能低的价格得到软件和相关服务，并限制销售商在拆封合同格式化过程中所形成的优越地位而带来的特权，以保证交易的公平。但是销售商与用户的需求关系决定了用户对销售商的依赖关系，特别是当销售商在某种软件上具有垄断地位时，用户可能为了能够满足某种使用目的而别无选择，这往往为销售商在拆封合同中提出苛刻或者过分的要求提供了基础。所以，一方面，拆封合同应该被限制在公平、平等、等价有偿的基本原则控制之下，以体现对用户利益的维护。另一方面，当软件产品转移到用户手中之后，销售商在软件使用方面的控制能力受到极大削弱。用户对软件的使用很难被限制在许可使用的范围之内，任何超出软件销售商在软件交易时所希望的使用范围之外的行为，从实际情况来看，也很难受到惩罚。这并非是法律不愿意保护软件销售商的利益，而是因为市场交易行为往往是千变万化的，没有任何一部法律可以对各种交易行为作出相应的规定。法律所要做的是为交易行为制定普遍的规则。在此情况下，无论是从实际角度考虑，还是根据目前世界范围内知识产权的保护不断加强这一情况考虑，软件销售商要竭力保护自己的知识产权，要求根据不同的情况在不同的用户之间产生合理的契约就有其存在的必要性。

五、著作权合同纠纷的司法认定

（一）著作权合同违约行为的具体表现

合同签订后，当事人应该按照合同的约定全面地履行自己的义务，也应根据合同的性质、目的和交易习惯履行通知、协助等义务。凡不履行合同的行为都构成违约行为，这里的不履行合同包括完全不履行及不完全履行。任何违约行为都呈现为一定的具体形态，对于这些具体的表现形态，可以根据其实质特征作出相应的分类。按著作权、邻接权合同的具体情况，实际违约的形态可分为以下几种情形。

1. 不能履行合同

这种违约情形往往是由于在合同签订之后，合同一方当事人出现了丧失履行能力的情况，如一方丧失民事行为能力，或一方在著作权权属纠纷中被法院判定并不享有特定作品的著作权，等等。

2. 拒绝履行合同

在实践中往往表现为一方当事人完全拒绝按照合同约定履行相应义务，如作者与出版者就某作品的出版订立出版合同，合同签订后，出版社由于某种原因拒绝出版该作品，即为拒绝履行的违约行为。

3. 逾期履行合同

逾期履行合同是指当事人在合同约定的期限内未能完全履行合同，而在迟于该约定期限后才履行合同义务。如出版者不按照合同约定的期限出版作品就属逾期履行合同的违约行为。

4. 不适当履行

不适当履行是指当事人对合同义务的履行不符合合同的约定，包括履行的数量不完全，履行地点、方法、范围不当以及越权履行、违反附随义务等违约情形。不适当履行是合同违约行为中常见的情形。如，作者应在约定期限内交付两部小说给出版社印刷，但到约定时间后，该作者只交付一部小说，就属不完全履行。

（二）违约责任的认定

1. 违约责任的构成要件

（1）当事人要有违约行为。根据我国《著作权法》的规定，除法律另有规定的情况外，使用、转让著作权、邻接权都必须由双方当事人订立书面合同。当事人在订立合同时可根据实际情况对合同具体内容自行约定。判定当事人是否有违约行为的具体标准就是当事人订立的合同以及相关法律的规定。当然，作为判定依据的合同应是依法成立并生效的合同。在合同有效的前提下，应当仔细分析合同中权利义务的约定，特别是明确当事人各方应当履行的义务（包括附随义务），以及对履行义务的限定条件。若双方当事人对特定的权利义务在合同中未约定清楚，应在法律规定和当事人解释的基础上由人民法院作出认定。如作者未按照合同约定期限交付作品或作品质量未达到合同要求；出版社不按照合同约定的期限出版图书等。

（2）不存在免责事由。免责事由是指当事人即使违约也不承担责任的特定条件。免责事由有法定免责事由和约定免责事由之分。前者由法律直接作出规定，主要指不可抗力；后者则由当事人作出约定，不过约定免责条款不能排除当事人的基本义务，也不能排除故意或重大过失的责任。

2. 承担违约责任的具体方式

对于违反著作权合同应承担的违约责任方式，应综合适用《民法通则》《合同法》和《著作权法》以及最高人民法院的相关司法解释。《民法通则》第 111 条规定，当事人一方不履行合同义务或者履行合同义务不符合约定条件的，另一方有权要求履行或者采取补救措施，并有权要求赔偿。《合同法》第 107 条也作出了类似规定。而《著作权法》第47条规定，当事人不履行合同义务或者履行合同义务不符合约定条件的，应当依照《民法通则》有关规定承担民事责任。具体而言，违反著作权、邻接权合同的违约责任形式主要包括：

（1）继续履行。在违约事实发生后，一方当事人可要求违约方继续履行合同约定的义务。

（2）采取补救措施。采取补救措施是指违约方采取具体措施对先前的不适当履行行为进行矫正、消除履行缺陷。如出版者收回不符合约定质量的出版物。

（3）支付违约金。违约金是当事人违反合同时应当向对方支付一定数额的金钱。

（4）赔偿损失。当违约方的违约责任行为给对方当事人造成损失时，违约方应依法承担相应的赔偿责任。赔偿损失是一种非常重要的违约责任形式。

（三）著作权合同冲突及其处理

合同冲突，是指因两个以上的合同同时指向同一标的所引起的法律效力及其合同顺位方面的矛盾与冲突。具体到本书所探讨的著作权许可使用合同，其合同冲突主要表现为两类：一是同种合同之间的冲突，即两个或两个以上的著作权许可使用合同之间的冲突，具体又可分为一般许可合同与独占许可合同的冲突以及多个独占许可合同之间的冲突；二是著作权转让合同与著作权许可使用合同之间的冲突。

1. 一般许可合同与独占许可合同冲突的处理

一般的讲，两个甚至多个一般许可使用合同彼此之间是不会产生任何冲突的，因为一般许可的题中之意便是允许不同主体在同一地域以同一方式使用，所以有再多的一般许可合同也会自各自订立之日起生效，且互不排斥。由此，一般许可合同与独占许可合同发生冲突也就非常容易理解了，因为独占许可具有天赋的排他性，在独占许可合同订立在先的情况下，之后签署的指向同一时空的所有一般许可合同一律归于无效，如果只是涵盖或交叉，则不重叠的部分可以有效；同理，如果是一般许可合同签订在前，则订立在后的独占许可合同自始无效，且绝对不会出现部分有效的情形，因为独占许可合同自身是不兼容的。

2. 多个独占许可合同冲突的处理

多个独占许可合同发生冲突的处理原则应是以首先签署生效者为准。但也有观点认为，如果后一合同的被许可人实际先使用，并支付了有价值的对价或者根据支付使用费的承诺已经善意履行，且未注意到前一合同，则后一许可使用合同可以在已使用的范围内继续使用，而不承担侵权责任。对此，笔者不敢苟同，理由是，著作权许可使用合同是一种诺成性合同，而不是实践性合同，所以不应以合同履行的先后来判断合同的有效与否；而且我国对著作权许可使用合同也没有像美、日、德等国那样实行强制备案制度，只是规定了“与著作权人订立专有许可使用合同、转让合同的，可以向著作权行政管理部门备案”，从而缺乏“公示者可对抗善意第三人”的立法基础。更为重要的是，如果允许这样做的话，就使得两个原本都是独占许可使用性质的合同变成一般的许可使用合同，它篡改了合同当事人的缔约本意，严重损害了在先者的合法权益。

3. 转让合同与许可使用合同冲突的处理

转让合同在先的，则许可使用合同无效，无论它是独占许可合同还是一般许可合同，这颇有些类似于物权法上的无权处分。许可使用合同在先的，则应进一步区分是一般许可使用还是独占许可使用？如果是一般许可使用在先，那么无论著作权转让合同有没有提到这一在先合同，后来的著作权转让合同都可以与之效力并存，新的著作权人将被直接赋予许可人的法律地位；如果是独占许可使用在先，则原则上不能认定后来的转让合同有效，除非被转让人明知独占许可的事实仍然同意转让。这是因为一个独占性的著作权许可在其独占的范围内等同于著作权的转让，所以，在先的独占许可使用合同与转让合同相冲突就如同两个转让合同相互冲突一样，自然应当遵守“在先签约者优先”的原则。

第三节 专利合同

专利合同纠纷是指在专利合同当事人之间就专利合同是否有效成立、违约行为是否存在以及应当承担法律责任的大小等而产生的纠纷。在司法实践中，专利合同纠纷主要包括因专利申请权转让合同、专利权转让合同和专利权实施许可合同而产生的纠纷。

一、专利申请权与专利权转让合同

（一）专利申请权转让合同

1. 概述

专利申请权，是指一项发明创造产生之后，享有该发明创造的单位或个人向国家专利行政部门提出专利申请，请求依法保护其发明创造的权利。专利申请权转让合同，是指让与人将其特定的技术成果申请专利的权利让与受让人，受让人支付价款订立的合同，在该合同的订立及履行过程中所产生的纠纷就称之为专利申请权合同转让纠纷。

完成一项发明创造之后，是否申请专利，由发明人自己决定。申请专利是一项民事权利，它作为民法上的财产权利是可以转让的。专利申请权的转让可以分为专利申请提出前的转让和专利申请提出后的转让。若一项专利申请权的转让是在专利申请提出前进行的，那么它属于普通的民事权利的转让，其效力仅仅限于转让合同的双方当事人。如果有第三人独立完成了同样的发明创造，并向国家知识产权局递交了专利申请，受让人仅仅凭着该转让合同是无法与之对抗的。因为我国实行的是先申请原则，就同样主题的相同专利申请，专利权授予最先申请的人。所以，若为专利申请权提出前进行的申请权转让，受让人应及时提出专利申请以避免纠纷的发生及权利的失效。而对于专利申请提出后的申请权转让合同，尽管也属于民事权利的转让，但与前者相比，由于发明人已提出了专利申请，故这种转让行为属于要式行为，发明人在提出专利申请后欲转让其专利申请权的，应当将转让合同交国家知识产权局登记并公告，合同才能生效。这是因为一项发明创造一旦提出专利申请，申请人姓名或名称已作为著录项目之一被记载在案，并且按所记载的内容对社会公告或已经公告。公众通过专利公报了解有关专利信息。如果申请人变更而未经国家知识产权局登记并公告，这种变更对公众而言是无效的，因为公告后的专利申请，其效力不仅仅局限于有关当事人之间。专利权一旦授予便具有对世权的性质，专利申请权转让合同的效力不可能及于第三人，所以法律规定专利申请提出后的专利申请权转让必须经国家知识产权局登记并公告是合理的。

2. 司法实践中，专利申请权转让纠纷的裁判标准

（1）双方当事人的权利义务的界定。

在司法实践中，法院应根据合同法的有关规定及立法精神去理解专利申请权转让纠纷中双方当事人的权利与义务。作为专利申请权转让合同的让与人，其主要权利是向受让方收取转让费。而作为让与方其必须承担如下义务：①向受让方提供专利申请所必需的材料、数据、图纸及说明书等资料，协助受让方进行专利申请；让与方所提供的技术资料应当充分提示发明创造的技术内容，在专利申请时，受让方可以要求让与方补充必要的技术细节以使专利申请达到该技术领域一般专业技术人员能够实施发明创造的程度；这是根据法律规定创设的义务，即使在专利申请权转让合同中没有具体载明，让与方也必须履行。②若合同约定有保密事项，那么在受让方的专利申请文件公开之前，让与方不得将有关事项泄露给他人，否则应承担违约责任及因公开而导致专利申请失败给受让方造成的损失。③若合同约定让与方对专利申请

的风险负责的，则如果受让方的专利申请未获成功，则让与方应依合同约定退还部分或者全部价款。④若因为技术上的原因，受让方申请的专利获准后被宣告无效的，或者让与方转让的专利申请技术是侵犯他人权利的，如果合同事先有约定，则让与方应负责任，还返部分或者全部价款。

而作为专利申请权转让合同中的受让方，其主要权利有：①要求让与人协助进行专利申请。②当专利申请获准后，受让方则成为专利权人（专利权中的人身权除外），其可以自己实施该专利，同时也可许可他人实施或转让该专利技术。③对包括让与方在内的一切侵犯自己专利权的行为，受让方有权独立通过诉讼等相应途径主张自己的权利。受让方在享有上述权利的同时，还必须履行如下义务，即根据合同约定向让与方支付转让费。当合同约定专利申请的风险由受让方承担时，则专利申请失败后，受让方无权要求让与方返还转让费。但是，由于让与方的专利申请技术属于侵权技术而使专利申请失败或者获准后又被宣布无效的情况除外。

（2）专利申请权转让合同的不正确履行及其法律责任的认定。

专利申请权转让合同的不正确履行是指合同的让与方或受让方没有按照合同的约定全面、适当地履行合同义务，包括在主体、期限、地点、方式等方面的不正确履行。专利申请权转让合同的让与方迟延提供技术情报和资料的，或者所提供的技术情报和资料没有达到使该领域一般专业技术人员能够实施发明创造的程度的，应当支付违约金或赔偿损失。

受让方没按合同约定、迟延支付价款的，应当支付违约金，不支付价款或者违约金的，应当返还专利申请权，交还技术资料，并赔偿对方当事人相应的损失。

另外，根据《全国法院知识产权审理工作会议关于审理技术合同纠纷案件若干问题的纪要》（以下简称《会议纪要》）第26

条的规定，专利申请权转让合同中当事人一方迟延履行主要债务，经催告后在30日内仍未履行的，另一方可以依据《合同法》第94条第（3）项的规定解除合同。但当事人在催告通知中附有履行期限且该期限长于30日的，则必须等该期限届满时，方可解除合同。

（3）专利申请权转让中让与方的附随义务的认定。

让与方履行专利申请权转让合同的主要合同义务就是把发明创造的专利申请权转让给受让方，《会议纪要》第58条规定，订立专利申请权转让合同前，让与人自己已经实施发明创造的，除当事人另有约定的以外，在合同生效后，受让人有权要求让与人停止实施。专利申请权依照《专利法》的规定让与受让人后，受让人可以依法作为专利申请人对他人行使权利。让与人实施该发明创造也必须经受让方的许可，否则不得实施。

（4）如何认定专利申请权转让合同对已经存在的技术秘密转让合同的影响。

根据《会议纪要》第59条的规定，专利申请权转让合同不影响让与人在合同成立前与他人订立的专利实施许可合同或者技术秘密转让合同的效力。由此发生的当事人之间权利义务关系，依合同法第五章“合同的变更和转让”的相关规定确定。

（5）专利申请被驳回后当事人之间的权利义务关系的认定。

专利申请权转让合同转让的发明创造的专利申请权只是可以申请专利的权利，并非实际上的专利权，它可能被国家知识产权局驳回。根据《会议纪要》第60条的规定，专利申请权依照专利法的规定让与受让人前专利申请被驳回的，当事人可以解除专利申请权转让合同；让与受让人后专利申请被驳回的，合同效力不受影响。但当事人另有约定的除外。专利申请因专利申请权转让合同成立时即存在尚未公开的同样发明创造的在先申请而被驳回的，当事人可以依《合同法》第54条第1款第（2）项，即主张订立合同时显失公平，从而请求变更或者撤销该合同。

（二）专利权转让合同纠纷

1. 概述

根据《会议纪要》第52条第1款第（1）项的规定，专利权转让合同，是指专利权人将其专利权让与受让人，受让人支付价款所订立的合同。专利权转让合同的标的只能是专利权中的财产权，即使用、收益的权利；而作为专利权中的人身权，由于与发明创造性紧密相连，密不可分，因此，不能作为转让的标的。

根据《专利法》第10条的规定，专利权可以转让。其转让的结果是导致权利主体的变更，专利权的原始主体不再享有此权利，继受主体转而取得此项权利。专利法在肯定专利人转让权的同时，又对特定情况下的专利权作了限制性的规定，要求专利权的转让必须符合法律规定并依法办理转让手续：（1）中国单位或者个人向外国人转让专利权的，必须经国务院有关主管部门批准。（2）转让专利权的，当事人必须订立书面合同，经专利局登记，由专利局予以公告。专利权的转让自登记之日起生效。需要注意的是，要区别专利权转让合同的生效与无效。根据《会议纪要》第10条第（2）项的规定，技术合同不因未经登记或者未向有关部门备案而被认定为无效。也就是说，在审判实践中，若当事人所签订的合同依法成立，那么，如果尚未向专利行政部门登记备案，不能认定此类合同无效，而应认定其依法成立有效，对双方当事人均有约束力，只是由于尚未登记公告而使得该转让行为欠缺生效要件，当事人因此签订的合同不具有对抗第三人的效力而已。

2. 司法实践中，专利权转让合同纠纷的裁判标准

（1）双方当事人的权利义务的界定。对合同当事人权利义务关系的准确界定关系到整个案件的审理及审判结果，在司法实践中，首先，应根据合同法、专利法的有关规定，并结合相应的立法精神和双方当事人的真实意思表示来把握合同当事人的权利义务关系。专利权人首要的和基本的权利是收取专利权转让费。

此外，专利权人还有权要求受让方尊重发明创造者的人身权，如署名权、表明发明者身份权等。

转让人的义务是：①按照合同约定的时间、地点和方式，将合同约定的专利权移交给受让人。②保证该项专利权的真实性和有效性，即保证所提供的技术完整、无误、有效，能够达到约定的目标。如果合同中同时约定实施与专利技术有关的技术诀窍的，让与方还应当交付有关的技术资料或对受让方提供技术指导。③所有权担保，即保证自己是所提供的技术的合法拥有者。

而作为受让人，其主要权利是利用、实施受让的专利，他可以自己实施，也可以转让给他人实施，还可以把受让的权利再转让或许可他人，但合同另有约定的除外。受让人的主要义务是，依照转让合同的规定向专利权人支付专利转让费，受让方应当尊重发明创造者的人身权。

（2）专利权转让合同的不正确履行及其法律责任的认定。专利权转让合同的不正确履行是指合同的让与方或受让方没有按照合同的约定全面而适当地履行合同义务。它包括在履行主体、标的、期限、地点或方式等方面的不正确履行。根据《合同法》第351条、第352条的规定，让与人未按照约定转让技术的，应当返还部分或者全部使用费，并应当承担违约责任；受让人未按照约定支付使用费的，应当补交使用费，并按照约定支付违约金。

但是，应当注意的是，根据《会议纪要》第53条、第54条的规定，专利权转让合同让与人应当保证受让人按照约定的方式实施技术达到约定的技术指标。除非明确约定让与人保证受让人达到约定的经济效益指标，让与人不对受让人实施技术后的经济效益承担责任。如果专利权转让合同中约定受让人取得的技术须经受让人小试、中试、工业性实验后才能投入批量生产的，对受让人未经小试、中试、工业性实验直接投入批量生产所发生的损失，让与人不承担责任。

（3）专利权的转让对专利权转让之前实施该专利所产生的影响的认定。根据《会议纪要》第58条、第59条的规定，订立专利权转让合同前，让与人自己已经实施该发明创造的，除当事人另有约定外，在合同生效后，受让人有权要求让与人停止实施。但是，专利权转让合同，不影响让与人在合同成立前与他人订立的专利实施许可合同的效力，其有关当事人的权利义务依《合同法》第五章“合同的变更和转让”的相关规定予以界定。

（4）专利权被宣布无效对专利权转让合同的影响的理解。根据《专利法》第45条的规定，一项发明创造自国务院专利行政部门公告授予专利权之日起，任何单位或者个人认为该专利权的授予不符合专利法的有关规定的，可以请求专利复审委员会宣告该专利权无效。被宣告无效的专利视为自始不存在。

根据《合同法》第349条的规定，专利权转让合同的让与人应当保证所转让的专利权的有效性。在专利权转让合同订立之后、尚未履行完毕之前的这一段时间内，该项专利权被宣布无效的，让与人应当返还价款。但是专利权转让合同已经履行完毕后，该专利权被宣告无效的，根据《专利法》第47条的规定，宣告专利权无效的决定，对在宣告专利权无效以前已经履行的专利权转让合同，不具有追溯力。但是，因专利权人的恶意给他人造成的损失，则应当给予赔偿。依照上述规定，专利权转让人不向专利权受让人返还专利权转让费，明显违反公平原则的，专利权人应当向专利权受让人返还全部或者部分专利权转让费。

此外，根据《会议纪要》第15条、第17条、第18条、第19条的规定，若技术转让合同中既有专利权的转让内容，又有技术秘密转让内容，那么，专利权被宣告无效或者技术秘密被他人公开的，不影响合同中另一部分的效力。但当事人另有约定的除外。专利权转让合同无效或者被撤销后，让与人若已履行了合同约定的义务，而造成合同无效或者被撤销的过错在对方的，那么，其按约定应当收取的技术转让费，可以视为对方原因导致合同无效或者撤销给其造成的损失。专利权转让合同无效或者被撤销后，当事人因合同取得的技术资料、样品、样机等技术载体应当返还权利人，并不得保留复制品；涉及技术秘密的，当事人依法负有保密义务。专利权转让合同无效或者被撤销后，因履行合同所完成的新技术成果或者在他人技术成果的基础上完成的后续改进部分的技术成果的权利归属和利益分享，当事人不能重新协议确定的，由完成技术成果一方享有。

（5）关于专利权受让人以合同标的存在瑕疵为由对合同的效力所提出的异议。专利权受让人不能因让与人在履行合同过程中修改图纸、改动设计就认为技术不成熟而毁约。一项新技术，从设计到实施，从方案到产品，需要经过一个艰苦的过程，应不断进行改进。为了达到提高质量、降低成本等更佳效果，修改图纸是履行过程中的正常现象。即使是已经鉴定的技术，也会不断地进行修改，只要不是实质性的改动，就应认为是合理的。专利权受让人不能因此而主张让与人违约。对此《会议纪要》第 30 条也作了相应的规定，在技术履行合同中，当事人一方在技术上发生的能够及时纠正的差错，或者为了适应情况变化所作的必要技术调整，不影响合同目的实现的，不认为是违约行为，因此发生的额外费用发生差错方当事人自行承担。但因未依照《合同法》第 60 条第 2 款的规定履行通知义务而造成对方当事人损失的，应当承担相应的违约责任。

同时，还应注意，技术成果虽应力争成熟、先进，但不能简单地以“不成熟”、“不先进”为由认定专利权转让合同无效，甚至简单地把实施技术达不到预期效果，推定为提供技术的一方是利用专利权转让合同进行诈骗。

（6）以专利权出资的行为，应视为专利权的转让行为。根据公司法、中外合资经营企业法、合伙企业法等有关法律的规定，投资者可以以专利权作价入股出资。我们应把这种作价出资行为的性质确定为专利权转让行为。因为根据民法原理，当事人以财产所有权投资的，必须办理产权主体的变更登记，由新的主体享有和行使所有权。所以，以专利权投资的，专利权由投资者依法设立的新的民事主体享有权利。因此，《公司法》第25条、第82条规定，以工业产权投资的，应当依法办理财产权的转移手续。这就说明，以专利权投资的，视为专利权的转让，当事人应当依照《专利法》第10条关于专利权转让的相关规定办理相应的手续。

需要注意的是，根据《会议纪要》第37条的规定，当事人以技术入股的方式订立联营合同，但技术入股人不参与联营体的经营管理，并且以保底条款形式约定联营体或者联营对方支付其技术价款或者使用费用的，属于技术转让合同。因此，对以专利权入股的上述行为，同样亦应当认定为专利权转让行为，当事人必须依法律之规定办理相应的手续。

（7）关于向外国人转让专利权的问题。按照《专利法》第10条的规定，中国单位或者个人向外国人转让专利权的，必须经国务院有关主管部门批准。转让专利权的，当事人应当订立书面合同，并向国务院专利行政部门登记，由国务院专利行政部门予以公告。专利权的转让自登记之日起生效。未生效的专利权转让合同，不受法律保护。

需要说明的是，《专利法》第10条第2款规定，中国单位或者个人向外国人转让专利申请权或者专利权的，必须经国务院有关主管部门批准。这里所称的中国单位，是指按照我国法律成立从而具有我国国籍的单位，不仅包括全民所有制单位、集体所有制单位、股份有限公司、有限责任公司、私营企业以及其他混合所有制单位，而且包括依照我国法律成立的中外合资企业、中外合作经营企业以及外商独资企业。本条第2款所称外国人应当从广义上理解，是指所有不具有中国国籍的组织和个人，包括狭义的外国人、无国籍人、外国企业和其他外国组织。

如果专利权的转让人是中国单位或者个人，而受让人是外国人，就必须经国务院有关主管部门批准。这是因为专利申请权和专利权涉及技术，某些技术对国家的经济和科技利益有重大影响，如果将这样的技术转让给外国人，使之获得专利独占权，有可能对我国的科技和经济利益带来不利影响。

实践中的问题是，中国的单位包括了中外合资企业、中外合作经营企业和外商独资企业。近年来，外商在中国设立三资企业尤其是独资企业越来越多，而且许多是研究开发性机构。独资企业研发出新的技术成果之后，如果将这些成果在中国申请了专利并获得了专利权，当独资企业要将其“转让”、“交还”给总公司时，是否也同其他公司一样，要经过中国国务院有关主管部门的批准？应当说这是肯定的。既然《专利法》作了明确规定，所有中国单位均应执行。

因为，这些技术成果已经申请中国专利，已获得专利权的，说明已经向社会公开其技术内容，不存在泄露国家秘密问题。外资企业向外国人转让专利权的，要经过国务院有关主管部门批准，其目的并不在于担心将对国家的经济和科技利益有重大影响的技术成果转让到国外。这一点与其他中国单位向外国人转让专利权是有所不同的。因此，其经过批准仅仅是一种程序性规定，一种备案式规定。

中国单位和个人向外国人转让专利权，应当由国务院哪个主管部门批准？对此《专利法》没有作出规定。随着我国市场经济体制的发展和国务院机构改革的深入进行，原来的各工业系统的概念已经逐步淡化，因此，这一问题变得突出了。为了方便有关当事人，提高行政管理效率，第二次修改的《专利法实施细则》第14条规定：“中国单位或者个人向外国人转让专利申请权或者专利权的，由国务院对外经济贸易主管部门会同国务院科学技术主管部门批准。”

二、专利权许可合同纠纷

（一）概述

专利实施许可合同，是指专利权人或者其授权的人作为让与人许可受让人在约定的范围内实施专利，受让人支付使用费所订立的合同。《会议纪要》第63条规定，专利实施许可可以采取独占实施许可、排他实施许可，普通实施许可等方式。在实践中，较为常见的其他许可方式主要是交叉实施许可和分实施许可。专利权人经常以许可方式行使自己的专利权，且不同的许可方式合同当事人的权利义务不尽相同。

1. 排他实施许可

排他实施许可是指让与人在已经许可受让人实施专利的范围内无权就同一专利再许可他人实施。对于这种许可，在合同约定的时间和地域范围内，专利权人不得再许可任何第三人以此相同的方式实施该项专利，但专利权人自己却可以实施。

2. 独占实施许可

独占实施许可是指让与人在已经许可受让人实施专利的范围内无权就同一专利再许可他人实施或自己实施。独占许可具有如下特征：在合同约定的时间和地域范围内，被许可方独占对该专利的实施权，除法律另有规定外，任何人（包括专利权人自己）均不得在此期间和地域范围内以合同约定的方式实施该专利；专利权人也不得再许可第三人以与合同约定的使用方式相同的方式实施该专利。当然，独占许可的被许可方也只能在合同约定的期间和地域范围内享有这样的权利，在合同约定的期间外或者地域范围外，专利权人仍可以自由地行使自己的权利。

3. 普通实施许可

普通实施许可是指让与人在已经许可受让人实施专利的范围内仍可以就同一专利再许可他人实施。这一许可没有独占性或排他性，对专利权人也没有任何限制，专利权人在相同的地域和时间内还可以自己实施，也可以许可任何第三人实施该项技术。

4. 分实施许可

分实施许可是针对基本许可而言的，即在专利许可合同中，专利权人允许被许可方在合同约定的期限和地域范围内再许可他人实施该项专利的一种许可形式。

分许可的有效期限不得超过原许可的有效期限，超过期限的部分无效；分许可所及的地域范围不得超过原许可的有效地域范围，超过原许可地域范围的行为可能构成专利侵权；被许可方授予分许可的被许可方的实施方式不得超过原许可所约定的实施方式。

5. 交叉实施许可

交叉实施许可是指两个专利权人互相许可对方实施自己的专利，他们互为许可方和被许可方，这种许可方式多出现在相关专利的专利权人之间。这种许可中的两个专利的价值大体是相等的，所以一般是免交使用费的，但如果二者的技术效果或者经济效果差距较大，也可以约定由一方给予另一方以适当的补偿。

《会议纪要》第63条规定，当事人对专利实施的许可方式没有约定或者约定不明确的，依照《合同法》第61条的规定不能达成补充协议的，视为普通实施许可。专利实施许可合同中约定受让人可以再许可他人实施该专利的，该再许可为普通实施许可，但当事人另有约定的除外。同时，根据《会议纪要》第64条的规定，除当事人另有约定的以外，根据实施专利的强制许可决定而取得的专利实施许可权为普通实施许可。

针对司法实践中可能出现的当事人对专利实施许可没有约定期限或约定不明的情形，《会议纪要》第62条规定，专利实施许可合同对实施专利的期限没有约定或者约定不明确，依照《合同法》第61条的规定仍不能达成协议的，受让人实施专利不受期限限制。

（二）专利权实施许可合同纠纷的裁判标准

1. 当事人权利与义务的界定

根据《专利法》第11条、第12条的规定，发明和实用新型专利权被授予后，除法律另有规定的以外，任何单位或者个人未得专利权人许可，都不得实施其专利，即不得为生产经营目的制造、使用、许诺销售、销售、进口其专利产品，或者使用其专利方法以及使用、许诺销售、销售、进口依照该专利方法直接获得的产品。外观设计专利权被授予后，任何单位或者个人未经专利权人许可，都不得实施其专利，即不得为生产经营目的制造、销售、进口其外观设计专利产品。任何单位或者个人实施他人专利的，应当与专利权人订立书面实施许可合同，向专利权人支付专利使用费。被许可人无权允许合同规定以外的任何单位或者个人实施该专利。

不同类型的专利实施许可合同，当事人之间的权利义务也不尽相同，这在上述关于各类型的专利实施许可的定义及特点分析中已有所论及。一般而言，专利实施许可合同的让与人的主要权利是向被许可方收取专利使用费。其主要义务是：（1）按照约定许可受让人实施专利，交付实施专利有关的技术资料，提供必要的技术指导；（2）保证自己是所提供的技术的合法拥有者，并保证所提供的技术完整、无误、有效，能够达到特定的目标。让与人未按照约定转让技术的，应当返还部分或者全部使用费，并应承担违约责任；实施专利超越约定范围的，违反约定擅自许可第三人实施该项专利的，应当停止违约行为，承担违约责任。除非当事人另有约定，受让人按照约定实施专利、使用技术秘密侵害他人合法权益的，由让与方承担责任。

专利实施许可合同被许可方的主要权利是实施专利权人的专利，并有权获得专利权人的必要的技术资料和指导。其主要义务是按照合同的约定使用技术，支付使用费。受让人未按照约定支付使用费的，应当补交使用费并按照约定支付违约金；不补交使用费或者支付违约金的，应当停止实施专利，交还技术资料，承担违约责任。受让人实施专利超越约定范围的，未经让与人同意擅自许可第三人实施该专利的，应当停止违约行为，承担违约责任。

2. 专利权无效或终止所引起的专利实施许可合同纠纷的裁判标准

《合同法》第344条规定，专利实施许可合同只在该专利权的存续期间内有效。专利权有效期限届满或者专利权被宣布无效的，专利权人不得就该专利与他人订立专利实施许可合同。专利权失效，原专利权人当然不可与他人签订专利权实施许可合同，否则，可能构成合同欺诈。但是，在实践中，较多出现的是专利权在当事人签订许可合同时是有效的，但后来却被宣布无效或因其他原因而终止等情形。

对此，《会议纪要》第61条作了相应的规定，即专利实施许可合同让与人应当在合同有效期内维持专利权有效，但当事人另有约定的除外。在合同有效期内，由于让与人的原因导致专利权被终止的，受让人可以依据《合同法》第94条第（4）项的规定解除合同，让与人应当承担违约责任；专利权被宣告无效后，合同终止履行，并依据专利法的有关规定处理。据此，笔者认为，在专利实施许可合同的有效期间内，专利权因让与人原因而导致终止的，专利实施许可合同也应同时终止，被许可人即可停止支付专利权失效后的专利使用费。至于已经支付的使用费，原则上被许可人不能要求返还，专利权人有权要求被许可人补交专利权失效以前拖欠的使用费。但是，受让人可以此为由向让与人主张违约损害赔偿。另一方面，专利权被宣告无效，而且专利权人有恶意或者不返还使用费明显违反公平原则的，专利权人应当予以赔偿或者返还。但是，需注意的是，虽专利权无效或终止，但如果受让人还需在让与人的帮助下使用该技术，则当事人间可重新签订一份技术服务合同或类似的合同，重新商定价格问题。

3. 专利实施许可中出现的专利侵权行为的裁判标准

专利实施许可合同中，通常出现两种类型的侵权诉讼：第一是第三人对许可合同项下的专利权提出异议或侵权之诉；第二是第三人侵犯了专利实施许可合同项下的专利权。一般来说，对于第一种类型的侵权诉讼，让与人必须对专利权的有效性即对权利瑕疵负担保责任，因此在这种情况下，让与人有义务出庭应诉，并承担相应的诉讼费用。合同项下的专利确实构成对第三人侵权的，应终止合同，并向受让人赔偿损失。而对于第二种类型的侵权诉讼，让与人有义务对第三人提出侵权异议或诉讼，以保护受让人的合同利益。因为在这种情形下，除非法律另有规定，被实施许可人一般不能以自己的名义单独提起侵权诉讼。《专利法》第 57 条规定，只有专利权人或者利害关系人才可以提起侵权诉讼。这里所说的“利害关系人”，参照《最高人民法院关于对诉前停止侵犯专利权行为使用法律问题若干规定》（法释［2001］20 号）第 1 条第 2 款对《专利法》第 61 条“利害关系人”的解释，笔者认为其主要是指独占实施许可和排他实施许可的被许可人。作为独占实施许可的被许可人，若发生侵犯专利权的行为，直接受到侵害的是其自身的民事权益，所以，独占实施许可合同的被许可人可以以自己的名义单独向人民法院提起侵权诉讼。而对于排他许可的被许可人而言，参照法释［2001］20 号的规定，由于其取得的实施许可权并不排除专利权人的实施权，发生侵犯专利权时，其可以和专利权人共同提起专利侵权诉讼，在专利权人不提起侵权诉讼的情况下，排他实施许可合同的被许可人可以以自己的名义依法向人民法院提起诉讼。此外，在对待普通实施许可的被许可人方面，由于其拥有的权利的排他性较弱，因此立法及相关司法解释原则上否定了其提起侵权之诉的权利。但是，在司法实践中，普通实施许可的被许可人能否提起侵权之诉，应依具体情况加以判断。如果普通实施许可合同的被许可人与专利权人就发生侵犯专利权行为为诉权问题在合同中有特定约定的，并且这一约定真实有效且不损害其他许可合同的被许可人的利益，经过审查符合法律规定条件的，也可以提起诉讼。

4. 关于专利实施许可合同中当事人与第三者的关系

订立专利实施许可合同，被许可人仅仅从许可人（专利权人）处获得实施该项专利的权利。许可合同签订后，被许可人与第三人的关系如下。

首先，被许可人未经专利权人许可，不能将其根据许可合同所获得的实施权转让给第三人，也不能对第三人授予分许可。《专利法》第12条规定："被许可人无权允许合同规定以外的任何单位或者个人实施该专利。"这就是说，只有经过专利权人许可，且在合同中明文约定或经专利权人追认，被许可人实施的分许可才是有效的。同时，《会议纪要》第66条规定，除合同当事人另有约定的以外，专利实施许可合同的受让人将受让的专利与他人合作实施或者入股联营的，属于《合同法》第352条规定的未经让与人同意擅自许可第三人实施专利的行为。对此，被实施许可人应停止违约行为，承担违约责任。

其次，根据《会议纪要》第58条、第59条的规定，专利权人虽然签订了许可合同，允许被许可人实施该专利，但他仍然可以将该专利权转让给第三人，这不影响被许可人与其签订的专利实施许可合同的效力；专利实施许可合同约定的原专利权人的权利和义务由专利转让合同的受让人承受，但合同另有约定的除外。如果因为专利权转让而使被许可人受到损失（例如停止许可合同的实施），他可以根据专利实施许可合同要求原专利权人赔偿损失。

最后，《会议纪要》第65条规定，除当事人另有约定外，排他实施许可合同的让与人不具备独立实施其专利的条件，与一个法人、其他组织或者自然人合作实施该专利，或者通过技术入股实施该专利，可视为让与人自己实施专利。但是，如果让与人就同一专利与两个或者两个以上法人、其他组织或者自然人分别合作实施或者入股联营的，就应属于《合同法》第351条规定的违反约定擅自许可第三人实施专利的行为。对此，让与人应停止违约行为并承担相应的违约责任。

5. 专利实施许可合同中的附随义务——技术秘密的保密问题

在专利实施许可合同中，为了配合发明专利的实施，经常附带技术秘密的内容。在此情形下，受让人不得把合同项下的技术秘密泄露给第三人，更不能擅自许可第三人使用，而且受让人也只能在合同规定的范围内使用，此外，专利实施许可合同的被许可人，在合同期满时，应把技术的让与人提供的资料全部归还让与人，同时仍负保密义务。否则被实施许可人可据此提出侵权之诉。另外，让与人对其在签订、履行专利实施许可合同中所知悉的被许可人的技术秘密等也应承担保密义务。

6. 对专利实施许可合同中技术成果的鉴定问题

在专利实施许可合同履行过程中，当事人常会因合同标的——技术成果是否成熟、先进、可靠而发生纠纷。审理这类纠纷案件，往往会遇到对该技术成果的鉴定问题。

合同当事人之间许可的专利技术在转让前是否需要通过技术鉴定，可以由当事人约定。但鉴定不是技术转让必需的前提，主要是通过履行合同对其作出评价。

根据合同法的规定，技术合同的条款由当事人约定。在专利实施许可合同条款中很重要的一项就是“验收标准和方式”。因此，在合同中一般应当约定验收标准和方法。当事人为此发生纠纷，人民法院对该技术成果组织鉴定，实质上就是对该合同的技术是否符合合同约定的一种验收。因此，当事人在合同中约定的验收标准和验收方式，也应当是人民法院鉴定该技术成果的标准，不符合约定验收标准的，就应视为违反合同，违约方应当承担违约责任。

人民法院可以根据案情的需要，采取鉴定形式，也可以经当事人同意后，以合同约定的验收标准及方法为依据，采取当事人自行鉴定的形式对技术成果作出评价，以检验技术成果是否符合合同约定的标准。

当然，对于经中国专利局授予专利权的发明专利，实施后取得经济效益，并由专利实施单位出具财务部门的经济效益证明或社会效益证明的技术成果，根据《科学技术成果鉴定办法》的规定，可视为已通过鉴定。这种视同鉴定形式与科技成果的其他鉴定形式具有等同效力。所以人民法院在审理专利实施许可合同纠纷案件中，遇到对技术成果评价问题时，如果当事人能提供证据证明该技术已视同经过鉴定，法院可以不必另行进行技术鉴定。

在对专利实施许可合同的标的进行鉴定时，应注意的是：第一，要为当事人保守商业、技术秘密。在审理专利技术转让合同纠纷中，一方面要依法公开进行，另一方面要尽可能地为当事人保守秘密。对与审理本案无关的技术诀窍不应公开，更不能泄露给对方当事人；对当事人要求保密的技术内容和对与审理案件有关的商业秘密、技术秘密，应当尽量不公开，以免给当事人造成其他经济损失。第二，专利技术不符合合同约定、实施达不到约定效果的，应视为许可方违约。依据我国《专利法》的规定，有些技术方案要经过实质性审查，才可以获得发明专利权，但其距离工业化生产往往还相差较远；有些实用新型和外观设计，虽然取得了专利权，但由于未进行实质性审查，进入工业化生产往往还需要进行后续开发改进。就是说，获得专利权的技术不一定都能立即实施。因此，专利权人在订立专利实施许可合同时，应当对自己提供的专利技术负责，如实向被许可方讲明专利技术所处的法律状态，在合同中写明是否需要后续开发改进，由谁来进行等条款。如果在合同中未对此加以约定，而作为完全成熟的技术与他人订立专利实施许可合同，专利权人就应当保证其转让的技术符合合同约定的技术标准或专利文件中记载的技术标准。

在审理专利实施许可合同纠纷案件时，被许可方就专利技术是否成熟提出异议，法院不应以许可方有“专利证书”、“专利权未被宣布无效”等为理由，认定该专利技术成熟可靠，而应当实事求是地进行鉴定。经过鉴定，证明技术不成熟，不能进行工业化生产或不符合合同约定标准的，应认定许可方违约，由其承担违约责任。

7. 专利实施许可合同备案的效力与作用

《专利法实施细则》第15条第2款规定，专利权人与他人订立的专利实施许可合同，应当自合同生效之日起3个月内向国务院专利行政部门备案。根据《专利法实施细则》第89条之规定，国务院专利行政部门在定期出版的专利公报中将公告专利实施许可合同的备案情况。

2001年12月17日，国家知识产权局发布了《专利实施许可合同备案管理办法》（以下简称《管理办法》），对专利实施许可合同的备案作出了具体的规定。其中，有些内容与人民法院审理专利实施许可合同纠纷和专利侵权纠纷有关。

（1）《管理办法》第5条规定：当事人应当自专利合同生效之日起3个月内办理备案手续。这一规定明确了几点：a. 备案与合同生效无关，在合同生效之后才需要备案。当然，备案也与合同效力无关，合同是否备案并不影响合同的效力；b. 这里讲的专利合同，包括专利实施许可合同，也包括专利申请过程中订立的许可合同。

（2）《管理办法》第6条规定：已经备案的专利实施许可合同的受让人有证据证明他人正在实施或者即将实施侵犯其专利权的行为，如不及时制止将会使其合法权益受到难以弥补的损害的，可以向人民法院提出诉前责令被申请人停止侵犯专利权行为的申请。独占专利实施许可合同的受让人可以依法单独向人民法院提出申请；排他专利实施许可合同的受让人在专利权人不申请的情况下，可以提出申请。经过备案的专利合同的受让人对正在发生或者已经发生的专利侵权行为，也可以依照《专利法》第57条规定，请求地方备案管理部门处理。根据这条规定，经过备案的专利合同的受让人，第一，可以对专利侵权行为向人民法院提出诉前停止侵权行为的申请；第二，可以提起侵权诉讼；第三，可以请求地方各级专利管理部门处理专利侵权纠纷。但是，上述第二项在司法实践中是否可行尚有争论。因为，依据最高人民法院在2001年6月5日发布的《关于对诉前停止侵犯专利权行为适用法律问题的若干规定》，专利实施许可合同的被许可人，作为专利权的利害关系人完全可以提起诉前停止侵权行为的申请，并非需要合同经过备案之后，被许可人才能成为利害关系人。因而对此不一致的规定还有必要在实践中加以协调。

(3)《管理办法》第8条规定：经过备案的专利合同的许可性质、范围、时间、许可使用费的数额等，可以作为人民法院、管理专利工作的部门进行调解或确定侵权纠纷赔偿数额时的参照。这一规定与上一条相同，也涉及与司法解释规定不一致的问题。最高人民法院于2001年6月19日发布的《关于管理专利纠纷案件适用法律问题的若干规定》第21条规定，被侵权人的损失或者侵权人获得的利益难以确定，有专利许可使用费可以参照的，人民法院可以根据专利权的类别、侵权人侵权的性质和情节、专利许可使用费的数额、该专利许可的性质、范围、时间等因素，参照该专利许可使用费的1～3倍合理确定赔偿数额。这里并未规定专利实施许可合同是否必须经过备案，才可以作为人民法院计算损失赔偿款时的依据，而一般情况下仅强调合同合法有效即可。这一区别同样有必要在实践中加以协调。

第四节　商标合同纠纷案件的审理

一、商标转让合同的概念和特征

商标转让有广义和狭义之分，广义的商标转让包括注册商标的转让和未注册商标的转让；狭义的商标转让是指注册商标转让，此处的商标转让取其狭义。因此，商标转让合同也是指注册商标转让合同。商标转让合同是注册商标权人转移注册商标的所有权于受让人，受让人支付价格的合同。商标转让合同的特征有：

（1）商标转让合同的转让人必须是注册商标权人。转让人享有注册商标权是商标转让的前提，只有注册商标权人才能处分注册商标，其他任何人都无权处分。因此，商标转让合同的转让方必须是注册商标权人。

（2）商标转让合同的标的是注册商标权，这是商标转让合同最本质的特征。

（3）商标转让合同是要式合同，且经登记公告后才生效。根据商标法的规定，转让注册商标，转让人和受让人应当签订转让协议，并共同向商标局提出申请，经商标局核准公告后，受让人才享有注册商标权。

二、商标使用许可合同的概念和特征

商标使用许可合同是注册商标权人将注册商标使用权的全部或部分许可他人使用，被许可人支付一定价格的合同，根据商标法的有关规定，商标使用许可有以下三种类型：

（1）独占使用许可，是指商标注册人在约定的期间、地域和以约定的方式，将该注册商标仅许可一个被许可人使用，商标注册人依约定不得使用该注册商标。

（2）排他使用许可，是指商标注册人在约定的期间、地域和以约定的方式，将该注册商标仅许可一个被许可人使用，商标注册人依约定可以使用该注册商标，但不得另行许可他人使用该注册商标。

（3）普通使用许可，是指商标注册人在约定期间、地域和以约定的方式，许可他人使用其注册商标，并可自行使用该注册商标和许可他人使用其注册商标。

商标许可使用合同存在以下特征：

（1）商标许可使用合同的许可方必须是注册商标权人，或者经注册商标权人同意，被许可人可以作为商标使用再许可合同的许可人。

（2）商标使用许可合同的标的是注册商标的使用权。该注册商标的使用权可以全部或部分许可他人使用。

（3）商标使用许可合同应采用书面形式，并报商标局备案。商标使用许可合同未经备案的，不影响该许可使用合同的效力。

三、审理商标合同纠纷案件应注意的问题

1. 慎重对待商标合同效力的认定，严格限制无效的合同的范围

在认定商标转让合同和商标使用许可合同的效力时，除依照商标法的有关规定外，我国合同法有关合同效力的一般规定，均使用于上述商标合同。合同法将无效合同的范围主要限制在违反法律强制性规定，损害社会公共利益等几类合同内。至于一方以欺诈、胁迫手段或趁人之危，使对方违背真实意思的情况下订立的合同允许变更或撤销，当事人请求变更的，人民法院不得撤销，具体而言，以下合同无效：转让注册商标未经国家商标局核准的；商标转让合同无效；许可人将使用与某种专营商品（如人用药品和烟草制品）的商标许可给不具有生产该种商品的资格的被许可人使用的商标使用许可合同无效；侵犯他人知识产权的商标转让合同和商标使用许可合同无效。

2. 正确处理商标合同无效的责任

无效商标转让合同和商标使用许可合同的责任，当事人有约定的，应按照约定处理；没有约定的，或者经过协商不能达成一致协议的，应当按照商标法有关规定处理；商标法没有规定的，应按照合同法的有关规定处理。合同法规定，合同无效后，因该

合同取得的财产，应当予以返还；不能返还的或者没有必要返还的，应当折价补偿。有过错的一方应当赔偿对方因此所受到的损失，双方都有过错的，应当各自承担相应的责任。这里应该注意的是，因所转让或许可使用的注册商标被撤销而无效的商标转让合同和商标使用许可合同应如何处理的问题。我国《商标法实施条例》第36条规定，有关撤销注册商标的决定或裁定，对已经履行的商标转让或许可使用合同，不具有追溯力；但是，因商标注册人恶意给他人造成的损失，应当给予赔偿。

3. 商标合同违约的认定和违约责任的承担在适用法律时应注意的问题

对于商标转让合同和使用许可合同违约的认定和违约责任的承担，首先应以当事人的约定为依据，当事人没有约定的，或者经过协商不能达成协议的，应当依照商标法的有关规定进行认定和处理，商标法没有规定的，应依合同法的有关规定处理，合同法没有规定的，可依一般惯例进行处理。

4. 影响商标使用许可合同效力或成立的有关问题：

一是商标使用许可合同中，主体资格不具备而影响合同效力和成立的有以下几种情况：

（1）注册商标有效保护期已过，而没有续展的，许可人（原注册人）丧失对该注册商标的专用权；

（2）注册商标已转让，许可人（原注册人）丧失对该注册商标的专用权；

（3）商标注册人已消亡，他人通过不正当手段与被许可人签订商标使用许可合同的；

（4）商标未注册，或虽已提出注册申请但尚未取得注册商标专用权；

（5）许可使用的商品或服务超出商标注册证所核定的范围；

（6）商标注册人（许可人）名义或其他注册事项已变更而未办理商标变更事宜。

二是未约定许可使用费金额的。根据人民法院的审判实践，对“商标使用费的金额或者计算方法没有约定或约定不明确的，应认定该商标使用许可合同没有成立”（见李国光主编：《知识产权诉讼》人民法院出版社1999年版，第595页）。

三是未备案的合同效力问题。现行《商标法》虽然规定商标使用许可合同强制备案，但未规定未备案无效。根据《合同法》的规定，依法成立的合同自成立时生效。所以，备案不是商标使用许可合同成立的条件，不影响合同的效力。在日常商标行政监管及司法审判中，应正确处理商标使用许可合同强制备案与合同效力的关系。

四、商标使用许可与商标转让的冲突与协调

如果商标注册人将同一注册商标既许可他人使用又转让给第三人，就会在注册商标的转让与使用许可之间发生冲突，如何处理，商标法及其实施条例没有规定，为了解决法律适用上的困难，2002年10月16日公布实行的《最高人民法院关于商标权民事纠纷案件适用法律问题的若干问题的解释》（以下简称《商标解释》）第20条规定：“注册商标的转让不影响转让前已经生效的商标使用许可合同的效力，但商标使用许可合同另有约定的除外。”对注册商标转让前有关商标使用许可合同的效力作出了明确的规定。

如果商标注册人违背诚实信用原则，将同一注册商标既许可他人使用又转让给第三人，就会在注册商标的转让与使用许可之间发生冲突。对转让和许可之间的冲突，根据具体情况进行处理：

在转让在先，许可在后的情况下，如果转让已经公告，受让人从公告之日起获得注册人的地位，公告之后原商标注册人与他人订立的许可合同对受让人没有约束力。这种情况比较好处理。但实践中大量存在的是许可在先，转让在后的情况，那么商标注

册人将在商标许可使用期限内，没有征得商标的许可使用人的同意的情况下，又将同一商标进行转让，是否构成转让合同的无效？新的商标注册人不承认原商标注册人与他人签订的商标使用许可合同，是否构成商标使用许可合同无效。为此，《商标解释》第20条规定，注册商标的转让不影响转让前已经生效的商标使用许可合同的效力，但商标使用许可合同另有约定的除外。该条司法解释的规定，一是肯定了注册商标转让前合法订立的使用许可合同的效力，不能因为注册商标权人的变更而否定其效力，应当依照合同的约定继续履行。该条司法解释也规定了除外的情况，即商标使用许可合同对此另有约定的，依照该约定执行，也就是说，原来的商标使用许可合同约定商标转让终结商标使用许可合同等条款的，应当按照约定处理。这充分体现了当事人约定优先的原则。二是肯定了商标转让合同不因商标使用许可合同在先而无效。这是因为注册商标许可使用权是从商标专有使用权中派生出来的，注册商标的许可使用与转让具有本质的不同，它不是商标所有权的转移，只是商标使用权的转移。商标的被许可使用人享有禁止权，只发生在独占使用许可的情况下。而且被许可人根据这种许可使用的方式行使的禁止权，也仅是可以独立对抗第三人的侵权行为的权利，这种禁止权并不能阻止商标注册人对商标进行转让。

第五节　知识产权合同纠纷案件评析

一、案例1

原告佛山××涂料实业有限公司（简称涂料公司）诉被告广东××化工有限公司（简称化工公司）商标许可使用合同纠纷一案

[要旨] 商标许可使用合同未备案的，该合同被许可人有权

主张许可人履行商标使用许可备案义务

［**案情**］涂料公司于1995年2月18日经工商部门核准成立，法定代表人为陈××。由于佛山市行政区划的调整，该公司于2004年1月19日由顺德市××涂料实业有限公司依法变更为现名称。化工公司于1996年9月28日经工商部门核准成立，该公司于2004年5月20日由顺德××化工有限公司依法变更为现名称。

第701467号商标（DD商标）于1994年8月14日经国家工商行政管理总局商标局核准注册，注册人为顺德市均安镇菱溪鸿昌涂料厂，注册有效期至2004年8月13日。该商标于1998年9月28日经国家工商行政管理总局商标局核准转让，受让人为涂料公司。

2003年7月22日，涂料公司与梁××签订转让协议转让DD商标，并于同日向国家工商行政管理总局商标局提出备案申请。2003年9月16日，涂料公司与化工公司签订转让协议转让DD商标，并于同日向国家工商行政管理总局商标局提出备案申请，该协议对商标转让何时完成没有约定期限。2003年12月13日，涂料公司作为乙方与化工公司签订《共同经营资产分配协议书》，在《协议书》第2款第（1）项第5目中双方对于9月16日的转让进行了再次确认，《协议书》第3条规定："乙方可使用DD商标，但是只能使用到2006年2月20日为止。"2004年5月10日，化工公司向涂料公司发出一份商函，化工公司在其中写明"贵公司于2003年7月22日将第701467号和第1204881号商标向商标局提出转让备案申请，我公司于2003年8月18日及9月16日将第1204881号和第3171463号及第701467号商标向商标局办理转让申请，从而造成商标出现两次转让，给双方办理的商标转让带来诸多不便。现在为了能尽快地将商标转让给我公司，请贵公司和梁××向商标局办理撤销2003年7月22日的两份商标转让申请手续，以便我公司能尽快获得上述商标的所有权。对过去的转让商标事情双方达成共识，若我公司能获得上述商标的所有权，我公司同意双方对此互不追究责任。”2004 年 5 月 26 日，涂料公司与梁××以转让人内部管理问题为由向国家工商行政管理总局商标局提出撤回转让申请，要求撤回其 2003 年 7 月 22 日的转让备案申请。2004 年 8 月 3 日，第 701467 号商标进行了续展注册，有效期至 2014 年 8 月 13 日。2004 年 8 月 21 日，该商标经国家工商行政管理总局商标局核准转让，受让人为化工公司。

涂料公司和化工公司提交的证据能够证明上述事实，双方对以上事实均无异议。

涂料公司提交的证据 13 催告函寄件存单可以证明 2004 年 4 月 14 日涂料公司使用国内特快专递邮件向化工公司邮寄催告函一份，收件人为化工公司法定代表人陈××。该邮件由邮局于同日送达。但涂料公司所提交证据不能证明其所邮寄的函件为其向法院提交的证据 5，故法院对证据 5 的真实性不予采信。

因涂料公司提交的证明其经济损失的证据 6 和证据 8～12 为复印件，化工公司对上述证据的真实性有异议，故涂料公司于 2005 年 1 月 5 日提交了证据 8～12（经销合同）的原件，并申请法院对其提交的证据 6 和证据 8～12 的真实性进行调查。法院批准该调查取证申请后，进行实地调查并组织双方对调查所得的资料进行质证，法院调查取得的资料计有：1. 化工公司向南昌市工商局的投诉资料（包括投诉书、营业执照、外商投资企业变更核准通知书、证明、核准商标转让证明、注册商标证、核准续展注册证明、广东省著名商标证书等 13 份）；2. 南昌工商行政管理局的立案审批表、询问调查笔录；3. 查封笔录、扣押通知书、封存财物通知书、财物清单；4. 南昌市工商局向王××发出的询问通知书、调查笔录、封存财物通知书及相应的财物清单；5. 法院工作人员对兰生有限公司法定代表人孔××所作的调查笔录、及该公司向本院提交的提货单、经销合同；6. 法院工作人员对王××所作的调查笔录、个体工商户营业执照、经销合同、提货单、南昌市工商局向王××发出的扣押财物通知书、查封清单、询问通知书；7. 法院调查期间在王××的店里、孔××仓库所拍摄的照片共10张。因化工公司对证据1、证据2中涉及该公司的材料的真实性无异议，对证据5的真实性无异议，对证据5的证明内容有异议，对证据3、证据4、证据7的关联性有异议，故法院对上述证据的真实性予以认定。化工公司对法院调查证据6的真实性有异议，在法院工作人员对王××所作的调查笔录中，王××自称与涂××是夫妻关系，该店由两人共同经营，因王××没有向法院提供合法的身份证明及夫妻关系证明，故法院对该笔录及涂料公司与王××的经销合同的真实性不予认定。根据以上证据，经法院查证属实的事实为：南昌市兰生公司为有限责任公司，其法定代表人为孔××。2004年2月13日，孔××和涂料公司签订经销合同一份，该合同属于合同金额不确定的合同，双方需要依据具体订单对每笔交易进行约定，该合同约定孔××作为涂料公司所生产各种漆类产品的经销商，确定了双方在一定期间内相互合作的关系。2004年10月22日，化工公司向南昌市工商行政管理局书面投诉，在投诉书中化工公司明确指明兰生公司经销仿冒第701467号注册商标的产品，在所出具的证明中，化工公司声明从来没有许可过任何人使用该商标。工商局依照投诉在兰生公司封存产品一批，其中包括涂料公司生产的带有第701467号注册商标的“双D鸿昌涂料”产品12套。在工商局对化工公司作出的调查笔录中，化工公司承认在投诉兰生公司时没有向工商局提交其与涂料公司签订的《协议书》。2004年10月26日，该工商局依据化工公司投诉提供的线索，在位于江西香江建材大市场三街70号店封存涂料公司生产的带有第701467号注册商标的“维美乳胶漆”25桶、“维美家具漆”13桶、“维美套装漆”15套。该店为个体工商户，字号名称为南昌市青山湖区××化工经营部，经营者为涂××。没有证据证明兰生公司与涂××因此向涂料公司进行索赔。在涂料公司提交的证明其经济损失的证据6和证据8~12中，除以上法院认定真实性的证据外，其他证据属于涂料公司单方面出具的证据或仅有复印件而无相应证据佐证，故法院对其真实性与关联性不予认定。

［**当事人一审诉辩主张**］涂料公司诉称：涂料公司于2004年1月19日由顺德市××涂料实业有限公司依法变更为现名称，化工公司于2004年5月20日由顺德××化工有限公司变更为现名称。涂料公司与化工公司早在2003年12月13日就充分协商，自愿达成一致，并签订了《共同经营资产分配协议书》（以下简称《协议书》），约定对2002年12月20日之前双方所共同经营管理的财产进行分配，化工公司取得第701467号商标（即DD商标），同时约定涂料公司可使用DD商标到2006年2月20日止。根据该协定，化工公司负有向商标局办理第701467号商标使用许可备案的义务。由于化工公司至今没有办理商标许可备案，给涂料公司造成诸多不便和利益损害。其经济损失包括：1. 化工公司到处投诉导致经销商产品无法销售，经销商受到损失要求涂料公司赔偿；2. 化工公司的投诉给涂料公司的商誉造成了损害。涂料公司请求法院依法判令：1. 化工公司立即向商标局办理第701467号商标使用许可备案，以确保涂料公司使用该商标的权益不受损害；2. 化工公司赔偿涂料公司经济损失人民币30万元；3. 化工公司承担本案全部诉讼费用。

涂料公司提交如下证据证明自己的主张：

证据1. 涂料公司工商登记资料；

证据2. 化工公司工商登记资料；

证据3.《共同经营资产分配协议书》；

证据4. 商标初步审定公告（2004年8月21日总第940期）、商标核准转让证明；

证据5. 催告函及签收凭证；

证据6. 原告经济损失资料（各地工商局暂扣原告DD商标

产品清单等）；

证据7. 商函；

证据8～12. 经销合同（共五份）；

证据13. 催告函寄件存单。

化工公司辩称：1. 在签订《协议书》时，DD商标的使用期限没有到2006年2月20日，且当时涂料公司已将该商标转让给了梁××，该协议是在化工公司不清楚真实情况下签订的，请法院对该份协议中的第三条约定予以撤销；2. 现在该商标已归化工公司所有，化工公司不同意涂料公司强行使用，若就此涂料公司产生了扩大性的损失与化工公司无关；3. 涂料公司要求化工公司向商标局办理DD商标使用许可备案没有任何依据，因双方所签订的《协议书》中第3条是受到原告的欺诈而签订的，化工公司所出具的《商函》也是受到涂料公司的胁迫，《协议书》第3条约定不明，并缺乏合同成立的要件，是尚未成立的合同，不具有法律约束力，即使按照《协议书》第3条，化工公司也没有备案的义务；4. 假设《协议书》第3条对化工公司有法律约束力，涂料公司要求化工公司赔偿经济损失也没有法律和事实依据，理由是涂料公司一直在使用DD商标，其利益没有因此受到损害，其产品被工商部门查封，与化工公司的投诉没有因果关系，即使查封与化工公司有关，其投诉行为也是一个不正当竞争行为，不是违约行为，两者属于不同的法律关系，且该赔偿依据不客观；综上，请求法院驳回涂料公司的诉讼请求。

化工公司提交如下证据证明自己的主张：

证据1～3. 化工公司营业执照、外商投资企业变更核准通知书、证明；

证据4.、第701467号商标注册证；

证据5～8. 撤销注册商标转让申请理由说明书、转让申请补正通知书、核准商标转让证明、核准续展注册证明；

证据9. 商品照片。

化工公司在对涂料公司提起的反诉中诉称：涂料公司于2003年9月16日将DD商标转让给化工公司，双方签订了转让合同，并报国家工商总局商标局备案。2003年12月13日，涂料公司要求化工公司将该商标许可其使用，化工公司认为其即将获得该商标，并可以完全支配该商标，因此同意涂料公司的请求。并在当日与涂料公司签订的《协议书》中约定了第3条“乙方可以使用DD商标，但是只能使用到2006年2月20日止。”2004年5月，因该转让备案申请没有消息，化工公司向国家商标局查询后，得知涂料公司在2003年7月22日将该商标转让给了梁××，并向国家商标局提出备案申请。国家工商行政管理总局商标局认为该商标存在两次转让，因此不予核准。化工公司对此情况非常震惊，在化工公司的再三要求下，涂料公司才撤销其与梁××的转让申请，国家工商行政管理总局商标局才核准该商标转让给化工公司。化工公司认为，《协议书》第3条是在其受到欺诈、违背了真实意思的情况下签订的。化工公司请求法院依法判令：1. 撤销2003年12月13日化工公司与涂料公司签订的《共同经营资产分配协议书》中第3条约定；2. 由涂料公司承担本案反诉诉讼费用。

涂料公司在化工公司对其提起的反诉中辩称：1. DD商标已于2003年9月16日转让给化工公司，2003年12月13日签订的《协议书》没有违反法律的规定，对双方当事人有约束力，不因化工公司为谋取私人利益而无效；2. 化工公司以欺诈为理由要求撤销《协议书》第3条是不成立的，对该商标进行的两次转让双方已于2004年5月10日达成共识，化工公司向涂料公司发出了一个商函；3. 若《协议书》第3条存在欺诈，根据法律的规定，化工公司的撤销权已过保护期，商函的内容也表明化工公司知道撤销事由后明确表示放弃撤销权；4.《协议书》约定合法有效，化工公司负有办理DD商标使用许可备案的法定义务，化工公司应当履行。涂料公司请求法院依法驳回化工公司的反诉请求。

化工公司与涂料公司以其在本诉中提交的证据作为在反诉中的证据，双方在反诉中没有提交新的证据。

[一审结果] 佛山市中级人民法院认为：该案双方当事人争议的焦点问题如下：1. 本案双方当事人在《共同经营资产分配协议书》中第3条的约定是否为双方的真实意思表示？化工公司是否受到涂料公司的欺诈？第3条是否具备撤销的条件？化工公司提出撤销是否超出合同法规定的撤销期间？2. 化工公司是否有向商标局办理第701467号商标使用许可备案的义务？3. 涂料公司因此所受的损失。

对于签订《协议书》时，化工公司是否知道涂料公司与梁××在先签订商标转让协议的问题。因签订协议的行为只发生在协议双方之间，未经其披露，他人不可能得知，故涂料公司应对其所主张的化工公司明知该协议负有举证责任。因涂料公司对该主张没有提供证据，故法院推定化工公司在签订《协议书》时，不知道涂料公司与梁××在先的协议。根据《中华人民共和国商标法》第39条“转让注册商标的，转让人和受让人应当签订转让协议，并共同向商标局提出申请。受让人应当保证使用该注册商标的商品质量。转让注册商标经核准后，予以公告。受让人自公告之日起享有商标专用权”的规定，转让商标经商标局公告前，商标专用权仍由转让人享有。虽然关于DD商标存在两份转让协议和备案申请（2003年7月22日及9月16日），但直到2004年8月21日之前，该两份协议和备案申请均没有产生转移DD商标专用权的效力，涂料公司仍为该注册商标的专用权人。虽然该两份协议相互抵触，不可能都得到履行，但涂料公司在作为注册商标专用权人的期间里，即在商标转让备案许可经核准并被公告之前，有权在协议确定的履行期限内选择履行其中的一份协议，而对另一份不能履行的协议承担违约责任。化工公司主张如果其知道涂料公司与梁××之间的协议，就不会签订《协议书》第3条，涂料公司在签订《协议书》时对其隐瞒了事实，构成欺诈。涂料公司所举证据《商函》可以推翻化工公司的该主张。根据该商函写明的内容，化工公司明确要求“请贵公司和梁××向商标局办理撤销2003年7月22日的两份商标转让申请手续，以便我公司能尽快获得上述商标的所有权。对过去的转让商标事情双方达成共识，若我公司能获得上述商标的所有权，我公司同意双方对此互不追究责任。”化工公司至少在2004年5月10日已明确知道涂料公司与梁××之间的协议，并力争使化工公司与涂料公司之间的协议得到履行，法院由此可推知《协议书》第3条为双方真实意思表示。即使如化工公司所主张，在签订《协议书》时涂料公司存在欺诈，根据《中华人民共和国合同法》第54条之规定，该《协议书》在当时属于可变更或可撤销的合同，但化工公司出具商函的行为及涂料公司按照商函约定的内容向化工公司转让了DD商标的行为，可视为双方对DD商标有两次转让协议这一问题达成了新的合意。化工公司出具商函的行为是对《协议书》内容的再次确认，商函的内容也是其放弃撤销权的明确表示。故化工公司以受到欺诈为由要求撤销《协议书》第3条的主张缺乏依据，法院对该主张不予支持。因化工公司没有提供其受到胁迫的证据，故法院对于化工公司提出其受到胁迫出具商函的抗辩不予采信。法院认定《协议书》第3条是双方当事人的真实意思表示，化工公司没有受到涂料公司的欺诈，第3条不具备撤销的条件。

根据《中华人民共和国合同法》第44条之规定，《协议书》第3条合法有效。该条约定：“乙方可使用DD商标，但是只能使用到2006年2月20日为止。”因DD商标是注册商标，根据《中华人民共和国商标法》第40条及第52条之规定，化工公司应在受让该商标后依法许可涂料公司使用至2006年2月20日，使用的方式应根据《中华人民共和国商标法实施条例》第3条“商标法和本条例所称商标的使用，包括将商标用于商品、商品包装或者容器以及商品交易文书上，或者将商标用于广告宣传、展览以及其他商业活动中。”的规定进行确定。故法院对化工公司提出不同意涂料公司使用该商标的主张不予采信。根据《中华人民共和国商标法》第40条第3款“商标使用许可合同应当报商标局备案”之规定及《中华人民共和国商标法实施条例》第43条“许可他人使用其注册商标的，许可人应当自商标使用许可合同签订之日起3个月内将合同副本报送商标局备案”之规定，化工公司负有在签订合同之日起3个月内将该使用许可合同报送商标局备案的法定义务，法院对化工公司提出其没有备案义务的抗辩不予采信。化工公司没有在期限内履行备案义务，构成违约。化工公司因该违约行为应承担相应的民事责任。根据《中华人民共和国合同法》第107条、第112条、第113条之规定，涂料公司有权要求化工公司履行该义务进行商标许可备案，故对于涂料公司要求化工公司向商标局办理第701467号商标使用许可备案的诉讼请求，法院予以支持。

根据《中华人民共和国合同法》第60条“当事人应当按照约定全面履行自己的义务。当事人应当遵循诚实信用原则，根据合同的性质、目的和交易习惯履行通知、协助、保密等义务。”的规定，化工公司应按照约定对涂料公司正常使用该商标负有协助义务。南昌市工商局根据化工公司的投诉，在兰生公司和涂××处分别封存了涂料公司生产的带有第701467号注册商标的产品各一批，在投诉中，化工公司隐瞒了与涂料公司签订《协议书》的事实，并声明从来没有许可过任何人使用该商标。虽然被投诉人是兰生公司和涂××，不是涂料公司，但其投诉明确针对的产品中包括了由涂料公司生产并带有第701467号注册商标的产品，其投诉的理由为涂料公司未经许可使用该商标，其投诉要求由工商局没收销毁并责令停止该产品的销售，其投诉行为目的是通过制止该产品的销售迫使涂料公司减少或停止使用该商标，客观上也产生了妨碍涂料公司正常使用该商标的后果，违反了诚实信用原则，该行为构成违约。同时，根据《中华人民共和国反不正当竞争法》第 14 条之规定，其投诉行为也对涂料公司的商誉造成了一定的负面影响，构成了不正当竞争的侵权行为。该投诉行为属于违约行为和侵权行为的竞合。

涂料公司要求化工公司赔偿的经济损失包括：1. 化工公司到处投诉导致经销商无法销售其产品，经销商受到损失要求涂料公司赔偿；2. 化工公司的投诉给涂料公司的商誉造成了损害。虽然工商局封存了兰生公司和涂××处由涂料公司生产的带有第 701467 号注册商标的产品，但没有证据证明兰生公司和涂××要求涂料公司进行赔偿，也没有证据证明其他的经销商向涂料公司进行索赔，故法院对涂料公司主张的该项经济损失不予采信。因产品被工商局封存这一事实对任何公司的商业形象都会产生负面的影响，故化工公司的投诉行为引起涂料公司的产品被工商局封存的结果使涂料公司的商誉受到了一定的损害。化工公司的投诉行为与涂料公司商誉受损之间存在因果关系，应负相应的民事责任，根据《中华人民共和国反不正当竞争法》第 20 条之规定，化工公司应予以赔偿，故法院对化工公司提出不应赔偿的抗辩不予采信，对涂料公司要求化工公司赔偿经济损失的诉讼请求和承担本案诉讼费用的诉讼请求予以支持。由于涂料公司不能提供证据证明其实际损失，化工公司因此获得的利润也无法查明，故法院根据案件的实际情况确定赔偿数额为 35 000 元。

因化工公司的反诉请求没有事实与法律依据，故法院对化工公司提出撤销 2003 年 12 月 13 日化工公司与涂料公司签订的《共同经营资产分配协议书》中第 3 条约定和由涂料公司承担本案反诉诉讼费用的诉讼请求不予支持，对涂料公司提出驳回化工公司反诉请求的抗辩予以采信。理由同本诉。

综上所述，依照《中华人民共和国民事诉讼法》第 52 条、第 64 条、第 106 条、《中华人民共和国商标法》第 40 条、《中华人民共和国商标法实施条例》第 43 条、《中华人民共和国合同法》第107条、第112条、第113条、《中华人民共和国反不正当竞争法》第20条之规定，判决如下：

一、广东××化工有限公司在本判决生效之日起10日内向国家工商行政管理总局商标局办理第701467号商标使用许可备案；

二、广东××化工有限公司在本判决生效之日起10日内赔偿佛山市××涂料实业有限公司经济损失人民币35 000元；

三、驳回佛山市××涂料实业有限公司的其他诉讼请求；

四、驳回广东××化工有限公司反诉请求。

案件受理费8 010元，调查取证费3 515.5元，共计11 525.5元，由佛山市××涂料实业有限公司负担3 525.5元，由广东××化工有限公司负担8 000元。反诉受理费1 000元，由广东××化工有限公司负担，因佛山市××涂料实业有限公司已向法院预交案件受理费和调查取证费共计11 525.5元，广东××化工有限公司已向法院预交1 000元反诉受理费，故广东××化工有限公司应将需承担的费用在履行上述判决确定的债务时一并径付佛山市××涂料实业有限公司，法院不再作收退。

［**当事人二审诉辩主张**］化工公司不服一审判决，向广东省高级人民法院提起上诉，请求：1. 依法撤销广东省佛山市中级人民法院（1004）佛中法民三初字第32号民事判决书；2. 请求依法撤销《共同经营资产分配协议》中第3条约定，驳回涂料公司的诉讼请求。理由是：一、一审判决审理程序严重违法，将不属于同一法律关系和同一法律事实的案件纳入本案件审理，违反了“不告不理”的诉讼原则。涂料公司并未对“化工公司的投诉行为损害其商业信誉”提出赔偿要求，而是在诉状之外突然增加该事实和理由；化工公司的投诉行为与本案商标使用权纠纷不属于同一个法律关系，不应在本案中审理。二、一审不仅认定事实错误，而且适用法律错误，作出的判决第一项内容含糊不清，模棱两可，令人无所适从。1.《共同经营资产分配协议》中第3

条除了是欺诈条款应予撤销外，还因该条款约定不明确，尚未构成“合意”，对双方无法律约束力。该条款无法确定该商标是独占许可还是普通许可；使用该商标的质量监督方式等都没有约定，缺乏合同的成立要件，是尚未成立的合同。2. 一审认定化工公司的投诉行为与涂料公司的货物被工商部门查封有因果关系，完全是主观臆断，亦属于认定事实错误。

涂料公司答辩认为：一、一审程序合法，不存在违法行为。涂料公司在起诉书和一审庭审中已明确对化工公司的投诉行为损害涂料公司利益提出赔偿要求，且正是化工公司隐瞒商标许可事实、恶意向工商部门投诉的行为致使涂料公司的经济和商誉受到严重损失，该行为与本案商标使用权纠纷有因果关系，一审法院将该事实在本案中予以审理并无不当。二、一审法院认定事实清楚，适用法律正确，判决清楚明确。故同意一审判决。

［**二审审理结果**］广东省高级人民法院审理认为：本案系商标许可使用合同纠纷。本案的商标许可使用条款存在于《共同经营资产分配协议书》的第3条中，化工公司主张该条约定不明，未能达成“合意”，从而主张该商标许可合同尚未成立。法院认为，合同作为双方当事人的合意，以双方当事人的意思表示一致为成立要件。根据《中华人民共和国合同法》第32条的规定，当事人采用合同书形式订立合同的，自双方当事人签字或者盖章时成立。从形式要件来看，本案所涉《共同经营资产分配协议书》经化工公司和涂料公司于2003年12月13日签字并盖章；从合同内容看，该协议书第3条约定“乙方（涂料公司）可使用DD商标，但是只能使用到2006年2月20日为止”，该条款对于化工公司将该商标许可给涂料公司使用、许可使用期限均有明确意思表示，双方已经达成合意。

因此，法院确认化工公司与涂料公司之间DD商标许可使用合同已经成立，且内容合法有效，应受法律保护。至于《共同经营资产分配协议书》第3条并未明确商标许可使用的方式，亦未明确使用该商标的质量监督方式等问题，由于我国法律未就商标许可使用合同规定有特别的成立要件，对于合同未尽事项，当事人完全可通过补充协议、合同条款解释或者交易习惯确定，并不影响双方合同的成立。因此，化工公司关于本案商标许可使用合同未成立主张，缺乏法律依据，法院不予支持。根据《中华人民共和国商标法》第40条第3款和《中华人民共和国商标法实施条例》第43条的规定，化工公司应当在签订合同之日起3个月内将该许可使用合同报送商标局备案。化工公司没有依法履行，违反法定义务，依法应当承担民事责任。

至于赔偿损失问题，涂料公司起诉主张化工公司的投诉行为给其造成了经济损失，化工公司认为一审法院以此作为涂料公司请求经济损失的事实依据超出了当事人的诉讼请求范围，投诉行为与本案商标许可使用合同纠纷无关，与涂料公司的商品被查封没有因果关系不属于本案的审理范围。法院认为，依据涂料公司的诉讼请求，涂料公司明确主张“因化工公司没有办理有关商标使用许可备用手续而给涂料公司造成经济损失，化工公司违反合同规定，进行恶意投诉，给涂料公司造成重大的经济损失及产生负面影响，化工公司对此应承担赔偿责任及消除影响”，因此，一审法院将化工公司的投诉行为是否造成涂料公司经济损失纳入本案的审理范围，没有超出当事人的诉讼请求。化工公司在明知该商标已经许可给涂料公司使用的情况下，本应合理谨慎地处理打假投诉事宜，却故意隐瞒该商标存在许可使用的事实，向有关行政部门进行投诉，违反诚实信用原则，造成涂料公司的有关产品被查封、商业信誉受到损害的后果与化工公司的投诉行为存在直接因果关系，化工公司应当承担由此给涂料公司造成的经济损失。原审法院依据本案事实酌情判令化工公司赔偿涂料公司35 000元人民币经济损失，并无不当，法院予以维持。化工公司的上诉理由不能成立，法院不予支持。

综上所述，原审判决认定事实清楚，适用法律准确，诉讼程序合法，应予维持。化工公司的上诉请求不能成立，应予驳回。依据《中华人民共和国民事诉讼法》第153条第1款第（1）项的规定，判决如下：

驳回上诉，维持原判。

二审案件受理费9 010元，由上诉人广东××化工有限公司负担。

［评析］

一、商标使用许可合同的备案问题

商标注册人可以通过签订商标使用许可合同，许可他人使用其注册商标。许可人有义务监督被许可人使用其注册商标的商品质量。被许可人也有义务保证使用该注册商标的商品质量，同时，被许可使用他人注册商标时必须在使用该注册商标的商品上标明被许可人的名称和商品产地。对于商标使用许可合同，应当报商标局备案。但是商标法并没有规定合同效力因备案而受影响，所以即使不报备案该合同依然具备合法效力。最高人民法院于2002年10月12日发布的《最高人民法院关于审理商标民事纠纷案件适用法律若干问题的解释》第19条规定，商标使用许可合同未经备案的，不影响许可合同的效力，但当事人另有约定的除外。商标使用许可合同未在商标局备案的，不得对抗善意第三人。从这一条来看，对商标使用许可合同备案的性质已经有了比较明确的界定。将许可使用合同交送存查、报送备案，主要是为了第三人查阅，起到公示的作用，是为了第三人的利益，所以商标许可使用合同未交送存查，报送备案的，该合同被许可人取得的权利不能对抗第三人。所以，虽然，商标许可合同不是必须备案，没有备案对许可合同的效力一般也没有影响，但是，被许可人若出于自己权利维护的角度，要求许可人进行备案，法院应予以支持。

二、关于赔偿数额的确定问题

如何确定侵权人对权利人损失的赔偿数额，是处理本案的一个难点。本案判决认为南昌市工商局根据化工公司的投诉，在兰生公司和涂××处分别封存了涂料公司生产的带有第701467号注册商标的产品各一批，在投诉中，化工公司隐瞒了与涂料公司签订《协议书》的事实，并声明从来没有许可过任何人使用该商标。虽然被投诉人是兰生公司和涂××，不是涂料公司，但其投诉明确针对的产品中包括了由涂料公司生产并带有第701467号注册商标的产品，其投诉的理由为涂料公司未经许可使用该商标，其投诉要求由工商局没收销毁并责令停止该产品的销售，其投诉行为目的是通过制止该产品的销售迫使涂料公司减少或停止使用该商标，客观上也产生了妨碍涂料公司正常使用该商标的后果，违反了诚实信用原则，该行为构成违约。同时，根据《中华人民共和国反不正当竞争法》第14条之规定，其投诉行为也对涂料公司的商誉造成一定的负面影响，构成了不正当竞争的侵权行为。该投诉行为属于违约行为和侵权行为的竞合。侵权人应对权利人的损失予以赔偿。虽然法院认为化工公司的投诉行为与涂料公司商誉受损之间存在因果关系，应负相应的民事责任，根据《中华人民共和国反不正当竞争法》第20条之规定，化工公司应予以赔偿，但是由于涂料公司对实际损失的举证责任未能完成，法院通过自由裁量权的保守行使，对涂料公司的权利进行了一定程度的保护，但未能对侵权人达到制裁的目的。

三、关于不正当竞争行为竞合问题

本案一审判决在“法院认为”部分谈到了不正当竞争行为的竞合问题。正当的竞争能够使市场充满活力，有利于技术革新及经济发展。而不正当竞争则阻碍经济发展，损害其他经营者及消费者的合法权益。1993年9月颁布了《反不正当竞争法》。但是，近十年过去了，却一直未制定关于《反不正当竞争法》的实施细则。国家工商行政管理总局仅对其中个别条款做了解释和补充性规定。此外，该法在文字表述方面存在一些缺陷，并且有许多该法尚未包括的不正当竞争行为。该法与其他的民商部门法之间，例如《民法通则》《知识产权法》《产品质量法》《消费者权益保护法》等，由于它们在基本原则、立法精神、规范对象等方面关系密切，存在竞合现象。如何解决这些关系以确定准据法，也是执法部门经常遇到的问题。各种不正当竞争行为在实践中复杂多样，某些不正当竞争行为之间也存在竞合。

（一）责任竞合的一般理论

在如何对待法律责任竞合的问题上，存在着几种不同的观点：（1）放任主义。认为责任竞合是一种正常现象，主张允许受害人在两种诉讼和两种请求权之间自由选择。放任主义的优点是对受害人保护较为有利，因为受害人可以根据自己利益的需要选择一种最有利于自己的诉讼请求。在一些注重法律的稳定性和公正性的人们看来，行为的性质和后果在法律上应当是明确的和可预知的，而不能成为随原告个人偏好而定的模棱两可和犹豫不定的东西。大多数国家未采此说。（2）法条竞合主义。这是德国和法国19世纪末20世纪初采用的方案，该说认为，一项事实同时具备数种规范的要件，鉴于该数种规范间具有位阶关系、或特别关系、或补充关系、或吸收关系，故仅能适用其中一种规范。比如在普通法规范与特别法规范竞合的情况下，依“特别法优于普通法”的原则适用特别法。（3）请求权相互影响主义。该说认为在责任竞合的情况下，基于不同违法行为的不同请求权同时存在，但它们不是绝对独立而是相互影响，相互作用，即一个法规上的规定可以适用基于另一种违法行为的请求权。反之亦然。（4）请求权规范竞合说。该说认为，一项损害事实同时符合不同违法行为的要件，只能产生一个统一的请求权；该统一请求权兼顾两种违法行为之两种性质，其内容应综合各个规范来决定；该统一请求权既然是基于两个法律依据而成立，则其地位不能减弱而只能加强，故原告人得于两种责任制度的有关规则中择优而适用之。但必须与法律的目的相符合。

(二)几种不正当竞争行为之间的竞合

1. 虚假宣传与诋毁商誉

《反不正当竞争法》第9条规定了引人误解的虚假宣传行为:“经营者不得利用广告或其他方法,对商品的质量、制作、成分、性能、用途、生产者、有效期限、产地等做引人误解的虚假宣传。”本条内容文字表述不严密,容易让人产生歧义。引人误解是虚假宣传的一个修饰语、限定词,而实际上根据立法者的原意,本条所表达的是两种行为:引人误解的或虚假的宣传行为。

《反不正当竞争法》第14条规定了诋毁信誉的行为:“经营者不得捏造、散布虚假事实,损害竞争对手的商业信誉。”从法条内容上来看,对于虚假宣传的对象,并未限定是宣传自己的商品还是宣传他人的商品,而对诋毁商誉则比较明确地规定损害“竞争对手”的信誉。如果经营者虚假宣传的对象是其竞争对手,而同时又直接造成了诋毁他人商誉的后果,必然会存在一个行为同时符合两个法条,即法条竞合的现象。也就是说,该种行为既构成了虚假宣传,又构成了对他人商业信誉的诽谤、诋毁。例如:杭州娃哈哈诉珠海巨人集团不正当竞争案。原告所研制的“娃哈哈”儿童营养液先后获得国家多项大奖,在同类产品中一直处于领先地位。后被告巨人集团生产一种类似的保健品投放市场,在宣传材料中称“娃哈哈含有激素,造成孩子早熟,产生许多现代病”,致使原告良好的商业信誉和企业形象受到极大损害,使其销售收入减少5千多万元。在该案中,被告对原告产品的宣传内容经有关部门鉴定后确认是一种捏造的虚假事实。因此,被告的行为首先是一种虚假宣传行为,又在事实上造成了侵害他人商业信誉的后果,进一步构成了诋毁商誉的行为。那么,该行为应如何认定?根据法条竞合的有关理论,发生竞合的虚假宣传行为和诋毁商誉的法条内容,除了包括作为一般规定的虚假宣传的全部构成要件以外,还包含了本身所具有的特征,即有诋毁其竞争对手信誉的特征。这是一般的虚假宣传行为所不具备的。因此按照特别规定优于普通规定的原则，上述该类行为一般认定为诋毁商誉，这也是司法实践中普遍认可的做法。

对两种行为的法条竞合还有另外一种情形，即虚假宣传的对象是自己的商品，但同时间接地损害了其竞争对象的商业信誉。这种情形常见于对比性广告和声明性广告的形式来贬低同行业竞争。虚假的对比性广告仅是一种手段，其主观目的和最终的结果是损害了他人的信誉，认定为诋毁商誉行为更为适宜。但是，由于我国《反不正当竞争法》对诋毁商誉的行为并未规定其法律责任。在实践中对于诋毁商誉行为一般参照虚假宣传的法律责任及《民法通则》的有关规定来处罚。对上述第一种情形下同时构成虚假宣传及诋毁商誉的对比性广告行为，有些行政机关及司法机关也按虚假宣传行为来定性和处罚。在目前《反不正当竞争法》对此类竞合情形尚未作出明确规定，并且未规定诋毁商誉的法律责任的情况下，这样处理也是合乎情理的。

2. 擅用他人企业名称与诋毁商誉行为的竞合

《反不正当竞争法》第 5 条规定了四种假冒行为，其中第 3 项规定，“擅自使用他人的企业名称或姓名，引人误认为是他人的商品”。对于一个企业来讲，其名称或姓名是区别商品或服务来源的一个重要标志，它体现着企业经营者的商业信誉和产品服务质量，尤其是信誉良好的企业经营者，其名称或姓名经过长期苦心经营而获得社会公众的承认和赞誉，能够给企业带来好的经济效益。而擅自使用他人企业名称的行为，往往是借着知名企业创出来的商业信誉来推销自己的产品，从中牟取暴利。这种搭别人便车的行为违反了商业道德和市场规则，是一种常见的不正当竞争行为。但实践中也有经营者利用他人的企业名称或姓名，来诋毁或贬低他人的不正当竞争行为。

以上从几个方面对《反不正当竞争法》中的竞合现象进行了分析，如何正确处理这些竞合关系，对工商行政机关及司法机关，在具体行为的认定及适用法律方面具有积极意义。

二、案例2

原告广东××公司诉被告××房地产公司特许经营合同纠纷一案

［要旨］特许经营合同的法律问题

［案情］2002年6月20日，原告广东××公司与被告××房地产公司签订一份《特许加盟经营协议书》，内容为：经广东××公司许可，由××房地产公司有偿使用其商场管理技术和经注册的企业名称、商标、专利、新型设计，广东××公司全面参与××房地产公司的佛山市丽园商业广场的前期筹备开业及负责佛山××公司开业后的经营管理特许加盟经营事宜；广东××公司向××房地产公司输出经营管理技术、特许经营加盟的、佛山市内惟一的商场名称及地址；经营管理的期限为5年，从佛山××公司正式对外开业之日起计算；广东××公司的责任和权利，即派遣管理人员，负责商场营运管理，允许××房地产公司使用其商号名称、标识等，广东××公司的具体工作安排，广东××公司不是佛山××公司的股东，不承担佛山××公司的债权债务；××房地产公司的责任和权利，即承担开设佛山××公司所需的全部投资资金、开办费及日常经营的流动资金，并确保资金到位，按协议规定向广东××公司支付管理费和其他费用，办理佛山××公司的营业执照等，保障佛山××公司的经营环境，按广东××公司经营管理模式进行经营、管理商场，享受佛山××公司的经营利润和承担经营风险，每月先确保佛山××公司银行账户有足够资金支付员工工资、广东××公司的招牌费及经营管理费、给供应商的货款，然后支付水电费、税费，如果流动资金不足则应立即注资；××房地产公司引进“天贸公司”品牌及其先进经营管理模式的费用，即××房地产公司向广东××公司支付从筹建至开业期间的顾问费90万元（该款在商场正式开业后7个工作日内支付完毕），每月15日前按照佛山××公司商场

上月含税销售额的1.2%作为经营管理费支付给广东××公司，自佛山××公司开业之日起应不迟于每月15日前向广东××公司支付上月的品牌费83 000元（每年100万元）；××房地产公司需确保佛山××公司按时向广东××公司交付的"品牌费"及经营管理费，延期10天按0.5%计算滞纳金，两个月欠交视××房地产公司单方面违约，广东××公司有权终止协议，撤回派出人员并保留向××房地产公司追索的权利；佛山××公司管理机构设置及双方权利义务，内容为佛山××公司的具体运作按公司法规定，自负盈亏，公司法定代表人由××房地产公司人员出任，公司实行经营管理委员会领导下的总经理负责制。经营管理委员会由××房地产公司派3人，广东××公司派2人。其中广东××公司委派总经理1人、常务副总经理1人，主管商场日常经营管理，××房地产公司委派财务总监；关于经营管理方面的约定，即佛山××公司的分立、解散、清算等事项由××房地产公司按公司法规定进行并提前1个月通知广东××公司；等等。在××房地产公司出现下列情形之一时，即"佛山××公司流动资金无法支付两个月以上的员工工资、广东××公司的招牌费及经营管理费、水电费、供应商的货款、税费"等，广东××公司有权单方面解除协议。任何一方在协议生效两年后中途退出不履行协议的，违约方应向对方支付违约金50万元。若××房地产公司在两年内退出不履行协议的，除处罚违约金50万元外，××房地产公司还应支付120万元"品牌费"给广东××公司，其他损失互不追究；其他事项，包括广东××公司经佛山××公司经营管理委员会4/5以上人员同意可根据工作需要派遣、更换其派出人员，××房地产公司也有权根据实际情况并经佛山××公司经营管理委员会4/5以上人员同意要求广东××公司撤退或更换其派出人员，争议管辖法院为佛山市中级人民法院；等等。

上述协议签订以后，广东××公司开始与××房地产公司一道进行了佛山××公司的前期筹备工作，并开始输出其"天贸公司”的品牌及商场管理经验。2002年7月1日，佛山××公司管理委员会正式成立，成员为××房地产公司派出麦××、刘××、温××，广东××公司派出林×、卢××，由麦××担任管理委员会主席，林×担任佛山天贸公司总经理，卢××担任佛山天贸公司副总经理，财务总监暂由麦××行使。2000年8月1日，佛山××公司管理委员会正式代表新公司（即佛山××公司）接收原佛山市××百货有限公司的财产和财务。2002年8月9日××房地产公司与佛山××公司签订丽园商业广场租赁合同，由佛山××公司承租丽园商业广场作为经营地点。2002年8月13日，原佛山××百货有限公司经工商部门正式核准变更企业名称为佛山××公司，股东为许××、吴××，法定代表人为许××，注册资金为50万元，地址仍为前述丽园商业广场。在佛山××公司正式开业以后，广东××公司履行了自己的管理职责，制定了一系列关于佛山××公司的管理规范。

2002年10月22日，广东××公司向××房地产公司发出函件，内容为免去林×佛山××公司总经理职务，改派卢××为总经理。××房地产公司称广东××公司擅自更换其派遣的人员是违约行为，但至双方终止合作及广东××公司起诉前未向广东××公司就此人员更换问题提出异议。在之后的佛山××公司管理委员会会议上，卢××也作为佛山××公司的总经理发挥了自己的管理作用。

关于××房地产公司向广东××公司支付从筹建至开业期间的顾问费90万元问题，在庭审中双方确认××房地产公司已向广东××公司支付了70万元顾问费，故顾问费余款为20万元。

佛山××公司的实际经营情况并不理想，从2002年10月份起就开始拖欠供应商的货款。2003年8月25日和2003年9月5日，广电集团佛山供电分公司向丽园物业管理有限公司发出停电通知，称如丽园物业管理有限公司未能缴纳电费则依法停止供电。根据佛山××公司于2003年9月12日作出的该公司2003

年8月份财务状况说明表明，佛山××公司处于严重亏损状态，并且拖欠广东××公司2003年4~8月的品牌使用费415 000元、2003年2~8月的经营管理费114 602.76元。2003年9月27日，广东××公司委托××公司拆除了丽园商业广场的“天贸公司”招牌。2003年10月16日，××房地产公司向广东××公司发出通知，称：佛山××公司无法正常运作的原因是经营亏损，是广东××公司在开业前后的策划、招商、管理欠佳所致；广东××公司单方委托××公司拆除“天贸公司”招牌等行为违约；因此通知广东××公司解除双方签订的《特许加盟经营协议书》。佛山××公司因无力支付供应商货款、水电费、各种债务费用等于2003年10月歇业。至今，佛山××公司已经没有进行商业经营活动，而正在清理债权债务。

原告广东××公司诉称：2002年6月20日，原告广东××公司于被告××房地产公司签订一份《特许加盟经营协议书》，约定：广东××公司许可××房地产公司有偿使用其商场管理技术和经注册的企业名称、商标、专利、新型设计，广东××公司全面参与××房地产公司的佛山市丽园商业广场的前期筹备开业及负责佛山××公司开业后的经营管理事宜；××房地产公司承担开设佛山××公司所需的全部投资资金、开办费及日常经营的流动资金，并确保资金到位；××房地产公司享受佛山××公司的经营利润和承担经营风险；××房地产公司每月先确保佛山××公司银行账户有足够资金支付员工工资、广东××公司的招牌费及经营管理费、给供应商的货款，然后支付水电费、税费；××房地产公司引进“天贸公司”品牌及其先进经营管理模式的费用为支付从筹建至开业期间的顾问费90万元，每月15日前按照佛山××公司商场上月含税销售额的1.2%作为经营管理费支付给广东××公司，自佛山××公司开业之日起应不迟于每月15日前向广东××公司支付上月的品牌费83 000元（每年100万元）。

协议签订后，广东××公司履行了自己的义务。但××房地产公司却未能投入足够资金。××房地产公司只支付了70万元顾问费，并且在佛山××公司经营过程中抽逃资金183 695.43元，还因拖欠电费于2003年9月6日被迫停电。此外，按照协议书约定，××房地产公司欠交费用2个月即视为违约，广东××公司有权解除协议，并保留追索权利。至今，××房地产公司拖欠广东××公司顾问费20万元，2003年4~8月的品牌使用费415 000元，2003年2~8月的经营管理费114 602.76元。

原告广东××公司请求法院判令解除双方签订的《特许加盟经营协议书》；由被告××房地产公司承担品牌使用费415 000元、经营管理费114 602.76元、顾问费20万元，并承担违约责任，即支付违约金50万元、支付"品牌费"120万元、其他损失60万元（广东××公司称这是××房地产公司在合作终止后继续使用其品牌的费用），合计人民币3 029 602.76元；诉讼费用由被告××房地产公司负担。

原告广东××公司向法院提交了如下证据支持自己的主张：（1）前述特许加盟经营协议书；（2）2002年8月31日的财务情况交接书；（3）停电通知；（4）佛山××公司2003年8月份财务状况说明；（5）佛山市中正远大税务师事务所有限公司于2003年12月5日出具的报告书；（6）佛山××公司财务部于2003年10月31日出具的供应商结算情况明细表；（7）广东××公司的催款等函件；（8）××房地产公司于2003年10月16日向广东××公司发出的解除上述特许加盟经营协议书的通知；（9）佛山××公司管理委员会的第一次会议纪要；（10）广东××公司委托博维燃点策划有限公司就丽园商业广场的市场调研出具的综合报告；（11）佛山××公司商场的装修手册、图纸；（12）佛山××公司商场的内部管理规程；（13）佛山××公司商场的各大类商品毛利率参考标准、进场标准；（14）佛山××公司商场的招商指引及策划文件；（15）佛山××公司商场的运作流程及管理的文件；（16）佛山××公司商场的电脑系统数据及控制流程、收款程序；（17）佛山××公司商场的商品销售服务程序、商品采购程序；（18）佛山××公司的部分行政例会会议纪要；（19）拍卖信息；（20）工商登记材料。

被告××房地产公司辩称：佛山××公司的经营者是两个自然人股东，不是××房地产公司。××房地产公司与佛山××公司是租赁经营关系。××房地产公司与广东××公司签订的《特许加盟经营协议书》是在佛山××公司成立前订立的。目的是为了把丽园商业广场投入使用，从事商业经营而筑巢引凤。于是引来了两个自然人股东，投资成立佛山××公司。佛山××公司是独立核算的有限责任公司，按公司法规定应独立承担责任。《特许加盟经营协议书》第6条也规定，佛山××公司是独立核算、自负盈亏的，佛山××公司应在每月15日前向广东××公司支付管理费、品牌费，这些费用根据协议书不需要××房地产公司承担。根据法律规定和《特许加盟经营协议书》条款之间的矛盾，该协议书关于××房地产公司确保佛山××公司向广东××公司支付款项等条款应为无效条款。

广东××公司指控××房地产公司违约也没有依据。合同规定由广东××公司全面参与丽园商业广场（佛山××公司）的前期筹备及经营管理，目的是为了引进广东××公司所谓的先进管理模式。但遗憾的是，佛山××公司严重亏损，资不抵债，无力支付水电费而被迫停电，于2003年10月歇业。这表明广东××公司已经违反了合同关于“开业后，广东××公司须确保佛山××公司正常运作的”约定。并且广东××公司没有依约办理有关专利、商标、企业名称、新型设计的使用登记手续，违反了商标法、专利法的规定。更有甚者，广东××公司于2003年9月27日未经××房地产公司许可，擅自委托××公司拆除了丽园商业广场的“天贸公司”招牌，同时停止了佛山××公司有偿使用广东××公司的商号名称、标识、招牌、标志、标签等，属于严重违约，按合同约定其除应当向××房地产公司支付50万元外，还应当退回顾问费90万元及赠送的汽车。至于广东××公司诉称的品牌费和经营管理费，是因为其作为有偿聘请的商业顾问，没有发挥应有的作用，相反使企业严重亏损，致使佛山××公司交不起费用。

被告××房地产公司请求法院驳回原告广东××公司的诉讼请求。

被告××房地产公司向法院提交了如下证据支持自己的主张：(1) 前述特许加盟经营协议书；(2) 2002年8月9日××房地产公司与佛山××公司签订的丽园商业广场租赁合同；(3) ××房地产公司和佛山××公司的公司登记材料；(4) 佛山市中正远大税务师事务所有限公司于2003年12月5日出具的报告书；(5) 广东××公司委托××公司拆卸招牌的证明；(6) 广东××公司于2002年10月22日致××房地产公司的函件，内容为免去林×佛山××公司总经理职务，改派卢××为总经理。

[**一审审理结果**] 佛山市中级人民法院审理认为：原告广东××公司与被告××房地产公司之间签订的《特许加盟经营协议书》是双方真实的意思表示，且不违反有关法律和行政法规的禁止性规定，合法有效。双方当事人均应当遵守合同约定的义务。根据协议书关于90万元顾问费的约定，被告应在商场正式开业后7个工作日内支付完毕，但被告至今只向原告支付了70万元顾问费，尚欠20万元顾问费无理，其应当立即支付给原告20万元顾问费。

关于上述《特许加盟经营协议书》的履行问题。原告已经按照合同的约定输出了其“天贸公司”的品牌及商场管理经验，建立了商场运作机制，并且派出管理人员，履行了合同义务。虽然原告在2002年10月22日更换了其派出的总经理人选，但至双方终止合作及原告起诉前，被告均未向原告就此人员更换问题提出异议。在之后的佛山××公司管理委员会会议上，卢××也作为佛山××公司的总经理发挥了自己的管理作用。并且，被告不能举证说明上述人员的变更是导致佛山××公司经营亏损的原因。此外，被告关于原告作为商业顾问没有发挥应有作用的陈述缺乏依据，合同也没有约定原告的管理服务能保证佛山××公司盈利。因此，法院对被告提出的关于原告违约的主张不予支持。

根据佛山××公司于2003年9月12日作出的该公司2003年8月份财务状况说明表明，佛山××公司拖欠原告2003年4～8月的品牌使用费415 000元、2003年2～8月的经营管理费114 602.76元。而根据原告与被告签订的《特许加盟经营协议书》约定，"××房地产公司需确保佛山××公司按时向广东××公司交付的品牌费及经营管理费，延期10天按0.5%计算滞纳金，两个月欠交视××房地产公司单方面违约，广东××公司有权终止协议，撤回派出人员并保留向××房地产公司追索的权利"。上述合同关于被告的付款义务约定明确，并且根据《中华人民共和国合同法》第65条的规定："当事人约定由第三人向债权人履行债务的，第三人不履行债务或者履行债务不符合约定，债务人应当向债权人承担违约责任"。因此，法院对被告关于本案债务应由佛山××公司独立承担的主张不予支持。被告拖欠上述品牌使用费415 000元、经营管理费114 602.76元的事实清楚，构成违约。

在被告拖欠上述品牌使用费和经营管理费的情况下，原告有权单方面解除合同。事实上，2003年9月27日，原告委托同信公司拆除了丽园商业广场的"天贸公司"招牌；2003年10月16日，被告又向原告发出解除合同的通知。当事人的这些行为表明，双方对解除合同没有异议（只是对违约责任的承担有不同看法），并且在2003年10月份已经事实上解除了双方之间签订的《特许加盟经营协议书》。法院对上述合同的解除予以确认。至于该合同的解除，并不影响违约责任的承担。

被告拖欠品牌使用费、经营管理费以及顾问费的事实清楚，应当依照合同约定承担相应的违约责任。根据《特许加盟经营协议书》关于违约责任的约定：若被告在两年内退出不履行协议的，除处罚违约金50万元外，被告还应支付120万元“品牌费”给原告，其他损失互不追究。这是当事人关于违约责任的具体约定，并没有违反法律的禁止性规定，并且从合同关于品牌使用费和管理费的价值约定和原告的预期利润来看也没有显失公平。至于原告要求的其他损失60万元，因上述合同中约定“其他损失互不追究”，并且原告称这是被告在合作终止后继续使用其品牌的费用也没有依据，故法院对该60万元的主张不予支持。

综上所述，依照《中华人民共和国合同法》第44条、第60条、第65条、第113条、第114条的规定，判决如下：

一、确认原告广东××公司与被告××房地产公司之间签订的《特许加盟经营协议书》于2003年10月16日已经解除。

二、被告××房地产公司应于本判决生效之日起10日内向原告广东××公司支付顾问费20万元；

三、被告××房地产公司应于本判决生效之日起10日内向原告广东××公司支付品牌使用费415 000元；

四、被告××房地产公司应于本判决生效之日起10日内向原告广东××公司支付经营管理费114 602.76元；

五、被告××房地产公司应于本判决生效之日起10日内向原告广东××公司支付违约金50万元及因违约所需支付的品牌费120万元；

六、驳回原告广东××公司的其他诉讼请求。

案件受理费25 158元，由原告广东××公司负担5 158元，由被告××房地产公司负担2万元。因上述费用已由原告预交，故被告应将需承担的费用在履行上述判决确定的债务时一并径付原告，法院不再作收退。

[评析]

本案是一起特许经营合同纠纷，特许经营，又称加盟连锁，是近50年来盛行并日渐国际化的一种商贸经营方式。商务部2005年2月生效的《商业特许经营管理办法》将特许经营定义为："通过签订合同，特许人将有权授予他人使用的商标、商号、经营模式等经营资源，授予被特许人使用；被特许人按照合同约定在统一经营体系下从事经营活动，并向特许人支付特许经营费。"一般来讲，受特许人以一定代价取得特许权，其目的是在一定的商标或经营模式下经销特定的产品；特许人通常负有商品供应义务。基于特许经营的特殊之处，其与一般的买卖合同、经销合同存在不同之处：第一，特许人不仅向受特许人提供产品，而更重要的是同时提供与该产品有关的、不可分离的无形财产所有权；第二，特许人可在合同中约定受特许人的最低销售额，一旦未达到销售目标，不管受特许人是否具有过错，特许人都有权解除合同；第三，在与特许权有关的经营业务上，受特许人则要接受特许人对特许权经营的安排；第四，受特许人只能制造、销售特许人的产品，不得同时兼营其他同类产品；第五，有的特许人要求受特许人支付加盟费。由此可见，广东××公司与××房地产公司之间在本案中是特许经营合同关系。根据本案合同性质及双方当事人的约定，佛山市中级人民法院判决××房地产公司向广东××公司支付顾问费、品牌使用费、品牌费、相应经营管理费及违约金，处理合法正确，后广东省高级人民法院以（2004）粤高法民三终字第321号判决维持。特许经营中特许者与加盟者之间在履约过程中，双方产生的纠纷除合同纠纷外，还包括商标侵权纠纷、不正当竞争纠纷等。关于特许经营合同的法律问题，需要注意的是：

（一）特许经营合同的内容

特许经营合同涉及诸多的法律、经营管理和技术等专业问题，对合同中出现的一些专门用语，如管理体系、商标许可使用、区域保护、加盟金、特许经营权使用费、产品和服务的内容等。特许双方经常因对上述专门用语的理解不同而发生纠纷。为了避免这种情况的发生，对这些专门用语的内涵和外延进行明确界定具有重要的意义。如果特许经营合同规定："管理体系是指特许人所有的有价值的专用商名、商标、建筑风格、培训体系、财务体系、经营诀窍和专有技术。它的核心内容是某某商标及其经营管理标准和技术质量标准"。

一般地讲，特许经营合同许可的内容大致包括：许可使用的商标、商号、专利、专有技术和经营诀窍等。合同应明确规定它们的名称、登记号及其他登记注册情况、有效期、许可使用的内容、方式和地区等事项。签订合同时，被特许者应该审核有关权属证书的原件。许可范围应明确规定使用的时间、地点、方式、使用权限等。合同期限短则1年，长则10年，最长可达20年，通常为3~5年。期限的长短与行业特点、投资大小、投资回收期长短等因素有关。通常还应规定在哪些情况下可提前终止合同，在哪些情况下可延长或者续订合同。如某特许经营合同规定："合同到期后，乙方（被特许者）要求延续特许经营的，应在本合同期满之日前×月，向甲方（特许人）提出书面申请，甲方同意延续的，应续签合同；甲方不同意或乙方不申请的，合同终止。"

特许权使用的地域通常是指被特许人有权使用特许经营权的地域范围，它通常是用来限定被特许者使用特许权的空间范围。同时，它也可以用来限定特许者在特定地区发展加盟商的数量，防止因特许者贪婪而无节制地发展加盟店，避免特许体系内部发生恶性竞争，危害整个特许体系的健康运作，从而维护被特许者的利益。如某特许经营合同规定"特许人承诺在合同有效期内不再在某某省某某市某某区范围内发展其他加盟店"。

（二）特许经营中的费用及解除合同后的费用处理问题

1. 特许经营中的费用种类

商业特许经营是指通过签订合同，特许人将有权授予他人使用的商标、商号、经营模式等经营资源，授予被特许人使用；被特许人按照合同约定在统一经营体系下从事经营活动，并向特许人支付特许经营费。因此，被特许人支付费用是获得特许经营权的对价。根据2005年2月1日起施行的《商业特许经营管理办法》（以下简称《办法》）第14条规定，特许经营费包括以下几种：

（1）加盟费：是指被特许人为获得特许经营权而向特许人支付的一次性费用；

（2）使用费：是指被特许人在使用特许经营权过程中按一定的标准或比例向特许人定期支付的费用；

（3）其他约定的费用：是指被特许人根据合同约定，获得特许人提供的相关货物供应或服务而向特许人支付的其他费用。

此外，被特许人尚需缴纳保证金，保证金是指为确保被特许者履行特许经营合同，特许人向被特许人收取的一定费用。合同到期后，保证金应退还被特许人。

上述特许经营费中，加盟费和保证金一般被要求在签订特许经营合同时立即缴纳，而特许使用费和其他费用的支付情况，由双方在合同中约定。

2. 费用确定的基本原则

特许者依据《办法》的规定收取上述特许经营费是合理合法的，但具体收取费用的金额多少却并非由特许者随心所欲地确定，否则，费用定价过高，无疑会造成对被特许者显失公平的结果。为此，《办法》第14条明确规定：特许经营双方当事人应当根据公平合理的原则商定特许经营费和保证金。

3. 解除合同后的费用处理

合同终止后的费用纠纷是特许经营合同常见的纠纷之一。一般情况，解除合同后的费用处理遵循“意思自治”的原则，由双方在合同中具体约定。在合同未作约定时，则要根据各项费用的性质分别确定处理方式。

相对而言，因使用费、保证金的性质较为容易理解，合同双方对这两类费用的处理较易达成一致。特许使用费属分阶段按期支付的费用，一般情况下若已使用则不存在返还问题、未使用则不会支付；保证金的处理一般依据“被特许者违约则不予以返还，反之则返还”的处理原则。现实中大量存在的是因加盟费的处理而产生纠纷。有相当一部分人，没有弄清楚加盟费的性质，甚至有人把加盟费看作一般经济合同中的预付款，故在解约时要求返还加盟费。实际上，被特许者只有缴纳了加盟费才有资格取得特许者的特许经营权，开展特许经营业务。加盟费可以说是被特许者获得特许经营资格的代价，付出这种代价后才有了依托特许经营体系，享受他人成功的经营模式，实现资本原始积累和低成本扩张的可能。因此，加盟费从性质上讲是入门费，不能等同于预付款或其他费用。

（三）特许经营中的商圈保护问题

1. 商圈保护的实质

商圈保护问题，也就是特许授权的地域问题。特许授权的地域通常是指被特许者有权使用特许经营权的地域范围，它用来限定被特许者使用特许权的空间范围；但同时也限定了特许者在特定地区发展加盟商的数量，防止因特许者贪婪而无节制地发展加盟店，造成特许体系内部的恶性竞争，损害被特许者的利益。因此，商圈保护条款实质上是平衡特许经营合同双方利益的条款。当然，不同的合同会根据不同的价值取向和需要作出不同的约定，有的仅约定了对特许者有利的商圈保护条款，有的则仅约定了对被特许者有利的商圈保护条款。

2. 商圈保护条款的解释问题

商圈保护条款关乎特许合同双方的切身利益，合同双方对此均高度重视，但由于很多情况或变化并非双方在订约时所能预见，在经营活动中因约定不明确而对商圈保护条款的理解发生歧义并导致纠纷的情况时有发生。上述案例，正是出现了因行政区划变更而发生对商圈保护区域条款的理解歧义，A 公司认为商圈保护区域“仅为C行政区内B所开加盟店周围方圆1 000米范围，而不包括D行政区内的区域”；而B则认为“只要在B所开加盟店周围方圆1 000米范围内的区域，无论该区域属C行政区还是属D行政区管辖，均属商圈保护区域”。实践中，对商圈保护条款的理解常常涉及违约责任的认定，因此，如何正确理解合同条款、即合同解释对解决纠纷就显得十分重要。而合同解释，是指运用各种解释规则和方法，确定合同条款的真意，探究当事人的效果意思，以达到消弭纷争的目的。《中华人民共和国合同法》第125条对合同解释所遵循的原则做了规定：当事人对合同条款的理解有争议的，应当按照合同所使用的词句、合同的有关条款、合同的目的、交易习惯以及诚实信用原则确定该条款的真实意思。需要强调的是，在解释实践中应以客观解释为主，同时辅之以主观解释，运用解释规则澄清、确定合同意思表示或者作出合理的补充。解释原则在适用时大致应按照文义、体系、习惯、目的、诚信等基本原则的顺序，但不必绝对拘泥于该顺序，应以使合同合法、有效、合理、公平为解释的指导原则。

（四）特许经营中的竞业禁止问题

1. 竞业禁止条款的法律含义

竞业禁止，又称竞业限制，是指特许者为保守商业秘密和维持竞争优势，根据法律规定或者合同约定，禁止被特许者在特许经营期内或合同终止后一定期限内从事与特许者有竞争关系业务的一种法律制度。该制度是特许者为预防被特许者在获得自己成熟的管理经验和技术秘密（均为商业秘密）后，很快脱离特许经营体系，从事同种经营损害自己利益的保护性制度。在竞业禁止的法律关系中，特许者享有请求权，可请求被特许者不为竞业行为，被特许者承担的是一种不作为的义务。

2. 竞业禁止条款包括的内容

竞业禁止条款一般包括以下内容：

（1）被特许者（自然人）在《特许经营合同》有效期内及

合同终止后3年内，不得在与特许者相竞争的企业中任职，不得从事与特许者相竞争的行业。

（2）被特许者（自然人）的亲属（含配偶、子女、其他近亲属）在《特许经营合同》有效期内不得自行成立与特许者相竞争的企业，不得在与特许者相竞争的企业任职。

（3）在被特许企业任职的董事、经理、合伙人等高级管理人员在《特许经营合同》有效期内及合同终止后3年内，不得在与特许者相竞争的企业中任职，不得从事与特许者相竞争的行业。

3. 竞业禁止条款的法律效力认定

竞业禁止条款是否具有法律效力，应根据不同合同的具体约定，依据公平合理、诚实信用的原则加以判定。具体而言，合法有效的竞业禁止条款必须同时满足以下条件：

（1）竞业禁止条款的适用对象合法。在特许经营体系中，并不是所有的人员都是商业秘密的知悉者，所以，竞业禁止条款的适用对象仅限于知悉商业秘密的人员。明确竞业禁止条款的适用对象，一方面可以降低企业保守商业秘密的成本，另一方面，对于特许经营体系中的从业人员而言，权利和义务对等，很好地体现了公平原则，以防止出现违法侵犯相关人员的自主择业权、就业权和生存权。

（2）竞业禁止条款的适用范围合法。竞业禁止条款的适用范围主要包括业务范围、时间范围和地域范围三方面内容。业务范围是指特定人员在约定的时间和区域内不得从事的竞争业务的种类，一般限于其在特许经营企业所从事的工种及岗位。时间范围是指特定人员不应当从事约定的禁止竞争业务的时间界限，一般为2~3年。地域范围是指不应当从事约定的禁止竞争业务的行政区域，一般限定于省级行政区域内。

（3）必须支付经济补偿金。经济补偿金是被限制竞争者在特定时间、区域内被禁止从业或创业应获得的对价和经济补偿，这也是公平合理原则的具体体现。

三、案例3

原告吴×诉被告××公司、被告××检测设备公司、第三人××仪表公司技术合同纠纷一案

［**要旨**］事实上技术合同关系的认定

［**案情**］一审法院审理查明：2000年10月29日，原告与第三人××仪表公司（原企业名称为××仪器厂）签订《联合开发汽车多功能检验台和新型底盘测功机两个新产品以及有关专利实施许可合同》，约定：(1) 原告与第三人联合开发实用新型专利产品汽车多功能检验台，原告并为此向第三人出售实用新型专利汽车多功能检验台（专利号为ZL00201789.X）和发明专利惯性台试检测汽车功率办法（专利申请号为00122435.2）的实施许可；(2) 原告与第三人联合开发新型底盘测功机新产品，原告为此向第三人出售发明专利惯性台试检测汽车功率办法（专利申请号为00122435.2）和发明专利滑行标定检测汽车底盘传动系效率方法（专利申请号为00118930.1）的实施许可；(3) 合作期间为15年，出售专利实施的期限实用新型9年、发明15年，第三人对上述专利在中国境内享有6年的独占使用权；(4) 原告义务包括提供资料、制定设计任务、完成设计图纸、进行技术培训、主持产品研制和试产试验的技术工作等；(5) 第三人义务包括负责研制期间的费用投资、主持产品鉴定、生产、销售、保密等；(6) 开发工作进度，其中2001年10月完成新型底盘测功机的试验和产品的全部技术工作；(7) 第三人应向原告支付专利入门费3万元、技术开发费12万元，同时第三人需支付提成费（7%的产品销售额+个人所得税）；(8) 违约责任方面。原告如在6年内将上述专利再实施许可给他人则需向第三人支付100万元违约金。第三人如有违约现象或隐瞒销售额，原告有权单方中止合同，第三人应赔偿违约金100万元。未

经对方同意任何一方不得退出合作或另寻合作伙伴，否则违约者应向对方赔偿100万元；等等。原告及第三人（当时以佛山××仪器厂的名义）均在上述合同上签章确认。

2002年12月5日，原告与第三人（仍用××仪器厂的名义）重新签订了《联合开发汽车多功能检验台和新型底盘测功机两个新产品以及有关专利实施许可合同》，除支付前述12万元技术开发费的时间作了变更及开发时间作了变更外，其他条款未作变更。该合同对开发时间进度的表述为：由于第三人的转制工作，开发工作调整为2003年3月完成原告的有关底盘测功机的开发技术工作，2003年4月开始由第三人负责组织展开底盘测功机的鉴定，等等。原告及第三人均在该合同上签章确认，其中吴×还作为第三人代表在该合同上签名。

在以上两份合同中，所列的合同甲方为××仪器厂（即本案第三人的原企业名称）、地址佛山市高新技术开发区港口路。合同乙方为原告吴×、地址中山市小榄。而根据工商登记材料表明：××仪器厂成立于1970年3月1日，属于全民所有制企业，法定代表人为张×。2005年5月17日，该厂向佛山市工商行政管理局申请办理变更登记。经工商部门核准的变更事项如下：变更前企业类型内资企业法人，变更后企业类型外商投资企业独资经营（港资）；变更前企业名称为××仪器厂，变更后企业名称××仪表有限公司。

原告的发明专利惯性台试检测汽车功率办法于2000年8月15日提出申请（专利申请号为00122435.2），并于2003年6月18日获得授权，专利号为ZL00122435.2。原告的发明专利滑行标定检测汽车底盘传动系效率方法于2000年8月8日提出申请（专利申请号为00118930.1），并于2003年2月26日获得授权，专利号为ZL00118930.1。

专利号为ZL00122435.2的发明专利惯性台试检测汽车功率办法的独立权利要求为以惯量作为负载进行汽车功率检测，采用自由和加载两次滑行过程，测量当量惯性质量，特征在于：把底盘测功机的当量惯性质量，以及各系列车型一台典型车辆底盘传动系当量惯性质量、发动机当量惯性质量输入计算机，以检验台和汽车的传动系统当量惯性质量作为负载进行动态功率检测，通过急踩油门到底系统加速，以及空挡或脱开离合器滑行，测量各车速区间的加速度和减速度，以不同的当量惯性质量来检测汽车各部分的功率。

专利号为ZL00118930.1的发明专利滑行标定检测汽车底盘传动系统效率方法的独立权利要求为该方法在底盘测功机涡流机的另一端增设一个离合器和电机，启动电机使系统至最高车速后，停电机脱开离合器，采用自由和加载两次滑行检测各种状态下各车速点的系统惯量和阻力、损耗功率，对各系列车型一台典型车辆进行标定，得到各系列车型各车速点的当量阻力系数，具体检测步骤如下：（1）测量底盘测功机传动系空转阻力，启动电机使底盘测功机空转至最高车速后，停电机脱开离合器，任系统自由滑行，测量系统自由滑行各车速点的减速度，再重复使系统达到最高车速后，停电机脱开离合器，涡流机给系统加上一定的阻力矩，使系统加载滑行，测出加载滑行各车速点的减速度和加载阻力矩，按牛顿力学第一定理，两次过程可以列出两个方程，可以解得系统惯量和自由滑行阻力、损耗功率；（2）测量驱动轮空转阻力，以不同系列车型各一典型车辆作为试验车辆，将驱动轮置于底盘测功机滚筒上，拆去半轴，采用自由和加载两次滑行可检测出该状态的系统惯量和阻力、损耗功率；（3）计算当量阻力系数，测量驱动轴轴荷，可得到各种系列车型各车速点的当量阻力系数，输入计算机。

根据证人冯××陈述：冯×× 1994年到××仪器厂工作，2004年9月辞职，辞职前的身份是被告××公司的副总经理和研究所所长；冯××负责××仪器厂与吴×的技术合作项目；吴×已经向××仪器厂提交了合同项下所有资料并进行了共同研发工作；对汽车多功能检验台项目公司决定放弃，但对底盘测功机项目则研发成功；2002 年底盘测功机有了样机，转制后作了认证，佛山分析仪器厂没有生产该产品，是转制后才生产的；本案的合作项目在转制后就由××公司和××检测设备公司承接下来，之前的有关入门费是由××仪器厂给吴×，后来批量生产，第一台机器的提成是在 2004 年初由上述两家新公司支付给吴×，底盘测功机项目一直没有停止过；大概卖出 10 多台，具体数量不清楚；××公司生产的底盘测功机就是与吴×合作生产的，用的技术也是吴×给的专利技术；××仪器厂已经向吴×支付了专利入门费；××公司的产品宣传画册（原告证据 9）属实；等等。冯××1994 年毕业于吉林工学院工业电气自动化专业，1999 年佛山市人事局评审确定其电气工程师资格。

根据证人谭××陈述：谭××2000 年 7 月底到××仪器厂工作，从 2001 年起跟冯××开始搞本案技术项目，研发产品是汽车多功能检验台及底盘测功机，具体负责方法和机械方面的设计；谭××从进厂到离开签订过三份劳动合同，开始时与××仪器厂签订合同，2002 年转制后与××检测设备公司签订合同，2003 年 7 月又转成与××公司签订合同，2004 年 10 月辞职；××公司的产品宣传画册（原告证据 9）属实，上面所说的六大发明专利是吴×的；对汽车多功能检验台项目公司决定放弃，但对底盘测功机项目则研发成功；底盘测功机虽然很早有了，但我们研发的底盘测功机用的是吴×的技术；××公司生产的底盘测功机的销售情况好像卖了 8 台，具体情况不太清楚，其去现场安装的，有卖到鹤山的，其去现场看过的有卖到南海大沥的；等等。谭××2000 年毕业于华南理工大学汽车专业。

根据证人吴×陈述：2002 年××仪器厂转制，由香港××公司全资购买该厂，并成立××检测设备公司和××公司，故本案技术合同项下的技术产品的使用者和生产者变成了××检测设备公司和××公司，但××仪器厂没有与前述两公司签订有关转移上述技术合同的书面材料；当时申请底盘测功机鉴定时是以××仪器厂名义提出申请，但后来该厂转制，故到技术监督局把原××仪器厂全部产品的“制造计量器具许可证”转为××检测设备公司和××公司（包括底盘测功机）；汽车多功能试验台由于技术、市场原因，公司决定放弃；吴×向佛山分析仪器厂提供了基本设计思想，有基本计划任务书、原理设计、整体设计、机械图纸等，上述资料吴×向××仪器厂提供，具体应保存在原检测分厂技术部，具体负责人员为冯××，吴×对××仪器厂的底盘测功机研制小组的有关人员进行指导，具体人员为冯××、谭××和陈××；等等。

原告代理律师在起诉前与何××、李××通了电话并自己录了音。从通话记录看，双方不能就本案问题达成一致看法，但吴×已经提取了一台底盘测功机的提成款。

根据广东省佛山市质量技术监督局出具的制造计量器具许可证申请书表明，××检测设备公司作为申请单位于2003年3月向技监部门提交制造计量器具许可证申请书。具体有关内容如下：申请单位名称××检测设备公司（××仪器厂），法人代表张×；申报产品底盘测功机，型号FCG801；企业主要负责人、技术管理人员、检测人员状况表内容为张×、董事长，吴×、总经理，李×、技术总监、工作岗位研究所，冯××、总工程师、工作岗位研究所，何×、工程师、工作岗位研究所，李×、工程师、工作岗位研究所，谭××、助工、工作岗位研究所，瞿××、技师、工作岗位质检部；等等。广东省佛山市质量技术监督局根据上述申请资料发放了编号为粤制06000104—15号的《中华人民共和国制造计量器具许可证》，内容为持证单位××检测设备公司、××公司；计量器具名称FCG801底盘测功机；等等。

上述证件发放以后，被告××公司生产销售了前述FCG801底盘测功机。根据华工邦元公司与××公司于2003年11月6日签订的购销合同表明，华工邦元公司向××公司购买了包括

FCG801底盘测功机在内的一批检测设备并用于江门（鹤山）市道路运输车辆综合性能第六检测站。吴×陈述被告已经支付该台底盘测功机设备的提成款9 000多元，另外合同项下的入门费3万元与技术开发费12万元均已付清。

根据法院向鹤山市南方机动车检测站（原名江门市道路运输车辆综合性能第六检测站）副站长梁××所作的调查笔录表明：华工邦元公司向××公司购买了上述检测设备（含FCG801底盘测功机）后再转销给该检测站；该底盘测功机是作为调试使用，用了一年多以后由于不能满足省交通厅的有关技术规范，故检测站送去改造，改造后的型号为KDC－3型，改造的部分主要为计算机控制系统、传感器、电路三部分；该底盘测功机改造后的铭牌也进行了更换，原来是××公司，改造后换为深圳市××实业有限的铭牌，改造后作为一台新的机器设备进行安装喷漆并使用至今；等等。该检测站还向法院提交了上述原有的FCG801底盘测功机的校准证书和使用说明书。校准证书由江门市计量所出具，上面载明的制造厂为××仪器厂。而使用说明书上记载的制造商为××公司，该产品在结合6大发明专利的基础上采用新的结构和检测方法，并载有××公司的电话、地址等。

根据被告××公司的产品宣传资料表明：FCG801底盘测功机是作为ASM和加载减速废气排放检测专用的双滚筒底盘测功机；在结合六大发明专利的基础上采用新的结构和新的检测方法；等等。

两被告和第三人对上述证人证言和通话记录均予以否认，并认为技监部门保存的材料存在笔误，申领证件过程存在问题。两被告还认为其未向吴×支付过任何专利费用及提成费，也未生产销售过原告所称的底盘测功机，更没有销售给鹤山检测站，上述购销合同是华工邦元公司单方出具无被告认可不能作为证据，对上述产品说明书和产品宣传资料也不予认可。第三人还认为其只向吴×支付了3万元入门费，没有向吴×支付过技术开发费。

另查：根据工商登记资料表明，××检测设备公司是外商独资企业（港资），投资方为香港××集团有限公司，住所地佛山市高新技术开发区××路16号，法定代表人何××，成立日期1992年11月13日。××公司是外商独资企业（港资），投资方为香港××集团有限公司，住所地佛山市高新技术开发区××路，法定代表人张××，成立日期2003年3月13日。上述两企业在同一厂区办公，在法律上为相同股东的各自独立的企业法人。

两被告及第三人均不能向法院提供上述FCG801底盘测功机产品或样品，也不能向法院提交有关FCG801底盘测功机的研发材料。

［**当事人一审诉辩主张**］原告诉称：2000年10月29日，原告与××仪器厂签订《联合开发汽车多功能检验台和新型底盘测功机两个新产品以及有关专利实施许可合同》，约定原告与××仪器厂联合开发汽车多功能检验台和新型底盘测功机；原告将汽车多功能检验台的实用新型专利（专利号为ZL00201789.X）、正在申请的发明专利惯性台试检测汽车功率方法（专利申请号为00122435.2）和滑行标定检测汽车底盘传动系效率方法（专利申请号为00118930.1）许可给××仪器厂实施；2002年12月5日，原告与××仪器厂重新签订了《联合开发汽车多功能检验台和新型底盘测功机两个新产品以及有关专利实施许可合同》，除付费方式及开发时间作了变更外，其他条款未作变更；并再次约定原告除收取专利入门费和技术开发费外，佛山分析仪器厂需支付提成费（7%的产品销售额+个人所得税）；同时约定如××仪器厂违约需赔偿原告100万元。2003年2月，两个产品均已开发完毕，但××仪器厂不申请汽车多功能检验台的鉴定，而将底盘功机交由被告××检测设备公司申请鉴定。2003年3月31日，两被告取得了编号为粤制06000104—15号的《中华人民共和国制造计量器具许可证》，随后由被告××公司制造、销售该底盘

功机，且被告向原告支付了一台底盘测功机的提成费。至此，原告与××仪器厂所签合同项下的权利义务已完全由两被告承接。但是，被告在承接上述合同权利义务并支付一台底盘测功机的提成费后，就再无向原告付费，也没有向原告通报销售情况，更不允许原告查账，被告的行为已构成根本违约。原告请求：判令解除《联合开发汽车多功能检验台和新型底盘测功机两个新产品以及有关专利实施许可合同》；判令被告向原告支付产品销售提成费19万元（不含个人所得税，此为20台销售量的提成）；判令被告向原告支付违约金100万元；诉讼费由被告负担。

原告向法院提交了如下有关证据支持自己的主张：

（1）上述技术合同；

（2）上述专利证书及其权利要求和说明书；

（3）广东省计量器具质量监督检验站向被告××检测设备公司出具的计量器具新产品样机试验结果通知书；

（4）制造计量器具许可证申请书；

（5）编号为粤制06000104—15号的《中华人民共和国制造计量器具许可证》；

（6）原告律师向冯××、谭××的调查笔录；

（7）原告律师与何××、李××的电话通话录音；

（8）吴×的书面陈述；

（9）被告××公司的产品宣传画册；

（10）广州华工邦元信息技术有限公司（以下简称华工邦元公司）与被告××公司于2003年11月6日签订的购销合同；

（11）冯××、谭××的学历、职称证明以及冯××的××公司员工出入证；

（12）工商登记材料；等等。

两被告辩称：原告的起诉与事实不符。原告与两被告之间没有技术合同关系，原告起诉的主体错误；两被告之间是各自独立的法律实体，也没有承接原告所述的合同项下的权利义务；被告没有生产、销售原告所称的底盘测功机；被告所使用的是公知技术，所生产的样机与原告合同项下的底盘测功机有着本质区别；被告在申领许可证时存在问题，所以现在也没有生产底盘测功机。两被告请求驳回原告对其的诉讼请求。

两被告向法院提交了如下有关证据材料支持自己的主张：

1. 底盘测功机的国家标准；

2. 工商登记材料；

3. ××公司的公章式样；等等。

第三人××仪表公司辩称：第三人××仪表公司才是原告所述技术合同的相对方，故应当列为被告才对；本案两被告在法律上是各自独立的主体，原告也没有证据证明其承接该合同权利义务；从工商登记材料看，承接原××仪器厂的权利义务主体是××仪表公司，而并非两被告；事实上第三人与两被告之间均为各自独立主体，不存在事实上的继承关系；原告没有将合同项下的技术资料交付给第三人，已经构成违约；原告的技术有缺陷，达不到合同的要求；原告也未能举证证明第三人违约和擅自销售合同产品的事实。第三人对解除上述合同没有异议。第三人××仪表公司请求驳回原告的诉讼请求。

第三人向法院提交了工商登记材料。

法院向广东省佛山市质量技术监督局调取了制造计量器具许可证申请书和编号为粤制06000104—15号的《中华人民共和国制造计量器具许可证》（与原告证据4、5相同）；向鹤山市南方机动车检测站（原名江门市道路运输车辆综合性能第六检测站）进行了调查。

［一审审理结果］佛山市中级人民法院审理认为：本案属于技术合同纠纷，其内容涉及技术开发（开发新产品底盘测功机）及有关专利的实施许可。原告与第三人签订前述技术合同双方均无争议，对于该合同中的汽车多功能检验台项目不再实施双方在当时也无争议（该汽车多功能检验台项目当时没有实施是事实，

不论是谁提出不实施，对方当时均无对此提出异议)。因此，法院在本案中重点审查新型底盘测功机项目。

本案中原告方证人的身份清楚，也是当时的有关经办人员，法院调查取证也是依法进行，且有关证据材料之间可以互相印证。无证据表明上述人员与本案的处理结果有法律上的利害关系。因此，对被告及第三人在不能提交相反证据的情况下对上述证据进行全盘否定的主张法院不予支持。法院根据案件的其他证据以及上述证据进行综合分析，对案情实事求是地进行认定。

从案情看，原告显然已经履行了上述合同项下的义务，将有关资料交给了××仪器厂并参与研发工作，研发工作也取得成功。问题是，两被告是否从事上述研发工作?

两被告不能向法院说明其研发 FCG801 底盘测功机的研发过程，也不能提交上述研发材料，而该材料势必由有关申请单位保管，根据《最高人民法院关于民事诉讼证据的若干规定》第 75 条的规定，“有证据证明一方当事人持有证据无正当理由拒不提供，如果对方当事人主张该证据的内容不利于证据持有人，可以推定该主张成立”。又结合证人证言、产品说明书、产品宣传资料等材料，可以确定 FCG801 底盘测功机就是本案技术合同项下研发的产品。至于被告提出的底盘测功机在上述合同签订之前就早有人生产，因而属于公知技术的问题，显然证据不足，法院不予采纳。底盘测功机的国家标准及产品早已存在并不能证明本案的 FCG801 底盘测功机的有关技术早已被公开，被告也没有向国家专利复审委员会申请原告的有关专利无效。

从当事人向技监部门申请计量器具许可证的材料看，申请单位名称是××检测设备公司（××仪器厂)，吴×、冯××、谭××等是作为申请单位的有关工作人员；而技监部门据此批准的许可证上的被许可单位则是××检测设备公司和××公司；在合同中对××仪器厂地址的描述以及研发地点均是在××公司厂区；××仪器厂在 2002 年进行企业改制是事实（2002 年技术合同中有反映，证人证言也证实了这一点)，改制后××仪器厂已经停产并更名为××仪表公司也是事实（工商材料及吴×的证言等均有反映)；从购销合同等材料看，××公司确实生产并销售了至少一台 FCG801 底盘测功机，吴×也已经提取了该台机器的提成款 9 000多元。虽然，两被告及第三人竭力否认支付过该提成款及先前的 12 万元技术开发费，但这是原告吴×对自己不利的陈述，从常理看收款收据应当保存在付款方，有关证人也证实这一点，原告律师与何××、李××的通话记录也反映了这一点(尽管该通话记录属于未经对方许可私自录音不应整体采纳，但该提成款的事实与其他证据相符)。法院认定吴×已经收取了 3 万元入门费、12 万元技术开发费和 9 000 多元提成款（××公司与华工邦元公司购销合同的提成)，但对上述款项的具体支付方式、过程等细节问题无从考究。

有一点必须明确，原××仪器厂在 2002 年改制后企业的对外债权债务等民事权利义务是否由××仪表公司负责并不影响××仪器厂与吴×签订的技术合同项下的研发工作是否由其他企业进行。关键要看有关的研发过程及事后的生产、销售等情况。结合本案有关材料，××检测设备公司与××公司成了制造计量器具（FCG801 底盘测功机）许可证的被许可单位，是本案技术合同项下研发成果的受益人，××公司并且生产、销售了上述产品。虽然原告吴×与两被告、第三人之间并没有签订有关转让本案技术合同项下的权利义务的协议，但吴×对两被告享有技术成果的事实并没有异议，两被告也派出技术人员冯××、谭××等参与研发（冯××、谭××、吴×等人既是原××仪器厂的员工，也在××公司工作，在向技监部门申报的材料上还同时作为申报单位××检测设备公司［××仪器厂］的员工)，并且接受了有关技术成果，吴×也接受了该技术成果的一定对价。因此，根据《中华人民共和国合同法》第 36 条的规定，“法律、行政法规规定或者当事人约定采用书面形式订立合同，当事人未采用书面形式但一方已经履行主要义务，对方接受的，该合同成立”，法院认定原告吴×与被告××公司、××检测设备公司之间在事实上存在有关新型底盘测功机项目研发的技术合同关系并已履行，研发的成果为FCG801底盘测功机。

关于吴×与被告××公司、××检测设备公司之间的技术合同的具体内容及履行问题和法律责任问题。原告认为其原来与××仪器厂签订的技术合同中该厂的权利义务已经转由两被告承接并履行，而两被告对此则坚决予以否认。证人吴×（属公司高层管理人员，也是原合同经办人）对此的陈述是：原××仪器厂的产品先转到××检测设备公司，后又转到××公司；当时申请底盘测功机鉴定时是以××仪器厂名义提出申请，但后来该厂转制，故到技术监督局把原××仪器厂全部产品的《中华人民共和国制造计量器具许可证》转为××检测设备公司和××公司（包括底盘测功机）；××仪器厂没有与××检测设备公司、××公司签订有关转移《联合开发汽车多功能检验台和新型底盘测功机两个新产品以及有关专利实施许可合同》（注：吴×与第三人之间在2000年、2002年两次签订）的合同或者文件。而××仪器厂、××检测设备公司、××公司之间虽然有一定联系，但在法律上又是各自独立的企业法人。因此，原告所述的完全按上述其与××仪器厂签订的2002年合同的具体内容来确定其与××公司、××检测设备公司的合同内容显得证据不足，两被告对其与原告之间的合同关系一概不认更是没有道理。造成本案原告与两被告之间的合同权利义务不尽明确以致引起纷争双方当时均有过错。

《中华人民共和国合同法》第61条规定：（合同内容约定不明的）按照合同有关条款或者交易习惯确定；第94条规定：在履行期限届满前一方明确表示或者以自己的行为表明不履行主要债务以及一方迟延履行债务或者有其他违约行为致使不能实现合同目的等情况下当事人可以解除合同；第107条规定：当事人一

方不履行合同义务或者履行合同义务不符合约定的应承担违约责任；第108条规定：当事人一方明确表示或者以自己的行为表明不履行合同义务的，对方可以在履行期限届满之前要求其承担违约责任；第113条规定：当事人一方不履行合同义务或者履行合同义务不符合约定，给对方造成损失的，损失赔偿额应当相当于因违约所造成的损失，包括合同履行后可以获得的利益，但不得超过违反合同一方订立合同时预见到或者应当预见到的因违反合同可能造成的损失。《最高人民法院关于审理技术合同纠纷案件适用法律若干问题的解释》第14条规定：对技术合同的价款、报酬和使用费，当事人没有约定或者约定不明确的，人民法院可以按照以下原则处理：（一）对于技术开发合同和技术转让合同，根据有关技术成果的研究开发成本、先进性、实施转化和应用的程度，当事人享有的权益和承担的责任，以及技术成果的经济效益等合理确定；等等。法院按照上述有关法律和司法解释的规定，结合有关交易习惯，并参照前述2002年技术合同的部分约定，综合认定并处理本案原告与两被告之间的合同权利义务以及违约责任等问题，以解决双方的本案争议。

根据本案的情况，原告吴×与第三人××仪表公司（原名××仪器厂）之间签订的《联合开发汽车多功能检验台和新型底盘测功机两个新产品以及有关专利实施许可合同》已经完全没有履行必要，第三人对解除合同也没有异议，故应予以解除。由于原告在本案中没有对第三人提出给付请求，故法院对此不作处理。对原告与被告××公司、××检测设备公司之间的事实上的技术合同关系，原告在本案中已经提出解除主张（其是把上述与第三人签订的合同内容完全等同于与两被告签订的合同内容），两被告在诉讼中的陈述也反映了双方无法继续合作，法院对此事实上的技术合同关系也予以解除。

合同解除并不影响有关结算、清理条款的效力以及违约责任的认定和承担。被告××公司不但接受了研发成果FCG801底盘测功机，而且进行了生产、销售，并且拒绝让原告吴×了解有关的销售情况从而获得后继的提成款，同时××公司一再否认接受研发成果和生产、销售的事实，对提成款支付的事实也予以否定陈述。种种情况表明，××公司不想与吴×继续合作，其以自己的行为表明已经不再履行有关义务了，××公司的行为（生产了FCG801底盘测功机又不想支付提成款，连已付的有关提成款都想否认，并且有隐瞒生产和销售的行为［其否认购销合同的存在也从另一角度表明了其不想让吴×知道具体销售情况］）构成违约，其应当向吴×支付有关已售出的FCG801底盘测功机的提成款并承担相应的违约责任。

原告吴×在本案中提出的支付提成款的主张根据是被告已售出20台FCG801底盘测功机。但从本案查明事实看，只有一台证据确凿（有购销合同等证实），而该台的提成款又已经支付完毕。原告无法证实被告××公司出售FCG801底盘测功机的具体数量，但从证人证言的反映出售出的不止一台，从生活常理分析也应当不止一台。故法院把有关的提成款计付，综合有关的违约赔偿，一并确定具体数额。又如上所述，被告××公司存在违约行为，其应当向原告承担违约赔偿责任。原告坚持要按2002年技术合同约定的“××仪器厂如有违约现象或隐瞒销售额，吴×有权单方中止合同，××仪器厂应赔偿违约金100万元；未经对方同意任何一方不得退出合作或另寻合作伙伴，否则违约者应向对方赔偿100万元”之内容，向被告主张100万元的违约金。但是，如前所述，上述2002年技术合同是原告与第三人签订的，原告与被告之间存在的事实上的技术合同关系之内容只能根据前述有关法律和司法解释的规定，结合有关交易习惯，并参照2002年技术合同的部分约定进行综合认定。况且，以上100万元违约金的约定也不尽合理（以下另行论述法院确定数额的依据）。法院决定对被告××公司应承担的违约赔偿数额（将有关提成款问题一并加以考虑在内）予以酌定。

最高人民法院《关于审理专利纠纷案件适用法律问题的若干规定》第21条和第22条规定，对因专利侵权行为造成的赔偿数额难以确定的，人民法院可以根据专利权的类别、侵权人侵权的性质和情节等因素，酌定在5 000元以上30万元以下确定赔偿数额，最多不得超过50万元；人民法院根据权利人的请求以及具体案情，可以将权利人因调查、制止侵权所支付的合理费用计算在赔偿数额范围之内。以上规定是关于专利侵权的具体赔偿责任问题，不能作为本案合同纠纷处理的直接法律依据。但是，本案是关于发明专利产品FCG801底盘测功机的研发以及相关发明专利的实施许可的技术合同纠纷，在合同双方有关约定不明等情况下，法院在确定违约责任赔偿数额的时候可以参考以上做法。法院在确定被告××公司应承担的违约赔偿责任具体支付数额（含原告诉讼请求中的提成款及违约金）时考虑到以下因素：本案技术合同涉及两个发明专利；××公司违约的事实清楚、情节偏重；FCG801底盘测功机的利润较高（一台的提成款已有9 000多元）；FCG801底盘测功机的市场营销价值一般，实施转化和应用的程度不是特别突出（法院向鹤山市南方机动车检测站调查的材料可以间接表明原机的市场推广应用不是非常理想、有改装的必要和事实等）；××公司出售FCG801底盘测功机的具体数目不详，证人所言也不能十分确定；可以参照的相关专利许可使用费是三个专利的入门费3万元，技术开发费12万元（应属原告参与两个新产品研发所得的费用报酬），提成费为7%的销售额；因双方解除合同给原告造成的损失只有潜在的后继的提成费（但如果××公司出于市场考虑不生产FCG801底盘测功机则无论是否解除合同原告均无法获得该提成费），解除合同给原告带来的损失不是很大；等等。法院确定：在解除合同后，被告××公司应当向原告吴×支付20万元作为违约赔偿。

被告××检测设备公司仅在名义上享受了FCG801底盘测功机的研发成果，其（连同以××仪器厂的名义）向技监部门申领许可证，并且与××公司一齐获得编号为粤制06000104－15号的《中华人民共和国制造计量器具许可证》，获得生产FCG801底盘测功机的资格。但是，××检测设备公司并没有生产、销售过FCG801底盘测功机产品，该公司虽然与××公司是同一股东开办的关联企业，但在法律上却是各自独立的企业法人。由于××检测设备公司没有生产FCG801底盘测功机，原告应得的前期费用（专利入门费3万元和技术开发费12万元）也已得到满足，故不存在给付原告提成费的问题，也不存在隐瞒销售等违约行为。因此，对于原告与××检测设备公司之间的事实上的合同只要解除即可，不存在××检测设备公司因违约而需要向原告支付提成费及违约赔偿的问题。

综上所述，依照《中华人民共和国合同法》第36条、第61条、第107条、第108条、第113条，《最高人民法院关于审理技术合同纠纷案件适用法律若干问题的解释》第14条，《中华人民共和国民事诉讼法》第63条、第71条，以及《最高人民法院关于民事诉讼证据的若干规定》第64条、第65条、第66条、第75条的规定，判决如下：

一、解除原告吴×与第三人××仪表公司之间签订的《联合开发汽车多功能检验台和新型底盘测功机两个新产品以及有关专利实施许可合同》；

二、解除原告吴×与被告××公司、被告××检测设备公司之间的事实上的技术合同关系；

三、被告××公司应于本判决生效之日起10日内向原告吴×支付人民币20万元，逾期履行，则按中国人民银行规定的同期银行贷款利率加倍支付迟延履行期间的债务利息；

四、驳回原告吴×的其他诉讼请求。

案件受理费16 960元，由被告××公司负担1万元，由原告吴×负担6 960元。因上述费用已由原告预交，故被告应将需承担的费用在履行上述判决确定的债务时一并给付原告，法院不再作收退。

[评析]

本案是一起技术合同纠纷，在本案中，除了违约赔偿外，主要涉及事实上技术合同关系的认定。

通常而言，合同是当事人之间自由协商的结果。但“契约成立中的自愿要素，常常可以被实际行为所完全取代，由此产生的结果是人们可以不必进行意思表示。”这就是德国著名学者豪普特（Haupt）于1941年提出的“事实上的契约关系”理论。他将事实上的契约关系分为三类：基于社会接触而生的契约关系；基于团体关系而生的事实上的契约关系；基于社会给付义务而生的事实上的契约关系。在基于社会接触而生的契约关系中，豪普特教授主张应当放弃以意思表示为契约关系成立的基础，另寻客观要件，即社会接触的事实，当事人因社会接触的事实而产生相互照顾、通知和保护的义务等，凭借此等事实，足以成立契约关系。事实合同理论在德国招谤惹讼，酿成法学界一段未决公案，虽然联邦法院采纳了此理论，但备受学者批评，以致近来又略显犹豫，徘徊不决。在我国，该学说尚未受主流学说关注，我国现行立法方面，《合同法》中也没做明确规定。但在某些条款中似暗含其义。《合同法》第10条的“其他方式”、第22条的“通过行为承诺”及第36条、第37条的“当事人一方已经履行主要义务，对方接受的，该合同成立”，即我国合同法允许某些特定条件下当事人以事实行为成立合同。

传统的大陆法合同理论一直坚持“合意”说，即当事人基于内在的目的意思、效果意思、表示意思，通过外在的表示行为，达成合意。例如，《法国民法典》第1011条规定，“契约为一人或数人对另一人或数人承担给付某物、作为不作为的义务的合意。”德国民法更创制出抽象的意思表示与法律行为的概念，被誉为“大陆法系民法学中最辉煌的成就”。“合意”说是近代欧美流行的自然法理念与德国形式主义法学之产物。然而进入

20 世纪以来，社会形态变迁，以个人为基础的原子式社会已不复存在，社会生活高度组织化、规则化，社会生产、交易、消费大规模化，在此背景下，团体本位、社会本位思潮日益风行。德国豪普特遂在 1941 年首倡“事实上的合同关系”学说，该说猛烈抨击传统合意理论泥古不化，不足以解决现实问题，认为不依当事人意思表示，仅依事实行为即得以成立合同。依其构成要素，可分为三个基本类型：1. 基于社会接触；2. 基于纳入团体关系；3. 基于社会给付义务而生的事实上之契约关系。此说一出，即引起法学界强烈反响，褒贬不一，被称为“其威力犹如一颗原子弹，足以摧毁忠实于法律的思想方式”。其后又有著名学者拉仑茨（Larenz）教授予以修正，提出“社会典型行为理论”应和之。德国联邦法院在 1956 年的停车场费用案中依然采纳了事实合同的理论，将其判例化。事实合同理论对大陆法系诸国都产生了重大反响。例如，近年来，日本有学者也提出所谓的“关系性合同理论”，主张合同的拘束力及围绕合同的各种义务乃基于社会关系而发生。该理论的主张者认为，无论在以前或是现在，每一合同的背后实际上都受到种种社会关系的拘束，而构成此种社会连带的基础是该社会的伦理与信义的观念。传统合同法的“契约自由原则”，受重视个人意思的理性主义及个人主义式的自由主义思想的影响，乃是 18、19 世纪思想的产物，并未反映现实社会条件。事实合同就其功能而言，仅为合同成立问题上传统合意模式的补充，是对对社会现实解释乏力的传统理论的一种修正。在本案中，法院根据在当事人之事实行为推定其真实意思，以当事人的事实履行行为来确定其间成立技术合同关系，并没有什么不妥。

对于该案件，当事人一方上诉后，广东省高级人民法院以（2006）粤高法立民终字第 368 号裁定按上诉人（原审被告）自动撤回上诉处理，原审判决生效。

四、案例4

原告××公司诉被告徐××专利实施许可合同纠纷一案

［**要旨**］专利实施许可合同纠纷中，设备不能正常使用原因的举证责任应由谁承担

［**案情**］一审查明：2001年4月12日，国家知识产权局向徐××发出实用新型专利证书一份，实用新型名称为双蒸发器海水制冷式渔船保鲜装置，专利号为ZL00226418.8，设计人为徐××。2002年2月20日，国家知识产权局又向徐××发出发明专利证书一份，发明名称为双路多循环无冰水冷式保鲜方法及装置，专利号为ZL98112844.0，发明人为徐××。2002年12月20日，徐××与××公司签订合作协议一份，双方约定使用上述专利技术进行合作生产经营。具体内容包括：××公司充分利用现有的资源、人力、物力和徐××共同研制、生产、销售专利技术产品，由××公司提供生产所需的资产和资金，徐××提供专利技术和全套生产、技术资料；××公司积极辅助专利产品的技术、生产、销售和产品鉴定工作，对合作期间的重大决策负有最终裁决权；徐××编制产品工艺文件，主持产品样机的生产安装实验、改进、定型、鉴定和相关技术资料的配套、建档工作，并负责专利产品小组工作及开展日常生产经营活动；合作初期××公司先付给徐××技术使用费和奖金30万元，该30万元分两期支付（第一期以借款形式支付，在签订合同后三天内付5万元，其余5万元经用户对安装在东山港船上的设备进行使用认可并达到设计标准后支付，同时××公司归还借条；第二期20万元在产品销售前30台中，以奖金形式按实际销售台数的比例计提），双方同时对从销售第1台产品至第800台的净利润分配方式作出约定；在该项目产品实现销售800台前，如徐××擅自与第三者合作，出卖该项目技术与相关技术，单方面中止和××公司合作，不提供技

术支持和技术服务，不履行责任的，应无条件向××公司赔偿在合作期间所收取的费用和报酬，并赔偿所造成的一切经济损失，项目实现销售800台后，双方继续合作，其提成方案调整为××公司80%，徐××20%，如××公司单方提出终止合作，将不能继续使用本专利产品技术，如徐××单方提出终止合作，××公司可以使用该项专利技术，双方并约定违反协议的任何条款即属违约，违约方应赔偿不违约方的一切经济损失。

关于××公司提供的借款凭证，虽然徐××以对方没有在第一次庭审时提供借款凭证的原件为由不予质证，但徐××在法院审理过程中承认曾以出具借条的方式收取专利使用费，并且××公司亦于法院第二次庭审时提供了原件供核对，故应确认徐××在2002年12月23日向××公司出具借条，确认收到专利使用费5万元。

其后，有关渔船保鲜设备生产并安装到浙江宁波石浦港66007号船上。

关于渔船保鲜设备的质量问题。××公司主张设备无法正常使用，其提供了与陈××签订或确认的协议书、协议、损失报价表，并提供了照片及怡海公司、普适尔公司的相关材料等以证实；徐××主张保鲜设备“效果很好”，其提供了渔船保鲜设备实际运行情况表、跟船情况汇报、跟船作业小组工作汇报、卢××及邓××的证人证言等证实。法院根据当事人已确认的事实、分别提供的证据及陈述等进行分析认证，因××公司未能对照片的拍摄过程提供证据证实，而怡海公司、普适尔公司的相关材料亦没有原件，故对照片及怡海公司、普适尔公司的相关材料不能单独采信；又因徐××没有对跟船作业小组工作汇报的签名确认者苗××的身份提供证据证实，故该证据亦不能单独采信；徐××虽然对××公司与陈××签订或确认的协议书、协议、损失报价表等不予确认，但其为证实保鲜设备“效果很好”所提供的渔船保鲜设备实际运行情况表上亦有陈××作为船长的签名，其并未能对××公司提供的与陈××签订或确认的协议书、协议、损失报价表等的签名予以反驳，故应确认该证据的真实性；××公司虽然对徐××提供的渔船保鲜设备实际运行情况表、跟船情况报告、证人证言不予确认，但上述运行情况表亦有陈××的签名，作出跟船情况报告的卢××亦出庭作证，故应确认该证据的真实性。从已经确认真实性的证据内容来看，渔船保鲜设备实际运行情况表反映的作业时间为4月22日至5月5日，其形成时间早于××公司与陈××于2003年7月24日签订的协议，故陈××在设备装船运行后不久就确认66007号船上的保鲜设备效果很好，这一确认是可信的，但陈××亦在实际运行情况表中注明“4月27日至5月5日设备是正常的，你们离开后，在我们正确操作下设备出现故障我们船上不负责”，同时，亦因没有证据证实该设备已经各方组织验收合格，故陈××在其后反映设备存在质量瑕疵的可能性不能排除。

此外，××公司在第一次庭审中将其诉状中的诉讼请求“判令徐××立即偿还××公司借款5万元”变更为“请求判令徐××返还专利使用费5万元”。徐××虽然主张该变更不符合程序，但由于该变更属于××公司在人民法院要求其明确诉讼请求的情况下作出，符合法律的规定，故应予准许。

［**当事人一审诉辩主张**］原告××公司诉称：2002年12月20日，经佛山市发明家协会介绍，××公司与徐××就使用徐××发明的《双路多循环无冰冷式渔船保鲜方法及装置》和《双蒸发回海水制冷式渔船保鲜装置》专利技术签订一份《合作协议》。《合作协议》约定：××公司第一期以借款形式支付给徐××专利使用费5万元，条件是用户对安装在船上（东山港）的设备进行使用认可，达到设计标准后，返还借条。2002年12月23日，××公司按约定以借款形式支付了专利使用费5万元，有徐××出具的借条为证。现因徐××安装在用户船（东山港）

的设备无法正常使用，遭客户索赔65 800元，给××公司造成了严重的经济损失。根据《协议》约定，徐××收取专利使用费的条件不成就，应依约返还××公司借款5万元。××公司为此向法院起诉，请求判令徐××立即偿还××公司借款5万元。在庭审期间，××公司将其诉讼请求明确为请求判令徐××返还专利使用费5万元。

原告××公司对其陈述事实在举证期限内提供的有关证据有：

（1）××公司企业法人营业执照副本复印件一份。

（2）××公司法定代表人身份证明一份。

（3）徐××身份证复印件一份。

（4）××公司与徐××于2002年12月12日签订的合作协议一份。

（5）徐××于2002年12月23日出具的借条一份、同日签名的支票存根二份。

（6）××公司与陈××于2003年4月21日签订的协议书一份、于2003年5月18日确认的损失报价表（分现价、市场价）二份、于2003年7月24日签订的协议一份。

（7）照片10张。

（8）怡海公司于2003年11月22日向××公司出具的信函一份，法院（2002）佛中法知初字第94号民事判决书一份，核准内资有限责任公司吊销登记的有关资料4份，普适尔公司于2002年4月23日向怡海公司出具的信函一份，嵊州市人民法院（2000）嵊经初字第210号民事调解书一份，徐××于2000年5月10日提交的起诉状一份、普适尔公司与徐××于1999年5月21日签订的协议书一份，梁××于2002年4月28日出具的《徐××“双路多循环无冰水冷式保鲜方法”的试验情况》一份，以上均为复印件。

被告徐××辩称：1. ××公司要求法院判令徐××偿还借

款5万元，徐××认为事实不清、证据不足，该5万元是专利使用费，非借款。2. ××公司主张徐××安装在渔船上的设备无法正常使用，徐××认为××公司的诉讼请求事实不清、证据不足，事实上徐××的两项专利技术的设备技术成熟，质量良好。

被告徐××为其辩解在举证期限内提供的有关证据有：

（1）徐××身份证复印件一份。

（2）2002年2月20日发明专利证书一份，发明名称为双路多循环无冰水冷式保鲜方法及装置，专利号为ZL98112844.0，发明人为徐××。

（3）2001年4月12日实用新型专利证书一份，实用新型名称为双蒸发器海水制冷式渔船保鲜装置，专利号为ZL00226418.8，设计人为徐××。

（4）××公司与徐××于2002年12月12日签订的合作协议一份。

（5）2002年12月28日关于专利产品项目工作小组薪资执行标准的意见一份。

（6）2003年5月13日关于恢复中心正常工作的意见一份。

（7）徐××向××公司发出的信函一份。

（8）2003年5月19日××公司与徐××签订的协议一份。

（9）装船时间为2003年4月21日的渔船保鲜设备实际运行状况表一份。

（10）装船时间为2003年4月22日的渔船保鲜设备实际运行状况表一份。

（11）卢××作出的跟船情况汇报一份。

（12）苗××于2003年5月12日作出的跟船作业小组工作汇报一份。

（13）证人卢××的证言。

（14）证人邓××的证言。

经过开庭质证，当事人对如下证据和事实均无异议：

（1）徐××的身份证复印件；

（2）徐××的发明专利证书及实用新型专利证书；

（3）双方分别提供的2002年12月20日签订的协议书；

（4）有关渔船保鲜设备生产并安装到66007号船上。

被告徐××对原告××公司提供的证据及陈述有如下异议：对××公司提供的借款凭证、怡海公司及普适尔公司的有关证据，徐××认为没有原件，不予质证；对××公司与陈××签订的协议及协议书，徐××认为由于陈××没有到庭，其真实性无法确认，并且由于协议签订时徐××已离开××公司，该协议与本案无关，徐××从未见过这些协议；对损失报价表，徐××认为是××公司单方制作，而时间是2003年5月18日，此时徐××已离开××公司，该证据与本案无关；对照片，徐××认为照片没有时间、地点及拍摄人员的介绍，也无法看清照片的内容，无法质证。

原告××公司对被告徐××提供的证据及陈述有如下异议：对“关于恢复中心正常工作的意见”的真实性无异议，但认为与本案无关；对徐××向××公司出具的信函的真实性有异议；对徐××提供的渔船保鲜设备实际运行状况表、跟船情况汇报、跟船作业小组工作汇报及证人等，在第一次庭审时认为徐××是在庭审时提交，其未于证据交换时申请延期举证及申请证人出庭，违反证据规则，不予质证，而在第二次庭审时认为上述证据不能证实徐××要证明的内容。

［一审审理结果］佛山市中级人民法院审理认为：本案属专利实施许可合同纠纷。因双方当事人的意思表示真实，合同内容符合有关法律的规定，故双方依据合同形成的权利义务关系应予保护。

当事人在庭审过程中的争议焦点主要为：一、渔船保鲜设备是否不能正常使用。二、徐××收取专利使用费的条件是否成就。

关于焦点一。双方当事人就渔船保鲜设备的使用提供的证据均有使用方陈××的签名，而其依据证据需要证实的事实是相反的，但双方均没有足够依据否定对方的证据，而从证据形成的先后顺序及新设备通常的运转状况来看，使用方陈××对设备的反映意见是由运转良好到不能正常运转，这一情况可以合理相信。但××公司并未证实系由徐××的行为而致使设备不能正常运转。

关于焦点二。××公司与徐××在合同中约定，“合作初期××公司先付给徐××技术使用费和奖金30万元，该30万元分两期支付，其中第一期以借款形式支付，在签订合同后3天内付5万元，其余5万元经用户对安装在船上（东山港）的设备进行使用认可并达到设计标准后支付，同时××公司归还借条；第二期20万元在产品销售前30台中，用奖金形式按实际销售台数的比例计提。”从上述内容来看，双方约定的前10万元支付方式为借款，但没有约定借款的期限及偿还方式，而且双方也明确了第一期支付款项中的5万元属专利使用费，故双方并不存在一般意义上的借款关系。从双方约定的第一次5万元的收取方式来看，该5万元是在签订合同后3天内支付，双方对此并无附加其他条件，这一约定已生效，而实际上××公司也依约支付了该5万元，双方就该部分的约定已履行完毕，并不存在条件不成就的情况。从双方约定的“其余5万元经用户对安装在船上（东山港）的设备进行使用认可并达到设计标准后支付，”这一内容来看，是对第一期的另外5万元支付方式的约定，并非前5万元的支付条件。而合同中的“同时××公司归还借条”，其内容也不涉及支付专利使用费的条件。因此，××公司主张徐××收取专利使用费5万元的条件不成就，并无合同上的依据。

从当事人争议的法律关系分析，××公司主张的请求权实质是请求返还已支付的专利使用费5万元。从合同约定的第一期专利使用费的支付方式及履行情况来看，双方原约定以借款方式支付，第一次的5万元徐××收取后以借款人名义出具了借条，第二次的5万元约定为“经用户对安装在船上（东山港）的设备进行使用认可，达到设计标准后支付”，并约定“同时××公司归还借条”，其中虽然没有当用户未对设备进行使用认可及设备未达到设计标准时，××公司可以凭持有借条主张返还专利使用费的内容，但一般人在交易中对借款行为的理解，是包括了有借有还的内容，只是存在具体标的及偿还条件的不同。结合徐××在庭审中关于××公司为保险起见而以借款方式支付专利使用费的陈述，以及有利于实现双方合同目的的方式，应当认定双方约定“经用户对安装在船上（东山港）的设备进行使用认可，达到设计标准后支付”，并约定“同时××公司归还借条”，实际上包括了返还专利使用费的条件。在上述合同内容中，双方已明确设备安装在东山港船上，但实际上本案争议的设备是安装在浙江宁波石浦港的渔船上，××公司并没有举证证实双方就此对支付及返还专利使用费的方式进行了变更；并且在合作协议中，双方并没有约定本案当事人确认的对用户已安装的保鲜设备进行验收的方式，也没有约定本案当事人确认的对用户已安装的保鲜设备确定质量瑕疵及责任的方式，同时，××公司也没有举证证实存在相应的交易惯例，因此，在用户反映设备不正常运转时，××公司援引上述双方合作协议中的相关内容请求返还专利使用费，其依据不足。此外，××公司既不主张合同解除权，同时没有提供相应的证据证实其可以行使合同解除权，以及证实依据履行情况及合同的性质可以恢复原状而取回专利使用费，因此，其就返还5万元专利使用费的诉讼请求因事实依据及法律依据不足，法院不予支持。综上所述，依照《中华人民共和国合同法》第44条、第45条、第60条、第125条、第320条，《中华人民共和国民法通则》第54条、第57条、第62条、第106条的规定，判决如下：

驳回原告××公司的诉讼请求。案件受理费2 010元，由原告××公司负担。

[评析]

本案属因专利实施许可合同引起的请求返还已支付的专利使用费纠纷。专利实施许可合同，是指专利权人或者其授权的人作为让与人许可受让人在约定的范围内实施专利，受让人付使用费所订立的合同。一般而言，专利实施许可合同的让与人的主要权利是向被许可方收取专利使用费。其主要义务是：(1) 按照约定许可受让人实施专利，交付实施专利有关的技术资料，提供必要的技术指导；(2) 保证自己是所提供的技术的合法拥有者，并保证所提供的技术完整、无误、有效，能够达到特定的目标。让与人未按照约定转让技术的，应当返还部分或者全部使用费，并应承担违约责任；实施专利超越约定范围的，违反约定擅自许可第三人实施该项专利的，应当停止违约行为，承担违约责任。除非当事人另有约定，受让人按照约定实施专利、使用技术秘密侵害他人合法权益的，由让与方承担责任。专利实施许可合同被许可方的主要权利是实施专利权人的专利，并有权获得专利权人的必要的技术资料和指导。其主要义务是按照合同的约定使用技术，支付使用费。受让人未按照约定支付使用费的，应当补交使用费并按照约定支付违约金；不补交使用费或者支付违约金的，应当停止实施专利，交还技术资料，承担违约责任。

由上可见，专利实施许可合同的让与人应交付实施专利有关的技术资料，提供必要的技术指导，保证所提供的技术完整、无误、有效，能够达到特定的目标。对于因使用许可专利而产生的技术障碍和问题，让与人若不能证明自己提供的技术完整、无误、有效，能够达到特定的目标的情况下，应承担不利法律后果。因此，在该案中，对于渔船保鲜设备是否不能正常使用的原因问题，原告应承担相应的举证责任。而该案法院虽然认为使用方陈××对设备的反映意见是由运转良好到不能正常运转，这一情况可以合理相信。但认为××公司并未证实系由徐××的行为而致使设备不能正常运转，其处理值得商榷。